La Légende de Paris Match

PATRICK MAHÉ

La Légende de Paris Match

75 ANS DE A à Z

PLON
www.plon.fr

92, avenue de France
75013, Paris
Tél. : 01 44 16 09 00
Fax : 01 44 16 09 01
www.plon.fr – www.lisez.com

Dépôt légal : mars 2024
ISBN : 978-2-259-31795-5
Mise en pages : Nord Compo

À nos millions de lecteurs qui,
de génération en génération,
depuis 75 ans, assurent la pérennité
de la Famille Paris Match.

À Jean Prouvost, « le père fondateur » grâce à qui nous célébrons les 75 ans de *Paris Match* en 2024. Ses équipes, reporters en tête, l'appelaient « patron », sans façon. Il était chez lui parmi les siens.

Daniel Filipacchi, le plus jazzy des présidents. Journaliste dans l'âme, il se gardait de toute ingérence éditoriale et tutoyait tout le monde. Nous l'appelions « Daniel ». L'accueillir lors de ses visites au cœur de la rédaction était un bonheur. Y croiser Frank Ténot, tout aussi jazzy, grand aficionado, procurait une égale sensation.

Roger Thérond, dit « l'Œil », le plus grand directeur du « meilleur magazine d'images au monde ». *Paris Match* étant ainsi qualifié par Henry « Harry » Luce, le fondateur du *Time Magazine*. Il inventa la formule magique « Le poids des mots, le choc des photos ». Il était « notre » Roger.

Jean-Luc Lagardère, parti trop tôt avant d'exercer son autorité d'entrepreneur innovant à succès. Respectueux des journalistes qu'il aimait côtoyer sur tous les terrains. Il était simplement « Jean-Luc ». Merci à Arnaud Lagardère qui me rappela aux affaires suite à l'éloge funèbre prononcé pour Olivier Royant à la basilique Sainte-Clotilde, le 8 janvier 2021. J'avais accueilli Olivier, alors stagiaire, en 1994. À la suite de mon double quinquennat à la tête de *Télé 7 jours*, celui-ci prépara mon retour à *Paris Match*, dès 2018, en vue des 70 ans de notre magazine. Olivier est mort debout. À *Match*. Pour *Match*.

Jean Cau, « maestro d'écriture ». Ce prince des mots nous subjugua par son « *duende* ». Il avait la grâce au bout de sa plume sèche, affûtée comme une banderille. Il se surnommait lui-même « Juan ».

À « la famille *Match* », aux propriétaires d'hier, d'aujourd'hui, de demain ; aux présidents – merci à Constance Benqué – ; au directeur général de la rédaction Jérôme Béglé, qui signe la postface du présent ouvrage ; aux rédacteurs en chef ; équipiers reporters dont certains sont tombés, morts, blessés ou captifs sur le terrain ; aux héritiers du titre qui se montrent « fidèles à son histoire », selon le joli mot d'Olivier Royant.

Avant-propos

Mille pages et un maxiformat de 34 par 27 pour une hauteur de 7 centimètres. Ainsi se présenta le grand livre des 50 ans de *Paris Match* (1949-1998) composé pour les éditions France Loisirs (1998), après sa première publication en deux tomes (sous emboîtage), parus aux éditions Filipacchi (1998), du nom du propriétaire de notre groupe : Daniel Filipacchi, patron si créatif de Hachette Filipacchi Médias.

La rédaction en chef en avait été confiée à Sabine Cayrol, journaliste et romancière, qui fut une personnalité importante du magazine au cours des années 1990-2005. Au sein des éditions éponymes, dont j'assumai la direction littéraire quelques années plus tôt, elle avait remarquablement pris mon relais en vue d'attaquer ce monument, tandis qu'à la demande de Daniel Filipacchi et de Roger Thérond, j'avais déjà dû voguer vers d'autres missions maison (la direction de *Télé 7 jours*, puis celle de *Première*).

L'album géant fut naturellement réalisé sous la direction de Roger, figure tutélaire du plus grand *picture magazine* français, respecté, voire envié par ses modèles (les américains *Life* et *Look*) et ses pairs contemporains : *Stern* (Allemagne), *Oggi* (Italie). J'y lis : « De ce panorama exceptionnel du demi-siècle, cet ouvrage aborde toutes les facettes : événements historiques, exploits sportifs, mariages princiers, chronique des stars, témoignages exclusifs, etc. De l'ascension de l'Annapurna à la première Coupe du monde de football remportée par la France, de la guerre d'Indochine au conflit yougoslave, de James Dean à Leonardo DiCaprio, du couronnement d'Elizabeth II à la mort de Diana, de Brigitte Bardot à Madonna, des Beatles aux Spice Girls : au fil des pages, commenta l'éditeur en guise de présentation aussi synthétique qu'exhaustive, se dessine le portrait émouvant des hommes qui ont fait notre époque. Les plus grands photographes (Cartier-Bresson, Doisneau, Depardon, Richard Avedon, etc.), et des signatures illustres (Winston Churchill, Joseph Kessel, Lucien Bodard, Jacques Laurent, etc.) parachèvent le caractère unique de ce livre, mémorial de 50 ans d'actualité. »

Un quart de siècle plus tard, cette présentation n'a guère pris de ride. L'épopée des 50 premières années de *Paris Match*, d'abord lancé dans un monde sans télévision, puis enraciné sur la pérennité de la photo unique ou séquencée comme un réalisateur bâtit la trame d'un film, a forcément subi les dommages inhérents à l'accélération des technologies. Il n'est qu'à évoquer le robinet sans fin d'internet, d'où coule et découle une information parfois non maîtrisée. L'on s'y noie sous des flots d'intox plus que d'info. Le *fake* (mot américain), expression littérale du « faux témoignage », l'avalanche de clichés non sourcés, déferle de smartphones à flux incontrôlé. Et voici que l'intelligence artificielle fait désormais tourner les têtes.

En dépit de ces avatars et des comportements humains désinvoltes ou dévoyés, inhérents à l'émergence d'une société schizophrénique où l'irrévérence, le dénigrement facile l'emportent sur les égards, le mérite, le respect, le devoir et l'admiration partagée, *Paris Match* tient sa ligne.

Dans une des tranches les plus complexes de son existence, j'eus, depuis l'automne 2021 jusqu'à l'orée 2024, l'honneur d'en tenir la barre ; non sans embruns cinglants poussés par des vents malins. Non sans freins de l'intérieur, qu'Hervé Gattegno, avant moi, n'avait pas eu le temps de débusquer… Aujourd'hui, Jérôme Béglé, revenu sous nos couleurs après avoir exercé de solides responsabilités au *Point* et à la tête du *Journal du dimanche*, dicte le cap. Bon vent à lui et aux fidèles équipes.

À l'heure d'ébaucher cet abécédaire légendaire, version « poids des mots » – mais qu'il faudra bien convertir un jour en « chic et choc des photos » – c'est vers Roger Thérond, d'abord, dont la photo trônait sur mon bureau, que mes pensées se tournent. Astrid, son épouse, avait salué mon retour à la veille de ces années « à la dure ». Aussi est-il naturel de l'associer à ce projet.

Relisant les mots que Roger – nous l'appelions simplement par son prénom – déposa au fronton des *50 ans de Paris Match*, qui, hélas, sonnaient déjà l'automne de sa vie ; ayant partagé vingt-cinq ans de la sienne, dans son immédiat sillage à *Match*, puis au sein du comité éditorial d'Hachette-Filipacchi, je n'ai pas trouvé plus digne préfacier que lui-même – préface posthume, certes, en hommage pérenne, une démarche singulière, il est vrai.

Même et surtout venues du ciel, ses paroles d'alors, son « poids des mots » de toujours, restent sans égales.

Sollicitée, comme il se doit, par cette démarche peu ordinaire, mais si naturelle au fond, Astrid m'en donna spontanément l'autorisation. Merci à elle.

Ainsi Roger revit-il en ces pages. Ainsi nous fait-il revivre les grandes heures de notre journal, ce *Paris Match* tant aimé, survivant d'une formule unique au monde qu'il avait su façonner.

Relisons-le avec affection et, disons-le, sans apprêt, avec déférence.

Roger parmi nous…

Préface
de Roger Thérond

« J'avais fait un rêve présomptueux. Peindre en quelques lignes la fresque de *Paris Match*, comme *Paris Match* a dessiné la mosaïque du demi-siècle. Mais deux images me poursuivaient, obsédantes. Deux images de l'année 1956 qui occupent les doubles pages de nos souvenirs. Deux photos, deux visages, deux légendes. Jean-Pierre Pedrazzini et son profil de jeune dieu sur les draps blancs de l'hôpital. Il va mourir le lendemain. Il a réclamé ses photos de Budapest où une rafale russe l'a abattu. Ce fut son dernier lien avec nous. Son reportage, non seulement, il l'avait réussi, mais les documents étaient parvenus à Paris ! Jean Roy, avec cette cigarette au coin des lèvres qu'il ne quittait pas, un œil fermé pour éviter la fumée. Lui, son dernier lien avec nous, ce fut un fil, un fil téléphonique. Sa Jeep, qui allait être mitraillée à Suez, portait un faux numéro d'immatriculation. En fait, le vrai numéro de téléphone du journal : BAL 00 24.

À peine né – en mars 1949 – *Paris Match* a failli mourir. Une maladie de petite enfance. Il avait du mal à s'ouvrir à la vie. Puis, le 19 août 1950, il s'est passé quelque chose d'imprévu dans les kiosques à journaux : sur la couverture de notre n° 74, Maurice Herzog, blessé, asphyxié, meurtri, plante sur l'Annapurna le drapeau français. Triomphe. Le public, ce jour-là, comprend que l'après-guerre vient enfin de commencer. À partir de ce numéro *Paris Match* devient une institution qui n'allait jamais cesser d'être en mouvement. Il a failli mourir une seconde fois. En 1976, c'est un moribond que Daniel Filipacchi a recueilli. Pour le sauver, nous sommes remontés à nos sources : restaurer le grand reportage, pratiquer la liberté de dire et de montrer. Le soir même où l'on finissait le premier numéro du nouveau *Paris Match*, une dépêche tombe : "Mao est mort". Événement, couverture, retour au succès. Le sort avait choisi notre camp. Il ne l'a plus quitté. [...]

Pour célébrer cet anniversaire, nous aurions pu choisir de décrire notre demi-siècle à travers ses fabuleux bonds en avant : la femme trouve sa juste place, le transport passe du cheval à l'espace, l'homme conquiert dix ans d'espérance de vie, les tabous s'écroulent, le monde ne fait qu'un. Nous avons préféré la référence, avec cet arbitraire raisonnable que vous nous connaissez : des événements traités avec intensité et décryptant l'époque. Si ces textes sont parfois concentrés, jamais ils n'ont été "interprétés". Voici le demi-siècle tel qu'il fut. Non pas tel qu'il est ressenti aujourd'hui.

À vous, lecteur, d'épouser notre démarche : la culture du passé, le culte du présent, la culbute du futur. Quelle gageure de vouloir transformer, selon le mot de Flaubert, l'accidentel en immuable ! Mais quelle récompense pour nous, si à travers ces pages, vous avez pu surprendre l'amour qui nous lie. Et aussi, un peu de notre âme. »

Roger Thérond, 1998

La Légende de Paris Match

ACTEURS, ACTRICES

Depuis que *Match* est *Match* – en fait, *Paris Match* – pas une gloire labellisée Hollywood, sur les hauteurs de Los Angeles, passée par Cinecittà, à Rome, sortie de la Victorine à Nice ou des studios Pathé à Boulogne, n'aura échappé à la couverture de notre magazine. Dès le numéro 11, en juin 1949, s'ouvre en ses pages « le grand film de la vie ».

Depuis 75 ans, l'hebdomadaire continue de croquer l'ardent scénario d'une actualité tantôt rose tantôt noire, jamais neutre. Michèle Morgan, flamme blonde au vent, ouvrit le bal des « vedettes ». Ainsi qualifiait-on alors les étoiles de l'écran, jugées inaccessibles, donc filantes, aux yeux du grand public. Elles hériteront vite du label de « stars », appellation *made in USA* pour le bonheur de leurs admirateurs. Certaines se feront superstars, jusqu'à susciter l'idolâtrie d'admirateurs en veine d'idéal fantasmé. Toutes apparaîtront, tôt ou tard, au tableau d'honneur de la célébrité.

Côté Français, même si Jeanne Moreau lui vole la politesse en ouvrant l'année 1950, Brigitte Bardot, 16 ans tout juste, l'âge des premiers émois, irradie dès le numéro 99. On est en février 1951.

Il faudra attendre 14 mois avant que la tendre ingénue ne tourne son premier film *Le Trou normand* de Jean Boyer… Dieu n'avait pas encore créé la femme, le chef-d'œuvre sulfureux (pour l'époque) de son amoureux Roger Vadim, qu'elle avait rencontré dans l'antichambre de *Paris Match*. Il était photographe. Le premier, il sut lui passer la bague aux doigts. Quarante couvertures plus tard, *Match* aura composé l'album de sa gloire. B.B. gloire nationale ? Non, internationale !

Si Yves Montand était déjà là au numéro 5, soit un peu plus d'un mois, seulement, après la création du magazine (25 mars 1949), c'était en tant que chanteur. Lancé par Édith Piaf, surgie des bas-fonds de faubourgs parisiens, il vient d'enregistrer *Les Feuilles mortes*, *Les Plaines du Far-West* et *Battling Joe*, de quoi enticher le public qui, depuis la Libération, quatre ans plus tôt, se laisse volontiers griser par les rengaines américaines. À sa mort, en novembre 1991, c'est à l'acteur au bagage garni d'une quinzaine de films culte, fort d'une vie engagée, par ailleurs, que *Paris Match* consacre 50 pages.

Vague après vague, de Jean Gabin à Lino Ventura, de Jean-Paul Belmondo à Alain Delon, de Catherine Deneuve à Gérard Depardieu, de Romy Schneider à Sophie Marceau, de Mireille Darc à Vanessa Paradis, de Marion Cotillard à Jean Dujardin (oscarisés à Hollywood en 2012), une lumineuse cohorte, adulée par le public, fera des rituels de Cannes, de son fameux « tapis rouge » et de la montée des marches, ou de Venise (la prestigieuse Mostra), des César ou des Oscars, le Panthéon des gloires éphémères. *Paris Match* en a construit le livre d'heures.

Notre magazine étant largement ouvert sur le monde, à l'instar du *Life* des grandes années américaines, la moisson est aussi d'une rare richesse sur le plan international. Ainsi Marilyn Monroe le dispute-t-elle à Liz Taylor, quand Clark Gable, surnommé « The King », quelques saisons avant Elvis Presley – pionnier incontesté du rock'n'roll – y joue les séducteurs de ces dames. Il est vrai qu'à son bras Joan Crawford (huit films), Jean Harlow (six) et Lana Turner (quatre) le hissèrent au palmarès du « lovelace » façon Hollywood. Dans nos pages, Doris Day soulignera à l'envi « son effet dévastateur sur les femmes ». Dans ce registre, il devança George Clooney d'un demi-siècle.

Même James Dean, emporté par sa fureur de vivre à 24 ans, icône fragile d'une génération perdue, fera, post-mortem, la couverture de *Paris Match* pour incarner la crise montante des enfants du « baby-boom » en France. Et Marlon Brando fréquentera le salon si prisé des frères Mille à Saint-Germain-des-Prés, une antichambre très courue pour aborder notre journal. Dès 1949, Hervé, l'aîné, fut l'un des patrons du *Match* de Jean Prouvost.

Très jeune, Jane Fonda, actrice et citoyenne insoumise, garnira plus d'une fois notre fronton. À sa suite y accéderont en majesté : Sharon Stone en 2009 (en « quinqua très sexy »), Monica Bellucci, en sex-symbol dénudé dans les bras de Sophie Marceau, Brad Pitt et Angelina Jolie. Tant d'autres !

Le sceau le plus prestigieux reste incontestablement celui de Grace Kelly. Irradiant de beauté sous un cliché lumineux de Philippe Halsman, star oscarisée invitée au Festival de Cannes, en mai 1955, elle en sortira princesse de Monaco, multipliant les « unes » en son futur palais de conte de fées, notamment sous le flash intrépide de Walter Carone. Aucun scénariste, même le plus fantasque des graphomanes, n'aurait osé esquisser un tel synopsis.

Du jour où nos reporters, dont Roger Thérond, patron emblématique du dernier quart de siècle, ont imaginé et réalisé la rencontre princière sur le Rocher, les Monaco, toutes générations confondues, feront partie de « la famille *Match* » jusqu'à la relève incarnée de nos jours par la princesse Charlotte, l'aînée de Caroline et Beatrice Borromeo, l'aristocrate italienne devenue la nouvelle égérie.

Le Palais garde une terrible douleur partagée, celle de la disparition tragique de Grace, en septembre 1982. Une image a fait le tour du monde : elle illustre le chagrin irrépressible du prince Rainier soutenu par Caroline.

Addiction

Au-delà de l'amour ! Dans les années 1950, celui que les photographes portaient à leur titre culte confinait à la dépendance exclusive. On les décrit encore portant blazer de grand faiseur, cravate club et pantalon bien coupé, faisant cingler la courroie de leur Leica autour de l'épaule et fréquentant les boîtes de nuit, un terrain de drague idéalisé selon la légende des caves jazzy de Saint-Germain-des-Prés, au label siglé Boris Vian, alias Vernon Sullivan. Dans cet après-guerre où « tout est permis », ils incarnent une allure décontractée, taxée de « style *Paris Match* ».

Ils sont alors enviés, voire jalousés par leurs pairs de la presse quotidienne inlassablement mis à contribution – le nez dans le guidon – en fonction des éditions multiples du jour. Eux, tout au contraire, ont le loisir de bâtir des reportages au long cours, même risqués ; leur heureuse alternative consiste à multiplier les rendez-vous privés quand sonne l'heure de pousser les célébrités vers la lumière, de les hisser « plein pot » sur la couverture.

Jean Prouvost, le patron, les veut « jeunes et beaux ». Ils chassent et vivent « en meute », font du 3e étage du 51, rue Pierre-Charron à Paris, une sorte de phalanstère.

L'un d'entre eux, Jean-Pierre Biot, ancien para repéré sur le canal de Suez lors de l'opération aéroportée franco-britannique (1956), entra au magazine deux ans plus tard. Il y restera près d'un demi-siècle.

Dans un numéro hommage rendu par le bimestriel *Photo* à l'occasion des 50 ans de notre magazine, en 1999, il décrira l'addiction compulsive de ses confrères et de lui-même, tous d'authentiques amoureux fous de *Match* : « Nous vivions largement au-dessus de nos moyens. La vie familiale, qui a horreur de l'absence, en paiera le plus cher tribut. Pendant plusieurs dizaines d'années, nous n'avions qu'une seule adresse : celle du journal. Rentrés de reportages, nous y passions la plupart de nos journées, dimanches compris. De nombreuses épouses l'ont mal supporté, tous les enfants en ont souffert. Nous étions conduits par la passion du métier qui nous a souvent… aveuglés. » Et de conclure : « Être journaliste à *Match*, ce n'est pas un métier, c'est un rêve ! »

Ce rêve (cauchemar pour les compagnes, bague au doigt ou non) portait un nom exotique : « la matchiche ». Catherine, qui fut Miss Corse dans les années 1950, épousa Walter Carone en 1957. Dans son livre hommage au photographe, Serge Bramly révèle : « Il eût presque mieux valu être femme de marin. Elle calcula qu'ils ne se virent que 18 jours durant leur première année de mariage. »

Adjani, Isabelle

Minuit, ou presque, en ce lundi d'avril 1994. Isabelle Adjani, regard dissimulé sous le rectangle XXL de ses lunettes noires, d'un éternel modèle Dior, surgit dans l'embrasure de la porte défraîchie de *Paris Match*, au cinquième étage du 63, avenue des Champs-Élysées.

D'un geste furtif, ajustant la monture, elle laisse percer un éclair d'azur. Le blouson de cuir noir fait ressortir son visage diaphane. Elle est flanquée de Monique Kouznetzoff, la patronne de l'agence Sygma, forte d'une solide équipe de photographes internationaux ; une cinquantaine en tout. D'elle on dit : « Elle est l'assurance vie des stars. » On lui prête la double vertu de délivrer des photos parfaites et de livrer des interviews « contrôlées ».

Petite, faussement déliée quoique menue, d'une autorité assurée, elle apprécie que le service photo lui déroule le tapis... sous l'œil sévère des reporters maison, un rien jaloux de ses prébendes.

Monique « cornaque » une brochette prestigieuse de stars et de photographes de mode, eux-mêmes stars : Jacques Henri Lartigue, Jeanloup Sieff, Bettina Rheims – qui signa longtemps une chronique dans *Match* « L'œil de Bettina » – Helmut Newton...

Depuis 1973, elle règne aussi sur une vingtaine de reporters. Couronnant une équipée de célébrités en vogue, elle est un peu « chez elle » à *Match*. Dans une tradition qui lui est chère, Roger Thérond reste longtemps tapi dans son bureau qui surplombe les Champs. Il pratique l'accueil réservé, maîtrise à la perfection l'art de faire patienter ses visiteurs avant de les couvrir d'une attention méritée.

Aussi, calée dans le sillage de Monique, Adjani patiente-t-elle sous le portrait géant d'une affiche de... Mao Tsé-toung, labellisée *Paris Match* et datée de septembre 1976, avant de se laisser tomber dans le canapé fatigué.

Étonnant paradoxe que cette vision fugace et décalée entre celle qui interprète la reine Margot – venue superviser le sujet qui lui est consacré – et l'impitoyable « Grand Timonier » de la Chine rouge. Un petit parfum de... Révolution culturelle flotte entre deux univers antagonistes ! Profitant de l'attente, Monique improvise une tirade en érudite du métier dont elle maîtrise bien des secrets : « Cette photo fait partie de la légende de *Match*, Isabelle... À mes débuts, je suis passée par l'agence Vizo d'où vient cette formidable illustration choisie par Roger [Thérond] à la mort de Mao. »

Celui-ci apparaît enfin et, de sa voix de bronze, salue ses hôtes d'un classique et désarmant : « Vous vouliez me voir ? »

Surgit alors Guy Trillat, le visage fermé. Pour la venue d'Isabelle, on vient d'arracher le directeur artistique de son bureau tanière, où dans les nuits d'après-bouclage, à la manière d'un marin qui sort d'un quart de veille, il s'enferme pour un court sommeil. « Vous êtes ici chez vous, Isabelle », lâche subtilement Roger en prenant congé. Ce bref salut du patron fait comprendre à Trillat qu'il doit jouer cartes sur table ; autrement dit que, oui, bien sûr, Isabelle peut tout lire, tout voir et, si nécessaire, rectifier un titre, voire – ô sacrilège – recommander un ajustement de maquette.

Rares sont les célébrités, en effet, qui débarquent en son fief pour y superviser, ne serait-ce qu'une parcelle du numéro en cours ; celle du sujet qui les concerne. Adjani, Delon, Johnny, Belmondo partagent ce privilège. Trillat n'apprécie guère ces faveurs, aussi s'empresse-t-il, sans un mot ni regard de complaisance, d'abandonner « la reine Margot » à ses crayons qu'elle manie à la manière de baguettes chinoises. Les lunettes toujours vissées, comme pour échapper aux lueurs d'un néon trop vif, Isabelle savoure le sujet ligne à ligne, photo par photo, toutes signées Richard Avedon, gloire des studios d'Hollywood. Un large titre barre déjà la couverture à paraître : « Adjani photographiée par Avedon ». Elle approuve sa sobriété. Comme indifférente à l'enjeu du numéro, Isabelle corrige cependant quelques traits, ici et là, sous l'œil inquiet de Monique qui, donnant le change pour notre petit entourage, emballe la conversation à rythme accéléré. Sa crainte ? Et si Isabelle tiquait sur un mot déplacé, un paragraphe de trop, un sous-titre ? Et si le sujet était menacé ? Et si son travail était retoqué ! À ce stade du bouclage, les risques sont modérés, mais on ne sait jamais. Un caprice ? Une bévue ? Tout peut arriver… L'alerte tombe quand, à voix haute, Isabelle relit le compliment qu'Avedon lâche sur son modèle : « Sa beauté nourrit le feu de mon imagination. Ses yeux de saphir, cette peau d'ivoire sont la promesse d'un jardin au milieu de l'enfer. » La phrase a été ciselée par Marie-France Saurat, responsable des dossiers d'art. Isabelle feint de s'offusquer d'un tel éloge, bataille avec les mots, suggère d'en atténuer la force. L'air de rien, il est déjà 3 heures du matin. Monique reste sur le qui-vive. Trillat a regagné sa tanière.

Le jeudi, en kiosque, le titre de couverture, validé aux aurores par « la reine Margot » claque en kiosque : « Adjani photographiée par Avedon ». Il est cependant habillé d'un sous-titre rédigé en dernière minute, car jugé plus attractif pour le grand public : « Isabelle marie l'innocence et la perversité ». L'œil et la main de… Roger Thérond passé par là à l'heure des croissants et du « bon à imprimer ». La leçon sera retenue… On ne reprendra plus Isabelle à zapper l'ultime mise en scène du journal, jouée en prolongation…

En 1996, encore plus préoccupée par son image, elle jouera d'une désinvolture feinte pour obtenir du service photo une série complète de diapositives présélectionnées. Quand elle rend les planches contact, un gros détail brûle les yeux. À l'aide d'une paire de ciseaux, elle a discrètement percé les photos qui lui déplaisent ! Avant elle, Marilyn (Monroe) faisait de même ou presque : elle les griffait à la pointe d'un stylo à bille…

ADN

Ces trois lettres résument la longue chaîne des chromosomes qui caractérisent l'identité journalistique et le savoir-faire d'une marque. Elles agissent comme un nom de code sur les cerveaux – petits ou grands – œuvrant pour ladite marque.

Ainsi en est-il de *Paris Match* qui fête ses 75 ans en 2024 et prépare son numéro 4000 pour l'été 2025.

Rappelé aux affaires en 2018, en vue des 70 ans, et ce dans le but de publier sept numéros consacrés aux décennies du magazine, plus un numéro « bonus » axé sur les couvertures emblématiques, je fus parfois interpellé sur la question du mystérieux « ADN » par des journalistes de la rédaction. Un paradoxe à mes yeux, sachant qu'ils affichaient plusieurs années de présence à leur poste mais, de leur propre aveu, semblaient en ignorer la recette…

Premier réflexe, sans les éconduire bien sûr : rappeler que même la composition du Coca-Cola établie par John Pemberton à Bay City (Michigan) restait un « secret » chez les fabricants de la firme d'Atlanta (Géorgie) depuis… 1886 ! Une réplique facile et un peu « folklo », il est vrai…

Un jour où Michel Maïquez (directeur artistique) et moi relisions les dernières pages du numéro hors-série consacré à François Mitterrand, la question me fut une nouvelle fois posée. Entre deux corrections, je répliquai, sans malice, qu'il suffisait de consulter les 3 750 numéros (alors), dûment classés et alignés en « salle Olivier Royant », celle où se tiennent les conférences de rédaction.

Tout l'ADN s'y trouve, en effet, rassemblé.

Ayant succédé à Hervé Gattegno, dont l'ambition première fut, non sans mal, de tirer ardemment le meilleur de chacun, j'eus à répondre une nouvelle fois à l'inévitable question de « l'ADN de *Match* ». La situation était différente, car une bonne soixantaine de personnes assistaient, ce jour-là, à la conférence mensuelle du mardi.

Pas question donc de dédaigner la trop fameuse question, légitime en soi et publiquement posée cette fois. Je pris plaisir à énumérer une poignée de valeurs de base qui font que « *Match* est *Match* » : quête permanente du scoop, de l'inédit, de l'originalité ; priorité à la photo pour conduire un sujet global ; idées et angles de sujets définis ou validés par la rédaction en chef ;

travail sans relâche sur le terrain (reporters) et dans les services dédiés au suivi éditorial (relecture des textes, dossiers photos sans fin, maquette) ; diffusion, distribution, marketing ; communication, enfin : le fameux « *faire savoir* » notre « *savoir-faire* ». Bref, tout ce qui fait une différence appliquée face à la concurrence toujours aux aguets, constamment à l'affût, mais souvent battue à l'heure du « *final cut* » (le bouclage).

Non sans mémoire, j'ajoutais : « Mieux qu'une explication théorique, rendez-vous en salle Olivier Royant. La collection vous y attend. Consultez-la à loisir, imprégnez-vous de ce que vos aînés ont fait de *Match* depuis 1949. Montrez-vous fiers d'être leurs héritiers. »

Roger Thérond avait tenu ce langage à Maïquez en le recrutant, en 1998. Ce jour-là, cependant, déjà contrarié par un certain nombre de « fuites » distillées vers quelque officine extérieure ferraillant à l'aide de « témoignages » anonymes contre notre groupe de presse, j'ajoutai un post-scriptum verbal à la définition sollicitée : « Je ne sais pas si je vous ai donné une juste définition de l'ADN de *Paris Match* ; je l'espère en tout cas… Ce dont je suis certain, en revanche, c'est qu'à travers les générations qui ont servi notre titre et ce, depuis les pères fondateurs (1949), les fuites qui nuisent à l'intérêt général de notre équipe – donc de vous – ne sont pas dans l'ADN de *Paris Match*. Elles ne l'ont jamais été. Elles ne le seront jamais. »

Avis aux « corbeaux » sur leur arbre perché…

Adresses

La plus mythique

51, rue Pierre-Charron, Paris VIIIe. Le premier nid, au tournant du demi-siècle, se tient juste au-dessous des locaux de l'American Legion, le QG des vétérans de l'US Army. Les pionniers du reportage photo : Walter Carone, Daniel Filipacchi, Jack Garofalo, Izis, René Vital, Michou Simon, Willy Rizzo y font provision de bourbon whiskey et de cigarettes Lucky Strike à filtre, sous l'œil bienveillant des directeurs, Hervé Mille et Philippe Boegner, fils de pasteur, ou de Jean Rigade, l'arbitre du recrutement.

Joseph Kessel – « Jeff » – futur académicien, grand écrivain voyageur et, accessoirement, plume volante au service du rewriting était de la partie, tout comme le taciturne Alexandre Astruc, l'auteur prolifique Guillaume Hanoteau et un Sétois alors sans le sou, copain de Brassens et fou de cinéma, un certain Roger Thérond.

Pour l'heure, le futur « Œil » de la photo campait dans un réduit d'aspirant patron de presse. Il faisait inlassablement défiler les clichés sur une table-lumière, avant de les sélectionner pour la mise en page du magazine.

Si le sigle de *Paris Match* orne plus tard la façade au carrefour des rues Pierre-Charron et François-Ier, tel un vaisseau battant pavillon, le journal se confectionnait seulement en appartement de trois pièces « presque en chambres entre une garçonnière 1900 et le taudis somptueux d'une douairière ruinée », commenta Hanoteau. On tirait les photos dans une ancienne buanderie transformée en labo.

Sous la patte de Gaston Bonheur, si bien nommé et « titreur » d'exception (il dégainait les titres à la vitesse du mistral) et de Raymond Castans, autre troubadour du pays d'oc, chaque reporter se gargarisait du précepte de Jean Prouvost, propriétaire et cerveau du grand *Paris-Soir* d'avant-guerre : « Je veux des jeunes types, riches et beaux qui écument les boîtes de nuit, séduisent les plus belles femmes et roulent en voitures de sport. » En ce temps-là, l'équipe était masculine, sans être macho – comportement déjà jugé vulgaire – et les normes d'époque se voulaient très « relax » et démonstratives. Elle est aujourd'hui plutôt féminine.

Dans cette renaissance d'après-guerre, il était de bon ton de forcer le trait et de s'en distraire d'une humeur badine. Quinze ans avant l'irruption de Jacques Dutronc, chanteur à contre mode des « yéyés », Prouvost avait défini, sans le savoir, un style désinvolte et dilettante, celui des « Play-boys de profession / Habillés par Cardin et chaussés par Carvil / Qui vont chez Cartier comme ils vont chez Fauchon… » Jack Garofalo, ancien électricien devenu assistant photographe de Daniel Filipacchi, lui-même très smart sous un look jazzy étudié, et bientôt François Gragnon, en devinrent les prototypes, appréciés de ces dames.

Répondait à ces gravures de mode décontractées, le style baroudeur à la Jean Roy, ancien héros du Débarquement en 1944.

Rue Pierre-Charron, à peine *Match* était-il posé sur ses fonts baptismaux, le ton était ainsi donné. Bientôt, répondant à ces canons esthétiques et aux signes extérieurs d'abondance espérée, on verra s'aligner quelques voitures de marque, Aston Martin en tête, contre les trottoirs du quartier.

Ne restait plus alors, dès les premiers numéros bouclés, non sans mal du point de vue économique – au seuil de 1950 – qu'à arroser les parties de poker vespérales dont Roger Vadim, mi-photographe, mi-assistant réalisateur (de Marc Allégret), sera le roi et François Gragnon, autre subtil photographe donc, un futur fou du roi.

André Lacaze et Jean Rigade, chefs des infos et copains de jeux des plages iodées de Dinard, depuis l'avant-guerre, dirigeaient cependant l'équipe d'une main de fer. La situation l'exigeait. L'enjeu était de taille. L'un et l'autre avaient suivi des cours de boxe anglaise et sortaient couturés de l'Occupation. André avait été déporté à Mauthausen ; des années plus tard, il en sortira *Le Tunnel*, un témoignage littéraire d'un réalisme glaçant.

Devenus inséparables et s'étant retrouvés à la Libération, une bonne étoile les avait guidés vers l'appartement cossu des frères Mille, rue de Varenne – où tout était possible et où se faisaient les carrières et défaisaient les amours.

Hervé et Gérard Mille brillaient au sommet de la galaxie Prouvost.

Au petit matin, c'est à La Belle Ferronnière – « La belle Féro » – le bar qui jouxte la rue François-Ier, que les décavés des nuits de poker noyaient leurs pertes devant un petit noir servi sur le zinc.

Bien avant *Et Dieu... créa la femme*, Brigitte Bardot y consolait Roger Vadim, quand celui-ci claquait ses maigres soldes de photographe débutant. Elle-même se prêtait au jeu, cartes en main, avec une prédilection pour le poker menteur. Sa distraction l'empêchait de prendre les traits impénétrables d'une « poker face » et lui valait, à son tour, d'y laisser son argent de poche.

La plus prestigieuse

63-65, avenue des Champs-Élysées, Paris VIIIe. Dès l'arrivée de Daniel Filipacchi, en 1976, où il succède à Jean Prouvost en tant que propriétaire, *Match* domine « la plus belle avenue du monde ». Il y restera près de 20 ans, bien campé dans un appartement surdimensionné, au cinquième étage d'un immeuble de type haussmannien. On n'est qu'à deux pas de l'adresse des premiers jours. Les repères de quartier restent les mêmes.

Chaque lundi, Roger Thérond prolonge la conférence de création du numéro jusqu'à 14 heures, voire plus et convie son « staff » (très réduit) à déjeuner sur le pouce au « Club Fouquet's », pour y partager une formule déjeuner express...

Ici ou là, il est fréquent d'y croiser Johnny Hallyday, Alain Delon et Jean-Paul Belmondo. Mais aussi… d'éviter habilement l'un ou l'autre, sous la conduite de maîtres d'hôtel discrètement initiés, lors des inévitables périodes de brouille dues aux promesses d'une couverture non tenue, actualité choc oblige.

D'humeur plutôt badine, en fonction des sujets qui composent le menu éditorial, si celui-ci s'annonce prometteur, la petite troupe rejoint ensuite le QG cossu du journal, à quelque 100 pieds de là. Le bouclage, qui se terminera « à perte d'heures », est lancé.

L'immeuble jouxte un pub à restauration rapide – Le Newstore – où se noueront quelques « scoops », toutes sensations confondues.

Plus attrayant, rue Pierre-Charron, bat l'enseigne d'un restaurant en vogue – Le Pichet – table prisée par François Mitterrand lui-même et toute une suite de courtisans dont l'inévitable Michel Charasse. La droite, surtout aux époques Chirac, puis Sarkozy, y avait aussi son rond de serviette.

C'est là que se consolidera entre Frank Ténot (associé de Daniel Filipacchi) et Roland Dumas, le ministre de confiance de Mitterrand, la volonté de révéler l'existence de Mazarine Pingeot, la fille si longtemps cachée du président.

Oui mais comment garder un tel bouclage « secret » ? Il se tiendra en tout petit comité dans mon appartement de la rue Lincoln, avec bar et juke-box garni des meilleurs rock'n'rolls « vintage ». J'habitais au 9 ; Daniel Filipacchi demeurait au 7. À deux pas du journal. Ensemble nous créerons une maison d'édition éphémère : les éditions Lincoln.

La plus « magic »

1633 Broadway (50th Street), New York. Bernard Gicquel, Patrick Jarnoux, Olivier Royant – futur directeur de la rédaction – Régis Le Sommier, Romain Clergeat, Olivier O'Mahony ont, tour à tour, eu le privilège de disposer d'un bureau au cœur de la « Big Apple » (la grosse pomme) surnom gourmand offert à New York par des « marketeurs » en quête d'image et de prospérité.

Ils occupaient « The French corner », ainsi désigné au 45ᵉ étage. Le bureau le plus prestigieux, celui de Jean-Louis Ginibre, patron du groupe Hachette Filipacchi Media US, occupait un angle à perte de vue sur la rivière Hudson.

Leur grand aîné, Raymond Cartier, avait ouvert le premier bureau de *Match*, sur la 2nd Avenue à New York, en 1951.

Derrière ses grosses lunettes à monture massive, Cartier, homme de textes, inventeur de formules choc telles que : « La Corrèze avant le Zambèze » en plein drame de la décolonisation, était plus intéressé par sa Typewriter Remington Rand, la machine à écrire dernier cri, que par le Rolleiflex à rotule pendulaire avec objectif de 50 millimètres et autres frais de studios, arme rêvée du photographe moderne. Il aimait surtout plancher à Washington, aux portes de la Maison-Blanche. C'était à l'époque du président Dwight Eisenhower (1952-1960), dit « Ike ».

Nourri de jazz et d'admiration pour le joyeux Dizzie Gillespie, le trompettiste aux joues surgonflées, Daniel Filipacchi cibla plutôt ses bureaux sur Broadway, en 1983.

À ses pieds, il pouvait contempler l'alignement des théâtres aux inépuisables comédies musicales, telles *The Lion King*, *Cats* ou *Mamma Mia* et le fourmillement créatif de « Time Square », vibrionnant sous les « sunlights » de jour, comme de nuit.

Son bureau, d'une froide sobriété, contrastait avec son amour pour l'art surréaliste. Là se côtoyaient les patrons de rédaction du groupe, sous la direction de Jean-Louis Ginibre donc, jazzman (contrebassiste) lui aussi. Expert en cinéma, il avait dirigé *Hollywood Reporter*, à Los Angeles, avant de rejoindre « Daniel », son mentor en matière de presse. Ainsi assurait-il la coordination éditoriale des 18 titres du groupe : *Paris Match, Elle, Première, Flyer, Car & Driver, Boating, Travel Holiday, Woman's Day, American Photo*, etc.

En 1995 se scella, ici, la naissance de *George* – en référence au président George Washington – mensuel chic et décalé dirigé par John-John Kennedy, l'héritier de la dynastie aux destins brisés.

Les rencontres entre les « boss » se tenaient au Bernardin, restaurant multi-étoilé de fruits de mer et poissons nobles ; une table créée par Gilbert et Maguy Le Coze, frère et sœur soudés depuis l'enfance bretonne, en presqu'île de Rhuys (Morbihan).

Les invités de passage se retrouvaient plutôt chez Trionfo, un italien transformé en cantine « à la carte » ou chez Gallagher's, une « steakhouse » à l'ancienne. Depuis les années 1930, hommes d'affaires démonstratifs et célébrités sportives aiment y défier des pièces de bœuf dignes des abattoirs de Chicago ou fracasser la carapace de langoustes surdimensionnées.

Olivier O'Mahony, aux racines irlandaises affirmées, n'a que l'embarras du choix, de nos jours, pour s'attabler à l'un ou l'autre des nombreux pubs celtiques du coin. Pour la Saint-Patrick, chaque 17 mars, une déferlante de pipe-bands à cornemuses envahit la 5e Avenue voisine. L'occasion de s'afficher sous le trèfle à la boutonnière et d'arborer le badge du jour en forme de clin d'œil : « *Kiss me, I'm Irish* ».

La plus excentrée

149-151, rue Anatole-France à Levallois-Perret. Puis 7-9 avenue André-Malraux, toujours à Levallois. Prospérant au terme de la fusion passée entre Filipacchi et Hachette (propriété de Jean-Luc Lagardère), le groupe Cogedipresse (Filipacchi) devient « HFM » (Hachette Filipacchi Médias). *Elle, Télé 7 jours, Le Journal du dimanche* étoffent l'habit de la réussite. Arnaud Lagardère inaugurera les nouveaux locaux, sis à portée d'un bras de Seine – et de l'île de la Jatte – dans un flot de musique rock et pop.

Gérald de Roquemaurel, fils de l'ancien grand patron des éditions Hachette, succéda à Daniel Filipacchi en tant que président exécutif, après la vente de ses actions. Plus gourmet que Daniel, il mettra les petits plats dans les grands en développant, au dernier étage, une cuisine élaborée avec chef en toque, maître d'hôtel et serveurs de haute tenue. Une aubaine pour les rédacteurs en chef des différents titres et pour leurs invités en quête de reconnaissance médiatique.

Alias « Rocky » pour les intimes, Roquemaurel instituera une série de déjeuners conventionnels, y conviant ministres et secrétaires d'État, un monde feutré, issu du « bal des hypocrites » croqué depuis par Roselyne Bachelot, l'ex-truculente ministre de la Culture ; une caste que Daniel Filipacchi se refusa toujours à fréquenter officiellement. Sauf obligation due aux affaires.

La plus poétique

2, rue des Cévennes. Paris XVe. « Sous le pont Mirabeau coule la Seine… Et nos amours », comme le déclara Apollinaire.

Coiffant l'embouchure de l'île aux Cygnes, se dresse, sur 11,5 mètres, la réplique de la statue de la Liberté, érigée par

Bartholdi sur Liberty Island à l'entrée du port de New York. Elle offre une perspective sur la tour Eiffel. Cent ans après la mort d'Apollinaire précurseur du surréalisme, nom qu'il inventa en hommage à *Parade* d'Erik Satie, un ballet scénarisé par Picasso et porté par un texte de Jean Cocteau, *Paris Match* y a pris ses quartiers.

Match siège dans l'ancien immeuble de Canal+, d'une exquise architecture. Il y est réparti sur un vaste plateau à deux étages, d'Europe 1, la radio généraliste du groupe, de RFM, radio musicale, de CNews et à quelques marches du *Journal du dimanche*.

Loin des insouciances de la rue Pierre-Charron et de l'éblouissement des Champs-Élysées, les temps modernes, sur fond de reposoir économique, sont désormais au *flex office*, une disposition de flexibilité post-épidémie de la Covid-19.

S'ensuit la nécessité de l'open space (un pléonasme), en vogue dans les sociétés anglo-saxonnes. Ces espaces démembrés, au détriment de bureaux cloisonnés par souci de discrétion ou par le besoin d'installer des services homogènes, ressemblent à de vastes agoras propices au nivellement et truffées de bureautique uniforme.

Le rouleau compresseur des « réseaux » polyglottes, véhiculés par internet (le fameux « *vu, lu sur le Web* »), impose de jour en jour une « novlangue » dont les secrétaires de rédaction et correcteurs ont le plus grand mal à dépolluer les textes.

Gilles Martin-Chauffier et Catherine Schwaab, plumes maison, bataillaient en chroniques railleuses contre ces barbarismes invasifs à connotation anglophone dévoyée. Pour l'heure, il convient plus que jamais d'y déjouer les pièges du « globish », version simpliste d'un jargon qui fait loi chez les faiseurs de formules élémentaires, ou de mettre les pouces face à cette « novlangue ».

Ici, donc, des secrétaires de rédaction aux correcteurs, chacun tient bon, y compris face à l'offensive sournoise et tenace des tenants de l'écriture dite « inclusive » qui prétend s'imposer comme norme.

L'Académie française voit dans celle-ci « une langue désunie, disparate, qui confine à l'illisibilité ». Pour l'Éducation nationale, sa complexité et son instabilité « constituent des obstacles à l'acquisition de la langue comme de la lecture ».

Au pied du pont Mirabeau, cher à Apollinaire, *Paris Match* tient le cap et résiste, non sans mérite, à la destruction du patrimoine linguistique. Et poétique…

Afrique

Le putsch au Niger (août 2023) sous l'influence russe et la menace terroriste des autres États du Sahel ravivent les souvenirs de ceux qui ont couvert les mille et un conflits ayant ravagé « le continent noir ». Calé contre le Mali et le Burkina Faso, soumis à la contagion islamiste, le Niger est le troisième pays du Sahel à voir surgir une junte militaire, hostile à la France en particulier.

Propagandistes russes, mais aussi mercenaires de la milice « Wagner », bras armé du dissident Prigojine, frère ennemi de Poutine évaporé dans les airs sous l'impact d'un mystérieux missile (août 2023) tiré entre Moscou et Saint-Pétersbourg ; investisseurs chinois ; fondamentalistes wahhabites liés au mouvement salafiste… Tous ont sapé l'autorité du président Bazoum, destitué par les armes.

L'occasion pour *Match* de replonger en textes et photos sur des scènes vécues ailleurs :

Du Congo belge à la partition manquée du Katanga dans les années 1960, des barouds de mercenaires – dits « les Affreux » – emmenés par Bob Denard jusqu'aux Comores, et, surtout, le massacre des Tutsis au Rwanda, les constats cruels s'additionnent à travers l'Afrique agitée de perpétuelles convulsions.

Benoît Gysemberg, photographe éclectique, rapportera de Goma un chef-d'œuvre implacable, contant par la force de l'image, le retour apocalyptique des Hutus (l'ethnie déchaînée contre les Tutsis) revenus par milliers du pays frontalier avant d'être jugés.

Comme Benoît, une quinzaine de nos photographes embarqués pour l'Afrique y ont vécu des scènes de terreur similaires d'une contrée à l'autre...

André Lefèbvre, son aîné, fut gravement blessé en 1960 au Congo lors d'une bataille entre tribus (les Luluas contre les Balubas) aux portes du Katanga sécessionniste. Claude Azoulay (Djibouti), Izis Bidermanas (avec la Légion au Sahara), Jean-Pierre Biot (les Barricades d'Alger), Patrick Bruchet (Érythrée), Alvaro Canovas (Côte d'Ivoire), Charles Courrière (Algérie, le djebel), Thierry Esch (Libye), Benoît Gysembergh (Biafra, Rwanda), Maurice Jarnoux (l'exode des pieds-noirs d'Algérie), Georges Melet (Alger, le putsch des généraux ; le 1er REP), Jean-Claude Sauer (Yémen), René Vital (rue d'Isly), Bernard Wis (Somalie), tous ces reporters de terrain ont sillonné l'Afrique en feu. De grandes signatures extérieures, figures réputées du photojournalisme, ont souvent répondu aux appels de *Paris Match* : Véronique de Viguerie, Patrick Robert, Noël Quidu...

Pour tenir la chronique écrite et chaotique d'un continent trop souvent ravagé par la violence fratricide et les guerres interethniques Patrick Forestier (un peu sur tous les terrains d'opération), François de Labarre (qui dirigea l'édition de *Match Afrique*), Régis Le Sommier (Tchad et Mali avec les régiments français d'élite), mais aussi Olivier Royant, notamment par son entretien avec Nelson Mandela en Afrique du Sud, ont marqué les grands événements de leur griffe.

Et les femmes ?

L'une d'entre elles, qui avait déjà beaucoup baroudé de Gaza à l'Afghanistan, n'a jamais oublié le choc provoqué par la seule vision des « enfants soldats » en Côte d'Ivoire.

Quand elle arriva de *VSD* en 1996, Caroline Mangez subit à *Match* une sorte de bizutage orchestré par une secrétaire chiffonnée.

Naturellement éveillée au baroud, elle se distingua d'abord en s'immergeant dans une cité de banlieue, non sans affronter menaces et horions de caïds sans foi ni loi ; ainsi que la stigmatisation des caciques d'une municipalité stalinienne… Bien que « vécu » et relaté en conséquence, le reportage lui valut la suspicion « idéologique » des professionnels de la profession au point que Roger Thérond lui-même dut balayer la mauvaise foi des « bœufs carottes » de la bien-pensance.

Afghanistan, Pakistan, Irak, Israël devinrent ses terrains de chasse.

L'Afrique aussi.

Dès l'annonce du coup d'État au Niger, à l'été 2023, donc, lui revinrent en mémoire les souvenirs, vécus 20 ans plus tôt, d'un reportage mené « à feu et à sang » en Côte d'Ivoire, pays ravagé par l'affrontement sanglant entre les partisans du président Laurent Gbagbo et ceux de son principal opposant, Alassane Ouattara. Attaqué chez lui, par un « escadron de la mort » celui-ci trouvera refuge à la résidence de l'ambassade de France, située au bord de la lagune.

De l'Élysée (Chirac) à Matignon (Dominique de Villepin), le sujet mobilisait les forces et les esprits.

Contrairement à la junte de quadras enrobés posant sous le béret vert et les lunettes noires aux marches du palais présidentiel, à Niamey, en 2023, ce sont des gamins à perruques noires, autoproclamés « Small Boys Unit » (« les enfants soldats »), qui tenaient le pavé en Côte d'Ivoire. Ils étaient commandés par un « Général » de 13 ans, surnommé « Trained to Kill » (« entraîné à tuer »).

Photographiés par Alvaro Canovas, certains traînent déjà un solide bagage de « guérilleros » des savanes. Au Liberia limitrophe, 15 000 gamins ont, en effet, été enrôlés de force pour prendre part à la guerre civile. Sept ans durant (jusqu'en 1996), celle-ci a ravagé le pays. Ceux qui sèment la terreur en Côte d'Ivoire ne sont autres que les rescapés de ces hordes de tueurs armés de couteaux de chasse et de fusils d'assaut. Ils parcourent les rues des villages à bord de « pick-up à mitrailleuses », narguant les légionnaires français ou les fusiliers marins, à Man.

À l'été 2023, l'aéroport Diori-Hamani de Niamey voit s'agglutiner la file des ressortissants français évacués. Naguère c'étaient les pistes de l'aéroport d'Abidjan. Mêmes images, mêmes scénarii.

La nuit, les rebelles se retrouvaient en boîte à siroter des « Flag » ou des « Princes », la bière locale… Caroline se souvient :

Alvaro et moi étions entrés les premiers à Bouaké, une ville distante d'une centaine de kilomètres de Yamoussoukro. Nous devons alors gagner Man, ville frontière du Liberia, très agitée. J'y ai un contact. Nous voici au checkpoint de la Légion. Le colonel Morin, chef de corps, nous accueille. En attendant les autorisations de passage, nous dormons au milieu du campement des bérets verts.

Reste ensuite à franchir la zone rebelle tenue par des mercenaires venus du Liberia : « Alors, mademoiselle, on veut passer ? », m'interpelle un dénommé Blaise, hirsute, le cou ceint d'un collier de gris-gris brinquebalant. Il appartient à une ethnie anti-Gbagbo, très brimée par le Pouvoir, pour qui les frontaliers sont tous des étrangers à la Côte d'Ivoire.

Il nous servira de guide et, ricane-t-il, de « protecteur ».

Nous roulons alors dans une voiture de fortune, rassurés par le plein d'essence effectué dans une station de hasard où, sous les tôles écrasées de soleil, je dégote une improbable cassette, la seule à traîner sur un vague étal. Une cassette du chanteur... Julio Iglesias, à la voix de velours.

Notre chauffeur-guide, un capitaine de la rébellion, nous dépose en musique devant une maison délabrée aux fenêtres barricadées : « Ne bougez pas. Ne faites pas un pas sans moi », ordonne-t-il. À peine s'éloigne-t-il, que nous décidons de... faire le mur !

À quelques pas de là clignote une sorte de boîte de nuit aux lumières déglinguées. Pas que les lumières d'ailleurs. Les jeunes – tous des rebelles – ont pas mal fumé d'herbes... Ganja Blues !

Soudain le DJ dégingandé prend le micro et hurle de criardes « spéciales dédicaces à... Paris Match *», mais aussi à Alvaro et à moi. Cela déclenche toutes sortes de réactions, des plus sympas (rigolade) aux plus hostiles (gestes farouches et agressifs).*

Tous nous dévisagent comme des intrus, pas forcément bienvenus. Certains s'écrient : « Vive Paris Match *! Allez Caroline ! » D'autres, moins fêtards et plus sanguinaires miment carrément des scènes d'égorgement. Il y a un peu d'énervement de part et d'autre. Il s'ensuit un début de bousculade. Ça craint.*

Nous décidons de partir. Alvaro acquiesce d'un clin d'œil entendu. Le lendemain matin, le « capitaine » surgit avec un couple aussi déglingué que les autres « guerriers teufeurs ». Lui, turban noué, dashiki chamarré en wax. Elle, comme corsetée et portant un caleçon moulant. Ils décident de nous « exfiltrer » de Man et proposent même de nous escorter jusqu'à Dueke, un poste tenu par les légionnaires français.

Finalement, après d'âpres palabres, refusant d'atteindre la destination promise, ils nous larguent aux avant-postes où l'on devine en cette fin de matinée des gamins surarmés, en perruques, des enfants soldats du Liberia voisin. Ils semblent danser comme des ombres chinoises. Le danger est partout, d'autant qu'une voix sortie de nulle part, ordonne de placer les voitures en position de tirs.

Je réfléchis aux deux hypothèses possibles : soit ils « rafalent », à l'aveugle, au risque de déclencher la riposte des légionnaires, soit ils attendent un moment propice pour tirer à vue. J'entrevois le pire, par exemple, un risque supplémentaire et non des moindres : celui des réservoirs (pleins) de nos voitures explosant sous un feu nourri.

Une idée farfelue me traverse la tête : faire rire ces gamins allumés dont on ne peut présager aucun comportement. Alors nous mettons l'autoradio à fond qui balance du Julio Iglesias à tue-tête... Du Julio dans la brousse ! Soudain, nos gardes du corps, qui se tenaient à l'écart, reviennent et, comme illuminés, les enfants soldats se trémoussent sur le rythme latino.

Elle en rit encore de nos jours : « Il m'en aura coûté une demi-douzaine de canettes de bière chaude ! »

Caroline Mangez y gagnera le prix Louis-Hachette pour sa série d'articles publiés en 2002 ! Moins de 20 ans, plus tard (en octobre 2021), elle sera nommée directrice de la rédaction, dans mon immédiat sillage. Devenant la première femme dans l'histoire de *Paris Match* à ce titre.

Agences

Ni agence immobilière, quoique *Paris Match* a souvent changé d'adresse... Ni agence matrimoniale, quoique « si les reporters couraient après les stars, les starlettes couraient après les photographes de *Match* » selon l'humoriste américain Art Buchwald. L'actrice italienne Gina Lollobrigida, incendiaire sex-symbol des années 1960, embellira ce joyeux clin d'œil à l'égard de l'ego masculin : « Il n'y a pas que les cabines de chez Dior où les hommes chassent le mannequin ; nous aussi, les femmes, avons notre cabine : celle de Paris Match. » Autrement dit : il y a toujours un reporter de choc à y débusquer pour sceller une toquade sans lendemain... De quoi alimenter légende et fantasmes d'époque, à faire s'empourprer plus d'une néoféministe. Jean Prouvost se régalait de ces séductions candides que l'écrivain maison, Guillaume Hanoteau, en subtil parolier de théâtre, s'empressa de faire swinguer sous sa plume.

En fait, l'agence reine du photojournalisme, c'est l'agence photo...

La multiplication des enseignes (Magnum, Capa, Sygma, Gamma, Sipa, Corbis, H&K, Bestimage, Starface, etc.), à partir des années 1960, a fait de leurs vendeurs d'authentiques représentants de commerce, aussi madrés et familiers qu'omniprésents.

Face au staff de *Paris Match* qui compta jusqu'à 25 photographes maison, les reporters d'agence, copains de terrain ou non, imposèrent vite leur savoir-faire en concurrents (souvent) enviés. Et vice versa.

Entre confrères, tous se connaissaient, se croisaient au bar du coin, au restaurant de fortune, à l'hôtel providentiel ; ils s'évitaient plutôt sur « les coups chauds », prompts – par nature ou par instinct – à se détacher de la meute, tant il est de bonne guerre et d'un meilleur rapport d'arpenter les scènes d'action en loups solitaires. Chacun pour soi, telle est la règle en reportage.

Les vendeurs étaient leurs intermédiaires, des commerciaux aguerris, plus forts en arithmétique élémentaire (les tarifs à la double page, à la couverture, au portfolio) qu'en pourvoyeurs de « légendes ».

Ces brèves informations (où, qui, quand, pourquoi ?), moins fournies en densité que les tweets d'aujourd'hui, permettent de nourrir l'exactitude des textes.

En 1977, Maurice Siegel, figure des années pionnières d'Europe n° 1, la radio périphérique devenue Europe 1, créa *VSD*.

Sous l'abréviation des trois jours d'un week-end rêvé (vendredi, samedi, dimanche), il imagina un hebdomadaire de loisirs à connotation « aventure et nature », s'inscrivant dans l'air du temps.

Dès 1980, il décida d'aller plus loin. Il cala carrément son titre dans la roue de *Paris Match*, tant sur le terrain du photojournalisme, de l'enquête et du fait divers, que sur la moisson corrosive du « paparazzisme ». Pour les agences, c'était du pain bénit. Car, à part *Le Figaro Magazine*, supplément du week-end, l'hebdomadaire *Elle*, qui se battait sur le glamour et les top models (très en vogue alors), *Gala*, organe du Tout-People, créé par un groupe allemand douze ans après *VSD*, *Paris Match* n'était plus la seule porte d'entrée.

Michel Sola, gardien du temple

Pour la garder, d'un œil sévère, quasiment celui d'un physionomiste de casino, un *doorman* aux clés d'or… Il s'appelait Michel Sola. Grandi sur le tas (formé au labo photo) sorti du rang donc, Sola se montrait volontiers sous le jour d'une nature bougonne et taciturne. D'un physique enveloppé, connu pour son coup de fourchette de bougnat, il détenait le carnet de chèques en blanc le plus cossu de la presse parisienne. Aussi les vendeurs d'agence s'agglutinaient-ils, dès la première heure, dans l'antichambre jouxtant son bureau ; au pire dans le long couloir attenant bordé de cloisons plates et grises.

Là, secondé par le précieux Didier Rapaud, il prenait plaisir à faire traîner les visiteurs, jaugeant leur patience au coup d'œil. Pour ce faire, il s'attardait à loisir au-dessus de la table lumière, où défilaient d'interminables séries de diapositives scrutées au compte-fils, une loupe à fort grossissement. Sauf urgence, forcément signalée en amont, les vendeurs, attachés à de lourds porte-documents garnis de tirages photos, faisaient souvent banquette.

Enfin venait leur tour. Un signe de tête et voilà l'austère et strict Alain Dupuy, en piste sous le dossard de l'équipe Sygma. Puis François Caron, de Gamma ; et déjà le volubile Michel Chicheportiche défendant à l'orientale, gestes et tchatche à l'appui, les couleurs de Sipa.

Pour ces vieux routiers du négoce, Sola avait un mot, un salut, un « *Hello* » plutôt. Sans rire, Sola se targuait de pratiquer l'anglais basique aux formules mâchonnées comme un vieux chewing-gum. De savoureuses interjections traversaient les cloisons vitrées : *« No me gustan your pictures ! »* ou *« Too much expensive, demasiado caro ! capito ?* »

Aux vendeurs expérimentés on ne la faisait pas et des rires, faussement complices – il y avait un enjeu au bout, celui du bon de commande – concluaient l'acte d'achat. La scène tenait du poker menteur.

Les débutants de « la négo » appréhendaient l'épreuve, vécue comme un bizutage. Difficile pour eux de s'aligner sur le bagout des marchands de rêve, leurs aînés, au bluff consumé.

Restait à surmonter l'exercice muet d'une banderole punaisée au-dessus d'une collection de bibelots de fête foraine. Si le sujet proposé lui paraissait nul, ou le plus souvent hors de prix, Sola saisissait une règle de maître d'école ; la tournant fermement vers le panonceau, il laissait l'impudent lire lui-même son « zéro pointé » souligné par ces mots : « Une merde exclusive reste une merde ! »

De ces saillies, dignes du répertoire d'un maquignon comptant les bouses à la fin de la foire, Sola a laissé des dizaines d'empreintes dans la mémoire collective (des bonnes, heureusement, car il avait l'instinct du scoop ; des passables aussi) dont une déroutante démonstration réflexe qui, depuis, a fait école...

Au début des années 1990, un jeune vendeur d'agence s'accrochait à l'espoir de placer un close-up inédit sur l'acteur américain Tom Hanks. C'était avant que celui-ci atteigne la consécration avec *Philadelphia* et loin encore de sa performance d'acteur dans *Forrest Gump.*

Sola, l'air concentré, acteur manqué à sa façon, ne masque pas sa perplexité. Il fait mine d'ignorer son nom : « Tom *Who* ?!, s'exclame-t-il, feignant la mauvaise humeur.

— Tom Hanks ! Un grand nom déjà. Vous ne pouvez pas passer à côté, Michel... Ce reportage est un scoop, une exclusivité.

— Et tu en veux combien de ton Tom *Who* ? Tom qui ?

— Tom Hanks...

— C'est déjà trop cher. Personne ne le connaît.

— Mais si, faites-moi confiance. Il est déjà une tête d'affiche en Amérique.

— Et chez nous, tu crois qu'il est connu ? Tu t'imagines que la Française moyenne sait de qui il s'agit. Tiens, je ne sais pas moi, prenons une commerçante anonyme, disons à Carpentras, par exemple, ville moyenne type ; tu crois qu'elle saura de qui tu parles ?

— On parie ? »

Joignant le geste à la parole, Sola saisit son téléphone de bureau et appelle, à l'aveugle, une boulangerie de Carpentras : « Bonjour, madame, vous êtes bien boulangère à Carpentras ?

— Oui, monsieur.

— Ici, Michel Sola, à *Paris Match*. Pardon de vous déranger, j'ai juste une question : madame, connaissez-vous Tom Hanks ?

— Qui, monsieur ?

— Tom Hanks.

— Désolée, jamais entendu parler…

— Merci, madame. »

Et il raccroche, pointant sa règle de maître d'école vers la sentence fatidique. Dans le même mouvement, il se tourne vers le visiteur déjà mis K.-O. debout et, d'un ton faussement sévère, mais définitif : « Tu vois ton Tom *Who*, il est inconnu du public. Alors, arrête de me les briser… »

Déconfit, sans espoir de réplique, le vendeur se retira bredouille avec, pour gage de consolation, un caricatural casse-noix de cantine scolaire ! Ainsi était Sola…

Algérie

Ne refaisons pas ici la guerre d'Algérie (1954-1962) dont le bilan humain tourna cruellement à la comptabilité macabre : 25 000 à 30 000 soldats français y ont perdu la vie. Les pertes algériennes (« rebelles » ou « fellaghas » selon la terminologie) sont généralement estimées à 250 000, un chiffre rarement atténué.

Quinze couvertures de *Paris Match* ont été dédiées au drame de l'Algérie, dont quatre – après le 13 mai 1958 – consacrées au général de Gaulle. Certaines ont fait date. Toutes ont justifié une intense mobilisation de la rédaction. Les reporters qui les ont suscitées sont entrés, en leur temps, au panthéon du journal. Il en est ainsi de Jean-Pierre Biot, ancien photographe aux armées. Para, il avait sauté sur Suez en 1956. Il eut le triste privilège de ramener les corps de David Seymour, de l'agence Capa, et de Jean Roy, l'une des figures de *Match*, tués sur le canal de Suez par les troupes égyptiennes. Conduite par Roy, la plaque d'immatriculation avait pour numéro celui du standard téléphonique du journal : BAL 00 24, ultime repère, point d'ancrage et de fidélité à la maison mère.

Jean-Pierre Biot se rêvait dans le rôle d'un nouveau Marc Flament, le photographe attitré du général Marcel Bigeard. Il avait cosigné les albums *Piste sans fin*, *Aucune bête au monde* quand les « centurions » en tenue léopard ratissaient le djebel. Au seuil des années 1960, *Paris Match* lui ouvre ses portes. On l'envoie au bureau d'Alger que dirigeait Claude Paillat. Ce dernier se fera historien de la chronique algérienne après avoir été écarté de son poste sous la pression du gouvernement général (Robert Lacoste) ; par un soir trop arrosé, ce colosse à voix de ténor avait hurlé sous les fenêtres d'un sénateur parisien qui dormait à l'hôtel Saint-Georges : « Où étiez-vous les élus lors de l'attentat de Philippeville [123 morts en 1955] ? Dans votre lit ? » On était dans le prolongement de ce qu'on a appelé la « Toussaint rouge » (novembre 1954) qui sonna le début de l'insurrection sanglante, un an plus tôt...

Biot débarque à l'époque où de Gaulle, de retour au pouvoir le 13 mai 1958 balance entre deux serments : « Vive l'Algérie française ! » clamé, en juin, à Mostaganem, et l'appel à l'autodétermination prononcé 15 mois plus tard, en septembre 1959. Cette double posture marque un tournant dans la politique algérienne du Général. Les pieds-noirs (Européens d'Algérie) se sentent pris à revers, nombre d'officiers, au caractère trempé par la guerre d'Indochine, sont désemparés. Biot vibrionne au cœur de cette ébullition. Il multiplie les contacts, pénètre les réunions secrètes, fréquente d'apprentis activistes, collectionne les reportages dans les coulisses de Bab El Oued, le quartier des familles modestes où couve l'incendie. Enfin, piloté par Jean Taousson, un confrère de son âge (la trentaine) et Gabriel Conesa, reporter à *L'Écho d'Alger*, très engagés dans l'action, il fait ami-ami avec un ancien étudiant, devenu député qui arbore, comme lui, hier, la tenue camouflée : le 24 janvier 1960, Pierre Lagaillarde harangue les partisans de l'Algérie française. Il transforme le Forum d'Alger en camp retranché.

Les barricades

En avance sur ses confrères, Biot s'infiltre aisément au milieu des comploteurs. Une semaine plus tard (le 1er février), le coup de force est vaincu. Médaille militaire pendante, barbe affûtée au coupe-chou, Pierre Lagaillarde chevauche les barricades qu'il a lui-même fait dresser et franchit la rue Charles-Péguy dans une allure martiale. L'insoumis au béret rouge va se rendre aux bérets verts du 1er REP (régiment étranger de parachutistes). La scène est trop belle pour échapper au Leica de Jean-Pierre Biot. Elle composera l'un des derniers barouds pour l'Algérie française.

Le putsch

Les paras légionnaires qui avaient obtenu sa reddition jouent désormais un singulier remake. Leur chef de corps, le commandant Élie Denoix de Saint Marc, met ses bérets verts du 1er REP au service d'un putsch éphémère conduit par les généraux Salan, Challe, Jouhaud (un pied-noir) et Zeller. De Gaulle taxe Salan de chef d'un « quarteron de généraux en retraite ». Ainsi sonne le glas de la sédition.

Appareil au poing, Biot se retrouve donc à nouveau sur le forum insurgé. *Match* s'y déploiera en force. Côté texte, Jean Durieux et Georges Mazoyer bâtissent le grand récit des événements. Charles d'Estainville les rejoint depuis Oran, Jean Mezerette suit l'agitation depuis Rabat, au Maroc ; à Paris,

Jean-Raymond Tournoux, familier de l'Élysée, reconstitue par le menu l'éclat de colère du général de Gaulle.

« Des feux mal éteints »

Impossible pour une signature telle que celle de Raymond Cartier, la grande figure du journal, de se tenir à l'écart de l'histoire en marche ; celles du Maroc et de la Tunisie, en rupture de protectorat, étaient déjà closes. Sans lui… ce qui avivait une certaine frustration. Journaliste tout-terrain, futur directeur de *Match* (de 1968 à 1970), Raymond Cartier avait une mappemonde dans la tête. À course de plume, il brossait d'interminables sujets de géopolitique. La moindre étude des rapports entre les données géographiques et la science politique des États était à sa main. Attaché à laisser sa marque sur le conflit, il quittera provisoirement son planisphère américain (Washington et New York étaient ses ports d'attache) pour s'emparer à son tour du cauchemar algérien.

Il s'appuiera sur une multitude de photoreportages des journalistes de *Match* : Izis Bidermanas, à Sidi Bel Abbès avec la Légion, Patrice Habans, avec les paras en Kabylie. Il en sortira un volumineux livre : *L'Algérie sans mensonge* (Hachette, 1960). D'Oranie au Constantinois, de l'Ouarsenis aux Aurès, en passant par la Mitidja, la Kabylie et les confins du Sahara, l'ouvrage respire l'esprit *Match*. Il témoigne encore, de nos jours, d'une neutralité de ton d'école, non sans empathie pour les protagonistes condamnés à livrer une guerre sans nom ; une guerre « aux feux mal éteints », comme le titre un récit poignant de l'écrivain Philippe Labro.

Cartier se posait parfois en oracle. Il aimait livrer des analyses prospectives parfois illusoires, toujours idéalisées. L'image typique de la fertilité algérienne, à travers les plaines de l'Oranie délimitées par l'Atlas, lui faisait rêver d'une nouvelle Californie.

Cent ans plus tôt, il est vrai, elles n'étaient que brousses et marécages.

Les fins dernières

Avant que sonne le glas, il y aura encore la tuerie de la rue d'Isly. 26 mars 1962 : afin de dénoncer les accords d'Évian, menant à l'indépendance sous la férule du FLN, les Européens d'Alger s'étaient rassemblés en masse auprès de la Grande Poste. Un barrage de tirailleurs du 4e régiment de tirailleurs, commandé par un jeune lieutenant dépassé, peine à maintenir l'ordre : « Dispersez-vous, hurle-t-il. Nous avons l'ordre de tirer ! » On relèvera 62 morts. Tous civils.

Quand la guerre d'Algérie prit fin, *Paris Match* accompagna l'exode douloureux des pieds-noirs, qualifiés de « rapatriés ». Parmi 1 000 photos, un cliché de Maurice Jarnoux illustre leur désarroi : un bébé dans les bras, la cage aux oiseaux et le regard perdu, les époux Tisson regardent s'évanouir Alger la Blanche depuis le pont du paquebot *Ville de Marseille.*

L'exode des pieds-noirs

Loin de la politique et des soubresauts de la rupture, Dominique Lapierre, pour *Match* embarque avec eux. « Pauvres gens, murmure le capitaine, c'est *L'Exodus* que je commande ! » Ils ont pour seuls biens une poignée de valises en carton. Lapierre collecte respectueusement les témoignages à bord. Et les chagrins. Le cri d'une fillette en larmes lui soulève le cœur : « Mamie, c'est comment la France ? »

Revenu de tout ce malheur, dont il restera une formule tragique : « La valise ou le cercueil », Dominique Lapierre se fera écrivain avec Larry Collins, dans *Newsweek.* Ils multiplieront les best-sellers internationaux, dont *Paris brûle-t-il ?* Puis il partira pour Calcutta créer auprès de Mère Teresa une hallucinante « Cité de la Joie ».

Plus sagement, Biot se reconvertira en photoreporter tout-terrain, y compris dans le sillage des célébrités : en 1968, il saisit dans son objectif Brigitte Bardot et Alain Delon dans le golfe de Saint-Tropez, lors d'une escapade en mer pendant le tournage de *La Piscine*, mais aussi Éric Tabarly, à la barre de *Pen Duick*, puis au hasard des rendez-vous bien d'autres célébrités, tels Jane Birkin, Dennis Hopper, Peter Fonda, Jack Nicholson… Il retrouvera aussi Jean-Marie Le Pen, croisé naguère lors de la bataille d'Alger, et rassemblera son album photos pour les archives.

Sans le vouloir, mais non sans innocence, il remontait alors le chemin inverse de son jeune aîné, Jean-Pierre Pedrazzini, initialement photographe de célébrités, parti au feu sur un défi lors du soulèvement de Budapest (1956). « Pedra » n'en reviendra pas. Fauché par les balles russes, il tomba le même jour, ou presque, que Jean Roy sur le canal de Suez.

Amant (L')

Des histoires d'amour et même d'amourettes, *Paris Match* en a brossé des milliers, pour le meilleur et pour le pire ; toujours pour le bonheur des yeux : pas de jeux interdits sans *paparazzo*, de toquades sans cliché, de fiançailles à grand spectacle sans coulisses, d'épousailles starisées sans intimité, de bague royale sans apparat… Roturiers propulsés nouveaux riches, éphémères têtes d'affiche, princesses d'un jour ou de toujours, rois d'aujourd'hui et reines de demain, tous ceux qui marquent l'actualité grand public et passent devant monsieur le maire – ou madame la maire – pour y délivrer un serment de fidélité fragile garnissent tôt ou tard l'agenda festif des photographes attachés aux basques des célébrités.

Au jeu de la séduction, des coups de cœur d'un soir et des conquêtes à gros titres – celles des superstars donc – *Paris Match* possède un inépuisable trésor iconographique.

Paradoxalement, il en est de même, côté pile, quand sonne le glas des amours trahies. La rupture et ses larmes ont aussi leur public…

Derrière le grand amour anobli par le romanesque littéraire, voire ces éternels feux de l'amour qui assurent la pérennité d'une addiction télé et même la cavalcade des « z'amours » à la petite semaine, surgit parfois… l'amant surprise, source inépuisable des comédies du théâtre de boulevard.

Au printemps 2023, invité à présider le grand prix de photoreportage étudiant organisé par *Match* depuis 20 ans, sous la baguette de Philippe Legrand, responsable de la diversification, j'eus droit à mon tour de parole, protocole oblige.

Face à une très forte assemblée de professionnels de la presse magazine, dont Marc Brincourt l'un des héritiers du legs iconographique de Roger Thérond, je dus improviser.

Et là, drôle d'idée, me voici soudain, sans préparation ni note de secours, en train d'expliquer au nez d'une salle déjà convertie, comment raconter une histoire en photo… Autrement dit, devoir commenter le choix des clichés d'origine, d'abord classés par le service photo en dossiers compacts, puis mis en perspective avant la mise en scène assurée par la direction artistique.

Flash providentiel : *L'Amant* de Marguerite Duras vola miraculeusement à mon secours. Micro en main, j'échappai soudain au blanc qui guette le bateleur d'estrade.

L'histoire doit tout à Roger Thérond, l'homme qui montait les séquences du journal à la manière des *short cuts* d'un réalisateur de cinéma américain. Harry Luce, lui-même, le créateur de *Life* aux États-Unis et donc le pionnier du genre, maîtrisait déjà, en son temps, la technique qui consiste à animer les clichés.

Il regroupait des images isolées en ordonnant, derrière la photo-choc de la semaine – son *lead* – un déroulé enrichi d'émotion.

Thérond, lui, réclamait perpétuellement le début et la fin d'une histoire. Il l'appelait « le A à Z ».

Au pied de la tribune qui dominait la grande salle de gala à la mairie de Paris, l'assistance, très professionnelle – à qui on ne la faisait pas, donc – fixait la scène, attisée par cette fameuse promesse du A à Z. Je l'embarquai alors dans une plongée, vieille de trente ans, dans le sillage de Benoît Gysembergh. Le sujet remontait à 1992.

Inoubliable figure du photojournalisme, Benoît était en reportage à Saïgon. À 2 heures du matin, heure du Vietnam, le téléphone sonne dans sa chambre de l'hôtel Rex. Un appel de Paris, où la conférence de rédaction vient de se terminer sur un coup de théâtre. Au bout du fil, Chris Lafaille, chef des infos : « Benoît, il faudrait remonter la trace d'un certain Huynh Thoai Lé…

— Pardon Chris, qui ?

— Huynh Thoai Lé, l'amant de Marguerite Duras… »

Sûr de son savoir-faire, le service photo avait déroulé un très joli sujet magazine sous les yeux gourmands de la rédaction en chef : un recueil bien structuré de clichés pris sur le tournage de *L'Amant* de Jean-Jacques Annaud, film inspiré du roman de Marguerite Duras. S'y ajoutait un texte original, le journal de Jane March, la petite actrice au minois de félin. Elle incarnait la jeunesse en Cochinchine de l'auteure auréolée du prix Goncourt, huit ans plus tôt, pour cette œuvre exotique aux parfums d'érotisme, un succès de librairie.

Sous les yeux de notre petite cellule, défile alors l'esquisse d'un spectaculaire cahier couleurs de 16 pages, assurance partagée d'un prébouclage serein autour du numéro à venir.

C'est alors que de sa voix de bronze (à n'imiter qu'entre amis), Roger Thérond, brisa l'harmonie : « Mais dites-moi, cet amant, c'est qui ? Que sait-on de lui ? À qui, à quoi ressemblait-il ? Vous avez une photo de lui ? » Silence dans les rangs, Thérond tirait négligemment sur sa barbe, Jean Cau sur son fume-cigarettes... Tous les autres se regardaient sans mot dire, comme interloqués. C'est alors que Michel Sola et Didier Rapaud, les figures de la photo, avancent timidement : « Et si Benoît... ?

— Comment ça Benoît ?

— Eh bien, renchérit Jean Durieux, patron de l'info, Gysembergh est justement au Vietnam. Cela fait un mois qu'il galère pour construire un sujet autour de l'adoption des enfants orphelins. Vous savez, Roger, ces couples sans gamins, qui croient trouver la solution dans les orphelinats du Vietnam ou du Cambodge.

— Eh bien ?

— Il est bredouille. Les couples sollicités ne veulent pas se confier.

— Et s'il nous trouvait plutôt les vraies photos de "l'amant". Il était bien vietnamien, non ?

— Oui, d'origine chinoise. »

Et c'est ainsi, en pleine nuit, que Benoît Gysembergh reçut mission de pister ce Huynh Thoai Lé, dont nul, à part Marguerite Duras elle-même, n'avait gardé l'improbable souvenir.

Une amie franco-vietnamienne, Marie Da Silva, le mettra sur la piste. Elle le mènera à Sa Dec, village de pêcheurs surplombant un bras du Mékong, là où les descendants de « l'illustre » – des commerçants chinois – rapidement localisés, lui confieront leurs photos de famille d'autrefois. L'une d'entre elles, un portrait pris en France dans la jeunesse estudiantine de « l'amant » clôturera le livre album *La Photo en première ligne* (Filipacchi-Sonodip, 2001) un titre que j'eus le bonheur de proposer à Benoît et qui coiffait l'ensemble de son œuvre journalistique. Cet ouvrage, riche en « scoops » d'école pour étudiants en journalisme, sortira en 2008. Benoît doubla l'expérience en publiant une ode aux photographes de *Paris Match* : *60 ans de photographies* (La Martinière, 2009) à l'occasion de la sixième décennie de *Match*. La maladie l'emportera en 2013, à 58 ans.

Jusqu'au bout de ce reportage insolite, Benoît Gysembergh resta taraudé par le risque de s'être laissé abuser par des intermédiaires « véreux » souvent tapis dans les villages qui ceinturent les méandres du Mékong : « Ton Chinois, t'es vraiment sûr que c'est le véritable amant ? », l'avait brusquement interpellé Michel Sola, tandis que le journal tournait déjà, à l'imprimerie…

Marguerite Duras, elle-même, délivra Gysembergh de ses angoisses. Invitée sur un plateau de télévision, elle s'emporta contre la mise en scène d'Annaud et s'acharna sur l'acteur choisi pour le rôle-titre : « Vous avez vu la tête de cet abruti ! Je vais vous montrer, moi, à qui ressemblait vraiment l'amant ! » Et elle sort de son sac, le reportage de *Paris Match*. Un reportage réussi « de A à Z », comme l'exigeait Thérond.

La carrière de Benoît Gysembergh va bien au-delà de l'anecdote d'un soir qui fit le sel de notre soirée à la mairie de Paris.

Son bagage de « gentleman reporter » (le Leica en bandoulière) était tel que, des Balkans au Rwanda, les journalistes de tous les horizons s'agglutinaient autour de lui pour mieux savourer ses confidences intitulées *Le Jour où*, comme les qualifia

Jacques Chirac lui-même, dont Benoît fut l'un des photographes quasiment attitrés. Du vu, du vécu, c'était tout lui. Il était un conteur né.

N'avait-il pas eu l'idée saugrenue, défiant tous les cartographes, d'aller refaire l'itinéraire de Jules Verne autour du monde ? Il en rêva. Il le fit, grâce à la tradition universelle du « grand *Paris Match* », héritée d'une rubrique pionnière : « Univers *Match* ». Olivier Royant, alors stagiaire, prit son pas, 40 jours durant…

Au palmarès du grand Benoît, silhouette altière, finesse intellectuelle et faconde sans apprêt, il reste une œuvre de 600 doubles pages publiées en 25 ans de collaboration avec *Paris Match*, dont une insolite équipée sur la trace de l'Équateur, une ligne imaginaire longue de 40 000 kilomètres et qui partage la carte du monde en deux. Il était aussi qualifié pour les missions dites « chics » (côté people) avec Catherine Deneuve ou Michel Piccoli, par exemple. Jamais avare d'inédit, il tenta une expérience en solitaire « à la Robinson » sur l'îlot perdu de Clipperton, un rocher planté en plein océan Pacifique (souvent désigné comme l'atoll le plus isolé du monde) avec pour seule population, une infinitude de crabes rouges…

Benoît était aussi à l'aise dans la solennité des voyages présidentiels (avec Chirac) que face au défi des fracas du monde : guerres en Érythrée, sur la Corne de l'Afrique, en Somalie, en Amérique du Sud (Salvador et Nicaragua), siège de Sarajevo, génocides au Cambodge et au Rwanda (qui le marqueront à jamais). Il vécut aussi la reddition martiale des mercenaires de Bob Denard aux Comores.

Outre le souvenir d'expositions photos à couper le souffle, tel l'exode des Hutus, au Rwanda, après le massacre des Tutsis, ou le retour poignant de Simone Veil à Auschwitz, sur une idée d'Alain Genestar alors directeur de *Match*, il nous a légué quatre livres dont deux consacrés à la Légion étrangère : *Les Fortes têtes* et *Toujours en avant*.

Consécration post-mortem : l'académicien Jean-Christophe Rufin lui dédie son roman *Le Collier rouge* (Gallimard, 2014), inspiré d'une anecdote que Benoît lui avait contée, en reportage, lors des soulèvements tragiques du Printemps arabe.

Amour(s)

Liz Taylor et les autres…

En quelque sept décennies, notre collection embrase les mythologies modernes placées sous le signe d'Éros, Psyché et Cupidon, selon la référence grecque ou romaine.

Nombre de têtes d'affiche, devenues têtes de gondole à la devanture des marchands de presse, ne se sont pas contentées de passer la bague au doigt de leur promis(e). Elles ont renouvelé plus d'une fois le serment « pour le meilleur » ; même si derrière les fastes et la fête d'un jour le pire leur pendait parfois au nez.

Ils forment la cohorte sans fin des « couples de légende ».

Bénies des dieux de la Volupté, certaines femmes propulsées sous le label de star iconique illustrent le donjuanisme au féminin, qui fut la marque d'une époque sans tabous.

Du haut de ses huit mariages avec sept hommes différents – l'acteur Richard Burton l'épousa deux fois – Elizabeth Taylor (alias « Liz ») rayonne à jamais sous le diadème de la conquérante absolue. On la surnomma « la croqueuse d'hommes », mais surtout « la croqueuse de diamants ». Parures de saphirs, d'émeraudes, rivières de diamants garnissaient sa garde-robe, habillant de somptueux décolletés.

Ce n'est pas un hasard donc, si derrière sa (ses) traîne(s), elle a drainé les plus grands photographes (Herb Ritts, Helmut Newton, Annie Leibovitz, Bert Stern). Par la force de l'image posée, consentie, rêvée même, ils ont tissé, pour le ravissement du public, la saga amoureuse de la moderne « Cléopâtre ».

Son premier couronnement amoureux a les collines de Hollywood pour théâtre de lumière. On est en 1956. Le producteur Michael Todd, 47 ans, donne rendez-vous à l'actrice, 24 ans. Pour un film ? Non. Il lui lance : « Voulez-vous m'épouser ? » Entre autres joyaux, il lui offre une bague sertie d'un diamant de 29 carats et une tiare Cartier. Ils se marient le 2 février 1957. Leur fille naît l'été suivant, un bonheur de courte durée pour le couple. Un an après les épousailles, l'avion de Mike s'écrase. Veuve à 26 ans, Liz est dévastée. Une photo de couverture de *Paris Match* rend grâce à sa beauté au-delà du deuil et du chagrin. Son regard d'améthyste nous fixe sous la mantille noire qui couvre la moitié de son visage. Radieuse dans l'adieu.

Enfin, Richard Burton vint. Avec le colosse à trogne et aux épaules de rugbyman, fils d'une serveuse et d'un mineur gallois, ils forment, dès leur rencontre en 1961, le couple le plus en vue de la planète. Elle trouve en lui un séducteur à sa démesure.

Pour *Paris Match*, Claude Azoulay les photographie, hilares, devant une table rustique revêtue d'une nappe à carreaux et deux verres de blanc de Touraine. Ils viennent de tourner *Le Chevalier des sables* en Californie et aux studios de Boulogne, aux portes de Paris. Cette intrigue d'une pasionaria hippie déjantée et d'un pasteur emporté par une passion adultère colle aux aventures extraconjugales des deux stars, amants scandaleux quoique jeunes mariés. On est en 1964. Ils divorcent dix ans plus tard. Puis se remarient : tumulte, frasques, bagarres, balisent alors leur quotidien. Dans ses bras, elle revit les orages de sa première union avec Conrad Hilton qu'elle épousa, à 18 ans, en 1950.

Pour célébrer leur union tapageuse aux yeux du monde, Burton révèle le prix de la parure d'émeraude qu'il lui a offerte : 1 million de dollars ! Un rite, fait d'éclats, s'instaure vite entre Richard et elle : à chaque insulte (ou gifle), une pierre précieuse ! « Plus il y en a, confesse Liz, mieux c'est… »

L'exhibition tourne à la débauche somptuaire.

Dans *Match*, la romancière Irène Frain commente les caprices de cette chatte doucereuse qui vire à la tigresse en fureur : « Très jeune déjà, Liz mesurait la tendresse qu'on lui porte aux pierres précieuses dont on la couvre. »

Dans son *Journal intime* (Séguier, 2021), Richard Burton confessera : « Nous ne pouvions vivre l'un avec l'autre… mais ne pouvions survivre l'un sans l'autre. »

Dix ans plus tôt, Liz était partie, au terme d'une existence brûlée par tous les bouts. Victoria, la fille de l'acteur Yul Brynner – dont Jack Garofalo tira d'insolites portraits tandis, par exemple, qu'il passait sa calvitie mythique au fil du rasoir – était parmi les rares intimes à veiller Liz au 700 Nimes Road, à Los Angeles, là où tant d'invités célèbres (Michaël Jackson, Johnny Depp, David Hockney) s'étaient mêlés si souvent à ses nombreux enfants et petits-enfants. Malgré sa peine, Victoria avait souri en apprenant la dernière lubie de sa marraine : « être en retard de quinze minutes pour ses funérailles ». Liz était toujours en retard. Victoria l'appelait « ma fée ». C'est à elle, longtemps jeune photographe à *Paris Match*, que le journal confia le requiem.

Contrairement à Liz Taylor, ployant sous les joyaux, l'atout de Brigitte Bardot était sa nudité. Claude Azoulay, Jean-Claude Sauer, Jack Garofalo ont croqué, plus qu'à leur tour, sa beauté naturelle.

Avec B.B., l'amour et la vie se conjuguent donc au naturel. Un galant prétentieux qui la chipa à Roger Vadim eut ce mot arrogant : « Je ne l'ai pas volée à Vadim, je la lui ai empruntée. » Parole déplacée, car, tout au contraire, c'est elle qui choisissait ses hommes.

Des records et des hommes

En France, Johnny Hallyday, rocker frénétique mais aussi crooner pour ces dames, Alain Delon aux amours félines (Romy Schneider, Mireille Darc), Jean-Paul Belmondo – toutes pendues à son cou, d'Ursula Andress à Carlos Sotto Mayor – font la course en tête.

Dès son premier 45 tours, en 1960, Johnny hurle : *T'aimer follement.* Sa vie suivra le rythme de ce tempo viril, jusqu'à son dernier cri révélé post-mortem à la Toussaint 2023.

On lui connaît quatre épouses : Sylvie Vartan, flamme blonde labellisée *Salut les copains*, Babeth Étienne, symbole d'une union de saison à Los Angeles, Adeline Blondieau (deux fois mariée), Laeticia, enfin (25 ans « d'amuuuur ») jusqu'au dernier souffle…

Une multitude de soupirantes a meublé ses nuits blanches, dont l'actrice Nathalie Baye (qui lui donnera une fille, Laura) et « la vénéneuse » Nanette Workman, sexy-choriste canadienne, qui lui fit mesurer le trajet Paris-Nashville et retour par la ligne trop blanche des substances interdites.

Sa fureur de vivre, digne de James Dean, tourna souvent à *L'Équipée sauvage.*

Et Catherine Deneuve dans tout ça ? On ne prête vraiment qu'aux riches… Une multitude de cailloux blancs conduisent à remonter sa piste. On sait de source *Paris Match* (en 1993) que c'est bien pour elle que Johnny a chanté *Retiens la nuit* dans le film bluette *Les Parisiennes*, en 1962.

Pour les intimes, et d'après les révélations faites à Gilles Lhote, le biographe officiel de « l'idole » (*Destroy* chez Michel Lafon, 1997) lors d'une croisière caribéenne, en 1997, à bord du yacht *Only You*, la mystérieuse « Lady Lucille » que Johnny a chantée et dont des témoins attestent avoir vu une couronne de fleurs déposée à ce nom, lors de sa mise en terre au petit cimetière marin de Lorient, à Saint-Barth, c'est « la reine Catherine ».

On ne se lasse pas des liaisons cachées ou soudainement révélées par la grâce de l'image à *Paris Match*.

Liz Taylor et B.B. « Don Juan au féminin », Johnny, « l'amour fou », Delon, « la fureur d'aimer », etc. Tous nourrissent l'imaginaire de leurs adorateurs.

Et que dire des amours tragiques d'Édith Piaf et de Marcel Cerdan, l'année même de la naissance de *Paris Match* ? L'un et l'autre firent la couverture du magazine. Lui en 1949, année de l'accident d'avion qui l'emporta contre une montagne des Açores. Elle, en 1963, quand son décès éclipsa celui de Jean Cocteau.

Où retrouver désormais le numéro de *Look* – grand concurrent de *Life* aux États-Unis – qui relatait par le texte et l'image les amours clandestines de Marilyn Monroe et d'Yves Montand ?

Comment suivre la chronique du trio Brad Pitt-Jennifer Aniston-Angelina Jolie depuis la menace (non appliquée) de la mise à l'écart des bouquinistes parisiens, pourtant classés par le ministère de la Culture au patrimoine immatériel de l'inventaire français ? « Pour vivre heureux, vivons cachés », assène le proverbe.

François Mitterrand en fit sa devise. De la future télé speakerine Catherine Langeais à Anne Pingeot, mère de Mazarine, tout de ses amours romanesques défila dans *Paris Match* en 1994. Avis aux amateurs (et aux chercheurs).

Nicolas Sarkozy, président vif-argent, prompt à la relève, après les années Chirac aux éphémères passades et premier président divorcé, s'élança à la conquête de Carla Bruni, le top model, devenue chanteuse. Il obtint sa main et l'épousa secrètement, ou presque, à l'Élysée même.

S'il fallait un cinéaste pour tourner la ronde des romances, il s'appellerait Claude Lelouch. Le cinéaste avance une imbattable expertise : « Depuis l'âge de 18 ans [il en a 84], je n'ai pas été célibataire une seule seconde », nous confia-t-il en 2002. Et ça dure ! Eddy Barclay, cigare au bec (et huit mariages) en aurait bien signé la musique…

Anecdote

D'une jovialité théâtrale, Raymond Castans était présent aux premières heures de *Paris Match.*

Après l'orage de mai 1968 qui bouleversa la rédaction, puis un intérim confié à Raymond Cartier, ce Provençal haut en couleur – et qui en jouait – en devint le directeur.

L'anecdote était son dada. À ses yeux, elles constituaient « les perles brillantes du journalisme, l'histoire vue par le petit bout de la lorgnette, par où, on voit plus petit, certes, mais plus précis ».

« Faites court », demandent toujours les rédacteurs en chef. Quoi de plus court qu'une anecdote ? Il s'agit d'un instantané.

Au seuil de l'an 2000, retiré dans son village occitan du Gard, il y concoctera un recueil au titre modeste, simple et précis : *L'Amateur d'anecdotes.*

Il n'hésitait pas à tenir tête à Jean Prouvost, lui-même, son patron « de droit divin ». Par l'une des répliques dont il avait le secret, il disputa à Gaston Bonheur, son alter ego, l'audace d'un refus poli à Prouvost qui voulait baisser les frais de rédaction : « Patron, les oiseaux-lyres ne chantent que dans des cages dorées. »

Raymond Castans aimait bien, pour la galerie, « titiller » les siens. Quand il croisait Walter Carone, photographe du premier grand cru de *Paris Match*, il lâchait, non sans perfidie bonhomme et sur une note chantante : « Oualtère, j'attends toujours ta photo de Piaf et de tous ses amants… »

En fait, Piaf était en pleine romance « secrète » avec le boxeur Marcel Cerdan. Au cœur de l'idylle cachée, Castans et Carone ont rendez-vous avec Édith dans sa loge de L'ABC, grand théâtre de variétés à Paris.

Quand ils se présentent, elle commence à se démaquiller après le tour de chant. Cerdan leur ouvre la porte. Sur une table, les seaux à champagne débordent de bouteilles. Tout autour d'Édith se presse une brochette d'admirateurs… Tous sont d'anciens amants de la chanteuse des faubourgs : Yves Montand, Eddie Constantine, Paul Meurisse, Jean-Louis Jaubert (des Compagnons de la chanson). Un joli tableau de chasse. Discrètement, Castans fait signe à Carone d'armer son flash. Or celui-ci éclate… Poing en avant, Cerdan se précipite sur Walter : « Tu te souviens de ce qui est arrivé à Georges Cravenne ?

— C'est juste une lampe flash qui a éclaté toute seule », se défend timidement Walter…

Le Tout-Paris sait que pour avoir révélé la liaison Piaf-Cerdan dans *France Dimanche*, Cravenne avait reçu une gauche décochée en personne par le champion du monde des poids moyens ! Carone, un rien pétrifié, se garde de tout écart. Tournant le dos à la belle brochette des intimes d'Édith, il se contente de la photographier sagement, affairée devant la table de maquillage, puis, session bouclée, il range soigneusement son matériel et s'en va d'un pas trop pressé... Cerdan, qu'il avait déjà photographié à l'Élysée, tout sourire en mimant une série de crochets avec les petits-fils du président Auriol, le rattrape par le bras et menace : « Si ce truc paraît, tu sais, le cliché de la lampe qui, prétends-tu, a éclaté toute seule, eh bien, tu sais ce qui t'attend... »

Des années plus tard, Castans raillait encore Carone quand celui-ci lui objectait un caprice, une lubie, une toquade, ou projetait un reportage fantasmagorique : « D'accord Oualtère, mais avant de te dire oui, donne-moi d'abord ta photo de Piaf... avec tous ses amants ! »

Annapurna

La conquête du premier 8 000 mètres restera l'exploit français d'après-guerre.

Été 1950 : *Paris Match* n'a pas encore réussi sa percée prodigieuse quand l'alpiniste Maurice Herzog et Louis Lachenal, son compagnon de cordée, atteignent « le toit du monde ».

Trois ans avant que sir Edmund Hillary ne triomphe à l'Everest, ils ont gravi l'Annapurna. Tout au long du printemps, leur épopée fit le sel d'un long feuilleton couvert par la presse quotidienne, mais nul n'avait vu la moindre image de l'héroïque « première » himalayenne. Or, à l'heure des bains de mer, *Paris Match*, qui n'a pas encore atteint sa vitesse de croisière et qui est menacé dans son existence économique, a l'audace de vouloir afficher la prouesse à la une.

Long débat en interne...

Sollicités à titre consultatif, les services de vente font la moue et dénigrent frontalement l'option éditoriale, statistiques en main : « Vous n'y pensez pas ! En plein été, montrer des sherpas perdus dans la neige et des héros aux doigts gelés, c'est le bide assuré ! »

Face aux oracles armés de crayons et de vagues traitements de textes – on était loin des tableaux Excel qui font office de procès-verbal commercial, tuent l'instinct de produire et la passion de publier – la rédaction tient bon. Elle suit sa juste inspiration, quasi prémonitoire, impose une sorte de prescience aux allégations aléatoires et finit par sortir le sujet en majesté.

Le drapeau français flottant à 8 000 mètres fait sensation. Le journal s'arrache, y compris dans les kiosques qui bordent les plages. L'exploit d'Herzog et de Lachenal entre dans la légende, non sans susciter, des années plus tard, la controverse autour de la situation « exacte » de l'arête sommitale.

Loin de ces débats inaboutis entre experts de l'image et de la montagne, *Paris Match* savoure son premier grand succès public. Mieux, tandis que l'associé de Jean Prouvost, l'empereur du sucre Ferdinand Béghin, menaçait de retirer ses billes au terme de la première année (*Match* perdait 25 millions de francs), il reste dans l'affaire providentiellement consolidée. Auréolée de gloire, l'escalade signe la propre ascension commerciale du journal.

D'une génération l'autre, de René Desmaison à Catherine Destivelle, de Lionel Terray à Reinhold Messner, de Walter Bonatti à Christophe Profit, de nombreuses cordées prestigieuses défieront les plus majestueuses « verticales des fous ».

Elles illustreront le grand livre d'images que *Match* consacrera aux héros de la montagne. Ne serait-ce, depuis l'Annapurna, apogée d'avant-garde, que pour rendre hommage à ceux qui, meurtris par d'atroces gelures aux mains et aux pieds, ont propulsé tous « les conquérants de l'inutile », selon le joli mot de Lionel Terray… Autre compagnon de cordée d'Herzog et de Lachenal, bientôt pionnier du Fitz Roy, en Patagonie et du Makalu dans l'Himalaya, Terray sera victime d'une chute mortelle aux arêtes du Vercors en 1965. Il avait 44 ans.

Archives

« Soldats, songez que du haut de ces pyramides, quarante siècles d'histoire vous contemplent », harangua Bonaparte au seuil de la campagne d'Égypte.

Comparaison n'est pas raison, assène le dicton, mais la métaphore osée glisse, en un clin d'œil, à course de plume.

Cela dit, osons, oui : en 75 ans d'existence, *Paris Match* a bâti sa propre pyramide historique. Une seule collection de 4 000 numéros mis bout à bout, constitue une somme de 500 000 pages, ou presque, soit encore l'équivalent de la population du Commonwealth en nombre d'acheteurs : 2,5 milliards !

En 1958, archive singulière, profitant de quelques jours de vacances, Jean-Paul Olivier, chef des informations, s'était amusé à bâtir le carnet de bord des reporters sur l'année écoulée.

À la stupéfaction générale, il avait établi que ceux-ci avaient couvert sur mer, sur terre et dans les airs, quelque 1 390 000 kilomètres, soit 34 fois le tour de la planète ! Et de détailler, non sans gourmandise : « Sur ce total, 740 000 kilomètres sont le fait des déplacements à l'étranger, contre 650 000 en France et en Afrique. » Sur les 305 voyages effectués, 54 l'étaient en Grande-Bretagne et en Irlande. Tokyo, Johannesburg, Djakarta étaient les destinations les plus lointaines.

De ces reportages de proximité et des voyages au long cours mêlés, c'est un total de 300 000 prises de vues opérées à l'aide de 12 798 films (au format 6 × 6 et 24 × 36) qui ont été développés.

Première sur le podium des grands sujets, la science (20 sujets en douze mois) devançait le sport (19 sujets), la politique intérieure (19 articles illustrés), l'Algérie (15), de Gaulle, (14 déjà, alors que le Général n'était revenu dans l'actualité qu'à partir du 13 mai à l'appel du général Salan sur le Forum d'Alger).

Vu le nombre de kilomètres parcourus, un photographe rafla le titre de globe-trotteur numéro 1 : À Jack Garofalo, le Rolleiflex à l'épaule, revint le « ruban bleu » de ces odyssées. Djakarta, Téhéran, Trinidad, Tahiti figuraient les grandes étapes des 137 000 kilomètres parcourus par un seul homme. Son dauphin, Benno Graziani (côté textes), comptabilisait tout de même 64 300 kilomètres contre 43 000 à Dominique Lapierre. Un constat peu engageant pour la vie de couple.

Ce carnet de bord, établi sur une seule année, permet d'imaginer la richesse des archives accumulées au fil du temps.

Depuis, le trésor initial s'est fait magot. D'abord photographique : pellicules, Ektachromes, planches contact, tirages papier de grand ou de petit format, négatifs couleurs ou noir et blanc… Ces archives, placées sous la direction de Pascal Beno, occupent tout un étage (le 4e) dans un immeuble de Levallois-Perret où le journal fit une assez longue escale naguère. Slalomer entre l'alignement de boîtes jaunes, leur réceptacle, donne le tournis.

Le philosophe Bernard-Henri Lévy, en écrivain-reporter très épris de *Paris Match*, y tourna une séquence de son film documentaire : *Une autre idée du monde* (2021). Il traversa le Nigeria, l'Ukraine (à la veille de l'invasion russe, déjà), la Libye, l'Afghanistan, la Somalie, etc., autant de pays meurtris face à un Occident replié sur lui-même. C'était à quelques jours seulement du décès d'Olivier Royant, déjà très affaibli par le mal qui l'emportera. Avec Marc Brincourt, mémoire du fonds, il commentait encore, en capitaine de bord – et en homme debout – l'inventaire de ces trésors visuels.

Directrice du développement du titre, Gwenaëlle de Kerros estime son total à 14 millions de photos. Marc Brincourt, iconographe hors pair, et maître de conférences, les protège, les chérit, en explore le contenu avec un soin jaloux. De clichés « non-parus » d'époque, il fait les pépites d'aujourd'hui.

Côté textes, Françoise Perrin-Houdon, Gautier et Guillaume naviguent sans boussole sur un magot de 4 millions d'articles ou de sujets, dont 200 000 sont numérisés à ce jour.

Quarante-cinq numéros « hors-série », soit plus de 4 500 pages – dont le « must » est classé en sept décennies – produits sous ma direction, sont là pour résumer ces trésors. D'autres suivent. Cette synthèse esthétique nous contemple elle aussi, ou plutôt, pour les aspirants au savoir-faire de *Match*, reste à contempler…

Armée

Christine Terneau, l'assistante de Roger Thérond, est fille de militaire. Dans un sourire, elle aime comparer les valeurs de *Paris Match* à celles d'une petite caste aux vertus intemporelles ; comme si le journal répondait à une sorte de code d'honneur alliant discipline, disponibilité permanente, sens du devoir et du secret. Bien sûr, elle le fait avec une bonne dose de second degré.

Christine revendiquait davantage le statut de « secrétaire » à celui d'assistante, car, assume-t-elle, dans « secrétaire » il y a « secret » et « se taire », alors qu'une assistante gère… des assistés !

Souriant encore à ces évocations divertissantes, elle voyait en Thérond « le père du régiment », ses rédacteurs en chef formaient un état-major rapproché, les reporters chassaient le scoop comme des hussards en campagne, y compris au rayon du people, à la manière décontractée de joyeux permissionnaires. Quant aux paparazzi, ils montaient leurs coups en guérilleros marginaux ; une sorte de commando d'« irréguliers »...

Derrière l'imagerie d'Épinal, il y avait, peut-être, un peu de vrai.

D'ailleurs, en 2023, l'écrivain Yann Moix me lâchera cette saillie inattendue : « Pour moi, *Match* c'est un journal de paras... » Il avait en mémoire la photo de Jean Roy, posant sur le canal de Suez en tenue camouflée, cigarette à la main, sous le béret rouge (il avait sauté sur Sainte-Mère-Église en juin 1944) devant une jeep immatriculée au numéro de téléphone du journal.

Entre les années 1950 et 1960 (guerres d'Indochine, puis d'Algérie) et tout au long des années du service militaire obligatoire, pas mal de reporters ont connu le frisson des troupes aéroportées, ce qui n'était pas une exclusivité, dans la presse.

En amont, le lien tissé entre l'armée et *Paris Match* repose quasiment sur son bulletin de naissance. L'hebdo fêtait à peine ses 3 ans quand un ancien journaliste de *Paris-Soir*, attaché de presse au cheptel d'artistes conséquent, bientôt producteur et futur initiateur des César du cinéma, puis créateur des Molières du théâtre, lança « Les Nuits de l'armée » avec... *Paris Match*.

À deux ans de la chute de Diên Biên Phu, Georges Cravenne (c'est bien lui) misait sur l'adhésion du public aux valeurs militaires.

De fait, il y montera six « Nuits de l'armée », sous la direction artistique d'un véritable maître de ballet, Serge de Poligny, metteur en scène de profession. La deuxième (1953) sera placée sous l'autorité du président de la République, d'alors, Vincent Auriol.

Ce *floor-show* à l'américaine (revue à grand spectacle) passait même, entre cent tableaux, par un championnat des parcours du combattant (et de close-combat) rendant au Palais des Sports, puis au Vél'd'Hiv' leur vocation naturelle. Michou Simon, photographe très « germanopratin », entré à *Match* par l'amour que son jeune confrère Daniel Filipacchi, portait à sa sœur, puis « exilé » à Saint-Tropez dans les pas de Vadim et de B.B., couvrira la première grande parade aux couleurs d'épopée, sous la lumière blanche et le claquement des oriflammes.

Képis blancs des légionnaires (huit soirs durant, les 14 000 spectateurs se levaient à leur apparition), bérets rouges des paras coloniaux, burnous des spahis, Cadre noir équestre de Saumur, motards de la Garde républicaine, chasseurs alpins, « Poilus » de Verdun, reconstitutions historiques, etc.

C'est l'époque où le photographe Izis Bidermanas (le grand Izis) entré à *Match* au premier numéro (25 mars 1949) plongera en immersion dans le Sud algérien et à Sidi Bel Abbès, berceau de la Légion étrangère, afin d'immortaliser dans les sables du désert une patrouille de képis blancs portant la gandoura à la manière des spahis et posant au garde-à-vous à l'appel de leur chef.

« Les Nuits de l'armée », siglées *Paris Match*, dureront six ans.

Elles auront des prolongements (12 fois à Lyon, 10 à Marseille).

Ce rendez-vous rituel se déploiera sur une quarantaine de pages de reportage, surtout photo. Il donnera lieu à deux couvertures spectaculaires : d'abord en 1954 (numéro 274), celle d'un des 40 méharistes venus, en 90 jours depuis le Sahara des tribus Chaamba et Touaregs. En tenue d'apparat, sarouel, dragonne de sabre et queue-de-cheval (le « toug ») flottant au fanion, ils montent leurs dromadaires caparaçonnés de couleurs vives.

En 1955 (numéro 326), le petit Diouf, dont le portrait est signé de Willy Rizzo, salue au garde-à-vous. Il est l'un des cent enfants de troupe venus de Ouagadougou (Afrique occidentale française). Joël Le Tac et André Lefèbvre, dans ce qui deviendra la grande tradition de *Match*, en profitent pour emmener les trois plus jeunes en reportage. Ils visitent la tour Eiffel et feront même du manège à « La fête à Neu-Neu ».

ARTHAUD, FLORENCE

« La petite fiancée de l'Atlantique », a toujours honoré le titre que *Paris Match* lui décerna lors de sa première traversée de l'océan. Elle avait 18 ans. Six mois plus tôt, elle sombrait dans le coma suite à un grave accident automobile (elle était la passagère) : deux fractures au crâne, hémiplégie et paralysie faciale…

La mer était son miroir. Elle pouvait s'y regarder sans risque d'y déformer son visage de baroudeuse solaire…

Elle avait gagné ses galons de barreuse éprouvée à l'ombre d'Éric Tabarly – qui l'intimidait mais l'adopta vite – et, surtout, dans le sillage d'Olivier de Kersauson, gaillard des mers. Une femme assumée, libre et libérée.

Issue des flots méditerranéens, elle fit ses classes « atlantiques » après avoir posé son sac à La Trinité-sur-Mer, perle du Morbihan, où son souvenir et son éclat lui survivent. C'est ici qu'elle forgea sa future victoire à la Route du Rhum.

Le film *Flo* signé de Géraldine Danon est sorti sur les écrans en novembre 2023. Non sans polémiques entre la famille Arthaud et les familles de marins, il retrace cette odyssée héroïque où Florence surpassa ses souffrances.

Cette année-là (1990) à peine la traversée bouclée en 14 jours, 10 heures et 10 minutes entre Saint-Malo et la Guadeloupe – à bord du trimaran *Pierre Ier* –, elle battra aussi de deux jours le record de l'Atlantique détenu par Bruno Peyron.

Mais avant d'en arriver à cette double apothéose, que de galères ! Depuis la fin des années 1980, elle avait couru trois fois « le Rhum ».

Comme tous les marins désargentés, en quête de mythiques sponsors, elle s'était endettée pour trouver un bateau et partir à la poursuite de ses rêves. En 1981, elle s'aligne pour courir Plymouth-Newport, à la barre d'un monocoque et se classe sixième. La voilà parée pour la prochaine Route du Rhum, cuvée 1982. Aussi, bien qu'ayant le parrainage de Biotherm, Florence fait un peu la tournée de sponsors éventuels.

La voici à *Paris Match*, poussée de plein vent par Kersauson. Olivier connaît bien la maison pour y avoir œuvré, plus jeune, au service du rewriting. Rapidement, elle finit par lâcher : « J'ai besoin de 100 000 francs. » Un chiffre lancé au jugé. Elle argue du prix d'une voile, où, s'éblouit-elle, le logo de *Paris Match* flotterait « comme un soleil rouge ».

La décision appartient à Roger Thérond. Le bureau du patron jouxte le mien. Comme à son habitude, Roger fait patienter. La recevant, il a des mots très chaleureux, mi-fraternels, mi-paternels. Florence nous quitte sur un large sourire, persuadée de l'avoir convaincu.

C'est alors que Roger revient sur ses pas : « Elle est vraiment très sympathique votre amie. »

La Trinité-sur-Mer ou non, Morbihan ou pas, Florence n'est pas encore, à proprement parler « une amie », mais plutôt l'amie d'un ami (Kersauson). C'est alors que d'une voix un peu sourde, il ajoute : « Mais nous ne suivrons pas ce projet.

— Vous n'y croyez pas Roger ?

— Écoutez, elle nous a bien raconté qu'avant une Transat anglaise (ndla : l'Ostar 1980) elle avait démâté juste avant de prendre le départ...

— Oui, elle en a pleuré de dépit et de rage. Son sponsor l'a consolée de devoir manquer cette course prestigieuse en lui présentant toute une collection de coupures de presse narrant l'accident.

— Entendu, mais imaginons que cela se reproduise en pleine mer, nos chers confrères diront : "*Paris Match* a coulé !" Imparable ! »

Nous n'en resterons pas là, heureusement pour Florence. Revenant sur ses pas, Roger corrige instantanément le tir (il avait l'art de trouver une alternative) : « Et si vous lui proposiez d'écrire un livre ? Elle est jeune. Elle a de l'avenir. *Match* en publierait des extraits. »

Je suis alors également en charge de la direction éditoriale des éditions Filipacchi qui publie de jolis albums artistiques, et, depuis peu, de nombreux documents inspirés du magazine. Aussitôt dit, aussitôt fait : Florence ne repartira pas les mains vides. Pour elle, l'espoir vain de sponsoring tourne providentiellement à l'à-valoir d'auteur.

Il y a pourtant un « hic ».

Océane

Florence est la petite-fille du créateur des éditions Arthaud que dirige son père. Elle est alors en froid avec lui : signer un contrat avec une autre maison ne la dérange donc pas, loin de là. Un solide chroniqueur sportif, Patrick Le Roux, qui, avec deux compagnons de plume (Luc Le Vaillant et Rémy Fière) fit de *Libération* un lumineux appontage des sujets de voile, est désigné pour tenir le cap d'écriture. Il en sortira un manuscrit flamboyant brossant la destinée de Florence.

Pour nous, l'objectif consiste à le publier en amont de la Route du Rhum 1984. Mais…

Par un de ces avatars dont la vie a le secret, le projet… tombe à l'eau. Alors que le texte, relu et corrigé, au titre de travail prémonitoire – *Océane* – est en partance pour l'imprimerie, Florence fait volte-face : elle vient de se réconcilier avec son père et nous demande de surseoir instamment à la publication. Consternation générale. Désarmante de candeur, elle me confie, le document finalisé : « Tu le sortiras plus tard. »

Le destin emportera tragiquement Florence, non pas dans une de ces « fortunes de mer » auxquelles elle échappa – une fois miraculeusement en Méditerranée – mais lors d'un accident d'hélicoptère, en 2015, en Argentine.

Cinq ans plus tard, lors de l'inauguration d'un giratoire Florence Arthaud, souhaité par David Robo, maire de Vannes (Morbihan), où elle avait ses repères et de vrais amis (tel Eugène Riguidel), le manuscrit sortira des oubliettes auxquelles il semblait condamné. Il sera remis à Hubert, inconsolable de la mort de sa sœur.

« Il faut le publier », ordonna-t-il, à peine sorti d'une lecture dont il eut du mal à sécher ses larmes.

Marie, la fille unique de Florence, reçut aussitôt le double du texte et nous confiera une interview exclusive pour *Match*, saluant cet *Océane*, post-mortem, ayant retrouvé son port d'attache naturel : les éditions Arthaud…

Un triste Amazing Grace

Depuis lors, beaucoup d'eau a coulé sous le pont de Kerisper qui chevauche l'entrée du port à La Trinité-sur-Mer.

C'est par là que Géraldine Danon a posé ses caméras, en 2022, lorsqu'elle décida de reconstituer la vie de Florence. Elle fit de Yann Queffélec, prix Goncourt, un coscénariste et dialoguiste. Deux étés plus tôt, le romancier avait publié *La Mer et au-delà*, hommage à « cette Antigone indomptée qui partait en mer défier la chance et les hommes ».

Par respect pour les personnages qu'il admire, l'auteur s'était bien gardé d'approfondir les amours réelles, imaginaires ou mythifiées au sens prométhéen, entre Florence Arthaud et Olivier de Kersauson, « le » marin quasi déifié (et jalousé) par certains de ses pairs ; celui qui incarne les puissances et même la « grâce » (un mot à lui) qui conduisent au dépassement de soi.

« Queff » esquissa la liaison romantique, se gardant bien de la salir, avec des mots joliment troussés : « Aidée par l'amour, elle apprit à décortiquer la mer (langoustines, araignées, tourteaux) et à se décortiquer elle-même d'une adolescence prolongée. Elle mangea ses premiers ormeaux et premiers "bouquets", ces crevettes anthropophages à goût de frangipane, les plus savoureuses de l'océan. Elle s'émancipa des clichés anti-bretons en vogue à Paris (alcool, binious, chapeaux ronds, Bécassine). Et de fil en aiguille, finistérienne adoptive, elle aima d'amour fou ce *Penn-ar-Bed* inconnu alors (traduction littérale du breton : "la tête du monde"). Et non le *finis-terrae* des versions latines signifiant "la fin du monde". »

De cette histoire de langoustine décortiquée, la cinéaste a fait son sel. Elle ne résista pas à l'allégorie de Queffélec : « Certains amoureux vont effeuillant la marguerite : d'autres décortiquent la langoustine, [...] laquelle s'appelle Flo, parfois, et renaît de la dégustation, comme l'oiseau Phénix, plus vivante que jamais. »

Sur grand écran, la métaphore aiguise la curiosité du spectateur bientôt envoûté, par ailleurs, par la puissance des paquets de mer ensevelissant Florence en course. À moindre échelle, elles ne sont pas sans rappeler les montagnes de mer cognant « le nez dans la plume » et contre l'étrave du *Jauréguiberry*, l'escorteur d'escadre ayant servi de cadre marin à Pierre Schoendoerffer pour *Le Crabe-Tambour* en mer d'Iroise.

Le film va trop loin, côté cœur brisé. Une scène festive supposée solenniser la déclaration attendue en vue d'un pseudo mariage d'Olivier et de Florence... la bague au doigt espérée est soudainement promise à une inconnue surgie de nulle part ; au nez de Florence.

Une telle séquence, aussi fantasmée ou caricaturale soit-elle, a de quoi choquer par la muflerie lourdement exhibée. La scène d'un repentir salutaire se fait attendre. En vain. Elle est restée dans les cartons de Queffélec, qui pourtant l'avait bien écrite et proposée...

De Brest à Tahiti, où il réside 6 mois sur 12, Olivier de Kersauson fulmine. Il crie à la « désacralisation » d'une histoire qui ne regarde que Florence et lui. Idem à Londres où Marie, la fille unique de « Flo » se montre amèrement critique. Il en est de même de la part de Marie Tabarly. Avant d'embarquer pour l'Ocean Globe Race, à bord du *Pen Duick VI*, le ketch mythique d'Éric, son père, avec lequel il a remporté la Transat anglaise, en 1976, elle avait tenu, devant nous, d'aussi sévères propos lors d'une visite amicale à *Paris Match*. Un triste *Amazing Grace*.

AVENTURE

L'aventure héroïque

Depuis l'Annapurna, en 1950, *Paris Match* a suivi nombre de « conquérants de l'impossible », qualifiés parfois de « conquérants de l'inutile ». Une grosse poignée de ces héroïques, depuis l'ère des pionniers, a marqué la mémoire photographique de *Match* : Sylvain Saudant, « le skieur fou » dévalant les pentes du mont McKinley, en Alaska, du « Nun-Kun » au Cachemire et fusant jusqu'à 5 800 mètres sur des pentes (à 45 %), du Dhaulagiri l'un des toits de l'Himalaya culmine en majesté à 8 172 mètres ; Christophe Profit, 25 ans, escaladera les trois faces nord légendaires : le Cervin, l'Eiger, les Grandes Jorasses... en 24 heures !

Catherine Destivelle, inaccessible grimpeuse en libre et solo intégral, collectionne les records et trophées autour du monde. Elle est la seule femme, à ce jour, sur les traces de Profit à avoir vaincu en solitaire les trois faces de la grande légende.

Patrick Edlinger, autre figure du « nouvel alpinisme », comme l'on parlait naguère du « nouveau romantisme », s'avançait, à mains nues, sans piolet, piton, crochet, vers les calanques de Provence ou les gorges du Verdon avant de dompter « en solo intégral » les fissures à cristaux tranchants des roches ocres du Colorado. Les Américains le baptisèrent « l'archange volant ».

Loin des technologies sophistiquées qui accompagnent les nouvelles expéditions polaires, des hommes traversent encore le Grand Nord, sur 8 000 kilomètres, derrière une douzaine de chiens de traîneau.

L'Odyssée maritime rejoint aussi l'épopée terrestre.

Ainsi en est-il du biologiste Alain Bombard. En 1952, il traversa l'Atlantique en solitaire (65 jours) afin de mettre en ordre les règles qu'il préconisait pour la survie en mer, arguant, non sans critique, que le plancton, riche en vitamine C, et même l'eau de mer (à boire en petite quantité) pouvaient être des palliatifs à la faim, à la soif, en situation d'urgence.

Le drame d'Étel (Morbihan), une barre de mer aux rouleaux enveloppant les marins comme des linceuls, défiée à bord d'un canot expérimental (neuf morts), jettera une ombre indélébile sur l'imprudent chercheur. Notre numéro 498 (25 octobre) déroulera sur six pages « l'affaire Bombard », chassé d'Étel et prié de ne plus jamais remettre les pieds en Bretagne. L'exemplaire s'arrachera à près de 2 millions d'exemplaires, mais il était porté – unique sujet de couverture (en couleurs) par les obsèques solennelles de Pie XII. Étendu sur un catafalque écarlate, le pape reçoit l'hommage de Rome.

Des années plus tard, on s'extasiera, à raison, sur les traversées de Gérard d'Aboville, souquant, seul, à mains nues, à bord de son « canot d'orgueil » ; d'abord à travers l'Atlantique, puis l'immensité de l'océan Pacifique, « ce seigneur des Grands Bleus », selon le mot de Yann Queffélec. Seul ! Avant Anne Quéméré, tout aussi héroïque.

Les victimes de l'aventure

La longue agonie de Vincendon et Henry, deux étudiants alpinistes, collés au mont Blanc dans un dédale de glace (1956) succombant, en pleines fêtes de Noël, sous les yeux du monde après dix jours de lutte acharnée dans la tempête a meurtri tous les témoins, dont ceux de *Match*, envoyés sur place. Même Lionel Terray, l'un des vainqueurs de l'Annapurna, lancé trop tard à leur secours, échouera à les rejoindre.

En juillet 1964, partis de Chamonix, le terrain de prédilection du grand reporter Christian Brincourt, mais aussi la vallée de trop d'équipées sans retour, 14 alpinistes dont Charles Bozon, champion du monde de ski (slalom), attaque l'Aiguille verte près du mont Blanc. Elle a mauvaise réputation, celle d'une tueuse d'hommes. « Ce que la Verte veut, le mont Blanc ne peut », dit un proverbe local. Arrivés à 70 mètres du sommet, ils sont happés par une avalanche. Aucun rescapé. La couverture de *Paris Match*, d'une pureté de linceul, montre simplement la trace de « leurs derniers pas dans la neige ». En 1966, c'est le sauvetage de deux alpinistes allemands qui fait « la une ». Elle est exactement à l'opposé de la symbolique de l'Aiguille verte. Bloqués à 3 500 mètres sur une vire de la face nord du Dru, en aplomb de la paroi rocheuse vertigineuse, ils sont sauvés par Gary Hemming, un Américain qui fit ses armes dans le Yosemite et dont la liberté de ton, d'allure et de style le fit surnommer en France « le beatnik des cimes » (il mettra fin à ses jours, à 34 ans).

René Desmaison était de l'équipe de secours.

Sa photo fera sensation sur la couverture de *Match*. Qualifiée d'« hyperbolique » ou d'« empathique » par certains de ses pairs de la Compagnie des guides, il en sera exclu… Cinq ans plus tard, il échappera au drame des Grandes Jorasses dont Serge Gousseault, son compagnon de cordée, ne reviendra pas.

La mer est aussi, trop souvent, le linceul sans fond des marins.

La disparition d'Éric Tabarly (1998), qui fit tant de grands sujets pour *Match* depuis sa victoire à Newport, lors de la Transat anglaise (1964), glaça le sang de tous les marins bretons et de tous ceux qui bravent les océans autour du monde.

Il filait de nuit, en mer d'Irlande, celle « d'où sont venus tant de saints bretons chevauchant des auges de pierre dans des lambeaux de brume », selon l'Adieu de Kersauson, ancien équipier d'Éric dans sa jeunesse, publié dans *Paris Match*. Il mettait le cap sur Fairlie à l'embouchure de la rivière Clyde qui serpente jusqu'à Glasgow en Écosse. Il devait y célébrer le centenaire des chantiers Fife parmi ceux qui jalonnent les hauts lieux du yachting « grand siècle », là où *Pen Duick* (la petite tête noire de mésange), un cotre aurique tranchant comme une lame, avait été dessiné. « Mon cutter », soulignait-il, admiratif devant l'ouvrage effilé comme un cygne, chargé de mystère sacré et symbole de pureté celtique depuis l'époque du duc Jean IV de Bretagne. Le barde Alan Stivell en a fait un rappel à la souveraineté perdue du duché (*An Alarc'h*).

D'une chanson l'autre... Le chanteur Renaud, aux allures étudiées de « titi » gouailleur, fantasma un destin d'aventurier à travers les océans. Il a su le traduire en paroles lourdes de bon sens : « C'est pas l'homme qui prend la mer / C'est la mer qui prend l'homme... »

La disparition d'Alain Colas, lors de la première Route du Rhum (1978) à bord de *Manureva*, un quatre-mâts de 71 mètres de long cinglant vers la Guadeloupe, garde toujours son mystère.

Deux ans plus tôt, en manœuvrant dans le port de La Trinité-sur-Mer, il avait eu le pied à demi arraché par la chaîne de l'ancre du bateau.

Notre photographe, Jean-Claude Deutsch, impuissant à le secourir, en avait rapporté un bouleversant témoignage.

Dans les années 1980, Arnaud de Rosnay, champion « solaire », bravait les détroits sur sa planche à voile. Gilles Lhote, ami intime, le fréquentait entre le Pays basque et Hawaï. Il lui avait fait endosser les couleurs de *Match*. Idéaliste à tendance utopique, Rosnay rêvait alors d'unifier les peuples séparés, voire historiquement antagonistes, dans le respect de leur propre patrie. Il panachait ses voiles en fonction des deux rives opposées, celle du point de départ et celle supposée d'arrivée. Il en fut ainsi, sans problème, entre la Floride et Cuba, malgré « el bloqueo » (l'embargo économique) américain décrété par Kennedy, en 1962, contre l'île castriste suite à la crise des missiles russes menaçant de faire basculer le monde au bord de la guerre nucléaire…

Il sortit « vidé » du détroit de Béring (750 milles nautiques !) avouant à Jean Cau que l'exploit l'avait brisé tel « un animal blessé ».

Le 24 novembre 1984, il s'élança depuis la mer de Chine méridionale, au milieu des jonques, porté par un vent de 60 kilomètres/heure, dans l'espoir de franchir le détroit de Formose (81 milles, soit 130 kilomètres à fleur de vagues). Il n'arrivera jamais à Taïwan. Accident ? Assassinat par les garde-côtes chinois ? On n'a rien retrouvé de sa planche ni de son mât, ni de sa voile aux couleurs des deux Chine, celle des héritiers de Mao, celle des réfugiés partis sur l'île dans le sillage de Tchang-Kaï-Chek, ni même de ses bidons à boisson – hermétiques et flottants – ni de son miroir de détresse. Rien !

Gilles Lhote partit mener l'enquête, sillonna la baie de Xiamen, gagnant l'archipel des Pescadores, jusqu'à la zone de Penghu, à Taïwan, où Rosnay était attendu.

Jenna, l'épouse d'Arnaud, sirène californienne et championne du monde de surf, l'accompagnait. Elle chassait l'intuition de la fatalité en psalmodiant l'illusion de retrouvailles providentielles. Elle venait de lui donner une fille – Alizé, quatre mois alors…

À leur retour, Jenna de Rosnay, brisée, ne pourra masquer son chagrin dans le bureau de Roger Thérond.

Match paiera encore un lourd tribut avec la mort de Richard Jeannelle, l'un de ses photographes, pétri d'empathie pour ses sujets. Il s'était porté volontaire pour embarquer derrière Philippe de Dieuleveult, baroudeur et animateur télé d'une popularité extrême. Sa « chasse au trésor » le voyait courir, jaillir, bondir, sauter d'hélico… Le public en redemandait.

Les chutes d'eau d'Inga, sur le fleuve Zaïre, seront leur linceul. Au deuil s'ajoute le mystère. Qui a tué Dieuleveult, Jeannelle et leurs huit compagnons. Le fleuve ? Où une bavure insensée ?

L'aventure éthique

Dès les premières années du journal, l'aventure éthique, instructive, utile, repose sur trois têtes d'affiche : le commandant Cousteau, bientôt coiffé de son célèbre bonnet rouge, le vulcanologue Haroun Tazieff et l'explorateur polaire Paul-Émile Victor.

Le numéro 125 (11 août 1951) ouvre la conscience des lecteurs aux phénomènes qui agitent ou perturbent la vie de la planète. Avec la *Calypso* nymphe de la mer (42 mètres de longueur par 7,45), ancien dragueur de mines reconverti en navire océanographique. Équipée par Jacques-Yves Cousteau, elle a pour but d'explorer les fonds marins. Elle peut embarquer un équipage de 27 marins. Elle vogue en Méditerranée puis en mer Rouge, avant d'attaquer l'océan Indien, comme sur les traces d'Henry de Monfreid, pionnier de l'exploration autour de la Corne de l'Afrique. L'écrivain, doublé d'un aventurier à fort caractère, en livra les premiers secrets à travers ses romans.

Là, Cousteau fait tourner les caméras pour la télévision naissante et le cinéma. Ses plongeurs rapportent des images d'une sauvage beauté sous-marine. Il en émerge un héros qui fera bientôt l'affiche du *Monde du silence* (1956), film oscarisé à Hollywood, « palme d'or » au Festival de Cannes. Le héros de Cousteau et de Louis Malle n'est autre qu'un mérou géant (plus de 2 mètres et d'à peu près 300 kilos) à peau tachetée d'un bleu-vert tirant sur le gris. Il a surgi des failles rocheuses qui constituent son habitat jusqu'à 300 mètres de profondeur. Il est baptisé « Jojo » par l'équipage. Son ballet, guidé par la curiosité autour des plongeurs, sera bientôt mis en musique par la Société Cousteau, aux accords de la valse. « Jojo le mérou » s'impose en vedette que les écoliers de l'époque colorient sans fin en classes de dessin.

Jusqu'à nos jours, une soixantaine de reportages seront consacrés à Cousteau (le commandant au bonnet rouge) et à sa dynastie, notamment à travers son fils, Jean-Michel et Alexandra, sa petite-fille. En 1977, *Match* lui consacrera un numéro spécial, sous le titre : « Hommage au Français le plus aimé au monde ».

Depuis toujours, que ce soit aux pôles avec Paul-Émile Victor (Arctique), puis Jean-Louis Étienne à bord de « Tara » (Antarctique), ou à travers les chemins de lave des volcans (Haroun Tazieff), *Paris Match* se fait lanceur d'alertes, très en amont des conventions internationales sur le climat.

L'aventure moderne

En ces temps où la biodiversité et la défense du littoral deviennent une priorité, il n'est pas surprenant, à la veille d'embarquer pour l'Ocean Globe Race le tour du monde en équipage en quatre étapes via le cap de Bonne-Espérance et le cap Horn, que Marie Tabarly, fille unique du grand Éric, disparu en mer d'Irlande, le 13 juin 1998, ait tenu à nous lancer, les yeux dans les yeux, sa bouteille à la mer : « *Pen Duick VI* n'est pas qu'un coursier des mers. C'est un point d'ancrage humaniste et environnemental ; le vaisseau amiral de mon association Élement' Terre Project. »

Au-delà des manœuvres, des spis à hisser et des « winches » à faire tourner pour démultiplier la traction sur les écoutes et les drisses (cordages), elle nous offre une vision de l'aventure éthique… De quoi faire plancher ses marins sur un idéal : « Le meilleur des mondes. »

Azoulay, Claude

Les photos de Claude Azoulay, portraitiste des élégances, ont un prix. Comme son maître à shooter, Willy Rizzo, dont il fut le premier assistant, il appartient à la caste des artistes côtés. Gainsbourg intime, père et fille avec Jane Birkin, Ursula Andress, Ray Charles, Françoise Sagan, Jane Fonda dévorant une pastèque à pleines dents sous un large chapeau de paille, Brigitte Bardot, en sirène tropézienne ou en nonne dévêtue, sont autant de chefs-d'œuvre signés « Zouzou ».

Sa proximité avec le président Mitterrand a donné une deuxième dimension à sa carrière.

Il l'a suivi dix-sept ans durant, tant dans ses fonctions officielles (à l'Élysée) que dans sa vie privée ; à Paris, rue de Bièvre, à Latche dans les Landes. Ainsi, le tirage en noir et blanc de la promenade en solitaire du président dans le clair-obscur du lac de Soustons, un soir de Noël en compagnie de Nil, son labrador, figurait-il en bonne place, chez lui. Et aussi sur son bureau présidentiel.

Azoulay avait su gagner sa confiance lors de la campagne présidentielle, en 1980. Pas simple, en ce temps-là, de dérider le candidat de l'Union de la gauche, férocement croqué par la caricature depuis un attentat simulé contre lui dans les jardins de l'Observatoire, quelque vingt ans plus tôt.

La présence des communistes à ses côtés, via un pacte électoral qui fera son succès final, lui valait aussi une forte opposition populaire, surtout dans la ruralité et ce qu'il était convenu d'appeler « la France profonde ».

C'est pour corriger le tir que le publicitaire Jacques Séguéla inventa le slogan de « La force tranquille ». Il doubla la mise en confiant à Jacques Henri Lartigue, artiste, peintre et photographe de renom, la composition de l'affiche maîtresse : un hameau de campagne d'où se détachait un clocher sous l'azur du ciel. La signature de Lartigue était un atout culturel. Il était connu pour avoir été exposé au MoMa à New York. De plus, le magazine *Life* avait consacré un portfolio à son travail dans le numéro à fort tirage, dédié à l'assassinat du président Kennedy, en 1963.

Secret et silencieux dans la vie courante et, plus encore, en campagne électorale, au-delà de sa garde rapprochée, Mitterrand marquait une certaine distance envers le très volubile Azoulay, figure expansive de *Paris Match*. Paradoxalement, ce comportement extraverti sera son arme de séduction.

De culture littéraire, Mitterrand était sensible au verbe. Celui du photographe contant à l'envi ses reportages de guerre (il a couvert 27 conflits) fit mouche.

Mitterrand ne se lassait pas de l'écouter expliquer comment le prince Aga Mollah, alias Vick Vance, reporter multicarte à *Match*, proche de la famille impériale d'Iran, notamment de Farah Diba, lui avait sauvé la vie à Téhéran où montaient déjà « les fous de Dieu ».

Mitterrand invita Claude à lui décrire « l'affaire de Bizerte ». En 1961, le président tunisien, Habib Bourguiba, avait décidé de chasser les Français de leur base navale, un haut lieu stratégique campé sur la Corne de l'Afrique méditerranéenne.

Claude, déjà sept ans d'ancienneté à *Match*, s'était vu délivrer un sauf-conduit entre Tunis et Bizerte (70 kilomètres). Tous les jours, au volant d'une 404 Peugeot immatriculée 777, triple chiffre de chance (façon « jackpot », souriait-il), il prenait le volant, se jouant aisément des barrages.

La situation sur place s'électrisa soudain. Un jour, il dut troquer la voiture aux pneus criblés de balles contre une bicyclette de secours. Torse nu, pédalant à la dure, l'appareil Leica flottant autour du cou, il fut même ciblé par un soldat français, échappant de peu à la mort. Le conflit fera un millier de victimes. Son reportage intense et risqué courra sur deux parutions de 12 et 16 pages chacun.

L'élection gagnée pour Mitterrand, avec 51,76 % des suffrages face à Giscard, à l'issue d'une dramaturgie télévisuelle haletante, Claude Azoulay sera enfin adoubé par le président socialiste. Il fera partie de tous les voyages officiels autour du monde.

De cette relation personnelle – et rare – entre un président et un photographe, naîtra un livre album : *L'Homme président*.

Tout aurait été pour le mieux, donc, si, le 8 janvier 1996, une photo de Mitterrand prise selon les codes des « gisants » célèbres, avenue Frédéric-Le Play, derrière les Invalides – sa dernière demeure – n'était parvenue mystérieusement à la rédaction.

Ce cliché s'inscrivait dans la tradition des grands hommes, immortalisés sur leur lit d'adieu, depuis Victor Hugo jusqu'aux souverains pontifes. Sa qualité technique, jugée trop « professionnelle », par l'entourage familial et par nombre d'« experts » sema le doute. Quatre cents personnes, en effet, avaient pu s'incliner devant la dépouille du président. Soit 400 suspects potentiels, sauf à ne pas savoir maîtriser un appareil photo, même de poche…

Le mystère ne sera jamais vraiment levé, malgré de lourds soupçons en direction d'un collaborateur occasionnel, extérieur à la rédaction. Il s'agissait du confident de Danielle Mitterrand à qui il avait prêté sa plume pour rédiger ses Mémoires *En toutes libertés* (Ramsay, 1996). L'intéressé s'en défendit, malgré le témoignage de son ex-compagne, publié dans une enquête du *Monde*.

Claude Azoulay avait déjà été soupçonné (à tort) d'avoir pris les photos de Mazarine Pingeot et de son père, le président donc, à la sortie du restaurant Le Divellec, près des Invalides. Il faudra un rectificatif bien senti pour l'en dégager.

Cette fois, sous la demande fermement réitérée de Claude, Roger Thérond dictera une lettre personnelle à son assistante, Christine Terneau, afin de le dédouaner de ces insinuations malveillantes.

La rumeur était véhiculée par l'avocat Georges Kiejman, plusieurs fois nommé ministre par François Mitterrand, dont il était aussi féal que fidèle.

Un midi, Azoulay déjeune à La Closerie des Lilas. Apparaît soudain Kiejman en compagnie d'une jeune femme. Sans mot dire, mais à pas pressé, le photographe s'approche du comptoir et commande illico un plateau de spaghetti arrosé de sauce tomate… « Non, Claude, pas ça ! », s'interpose Miroslav. Le patron de « La Closerie » (également de Lipp et du Flore), haut-lieu des artistes « Montparnos » connaît le sang chaud d'Azoulay. Il n'ignore rien de la polémique qui oppose les deux hommes devenus irréconciliables. Il redoute aussitôt le pire. Aussi se précipite-t-il pour parer l'incident prévisible. Claude fait main basse sur un plat de céleri rémoulade et le propulse en direction de Kiejman. Celui-ci se retrouve coiffé d'une myriade de petits légumes maison, baignés de sauce mayonnaise. L'assistance est interloquée. Silence de plomb à La Closerie. Alors, de sa voix métallique, Azoulay s'exclame à la cantonade : « Messieurs, c'est bien ici que se réunit, le jury du Prix du Livre incorrect, non ? L'impertinence est au menu, n'est-ce pas ? » Quand le 9 mai 2023, je lui annonce la mort de Kiejman, à l'âge de 90 ans, sa bête noire de l'époque, Claude répond sobrement, par texto : « Pas de regrets. RIP ».

BARDOT, BRIGITTE

« La petite fiancée », d'appellation contrôlée, s'appelle Brigitte Bardot. Trois décennies avant que Florence Arthaud hérite du titre de « petite fiancée de l'Atlantique », Brigitte fut baptisée par ses copains du journal « la petite fiancée de *Paris Match* ».

Entre l'ingénue âgée de 16 ans, dont le portrait « plein pot » éclatait en couverture du numéro 99 (février 1951), et la super star universelle qui frôla l'excommunication depuis le Vatican, sous Pie XII, quand Vadim, amoureux et mari mentor sortit son film *Et Dieu... créa la femme* révélant « sa beauté du diable », une rare complicité s'installa spontanément entre elle et *Match*.

Pour l'anniversaire de *Paris Match* en mars 2019, Brigitte, l'humour à fleur de peau, nous gratifiera d'un attendrissant :

« Bon anniversaire à mon *Paris Match* chéri, dont je fus la petite fiancée il y a 60 ans et dont je suis devenue, hélas, au fil du temps : la petite grand-mère ! »

Un irrésistible élan la propulsa à l'affiche, dès 1952, quand Walter Carone, photographe de la première heure, rue Pierre-Charron, la fit poser sur les toits de Paris, au-dessus de l'appartement de ses parents, près du Trocadéro. Mettant ceux-ci en confiance à l'issue d'une série de sages portraits de leur fille, il engage la conversation sur la passion de l'apprentie starlette pour la danse et, subtile connivence, l'invite à enfiler des collants à résille sous le justaucorps. Une demi-douzaine de poses suffira pour qu'éclose la future « B. B. », trente-cinq ans avant que Gainsbourg, épris d'elle, ne mette ses initiales magiques en musique.

Ses amours (Sacha Distel, Jean-Louis Trintignant, Samy Frey, Serge Gainsbourg), ses mariages (Vadim, Jacques Charrier, Gunther Sachs, Bernard d'Ormale), ses aventures, escapades, coups d'éclat nourriront la chronique jusqu'à ce qu'elle se retire – à jamais – de la comédie humaine, version cinéma, tapis rouge et Croisette.

À 39 ans seulement, parole tenue depuis lors, elle consacrera sa vie à la protection des animaux si chers à son cœur.

Loin du Saint-Tropez de ses amarres (La Madrague, la Garrigue), son échappée belle, en 1966, sur la banquise au Québec, la hissa au firmament de la défense animale. Pilotée en hélicoptère par Richard Watson, solide « pirate » des mers, pionnier de l'écologie activiste – bien avant la mode –, elle fait campagne pour le sauvetage des bébés phoques sous la menace des commandos de fourreurs en perte supposée d'emploi.

En avril 1977, la photo de couverture fait sensation et circule autour du monde. Quelques mois plus tôt, un chalutier breton avait recueilli un petit blanchon dérivant sur un iceberg au large de Terre-Neuve… Et l'avait confié à Brigitte. Elle le baptise Chouchou et le biberonne à la bouillie de poisson, chez elle, à Bazoches, dans les Yvelines.

Sortie du tourbillon de sa vie de star, Brigitte Bardot s'inscrit définitivement en madone de la cause animale.

Je l'ai vécu à ses côtés, d'abord dans le Mercantour où elle était venue parrainer l'hébergement de loups arrachés à la maltraitance en Hongrie. Elle prit le risque de se glisser dans l'enclos aux louves, à portée des plus jeunes, rien que pour leur octroyer une caresse, quand le plus téméraire l'attrapa par le chignon. On l'en dégagea prestement. Jean-Claude Sauer, notre photographe, suivait chaque mouvement, ayant, sans le vouloir, l'esquisse du drame en boîte.

Une autre fois, direction l'Aquitaine. Accompagnée d'Allain Bougrain-Dubourg, un de ses ex, à jamais fidèle en solidarité militante, elle alla défier sur leurs terres du Médoc une escouade de chasseurs d'ortolan, adeptes du piégeage à la glue. Des œufs pourris volèrent en rafales vers la petite délégation désarmée et, quelque part, désarmante. Aussi, le répertoire en noms d'oiseaux épuisé, côté chasseurs, Brigitte drapée dans sa dignité, leva le camp, non sans mot dire, ni maudire, sous les flashes et les micros !

« *Initiales B.B.* »

En 1983, lors d'un passage éclair à *Match*, sur les Champs-Élysées, Vadim qui s'y connaissait en amour et collectionna les stars – Brigitte Bardot, Catherine Deneuve, Jane Fonda – nous confiera : « J'ai connu ses amants, ses maris, ses amis. Elle se retrouvait amoureuse de deux hommes à la fois souffrant de devoir choisir entre l'un et l'autre. » Et de s'interroger : « Pourquoi, chérie des dieux, a-t-elle si souvent pleuré et flirté cent fois avec la mort ? »

L'épitaphe amoureuse de Gainsbourg résume tout : « Quand Brigitte m'a quitté, c'est comme si l'on m'avait arraché le cœur avec les dents. »

En sept décennies, « la plus belle femme du monde » a suscité bien des chefs-d'œuvre photographiques. Claude Azoulay, Walter

Carone, Jack Garofalo, Gérard Géry, Patrice Habans, Izis, Georges Ménager, Jean-Claude Sauer, Michou Simon, Willy Rizzo, tous issus de l'écurie *Paris Match* des premières heures, ainsi que le grand intime Jicky Dussart, ont su apprivoiser celle dont la silhouette parfaite et l'air gentiment mutin confinaient au sublime.

En 1994, elle me désignera comme « conseiller littéraire et agent exclusif » pour transformer ses Mémoires intimes en symphonie grand public. Elle les portait en elle depuis des années. Elle s'en était déjà ouverte à *Match* auprès de Laurence Masurel, en 1976 :

« J'écris tout doucement mes Mémoires. Seule. Je ne veux personne pour m'aider à les rédiger. Tant pis s'il y a des fautes de style. Il n'y a que moi qui peux raconter ce qui m'est arrivé. On a tellement colporté d'âneries. » Elle s'en libérait régulièrement, d'une plume buissonnière.

L'éditeur Jean-Claude Fasquelle, taiseux magnifique, sourire en ellipse, fera main ferme sur le manuscrit, un monument de plus de 1 000 feuillets rédigés d'une écriture large, ronde et sensuelle, classé en trois volumes reliés par des spirales.

Dûment mandaté par Brigitte et lesté du manuscrit XXL, je guettai l'arrivée de Fasquelle chez Grasset, posé trop bas sur l'un des fauteuils noirs de son antichambre, rue des Saints-Pères. Contrat rempli, en échange d'un à-valoir de 5 millions de francs pour Brigitte, je lui remis le précieux trésor à l'Hôtel des Saints-Pères, devant une table joliment arrosée, son péché mignon…

Ainsi naquit, noir sur blanc, sous le titre hommage à Gainsbourg, *Initiales B.B.*, un flamboyant best-seller, star de la rentrée littéraire de 1996. Inévitablement, les tirages se succédant presque sans fin, 20 000 exemplaires de plus, 48 heures après la mise en place déjà cossue, 50 000 le lendemain, 60 000 trois jours plus tard, la machine Cameron de l'imprimeur Paul-Louis

Hérissey (Firmin-Didot) n'arrêtait pas de déverser du « *B. B.* » jusqu'à plus soif. La critique, jamais tendre, mordit aussitôt sur le bobard d'un livre qu'elle m'aurait dicté au magnétophone. Je dus le démentir fermement à Jean-Claude Lamy du *Figaro*, qui, sans malice, s'en était fait l'écho.

Foire d'empoigne

C'est à la Foire du livre, à Francfort, que s'était noué le contact avec Jean-Claude Fasquelle, sur le conseil avisé de Roger Thérond. Francfort, Foire du livre et foire d'empoigne… Quand l'ouvrage paraîtra, *Paris Match* en sera le fer de lance. Inoubliable reportage photos à La Garrigue, signé Gérard Schachmes, après la tournée rituelle au cimetière maison des animaux disparus… Au retour, nous déploierons 16 pages exclusives. Texte et photos.

Au printemps 2023, des nouvelles inquiétantes de sa santé bruissent dans Paris. Ce n'est pas la première fois, mais un passage à l'hôpital de Toulon, d'où elle est sortie plus vite que les médecins l'auraient souhaité, a donné lieu à diverses interprétations, parfois malveillantes. *Paris Match*, évidemment, est en alerte. Le 2 mai, en soirée, je lui adresse des vœux de prompt rétablissement par texto. Via Bernard d'Ormale, son mari, la réplique fuse sur le coup de 22 heures : « Bonsoir l'ami Patrick, pas d'inquiétude ; j'ai retrouvé Brigitte qui avait fui aux îles Caïman avec Pierre Palmade. Bon mois de mai. Un gros bisou de Brigitte ».

BELMONDO, JEAN-PAUL

Le panache, la vie, l'amour… Tout ce qui a fait de Jean-Paul Belmondo une icône s'amarra, à l'été 2022, sur le balcon de mer du Cap-Eden-Roc, symbole intemporel du glamour, à la pointe du cap d'Antibes. Au-delà du statut de star, dont la carrière justifia une trentaine de couvertures de *Paris Match*, il restait aussi un Français (presque) comme les autres.

En famille, il ne jouait pas la comédie. N'avait-il pas donné à son fils, Paul, le prénom de son père, sculpteur de renom, de l'école Rodin ou Maillol, membre de l'Institut de France depuis 1960. Il le vénérait.

En face de son lit, jusqu'aux derniers jours, il contempla une grande sanguine de femme nue qu'il n'aurait cédée « pour rien au monde » ainsi qu'il le confia à Ghislain Loustalot, ancien rédacteur en chef de *Première* et plume de *Match*. Il lui précisa : « Comme moi, mon père adorait les femmes, il les dessinait beaucoup mais toujours avec infiniment de pudeur. » Le courant passait facilement entre l'acteur et notre journaliste. Il lui confia une anecdote intime à savourer sans modération : « Un jour, de Gaulle avait invité mon père à l'Élysée. Je l'avais accompagné. J'avais déjà une filmographie fournie, j'étais très connu. Le Général s'est rué vers mon père et lui a dit : "Ah ! Maître, j'admire votre travail depuis toujours." Puis, se tournant vers moi, il a ajouté : "Et vous, ça commence." »

Un midi de septembre, en 2020, il déjeunait avec son grand copain Christian Brincourt au Café de l'Alma, à deux pas de l'église russe de Paris, aux bulbes de carbone dorés à la feuille d'or. Nous venions de publier « De Gaulle et nous », un numéro hommage où nous avions ressuscité cent photos et le récit de Jean Cau, pèlerin à Colombey, au jour des funérailles, par un jour glacé de novembre.

Jean-Paul avait bondi sur l'exemplaire sorti du kiosque voisin. Il l'avait saisi, brandissant la couverture à hauteur d'épaule et s'était prêté à la photo souvenir symbolique.

Carlos Sotto Mayor, brune et sensuelle Lusitanienne, une nymphe mi-rock, mi-bossa-nova, partageait ce repas d'amitié.

La compagne des jours heureux, sept ans durant, était sa dernière épaule. Il venait de partager son ultime été avec elle. Bronzé, la casquette à l'envers, comme rajeuni de dix ans, il s'enivrait tel un « milord » à bord d'une Cadillac rouge décapotable – « *On the road again !* ». Ils remontaient le temps sur les traces de leurs folles escapades d'antan entre Cannes et Juan-Les-Pins. Entre deux fous rires, ils s'étaient prêtés à une série de photos « de vacances » devant l'étrave des « pointus » colorés de l'Olivette, un port de poche engoncé dans une boucle de roches, au pied du cap.

Carlos l'aidait aussi à corriger ses troubles de la parole, conséquence d'un grave AVC, qui avait bouleversé tout son être. Et sa vie. Elle s'y adonnait à la manière d'une orthophoniste. Elle avançait alors sur son autobiographie subtilement titrée *Mon homme de Rio* (Flammarion, 2021) et, surtout, mettait la main avec lui à la confection d'un « scrapbook », inspiré des photos de leur été buissonnier, un projet de livre album composé de collages et d'innovations technologiques.

À ses côtés, Jean-Paul semblait revivre, quitte à faire de nouveau le pitre comme à la belle époque. Celle où, à la vie comme à l'écran, la désinvolture était son élégance, le rire son arme de séduction. Sa seule discipline passa longtemps par le sport. De son nez cabossé à la boxe, Jean-Luc Godard avait bâti la gueule de la Nouvelle Vague. Guillaume Hanoteau, dans la foulée du style déstructuré du cinéaste, avait titré : « Trogne en coin de rue et dégaine de pied nickelé, il est l'anti-jeune premier. » Il signait là, en avril 1960, le premier portrait que *Match* consacrera à « Bébel ».

Verneuil et Audiard en feront la tête d'affiche d'un cinéma populaire. Aussi à l'aise dans les rôles de flic ou de voyou (comme Delon, son « vrai faux frère ennemi »), maniant fleuret ou revolver, « l'as des as » avait rempli les salles de cinéma à coups de cascades.

En 60 ans de carrière et 100 personnages joués à l'écran comme à sur les planches (Ah ! Cyrano !), on lui attribue un record de 150 millions de spectateurs... Jusqu'au bout ses souvenirs auront égayé ses pensées, face aux épreuves.

Claude Azoulay et Benjamin Auger, surtout, mais aussi Jean-Claude Deutsch, ont couvert sa gloire à travers de nombreux rendez-vous photo exclusifs pour *Match*.

Celle de 1977 reste à jamais symbolique. Pour fêter ses vingt ans de cinéma, Benjamin l'avait fait poser en smoking, œil malicieux et sourire goguenard. Elle le montre au milieu d'une montagne de bobines au nom des films qu'il a tournés. Il bouclait alors *L'Animal* de Claude Zidi, son soixantième long métrage.

L'album de ses conquêtes est signé Azoulay. Au-delà d'Élodie, l'épouse de jeunesse qui lui donnera trois enfants, il entraînera Ursula Andress, la première des « James Bond Girls » dans une liaison brûlante (et turbulente) huit ans durant. C'était avant que Laura Antonelli, la belle Italienne, n'endosse, pour de vrai, le rôle de sirène sexy dans son nid d'amour des Caraïbes. Enfin, Natty – après Carlos Sotto Mayor –, danseuse de revue comme Élodie, lui donnera une fille, Stella, qu'il appellera « Mon soleil ». Entre Paul et Stella, quarante ans d'écart... Mais pour lui les enfants étaient rois.

Une autre photo a fait date. Vingt-huit ans après le mythique *Borsalino* qui vit triompher Belmondo et Delon pour le meilleur... (et pour le pire), Patrice Leconte reformera le duo, non sans mal, grâce à l'entremise amicale de Marc Francelet, familier des vedettes (Johnny Hallyday, Belmondo).

En 1970, les choses avaient mal tourné entre les deux acteurs. En tant que producteur, le nom de Delon surplombait celui de

Delon acteur en haut de l'affiche. Il claquait donc deux fois contre une seule pour Belmondo. Celui-ci l'avait mal pris. Il croisa le fer contre Alain, notamment dans *Match*. Ils ne signeront la paix des braves, pour de bon, que vingt-sept ans plus tard… Toujours dans *Match*, grâce au flagrant délit d'indélicatesse du Festival de Cannes.

En 1997, en effet, le Festival fêtait ses 50 ans. Une occasion rêvée pour y faire déferler une brochette d'étoiles. Il en vint des dizaines. Il en manqua deux : Alain et Jean-Paul. Boudés par les caciques de la Croisette, ils prirent une éclatante revanche.

L'idée vint de « Bébel ». Un simple appel téléphonique à Delon (l'autre grand « oublié ») lui suffit pour lancer l'opération boomerang. Celle-ci prendra la direction de *Paris Match* invité à produire une couverture exclusive.

Inspiré par l'art de la « jumpologie » chère à Philippe Halsman (*Life*) qui, devant son objectif, fit sauter en l'air le Tout-Hollywood (et même François Mauriac), Michel Marizy, photographe de *Télé 7 jours*, proche de Delon depuis des années, se munit d'un trampoline de plage. Avec Bertrand Rindoff-Petroff, photographe des nuits parisiennes, il convainc Delon et Belmondo, vêtus d'un smoking de gala, de bondir main dans la main, hilares, dans une insolence de potaches facétieux. Leur cri du cœur barrera toute la une du journal : « Cannes, on n'en a rien à cirer… »

Ce pied-de-nez de galopins à l'humour revanchard mouche les vieilles barbes du Festival !

C'est à partir de cette espièglerie taquine que Patrice Leconte tentera sa chance. Il en avait une sur dix de réussir. Il tournera finalement *Une chance sur deux*, aimable comédie portée par les deux rivaux réconciliés (avec la pétillante Vanessa Paradis).

L'occasion sera donnée à Michel Marizy de les réunir à nouveau, en smoking, bien sûr, mais le col de chemise ouvert, pour monter un face-à-face burlesque ; de quoi marquer les esprits.

S'inspirant de leurs querelles passées, heureusement éteintes, il les mettra en scène, singeant un duel au pistolet… à bouchon.

Quand Jean-Paul s'éclipsa au terme d'une vie sans débauche mais non sans tapage qui le rend « immortel », c'est cette photo, celle de complices farceurs et drôles qu'Alain Delon, replié sur son chagrin et l'enfer de la solitude, réclamera discrètement à *Paris Match*.

Bigeard, Marcel

Rue de Verneuil, à Paris, au cœur du quartier des antiquaires, juste en face de la maison de Serge Gainsbourg, jouxtant le musée éponyme à façade noire, la Galerie Rizzo accueille les amateurs de mobilier d'art (un design insolite et chic griffé Rizzo) ; mais aussi les collectionneurs de photos illustrant la vie artistique du dernier demi-siècle.

Les scènes de « choses vues » le disputent à l'exposition de stars photographiées au meilleur de leur pose : Brigitte Bardot, Monica Vitti, Jackie Kennedy, Marilyn Monroe ornent tour à tour la vitrine.

Moins attendu en ce lieu glamour, mais non moins exposé, y trônait – en 2022 – le portrait surdimensionné du général Bigeard, béret rouge, tenue kaki, carré de médailles pendantes, épaulettes du commandant (cliché rare) qu'il était alors. En fonction de son format, elle vaut de 5 000 à 8 000 euros, cote classique pour les stars…

Idem, donc pour l'idole des paras. Soixante-dix ans après la chute de Diên Biên Phu qui signa le chant funèbre de l'Indochine française, il incarne l'héroïsme du corps expéditionnaire de ce temps-là.

Avec le Centurion, dont la guerre d'Algérie créera définitivement le mythe, Rizzo, éminente signature de *Paris Match*, révéla aussi en photos les langueurs indochinoises, dont certains coloniaux ne se remettront pas, les qualifiant d'incurable « mal jaune ».

Même Marguerite Duras (*L'Amant*) souligna, non sans le critiquer, un certain art de vivre qui coulait au sein de l'ancienne « Union française » ; du Laos à la Cochinchine, du Cambodge au Tonkin.

Loin des conflits armés, de la bataille cruelle aux 3 000 morts français et 10 000 captifs, toutes armes confondues, lors de la chute de Diên Biên Phu (7 mai 1954), Rizzo succomba au charme photogénique des « congaïs » (les jeunes filles). Drapées dans leur Ao Dai traditionnel, robe et pantalon de soie, elles prenaient magnifiquement la lumière lors de promenades vespérales autour du petit lac de Hanoï. Il multiplia les prises de vues, à vélo-stop, entre permissionnaires de l'armée française et jolies Tonkinoises, sans oublier, à Saïgon, côté Sud cette fois, les « taxi girls » des bas-fonds de Cholon. Contre une poignée de 100 piastres, les plus aguerris s'y laissaient aimanter pour une heure de danse et de tête-à-tête « amoureux », version cochinchinoise.

Longtemps après, quasiment au seuil de sa mort (18 juin 2010), Bigeard retournera au Vietnam avec *Paris Match*. Il nous confirma sa dernière volonté : que l'on disperse ses cendres au cœur de la cuvette tragique. Giap, l'ennemi Vietminh d'hier qu'il respectait, mais à qui il ne pardonnait pas d'avoir laissé périr tant de prisonniers dans une marche sans fin – n'obtint pas cette faveur, ou ne tenta pas la démarche diplomatique auprès des autorités politiques.

Au cours de cet ultime séjour dans l'Indochine de sa gloire et de ses affres, il tomba sur un ancien légionnaire, rescapé de l'enfer, qui, à la force de ses mains, construisait un mausolée de fortune à la mémoire de ses camarades. Bigeard, le para, le héros, le centurion modèle, explosa en larmes !

Boxe

Dès la création de *Paris Match*, le noble art y est à l'honneur. Marcel Cerdan, champion du monde des poids moyens, occupe toute la couverture du numéro 3 (avril 1949). Sa mort accidentelle six mois plus tard allait entretenir le mythe, l'avion d'Air France s'étant écrasé sur le Pic Redondo aux Açores alors qu'il partait pour New York, titre en jeu à disputer contre Jake La Motta, dit « Raging Bull » (le taureau du Bronx). Sa romance longtemps tenue « secrète » avec Édith Piaf pimenta la saga tragique sur l'air de « Si un jour la vie t'arrache à moi »... Paroles prémonitoires écrites par la chanteuse elle-même !

Il était de bon ton, alors, pour les figures de *Match*, Jean Prouvost en tête, de garnir le second rang (sa place réservée) au pied du ring du Vélodrome d'Hiver lors des soirées de gala. La boxe était son sport préféré depuis qu'il avait fait la connaissance de Georges Carpentier au Cirque de Paris.

Le champion du monde faisait battre le cœur des dames. Débarqué en Amérique, la mèche blonde en bataille, le beau gosse sculptural avait tapé dans l'œil de Neysa McMein, marraine des « pin-up » des années 1920, idéalisée par le trait d'un illustrateur très familier des poses suggestives dont Betty Page, sera bientôt l'incarnation sexy.

Originaire du Nord (Liévin) – comme Prouvost (Roubaix) –, Carpentier, dit « l'homme à l'orchidée », marqua le sport français de son aura internationale. À lui, donc, quoique mis K.-O. par l'illustre Jack Dempsey, le premier champion à statut de grande vedette, d'étoile ; on dirait « star » de nos jours.

C'était l'entre-deux-guerres, une époque où, de Jack Dempsey à Battling Siki, jusqu'à Al Brown, dit « le sorcier noir de Panama », les grands noms claquaient à l'affiche. Se faufilant au milieu des titis, les personnalités en vue arboraient volontiers le smoking. On côtoyait Jean Cocteau, Jean Marais, Maurice Chevalier (grand ami de Carpentier et de Prouvost) parmi les célébrités du moment.

Même carré VIP dans les années 1950 où « Sugar » Ray Robinson, l'un des plus stylistes pugilistes de son temps, couvert de titres mondiaux, entreprend une tournée européenne. Il passe par Paris. Jouant habilement sur son prénom et la catégorie « welter » du champion, Walter Carone obtient un rendez-vous photo exclusif. Au sortir d'un entraînement, il le fait poser carrément nu devant l'objectif, un cliché détonnant qui ne passera pas dans le journal des familles…

Beaucoup de courtisans décavés rêvaient d'accoster « le patron » au « Vél'd'Hiv' » à défaut d'être reçus dans son bureau de la rue Pierre-Charron garni de lourds canapés en cuir havane. Tapis dans l'ombre des seconds rangs, ils se précipitaient dans ces arènes enfumées, l'air faussement décontracté et le cigare aux lèvres, dans l'espoir d'attirer son attention. En vain. Ces démarches trop familières ne trompaient personne, d'autant que Prouvost n'était pas très physionomiste. Aussi, suivi de quelques industriels de ses amis et du « staff » de *Match*, Hervé Mille, Gaston Bonheur et leur suite, dont le très bondissant Olivier Merlin, chroniqueur occasionnel, il quittait généralement les lieux à la seconde du dernier K.-O.

Du *Match* d'avant-guerre au *Paris Match* de la renaissance, à partir de 1949, la tradition sera longtemps maintenue.

Quand Guy Trillat succéda à Régis Pagniez, à partir du retour aux affaires de Daniel Filipacchi et de Roger Thérond, en 1976, il fit de la salle de la maquette, un territoire réservé où les adeptes du « noble art » étaient invités, au moindre coup de gueule, à croiser le gant avec lui. Cet exercice fortement prohibé de nos jours passait alors pour folklorique.

Ayant installé un lit de camp dans son coin bureau pour s'y reposer au terme des nuits de bouclage, il en émergeait le matin, l'air vaguement groggy par la fatigue accumulée. Il retrouvait l'étincelle au fond des yeux à la seule évocation d'un combat dantesque de poids moyens dont, peut-être, il avait rêvé au cours d'un sommeil haché. Beaucoup, comme pour l'amadouer (il était d'un caractère rugueux), en jouaient après avoir survolé les résultats de la veille en parcourant la rubrique de *L'Équipe* ou les dépêches matinales.

Avec Agathe Godard, muse des nuits parisiennes pour *Paris Match* qu'elle chroniquait d'une plume aussi aiguisée que l'aiguille de ses talons griffés Stiletto, Trillat avait trouvé à qui parler.

La liaison romantique de celle-ci avec Frank Winterstein, un Gitan de 22 ans, aux traits fins et d'une souplesse de félin, avait fait d'Agathe, la « Madame boxing » de *Paris Match*. Pour elle, Frank était le nouveau *Gentleman Jim* que joua Errol Flynn dans un film de Raoul Walsh, tourné à la mémoire du véritable héros, James Corbett, un champion d'autrefois ancré dans la mémoire américaine séculaire.

Frank était un « poulain » de Jean-Claude Bouttier. Il les avait présentés après une virée en boîte, à L'Élysée-Matignon.

Vedette des années 1970 et champion d'Europe, Jean-Claude Bouttier (catégorie poids moyens) était un familier de *Paris Match*. Il n'y comptait que des amis. En vue de préparer l'un de ses deux championnats du monde contre l'Argentin Carlos Monzon, l'acteur Alain Delon, autre grand familier de la rédaction, avait mis sa vaste propriété de Douchy à disposition y créant un authentique « camp d'entraînement ».

Bouttier y multiplia de spectaculaires uppercuts contre divers sparring-partners sous l'attendrissant œil de biche (cliché de circonstance) de Mireille Darc.

Touché au foie au 12e round, devant le Tout-Paris – Delon, Belmondo, Gabin en tête – sous les lumières de Roland-Garros, il fut battu au poing et n'arracha pas la revanche espérée, un an après un premier échec aux points, à Colombes.

Si les aînés de *Paris Match* ne voyaient le sport qu'à travers le rugby, leurs cadets étaient devenus incollables sur la boxe, pratiquée par Trillat à ses heures perdues et louée par Agathe Godard à perte de colonnes subtilement enamourées.

Bouttier deviendra consultant pour Canal+ auprès de Charles Biétry, l'homme qui révolutionna le reportage sportif à la télévision. Il fit rêver des millions d'adeptes en posant ses caméras à Las Vegas, où l'arène du Caesar's Palace accueillait les plus grands noms du « *boxing business* », appellation contrôlée là-bas.

La vogue pour la boxe était si forte à *Match* qu'en pleine nuit de bouclage (aux environs de 3 heures du matin à Paris, soit 21 heures à Las Vegas), Roger Thérond n'hésitait pas à privatiser une salle à écran géant, alors le seul du quartier, dans un restaurant de la rue Quentin-Bauchart.

Là, entre petits fours et champagne, façon réception d'après *Match* chez Maxim's, nous applaudissions à la victoire de « Sugar Ray » ou d'Hollyfield, de Marvin Hagler exécutant Tommy Hearns en trois rounds sous un déluge de coups, avant de remonter, presto, relire les chapôs et légendes photos à réviser une dernière fois.

En ces temps où la boxe était en vogue, la moitié de la rédaction prit régulièrement le sillage d'Agathe, moulée dans une robe en vinyle rouge avec de faux bijoux Chanel et montée sur 15 centimètres de talons, pour encourager « le Gitan » à chacun de ses grands combats. Y compris face à Louis Acariès, champion d'Europe et des combats organisés par son frère Michel. Tout ce beau monde se croisait à *Match* en amont des événements. Même Karl Lagerfeld dégaina son appareil photo et fit du couple « maison » le modèle d'un de ses reportages pour l'édition allemande de *Vogue*. Pas d'accessoire, ce jour-là pour Agathe, mais une robe de haute couture siglée Chanel. Frank posa en tenue de boxeur, elle en femme fatale.

CARTIÉRISME

Peu de journalistes ont l'honneur de voir leur nom décliné en « doctrine ». Ce fut le cas du Vendéen Raymond Cartier, petit homme râblé au crâne poli et chaussant de lourdes lunettes à monture d'écailles. À classer parmi les plus prolifiques auteurs pour *Paris Match*, notamment lors de sa longue période de correspondant aux États-Unis (années 1950-1970) d'où il tirera un ouvrage traversant l'État fédéral aux *Cinquante Amériques*.

La première édition (1953) n'en comptait encore que quarante-huit, l'Alaska et Hawaï n'ayant pas encore – au rang d'État – rallié la bannière étoilée.

Il fit de la constellation américaine, alors recomposée, une sorte de grand personnage vivant, n'éludant rien de ses mille et un problèmes : violence au quotidien, criminalité débridée, trafics de drogue, érotisme exhibé face à l'héritage du puritanisme, question noire et indienne revivifiée par l'activisme militant, etc.

Cartier était le prototype du journaliste-écrivain et voyageur (il était allé deux fois jusqu'en Antarctique) à science universelle, homme-orchestre et véritable « couteau suisse » qu'appréciait

Jean Prouvost. Il l'avait recruté avant-guerre pour *Paris-Soir*. Ses analyses sociétales et politiques couraient, chaque semaine, sur de nombreuses pages.

De New York ou de Washington, mais aussi depuis Paris, ce boulimique d'écriture, dominait une sorte de mappemonde journalistique. Nul doute, qu'avant la création de la devise inimitable : « Le poids des mots, le choc des photos », en 1976, il fut indubitablement le poids lourd des mots.

Paradoxalement, ce n'est pas l'Amérique, malgré ses prises de position très pro-occidentales lors de la guerre froide entre l'Ouest et l'Est au rideau de fer, qui fit sa réputation de gourou de la pensée.

En fait, il le doit à l'ère de la décolonisation, amorcée en Afrique dans le fracas et les feux mal éteints de la guerre d'Algérie.

L'Afrique française voyait régulièrement se dissiper les cartes roses de ces possessions en voie d'émancipation. On disait alors « en voie de développement ».

Le désengagement général de la France et l'aide apportée en direction des pouvoirs régionaux émergents avaient un coût. Colossal, vu « l'état des lieux » comme l'on dit des gros chantiers.

S'appuyant sur le constat d'une ruralité hexagonale malmenée à cause des démembrements de terres imposés par la technocratie parisienne, et donc en péril, il opposa les deux situations économiques. Puisant dans l'arsenal des comparaisons de nature à frapper l'imagination – une de ses marottes – Cartier fit claquer ce titre slogan qui parlait plus que mille mots : « La Corrèze avant le Zambèze ! » L'expression fit florès. Les politiques s'en emparèrent. Le « cartiérisme » était né !

Castro, Fidel

Le Che et nous

« Fidel Castro et ses barbus » : Sous ce titre énigmatique, une accroche de couverture (numéro 509) coiffe le portrait de Jayne Mansfield. « La blonde explosive » de Hollywood est penchée sur un nourrisson enroulé dans une couverture bleue. Elle vient de mettre au monde un bébé de 9 livres (4 kilos), fils de Mickey Hargitay, alias « Monsieur Muscle ». Elle avait rencontré ce champion de body building, élu Monsieur Univers en 1955, lors d'un spectacle de Mae West, autre sex-symbol (d'avant-guerre), avant de tourner avec lui un nanar en multicolore : *Les Amours d'Hercule*. Elle se tuera, à 34 ans, dans un accident de voiture, en Louisiane.

Pour l'heure, elle irradie encore tant sur la couverture de *Life* que de *Look*, aux États-Unis et de *Paris Match*, en France.

Loin de Hollywood, mais à quelques brassées seulement de la Floride, l'Amérique s'inquiète de l'avènement soudain de ce Fidel Castro et ses barbus.

Partie de la Sierra Maestra, qui culmine en province d'Oriente, au sud-est de l'île, en 1957 ; ponctuée d'une « nuit bleue », c'est-à-dire d'une série d'attentats à La Havane ; prolongée par la résistance des villes et des campagnes face à la répression du dictateur Fulgencio Batista, la Révolution cubaine a fait tache d'huile. À la veille du Nouvel An 1959, la bataille décisive de Santa Clara, plonge celui-ci, déjà plus ou moins lâché par Washington, en état de perdition. Le 3 janvier, l'Argentin Che Guevara – « le Che » entre à La Havane. Il a rallié Fidel Castro, lors de l'exil de celui-ci au Mexique, quatre ans plus tôt. Castro se définit comme un révolutionnaire mi-guérillero, mi-réformiste, à l'idéologie marxiste plus floue que celle du « Che ».

Candides, les Américains voient encore en lui une sorte d'Hemingway exalté auquel l'acteur Errol Flynn rend visite, cinq jours durant. Accompagné du photographe John McKay, il sillonne les maquis dans la jeep du « comandante », partageant le rhum, débitant l'idéal du Robin des Bois qu'il incarna à l'écran et tombant sous le charme de Celia Sanchez, la jolie pasionaria du mouvement rebelle, une orchidée rose plantée dans son épaulette, le revolver de calibre 32, émergeant de son ceinturon.

Du bataillon des femmes, on tira deux films documentaires où Flynn apparut pour la dernière fois à l'écran : *Cuban Rebel Girls* et *Cuban Story*. Il ne lui restait que quelques mois à vivre. Il en avait aussi tiré un récit coloré, forcément : *Moi et Castro*, destiné au *New York Journal-American*. Un éditeur français (les Éditions du Sonneur) l'a republié en 2018. Dans sa préface, Thierry Beauchamp rapporte : « Errol Flynn accompagna la révolution cubaine jusqu'au 4 janvier 1959. Il assista à la victoire de Palma Soriano et à une exécution sommaire qui lui apparut comme la scène la plus horrible dont il eût jamais été témoin. »

Jacques Lanzmann, futur parolier de Jacques Dutronc (*Et moi, et moi, et moi*) et fou de marche, tenta sa chance pour *L'Express* à travers la Sierra. En vain. Il n'en publia pas moins, un *Viva Castro*, lui aussi forcément coloré. Il était en « pool » avec Claude Julien, du *Monde*, maître du sujet, futur patron du *Monde diplomatique*. Ils posèrent leur sac du côté de Santiago, tout au Sud. Mais furent vite exfiltrés du pays, avant même de pouvoir atteindre la garde rapprochée de « Fidel ».

C'est donc *Paris Match* le premier, le seul, bien avant la publication prochaine du récit d'Errol Flynn promis à une diffusion internationale, qui partagea avec ses lecteurs le vécu de la Révolution cubaine. L'exclusivité est signée de Daniel

Camus, photoreporter maison, ancien d'Indochine (il sauta sur Diên Biên Phu), médaillé militaire et détenteur de la croix de guerre obtenue sur le terrain des opérations extérieures (TOE) et de Marie-Hélène Viviès, reporter elle aussi, qu'il vient tout juste d'épouser.

Ils s'étaient mariés le 2 décembre à Paris.

Le romantisme se fond ici dans le romanesque. Et vice versa. Incroyable, mais vrai, en effet, les deux reporters de *Match* étaient en voyage de noces à Cuba. Ils avaient débarqué de New York à bord d'un vol de la Cubana Airlines... En pleine révolution ! D'instinct, Camus, qui a beaucoup baroudé, sent que les choses se corsent dès leur arrivée. L'histoire est en marche ! Ils sont « au bon endroit, au bon moment », le Graal de tout reporter de terrain.

Dans le numéro du 10 janvier 1959, Marie-Hélène détaille leur « scoop » d'un ton passionné, loin d'être chimérique. Du vécu.

À l'occasion des 50 ans de *Paris Match* (1999), Sabine Cayrol exhuma ce texte exemplaire, titré : « La Havane prend feu ». Plus récemment, pour la rubrique « Retro *Match* », Mathieu Clément, grand amateur de récits joliment contés, en composa l'édition numérique, soixante ans après les faits.

Marie-Hélène Viviès – devenue Madame Camus – nous éblouit encore, grâce à son récit originel, reproduit, ici, dans son intégralité :

Je vous téléphone de notre chambre, à l'hôtel Sevilla. Comme tout le monde ici, depuis des heures, je suis allongée sur la moquette. On tire sur tout ce qui bouge aux fenêtres. J'attends des nouvelles de Daniel qui est parti avec son Leica pour mettre la révolution « dans la boîte » comme il dit. Nous sommes arrivés à La Havane le 31 décembre au soir. Plus une place libre pour le réveillon : ni au Tropicana, ni même à l'hôtel Hilton, le plus grand de La Havane

– et du monde (prix de la chambre : de 25 à 250 dollars par jour). Nous étions tous très gais. À minuit, un grand lâcher de colombes avait créé l'ambiance. Pourtant on sentait l'inquiétude. Entre les éclats de rire *et les bravos, les conversations roulaient toutes autour du même sujet : la* revolucion, *le volcan sur lequel dansait La Havane en cette nuit de la Saint-Sylvestre.*

C'est à 6 heures 30, à l'heure où le réveillon aurait dû s'achever, que la nouvelle a éclaté. Soudain, Daniel m'a entraînée par la main jusqu'à un poste de radio autour duquel les gens s'amassaient : Batista s'était enfui en avion. Nous sous sommes précipités dehors et nous avons vu la rue changer en un clin d'œil : voitures, camions, autobus, chariots, remplis de jeunes gens agitant des drapeaux. On arrachait les emblèmes du régime. Jusque-là c'était très bien. Daniel et moi avons pensé à la Libération de Paris.

Et puis tout s'est gâté. Un jeune garçonnet, arrivé avec une barre de fer, s'est mis à taper avec une rage incroyable sur une des bornes dans lesquelles les automobilistes mettent cinq cents pour une demi-heure de stationnement. Et l'a vidée de son contenu. Une heure plus tard, il n'y avait plus une borne debout. Puis ce fut le tour des devantures, surtout des maisons de jeux – principale industrie du régime Batista – où les machines à sous étaient brisées, vidées et jetées sur le trottoir.

Daniel m'a raccompagnée en hâte jusqu'à l'hôtel Sevilla. Il a fallu entrer par une porte de service : déjà les pillards attaquaient la façade. Nous avons dû regagner nos chambres par le monte-charge des cuisines. Puis Daniel est sorti pour prendre des photos, tandis que la police dégageait l'hôtel. Au même moment, une rafale de mitraillette a crépité sous nos fenêtres. C'était un Noir, pris en flagrant délit de pillage, que les policiers venaient d'abattre sur le trottoir.

À partir de 14 heures, j'ai vu arriver des voitures chargées de civils vêtus de chemises noires et de casquettes rouges (les couleurs du mouvement du 26 juillet). Ils disent qu'ils sont les premiers envoyés de Fidel Castro. Ils aident la police à rétablir l'ordre.

Daniel, venu refaire sa provision de films à l'hôtel, me dit qu'il a vu au moins une douzaine de morts et une cinquantaine de blessés. En face du Parc, les hommes de Batista se sont barricadés dans un immeuble officiel et se défendent à l'aide de fusils et de mitrailleuses. Par la fenêtre, je vois des tanks et des autos blindées de l'armée, les mêmes que l'on envoyait la veille encore contre Fidel Castro. Ils vont donner l'assaut aux « batistiens ». L'ordre de grève lancé par Castro a été suivi totalement. On attend maintenant l'arrivée du libérateur, et ce sera la dernière image du câble que je vous ai adressé hier sur l'extraordinaire aventure du révolutionnaire cubain.

Daniel vient de repartir pour tâcher d'expédier ses photos à l'aéroport que les insurgés viennent d'occuper. Maintenant, de ma fenêtre, je distingue mal la rue d'où partent toujours des coups de feu. La nuit tombe. Je vous souhaite une bonne année...

S'ensuit alors le récit (le câble) adressé la veille de cette communication réalisée « à chaud », au cœur de l'action et transmise par téléphone.

Au-delà du récit à forte sensation livré à *Paris Match*, Marie-Hélène Camus publiera un livre : *Lune de miel chez Fidel Castro* (Grasset, 1960). Une rareté de nos jours.

Les photos de Daniel Camus feront le tour du monde. L'une d'entre elles a fait date. On y voit un jeune insurgé et un policier loyaliste croiser le tir à bout pointé et à balles réelles, comme dans un duel de cinéma. Froide réalité.

Loin du bonheur radieux de Jayne Mansfield, serrant son nourrisson dans ses bras en photo de couverture, la manchette de une « Fidel Castro et ses barbus » fait date. Comme l'habille le surtitre : « Seul de la presse mondiale, *Paris Match* a vécu leur épopée ».

Cuba n'en finira pas alors d'exercer son attraction sur le monde. Convertis au castrisme romanesque, mais aussi du fait de la rupture du monde libre boycottant l'île caraïbe, après le rapprochement de Castro vers l'URSS (1960) et la menace d'une installation de missiles soviétiques, nombre d'intellectuels – Jean-Paul Sartre et Simone de Beauvoir en tête – ainsi que les militants tiers-mondistes feront du voyage à La Havane, une étape indispensable jalonnant leur propre « longue marche » idéologique.

Paris Match de son côté, délivrera un numéro très dense sur Cuba (numéro 628, 28 avril 1968) : « Avec nos envoyés spéciaux dans les deux camps ». « Pour Castro. Contre Castro ». La touche finale revint à René Vital. C'est lui qui signa le portrait de couverture du « *lider maximo* », regard perdu sous la casquette kaki vissée, barbe broussailleuse et les doigts en mouvement, quasiment joints…

Derrière les photos d'exilés de Floride parachutés en libérateurs mais capturés, ou d'affidés du néorégime, ralliés derrière le slogan : « La Patrie ou la mort », on y découvre également Norka, le plus célèbre mannequin-vedette de l'île. Elle a troqué la robe à fourreau pour le fusil de la révolution. Dix ans après l'équipée d'Errol Flynn dans la sierra en ébullition, elle surgit dans nos pages en icône à la Celia Sanchez, dont l'acteur américain était resté ébloui.

À la manière de Raymond Cartier, déroulant ses thèses, Jean Farran nous plongea, en texte, au cœur de « cette île insoumise devenue le poison de Kennedy ».

Sept balles pour Ernesto

Le mystère de la mort de Che Guevara, abattu de sept balles par les forces antiguérillas de Bolivie, en 1967, où il avait été repéré et traqué « comme un gibier que l'on force », pose question. Pour *Match*, Jean Lartéguy en fait un grand sujet : « Un tombeau pour le Che » (numéro 957) et questionne : « S'agit-il bien de lui ? »

Dix ans plus tard, Jean Cau « par-delà les idées qui furent tiennes » règle en le tutoyant, façon « *compañero* », mais pas « compagnon de route », un compte d'admiration avec lui. Les photos du cadavre lui sont présentées au service photo du journal. Elles le heurtent et lui inspirent une étrange oraison : « Guérillero, saint, aventurier, révolutionnaire, héros, martyr et… poster. » En esthète fasciné et troublé, Cau médita devant les images glacées de cette « dépouille de lumière et de nuit ». De la fin misérable du « Che » et du roman de sa vie, il troussa un ouvrage inattendu sous sa plume : *Une passion pour Che Guevara* (Julliard, 1978) qui chiffonna tant et plus le « germanogratin » ou gratin germanopratin.

Le 25 mai 2001, le dernier grand témoin engagé s'éteignait à Paris. Alberto Korda, d'abord photographe anonyme de la révolution cubaine, s'était fait un nom en réalisant le portrait du « Che », en mars 1960, celui qui fera le tour des campus survoltés en 1968, l'année choc. Dans son regard, il avait lu comme une colère contenue, saisie sur-le-champ, mais son rédacteur en chef, mal inspiré, n'avait pas retenu le cliché présenté sur la planche-contact aux cinquante prises de vues. La photo mythique dont Cau déplorera qu'elle illustrât tant de posters et autres tee-shirts d'un vil commerce, sans rapporter le moindre peso à son auteur, sera exhumée par un éditeur italien, des années plus tard.

De passage à Paris, donc, Korda me rendit visite au bureau. Jean Cormier, solide gaillard d'Euskadi, qui œuvra longtemps au *Parisien*, l'y avait guidé en ami. Séduit par l'enfance sportive du « Che » en Argentine, cet aède du rugby des montagnes basques avait plongé tête baissée dans la sombre légende du « Che », une opaque mêlée. Il en avait brodé une monumentale biographie, dont j'eus la primeur avant l'imprimatur.

Feuilletant *Bon Voyage*, notre magazine de tourisme, qui trônait sur une table basse, Korda nous offrit spontanément son reportage du jour (une flânerie dans Paris) en échange d'un cigare et d'un verre de rhum. Un cadeau « à la cubana », insista-t-il.

Il ne verra jamais le fruit de son reportage publié le mois suivant. Au lendemain même de cette providentielle rencontre, Alberto Diaz Gutierrez – dit « Korda » – prenait ses quartiers chez un ami, en proche banlieue. Le cigare aux lèvres, un verre de rhum à la main, il s'effondra soudain. Son cœur avait lâché.

CAU, JEAN

Noble et secrète figure de Saint-Germain-des-Prés, écrivain occitan de culture latine (grâce au lycée de Carcassonne) et grand styliste de la langue française, Jean Cau avait débarqué à la gare d'Austerlitz, à 18 ans, depuis son village de Bram (Aude) avec deux valises en bois.

Moins de vingt ans plus tard, en 1961, déjà bardé d'une solide œuvre littéraire et poétique, il glanait le prix Goncourt avec *La Pitié de Dieu*.

Jean Cau portait « l'orgueil des mots » – titre d'un recueil de ses meilleurs articles – comme une deuxième peau. Sa *Composition française*, ultime « journal » publié en 1993, post-mortem à six mois près (il était parti un 18 juin) symbolise ses dernières « rêveries d'écriture ».

J'eus l'honneur et l'infinie tristesse, au nom de *Paris Match* d'accompagner sa dépouille au cimetière La Conte à Carcassonne, après avoir rédigé l'éloge funèbre que lira Jacques Toubon, ministre de la Culture, à l'église Saint-Sulpice à Paris.

Pour ces funérailles intimes, Jean-Michel Schoeller, un ami de la vraie vie, c'est-à-dire loin du milieu des lettres ou de la presse, avait loué un petit avion privé au départ de Beauvais.

Le cercueil était sous nos pieds à l'instar d'une envolée vers le ciel pour cet adepte du « paganisme solaire ».

Sa rupture intellectuelle avec la gauche germanopratine (Sartre, dont il fut le secrétaire, de 1946 à 1957, Simone de Beauvoir, Jean Genêt...) contribua à le marginaliser au sein d'une coterie d'écrivains conformistes... Et ce, pour le plus grand bonheur de *Paris Match*, qu'il illumina de son talent 20 années durant.

Il rédigeait vite et mieux que bien, d'une écriture manuscrite sans fioriture, légèrement penchée, quasiment sans rature. À pointe sèche.

Il fallait le voir en conférence de rédaction, le mardi après-midi, guetter, avec un appétit d'éternel junior, les sujets de société dont nous ferions le lundi suivant, en bouclage, un gros titre de couverture : Ah, ces obsèques du général de Gaulle vécues, comme un pèlerin veuf de « sa » France dans les ornières de Colombey !

Ah, cet éloge posthume de Romy Schneider – il avait prêté sa plume à la signature d'Alain Delon – ou cette autre lettre, quasi amoureuse, à Mireille Darc, muse au cœur brisé.

Ah, ce *mano a mano* littéraire contre Marguerite Duras, en défense de Christine Villemin (« Plaidoyer pour une mère traquée »), la mère du petit Grégory assassiné dans les eaux troubles de la Vologne. On avait quasiment livré celle-ci au pilori d'une instruction expéditive... Bousculant les conventions judiciaires, la dramaturge et figure du Nouveau Roman y était allée d'un « sublime, forcément sublime » (*Libération*) à connotation accusatrice. Face à l'auteure de *Moderato cantabile*, Cau avait dégainé son plaidoyer sans modération.

Combien de fois son nom, bref et tranchant, claqua-t-il en lettres majeures sur notre couverture ! Il nous a légué un millier d'articles.

Son *Croquis de mémoire* balaya tant de rencontres et de vécu, de Cocteau à Sartre (forcément), d'Orson Welles à Montherlant, d'Ava – la diva – (Gardner) au torero Luis Miguel Dominguin. Un chef-d'œuvre, tout en maîtrise et sincérité.

« Salut ! »

Ce bouquet de souvenirs pimentait nos déjeuners, le lundi du bouclage, autour de Roger Thérond. Il n'en livrait que des boutures, laissant exhaler bien des parfums à longévité naturelle garantie. Mais il savait aussi ne pas forcer les conversations inutiles. Homme pressé, il l'était depuis qu'un instituteur éclairé avait arraché à son père, ouvrier agricole de misère, et à sa mère, femme de ménage et lavandière de village, les promesses d'une solide éducation lycéenne. Le lycée, un mythe inaccessible pour des parents désargentés ! Homme pressé, il le resta, sautant examens et concours jusqu'à préparer l'École normale. C'était suffisant (il écrivait tant) pour le tenir éloigné des conventions de toutes sortes.

« Salut ! » Un mot lui suffisait pour prendre congé d'un importun.

Françoise Giroud le côtoya des années durant à l'époque de *L'Express*. Elle poussa le trait de ce dur au labeur, « tout botté de cette terre d'Oc qu'il aima tant, caparaçonné de méfiance et empesé d'orgueil ». Elle croqua sa tête noire de Catalan dure comme une pierre, avec une avidité gourmande : « Il est vif comme le mercure, comme un boxeur. Son visage est fait d'une plage : le front, d'une arête : le nez, et de quatre creux d'ombre : deux en large, les yeux ; deux en long entre la pommette et le maxillaire. Il n'y a pas un pouce de graisse, pas une courbe molle sur ce visage-là. C'est un ouvrage d'architecture. »

Tout était réuni sur ce tableau pour que, trente ans plus tard, le photographe Yousuf Karsh – le « plus grand portraitiste du monde » – capte en un seul cliché, ses traits de loup cervier taillé à la serpe.

Si Cau fut le compagnon de Louisa, la mère de Patrick Modiano, dont il préfaça *La Place de l'Étoile* (Gallimard, 1968), son premier roman, il habitait seul, 13, rue de Seine, à deux pas des bouquinistes qui fleurissent sur les quais. Leurs boîtes cabossées d'un vert uniforme débordent de « vieux papiers », parfois précieux ; trop souvent de gadgets à touristes qui lui faisaient horreur.

Son immeuble sans ascenseur – il habitait au 3e étage – donnait sur le square Gabriel-Pierné, derrière l'Institut : un petit carré parsemé d'arbustes connu pour sa fontaine du XIXe siècle signée Fragonard.

Un cathare au XXe siècle

On pouvait le surprendre, porte-cigarettes aux lèvres, de l'autre côté du square, chez Roger-Viollet, la galerie à puits photographique sans fonds, à deux pas d'un autre square de poche, où trônait la statue de Voltaire.

L'homme de lettres avait l'habitude d'élaguer vite et bien sa propre bibliothèque. « Je ne m'encombre pas de romans inutiles. » Chez lui, il classait quelques Pléiade et une grosse poignée de romans dont il reconnaissait la bonne facture : du Paul Morand, du Montherlant, un peu de Mauriac, guère plus, mais aussi du Balzac et du Chateaubriand.

Ses trésors personnels se comptaient sur les doigts de la main : un bronze de Susini *Lion attaquant un cheval*, une aquarelle de Gustave Moreau, un Delacroix, un ou deux bronzes de Degas, idem de César (un buste de Mao en porcelaine), quelques lettres et manuscrits, du Sartre (forcément), dont une missive « à mon cher petit Castor » (Simone de Beauvoir)... Cau n'était pas de la race des collectionneurs qu'habite la tentation de posséder.

Tapi dans la caverne aux clichés précieux chez Roger-Viollet, donc, se tenant toujours à l'abri des indiscrets, il façonnait en silence sa culture photographique. Celle-ci était indissociable des passions de Roger Thérond, l'ami intime (Jean était le parrain de son fils, Tristan), lequel, lampe de poche en main, courait dès l'aube au marché aux puces de Montreuil, dans l'espoir d'y dénicher des trésors et d'étoffer sa collection d'images riches et notables. La photo était bien le socle premier de *Paris Match*.

D'une trempe de cathare égaré au XXe siècle, Cau fuyait la caste établie qu'il croqua en une centaine de pages dans *L'Ivresse des intellectuels* (Plon, 1992) : « Je me considère comme singulier, n'appartiens à aucun cénacle, à aucune coterie ; je ne fréquente pas mes congénères et ne fais partie d'aucune manière parisienne », se situera-t-il, précisant même : « Tel un caillou dans les lentilles de la littérature au XXe siècle. »

Hors d'atteinte

Son indépendance d'esprit le mettait hors d'atteinte, ce qui sans doute lui coûta la reconnaissance d'un fauteuil à l'Académie française ; il en tira un pamphlet d'une ironie mordante. Poussé par des amis sans malice, il avait entrepris – la curiosité l'avait convaincue – de briguer le fauteuil d'Edgar Faure. Il en sortira ce livre posthume *Le Candidat* (Xenia, 2007), préfacé par son grand copain Alain Delon, l'autre… Samouraï ! Visites obligées, lettres de céans, dîners de courtoisie… Rien de ce rituel suranné n'échappa à la sagacité du « candidat à panache » condamné à l'estocade par une poignée de petits hommes verts à épée de bois.

De son regard noir et profond, le maestro d'écriture observa le troupeau des cagots, cantonnés dans l'enclos du conformisme. Il les toréait par ses mots ordonnés, de tonalité classique, tout en « *duende* » (la grâce du torero) dont il épousait les codes et l'éthique. Il en fit une déclaration d'amour-passion dans

Sévillanes (Julliard, 1987), dévoilant une Andalousie d'ombres et de lumières chère à son cœur. Il était aussi épris de Venise, dont il fit une sensuelle « courtisane », à ses yeux promise au trépas sous la multitude des touristes plus voyeurs qu'admirateurs. Il conclut son ode par cette confidence : « Je n'apporte jamais d'appareil photographique dans mes bagages. J'aurais crainte que Venise me dise : "Pourquoi ces regards de verre que tu poses sur moi ? As-tu peur que je meure ? Dis-moi la vérité..." »

Bien que parcimonieux de ses propres sentiments, il me lâcha cet aveu : « L'Italie est une fille facile, l'Espagne une grande dame. »

Son sens assumé de l'esthétique le faisait classer « à droite ».

Lors d'une rare interview (il n'aimait pas se livrer), ses réponses fusaient en gerbe de banderilles, remarquablement plantées : « Sartre était-il de droite ou de gauche ? Il fut traité de sale hyène dactylographe par le stalinien Jdanov. Il a écrit *Les Mains sales*. Puis il a changé après le soulèvement de Budapest. Georges Marchais ? Le secrétaire général du Parti communiste a été l'un des principaux troubadours du stalinisme. Il a changé. Moi je ne veux pas me définir. [...] Mitterrand a changé. Rocard aussi, il était plus couvert d'idéologie qu'un âne de reliques. Et les jolis oiseaux de Mai 68 qui voulaient faire la révolution, ils se sont posés sur de confortables branches et sont devenus d'honorables directeurs de journaux, des notabilités de l'establishment politique. [...] Je travaille pour *Paris Match*. Je serai prêt à travailler occasionnellement pour *L'Humanité*, *Minute*, *La Pravda* s'ils me proposaient une chronique. [...] Si vous avez des relations à *L'Humanité*, vous pouvez leur donner mon numéro de téléphone, en les assurant que je leur réserverais le meilleur accueil s'ils commettaient l'imprudence d'imprimer mes propos (*L'Événement du Jeudi*). »

Et de se dégager de la polémique esquissée à travers quelques volutes de fumée formées au bout de son porte-cigarettes d'argent...

Céline, Louis-Ferdinand

Avec « l'entretien retrouvé » soixante-deux ans après la mort de Céline, *Le Figaro littéraire* (20 avril 2023) ouvre un dossier exclusif qui doit tout, ou presque, à *Paris Match*. En effet, un an plus tôt, avant la disparition de l'écrivain maudit, Roger Mauge, alors grand reporter – rédacteur en chef entre 1972 et 1976 – l'avait rencontré chez lui, sur les hauteurs de Meudon.

Il n'en ressortit pas grand-chose à l'époque, sinon quelques citations anecdotiques de « l'infréquentable » ainsi taxé par le Paris littéraire. Rien que le titre du sujet, paru en septembre, illustré des photos en noir et blanc de François Pagès, donnait le ton : « Céline le pestiféré ne parle plus qu'avec Coco » (son perroquet). Il n'était guère en cour dans l'après-guerre en raison de ses pamphlets antisémites, de sa fuite à Sigmaringen dans le sillage de 3 000 vichystes décavés, de son incarcération (15 mois) au Danemark en attendant une éventuelle amnistie (qu'il obtint en 1951).

L'auteur du *Voyage au bout de la nuit* (Denoël, 1932) n'avait pas dit son dernier mot pour autant. Dans le sauve-qui-peut de la Libération, il entraîne sa femme Lucette et son chat Bébert en Allemagne, abandonnant quelques manuscrits dans son appartement de Montmartre qui seront volés (6 000 feuillets !) en 1944, puis retrouvés « miraculeusement » en 2021.

Peu après son retour en France, il publie *D'un château l'autre* (Gallimard, 1957), croquant sans aménité, mais en cruel témoin, le crépuscule des réprouvés. Trois ans plus tard, donc, voici *Nord* (Gallimard, 1960).

C'est l'occasion pour *Paris Match*, via Roger Mauge, d'obtenir l'un des rares entretiens que l'auteur tourneboulé accordera après la guerre.

Au hasard de l'entretien (27 feuillets dactylographiés que *Le Figaro* a publiés en grande partie, il est question d'à peu près tout, y compris de ses fantasmes et de ses obsessions étalées. Peu d'écrivains trouvent alors grâce à ses yeux (Paul Morand, Ramuz, Henri Barbusse) tandis que la pauvre Françoise Sagan se voit rhabillée pour quelques hivers.

Soudain, au détour d'une question sur « le mode de vie de la masse », Céline se lâche : « J'aime mieux l'auto, la voiture, le magazine *Paris Match*, par exemple. Vous donniez quelques articles de haute histoire qui devaient emmerder le monde. [...] » Plus loin : « Il y a de l'argent à *Paris Match* ? » [Céline se disait très désargenté]. En tout cas, il conclut : « C'est le *Life* français. Mieux tenu que *Life*. »

Chauvel, Patrick

On ne compte plus les reportages du photographe de guerre à qui Reporters sans frontières consacra un numéro spécial en 2022. Pourtant, c'est seulement en avril 2023 qu'il signa sa première couverture de *Paris Match*. Il en était retourné, quand, engoncé dans son blouson de cuir d'un brun caramel, il portait encore à la maquette, les ultimes corrections de l'interview que Florent Pagny lui avait accordée.

Sur le mur numérique du journal claquait le titre « Le Guerrier ». Nous l'avions choisi – comme pour Johnny, naguère (livre de Gilles Lhote) – afin de souligner la bravoure du chanteur face au cancer et renforcer le moral de ceux qui luttent contre le crabe.

Tout ému, celui qui a couvert 35 grands conflits à travers le monde, fut laissé pour mort au Panama et rentrait à peine d'Ukraine répétait, comme un junior qu'il n'est plus : « Incroyable, ma première couv' de *Match* ! À 73 ans... »

Vite revenu à la réalité du sujet, il marmonnait, comme pour lui-même : « Il aura fallu attendre la saloperie qui touche mon pote pour que je fasse la une. Dingue, non ? »

Entre Pagny et Chauvel, l'amitié avait commencé à la dure, façon bras de fer, sur le tournage du film *L'Honneur d'un capitaine* avec Jacques Perrin, tête d'affiche. Pierre Schoendoerffer, ancien cameraman militaire, fait prisonnier à Diên Biên Phu au couchant de la guerre d'Indochine (1954) était devenu, depuis lors, un grand réalisateur. À son palmarès cinématographique : *La 317e Section*, *Le Crabe-Tambour* et bien d'autres chefs-d'œuvre brossant les vertus d'une humanité militaire, fragile et martiale à la fois. Là encore, il était à la baguette. Tel un commandant d'unité, il répartissait les rôles entre ses hommes, acteurs ou figurants : « Toi tu joueras ceci, toi tu seras dans cela. »

Mû par une certaine perplexité, il ménageait le suspense entre Chauvel (son neveu) et Pagny (débutant devant la caméra) : « Que le meilleur gagne ! » Une certaine rivalité, muette mais palpable, s'installa d'entrée de jeu entre les deux hommes. Vinrent d'inévitables éclats de voix. À quelques jurons près, ils en seraient presque venus aux poings.

Finalement désigné « éclaireur de pointe », Pagny qui avait suivi des stages de montagne fit une démonstration d'école, digne d'un chasseur alpin, en grimpant un pic rocheux en rappel. Assez, pour épater Chauvel.

Ils ne se quittèrent plus du tournage. Petit fils d'un ambassadeur (Jean Chauvel), fils d'un rédacteur en chef du *Figaro* (Jean-François Chauvel), neveu de Pierre Schoendoerffer, donc, Patrick fréquenta leurs amis, Joseph Kessel, Jean Lartéguy ou Lucien Bodard, des grands noms du baroud littéraire. Passé ce relationnel intimidant pour un novice, il avait plus d'une histoire dans sa besace pour rendre la monnaie de sa pièce à Florent. Sa perforation intestinale par balle et le sauvetage par les médecins militaires américains, son séjour improvisé d'une semaine chez Bob Marley à la Jamaïque, l'assassinat sous ses yeux de Mgr Romero, archevêque de San Salvador, en 1980 par un groupe paramilitaire, des avatars, parfois tragiques, avaient de quoi éblouir « le chanteur populaire ».

Entre eux se noua un lien solide. Démobilisés à la fin du tournage mais peu oisifs pour autant, ils se lancèrent dans un rallye à moto, au Vietnam, puis se mêlèrent au rassemblement des Hell's Angels chevauchant leur Harley-Davidson à Daytona (Floride), dans la nostalgie du film *Easy Rider*, étendard de la contre-culture américaine des années 1960. Rêve d'un jour : l'un est Denis Hopper, l'autre Peter Fonda…

Rentré du Donbass, où il couvrait pour *Paris Match* (avec Nicolas Delesalle pour le texte, lauréat du Prix Varenne et Prix Bayeux du reportage) l'invasion russe en Ukraine, Patrick y récolta une fichue occlusion intestinale, soignée à la dure.

Il découvrit parallèlement la récidive du mal dont Pagny avait lui-même informé l'opinion, un an plus tôt et qui venait de le rattraper dans sa retraite patagonienne, cette « fin de monde » où Azucena, sa femme, avait su l'attirer. Foutu cancer !

« Il l'affronte en guerrier », lâche-t-il à Caroline Mangez, ma numéro 2 alors, toujours en première ligne sur les coups. « Alors interviewe-le sur la guerre qu'il lui mène. Chiche ?

— Banco ! »

Ce ne sera pas sans mal, au fil des mille et une tractations de coulisses. Mais, quand paraît *Pagny par Florent* (Fayard, 2023), une grosse autobiographie de 500 pages que la presse s'arrache – rééditée quatre fois dès la première semaine de mise en place – seul Chauvel sera reçu chez le chanteur à Montfort-l'Amaury.

À l'interview de fond, aux souvenirs intenses partagés entre rires et gravité, il réalise quelques photos « nature » de l'ami Florent « en guerre contre le mal ». Photo baroudeur aux multiples parutions, il signe – pour son pote – donc, sa première couverture de *Match* !

Coiffeur

« Le snob royal n'est pas mort, écrivait Paul Morand dans *La Parisienne*, en 1957 : il est plus vivant que jamais ; il achète *Match* et *Jours de France* ; il vient s'écraser le nez sur leurs photos en couleurs comme l'affamé à la devanture des grands restaurants. La lecture des déplacements de la famille royale qui, dans ma jeunesse, n'intéressait que les nurses [...] fait l'alimentation quotidienne de l'Amérique et de la France. [...] À quoi tient cette monarcholâtrie du peuple français ? Peut-être à un complexe Marie-Antoinette ? [...] »

Que dirait Morand, emblème de la modernité littéraire d'un autre temps, en parcourant les centaines de couvertures de *Paris Match* consacrées à la famille royale d'Angleterre (ou aux Monaco), depuis le couronnement d'Elizabeth II, en 1953, et sa mort apaisée, suivie de funérailles grandioses, quelque quatre-vingts ans plus tard ?

Comment jugerait-il les « règlements de compte à Buckingham » entre prince héritier (William) et prince décavé (Harry), le défi à peine voilé entre belles-sœurs (Kate versus Meghan) comme parées à incarner le duel des femmes ennemies dans un remake windsorien de *Johnny Guitare*, le western faussement féministe de Nicholas Ray ? Que penserait-il de la couronne créée pour la reine Mary – épouse du roi George VI – en 1911, coiffant la tête de Camilla Parker-Bowles, qui fut la femme la plus détestée du royaume quand elle surgit en embuscade dans les pas de Diana, alias « Lady Di » ou encore « la princesse des cœurs ? Et quid de la prostate de Charles III, opérée en 2024 ?

Qualifié de « tireur d'élite » par l'écrivain Nicolas d'Estienne d'Orves, vu la mitraille de ses portraits, le nouvelliste échappa au premier scandale de la Cour ; soit l'année de son décès (1976) à l'exposition au public d'un très jeune amant de Margaret (la cadette d'Elizabeth II) photographié à l'île Moustique (Caraïbes) en compagnie de la princesse. Le document signa l'entrée fracassante des paparazzi dans l'intimité des Windsor.

La chronique d'aujourd'hui a de quoi pimenter le « Royal Blog » de Stéphane Bern, notre observateur fulgurant des têtes couronnées.

Si, pour les contemporains de Paul Morand, « le snob royal » achetait *Match*, les années 1980 en avaient fortement démocratisé le lectorat, à en croire une cabotine légende urbaine, autre version du « snob » d'époque.

Face à la déferlante des « scoops » revenus « à la une » depuis la mort de Mao (1976), les faits divers spectaculaires et le grand reportage, il était difficile d'échapper au journal ; mais de bon ton, en revanche, de feindre devoir l'acheter. Une phrase passe-partout courait les dîners en ville afin de donner le change : « Vu dans *Match* ? Ah oui, je l'ai feuilleté chez mon coiffeur… »

Jusqu'à l'adieu à Jackie Kennedy ou la révélation de l'existence de Mazarine, fille cachée de François Mitterrand (1994) ces années-là étaient, pêle-mêle, celles de la mort de Jacques Mesrine (« l'ennemi public numéro 1 »), du voyage du pape Jean-Paul II en France, du mariage de Charles et Diana, de la disparition de la princesse Grace de Monaco, de l'affaire Grégory (Villemin) ; bref, il y en avait pour tous les goûts, comme il est d'usage pour un magazine qui suit la vie telle qu'elle est et attise mille curiosités.

Match vendait, en moyenne, 1 200 000 exemplaires par semaine. Par le jeu des prises en main, en famille par exemple, il comptait alors 6 millions de lecteurs par numéro. Il fallait vraiment vouloir y échapper pour l'ignorer. Le subterfuge du coiffeur faisait beaucoup rire Irène Frain. La romancière publiait de nombreux articles à cette époque : « Voyons, souriait-elle, il y aurait donc 1 million de salons de coiffure en France ? Diantre, voilà les Français bien coiffés ! »

En 2023, on en comptait à peine 100 000 sur tout le territoire…

Cette mise en plis manquée – on l'a vu – il y eut de plus récents coups de griffe, à défaut de coups de peigne.

D'aucuns, caparaçonnés sur la bien-pensance de saison, s'employèrent à réduire *Paris Match* au seul rang de magazine people, solide anglicisme à futilités. Si *Match* depuis les années 1950 (rubrique « Elles & Eux » puis « Les Gens ») revendique d'avoir ouvert sa porte aux célébrités, en pionnier, son contenu d'ensemble est l'avènement d'un magazine global, soigneusement conservé par les familles, ne serait-ce que pour la qualité et l'originalité de ses grands reportages. Ceux qui perpétuent le journal, pilotent des envoyés spéciaux sur tous les terrains chauds du globe, en sont les garants. Et les hommes et femmes de terrain y vont, non sans risque.

Parmi les grands anciens, l'un d'entre eux, Jacques-Marie Bourget – que j'ai vu arriver à *Match* au lendemain de l'affaire Rainbow Warrior à Auckland et dont j'ai suivi les reportages, notamment lors de la guerre des Balkans – m'a fait connaître son amertume quant à ce déclassement sournoisement colporté, un très mauvais procès d'intention.

Prix Scoop 1985 pour avoir révélé l'attentat raté par la DGSE contre le *Rainbow Warrior* – un mort – dans le port d'Auckland, il rappelle avoir été atteint au poumon gauche par un tir de M16 à Ramallah (21 octobre 2000), « sans doute pour m'interdire l'accès à un secret de star », écrit-il ironiquement. Il s'adressera alors jusqu'aux instances de la Commission de Bruxelles. Extraits :

« C'est à la suite de cette balle pas perdue que Jacques Chirac, président de la République, m'a attribué une Légion d'honneur épinglée par Jean-Luc Lagardère ? Vous avez dit "people" ? [...] »

Paris Match est un hebdomadaire généraliste « populaire » (ce qui fait partie de son identité) capable de jouer la gamme du frivole vers la complexité. Une recette unique dans l'histoire de la presse mondiale, où il n'a cessé de témoigner de notre temps. Ce qui a fait dire à un historien reconnu, alors qu'il s'adressait à ses étudiants : « Si vous voulez avoir l'aperçu d'un moment de notre temps, piochez dans la collection de *Match.* »

Avec mes confrères lors de nos reportages, nous avons pu constater, avec une satisfaction ironique, qu'il y avait toujours un citoyen du bout du monde capable de prononcer deux mots liés à la France : *Paris* et *Match.*

Je recommande aussi de visionner attentivement un entretien filmé au cours duquel le journaliste Ladislas de Hoyos interroge Klaus Barbie, alors en fuite à Bogota. Le bourreau de Jean Moulin explique très clairement : « C'est en lisant *Paris Match* que j'ai découvert que j'étais recherché. »

Le 7 novembre 1956, à Budapest, Jean-Pierre Pedrazzini, reporter de *Match* est mortellement touché par une balle ? Était-ce aussi du people ? Du carnet rose ou du carnet noir ? Richard Jeannelle, autre confrère disparu en République démocratique du Congo, chassait-il là-bas des secrets d'alcôve ? Michel Peyrard et Pierre Hurel, le premier pris en otage par les talibans à Kaboul, le second touché lors de l'insurrection de la place Tian'anmen, écoutaient-ils aux portes d'acteurs et de chanteuses ? Et le photographe Bernard

Wis, revenu de Somalie avec un œil en moins. Il faut lui expliquer que traquer des princesses est un métier dangereux ?

Pour en revenir à ce que je connais le mieux, mon travail, portais-je une casaque people quand, seul avec Arafat, dans un avion censé ne pas exister – nous volions sans transpondeur entre Le Caire et Sanaa ? Tout cela avant d'aller, quelques jours plus tard, interroger Mikhaïl Gorbatchev à Moscou ? Ou encore, en 1991, quand j'étais seul sur le front d'Irak – avec Peter Arnett de CNN (ndla : Prix Pulitzer pour sa couverture de la guerre du Vietnam) – à couvrir la première guerre du Golfe ? Puis s'enchaînera une autre solitude de reporter, celle du Kosovo en 1999.

Comme s'en offusque (légitimement) Bourget : « Vous avez dit “people” ? »

Couverture

À *Paris Match*, c'est le maître mot. Elle nous obsède de bouclage en bouclage, de parution en parution, 52 semaines sur 52. La couverture est le moteur des ventes, donc de la liberté d'un magazine qui ne doit de compte qu'à ses lecteurs… Elle exerce une attractivité instantanée sur l'acheteur du jour – ou de toujours – même si, parfois, un sujet jugé léger doit s'imposer pour contrer la gravité des temps et chasser la morosité ambiante. Combien de princesses ou de vedettes en retour d'amour ont tenu le rôle de contrepoison dans un monde miné par les guerres ou déboussolé par la situation intérieure ! Ce qui n'empêche pas de faire courir sur de nombreuses pages des reportages dits « anxiogènes » si l'actualité l'exige. Dans sa dureté immédiate, attentats, manifestations dévoyées, cela ne se discute pas, car, comme disait un slogan oublié : « la vie est une histoire vraie ».

L'homme des vœux, naguère, s'appelait Michel Sola.

Grand timonier du service photo – la base où tout se noue –, ce rédacteur en chef sorti du rang, promena vingt ans durant (1976-1996) sa silhouette ronde, le compte-fils en sautoir, pour visionner les diapositives préparées par son équipe. Avec un appétit gargantuesque, secondé par Didier Rapaud, il régnait en maître sur « Le choc des photos ».

À *Match* tout commence par la photo. Celle de couverture constitue le « must » qui drainera le lecteur vers le kiosque.

On le surnommait aussi « l'homme des vœux ». De poches de blazer élimé et de portefeuilles dignes des *Tontons flingueurs*, il sortait des liasses de fiches cartonnées noircies au feutre noir. Elles tombaient en cascade, reliée entre elles par des morceaux d'adhésif jauni au fil des jours.

Les noms et sujets ciblés (stars françaises ou internationales, hommes politiques et têtes couronnées) constituaient tous, à ses yeux, des « scoops » en puissance. Les faits lui donnaient souvent raison. Le bureau des informations (« les infos ») relevait les défis. Aux reporters textes et photos de se montrer à la hauteur des enjeux.

La chasse à l'inédit, à l'insolite, à l'exclusif était leur terrain de jeu commun. Nous partagions les rêves du service photo en habillant, par les titres et le texte, un rendu toujours exceptionnel : « *Match* se doit d'être une pochette-surprise », serinait Roger Thérond. Si l'exceptionnel ne souriait pas, si le sujet photo n'était pas au niveau, il s'enterrait de lui-même. À *Match*, on se tient loin du journalisme de commentaire où s'ébrouent moralistes et éditorialistes « de l'arrière ».

Chasser le « scoop » c'est la mission première ; le protéger jusqu'à parution, celle du carré des rédacteurs en chef ; en maîtriser le coût, s'il y a lieu de devoir en payer un bon prix, le devoir de la direction.

Aux lecteurs, ensuite d'en juger !

Quand la couverture tarde à s'imposer, on parle de « semaine sans ». On se rabat (rarement) sur l'ordinaire de la production, mais alors le lecteur n'est pas dupe. Olivier Royant tannait Guillaume Clavières au service photo : « Alors la couv' ? » Si celle-ci tardait à se concrétiser, il dormait (très) mal la nuit précédant le bouclage.

Aujourd'hui, autour du directeur général (Jérôme Béglé) de la rédaction et de ses seconds (Caroline Mangez, Stéphane Albouy), la relève des Sola, Rapaud, Clavières, Brincourt, s'affaire sans relâche. Ils s'appellent Romain Lacroix, Jérome Huffer, Tania Lucio, Matthias Petit et, côté people, Corinne Thorillon. Ainsi se perpétue la chaîne des générations.

À peine terminé le numéro en chantier, vers 13 heures, le mardi, la conférence de la rédaction en chef, arrêtée à 15 heures, commence toujours par ses mots : « Et la couv ? » Chacun se projette instantanément sur la semaine suivante…

Quand « la conf' » se termine, prémices aux affres d'une semaine à lourd suspense, on se quitte parfois sur un rare et rassurant : « Ouf, on a une couv' ! » ; mais le plus souvent, hélas, quand celle-ci tarde à venir, la séance se lève, tête basse, sur un faux-fuyant fataliste : « La couv' ? Heureusement, nous ne sommes que mardi… »

Attention alors à éviter que le couplet du soir ne tourne rengaine et que la question qui tue ne revienne les mercredi, jeudi, vendredi, samedi, dimanche… Telle une ronde infernale.

Le lundi, plus le choix, tombe la délivrance. Ou pas, même s'il y a toujours un plan B. Maudit plan B…

DALÍ, SALVADOR

Passer un sujet, s'il est bon ou le zapper s'il n'est pas satisfaisant : telle est l'impitoyable loi des « non-parus » qui constituaient aussi « l'indiscutable richesse de *Match* », selon Roger Thérond. S'il n'est pas retenu en conférence, c'est qu'il y a mieux, répétait-il, sans risque de se voir démentir.

Même Salvador Dalí, l'un des pères du surréalisme, tout auréolé de ses succès, aristocrate catalan d'un narcissisme sans égal (*La Métamorphose de Narcisse*) et d'une tendance spectaculaire à la mégalomanie, a connu de son vivant le risque de voir une partie de son œuvre ainsi recalée.

On est en 1985, une année où *Paris Match* s'ouvre largement aux pages à la couleur. L'heure est venue de défier *Le Figaro Magazine*. Confortablement adossé au quotidien du samedi, ce supplément de qualité ne se vend pas en kiosque sur le pouvoir attractif de son titre, mais se distingue grâce à l'addition de sujets culturels, la peinture en tête.

Ainsi Roger convoque-t-il Marie-France Saurat, responsable des pages culture. Sans emphase, il la nomme sur-le-champ patronne des… sujets couleurs ! « Mais Roger, proteste-t-elle mollement, il n'y a pas de sujets couleurs.

— À vous de récupérer les beaux-arts, Marie-France. Plus aucun catalogue ne doit désormais nous échapper. Reprenons la main. »

Son premier défi consiste à obtenir une interview du maître de Cadaquès, créateur déroutant aux moustaches artistiquement laquées… Il y a urgence. À 81 ans, le temps semble peser sur sa santé ; sa vie privée, de Gala, ex-muse de Max Ernst – avec qui il est marié depuis 1932 – à l'indéfinie Amanda Lear, égérie des années 1960, tourne à la complexité surréaliste elle aussi. On parle alors de ménage à trois ; un « trouple » dirait-on de nos jours. Cette relation ambivalente aiguise la curiosité du grand public ; de plus, une grande exposition lui sera bientôt consacrée à Paris.

Manque de chance, Dalí est vraiment souffrant. Roger insiste : « Il nous faut son interview…

— Ce serait sûrement la dernière, ose timidement Marie-France. »

Roger Thérond n'est pas le seul à s'intéresser de près aux avatars qui pimentent l'œuvre et la vie de Salvador Dalí. En collectionneur passionné, Daniel Filipacchi, propriétaire du groupe, suit le reportage de près. Roger devant s'absenter à l'appel du bureau de New York, c'est lui qui supervisera le montage final.

À la veille du bouclage, alerte : Marie-France est encore démunie. Elle n'a rien obtenu de la part des organisateurs de l'expo. Daniel, sans vraiment le montrer – pas son genre –, s'impatiente ; à distance, Roger s'exaspère : « Tant pis pour eux. Nous ne ferons rien », tranche-t-il, d'un ton sans réplique. Le non-paru flotte dans l'air.

Mais, à son retour, Marie-France lui mijote une étrange parade. Avec la complicité d'un critique d'art, Jean-Claude Nivière, par ailleurs pope à l'église russe, qui tournoie dans le sillage de Daniel Filipacchi, elle a mis la main sur les ozalids d'un sublime livre album en fabrication. Il s'agit d'un échantillon d'épreuves définitives, de qualité supérieure, en partance pour l'impression. Voilà du Dalí que n'auront pas les autres ! « C'est exclusif ! », se rengorge Marie-France…

Avec la piquante délicatesse qu'on lui connaissait alors, Michel Sola, rédacteur en chef du service photo, lourdement lesté d'un carnet de chèques en blanc, résiste pourtant à l'achat et la déstabilise : « Aucune de ces reproductions ne figure au catalogue de l'Expo. C'est peut-être exclusif, mais, pardon, Marie-France, une merde exclusive reste une merde… »

Roger n'a rien perdu de l'échange. Tirant sur sa courte barbe, il renvoie Sola en fond de court : « Et alors, Michel, c'est encore mieux pour *Match*, non ? »

Mais voici Daniel qui surgit d'un pas alerte, l'imagination en liesse : « Ah Dalí ! Je suis impatient. » Bien sûr, connaissant l'œuvre du maître par cœur, rien du catalogue de l'expo ne lui est étranger. Impossible de le prendre en défaut. Aussi, feuilletant posément, attentivement, scrupuleusement la dizaine de maquettes que lui soumet Guy Trillat, le directeur artistique, il s'étonne et, d'un air contrarié : « Mais où sont les tableaux de l'expo ? » Dans son dos, une voix fluette rompt un épais silence : « Eh bien, Daniel, c'est-à-dire, euh, ils ne sont pas là.

— Mais alors ?

— Justement, c'est ça le scoop.

— Le scoop ?

— Oui, une vraie exclusivité. »

Elle reprend en main la première double page du sujet, et quoique dans ses petits souliers, lui lit le gros titre qui barre la maquette : « Dalí. Les chefs-d'œuvre que vous ne verrez pas à l'expo !

— Ça alors ! Pas mal, sourit Daniel, pas mal, il fallait oser… »

Darc, Mireille

À peine montée de Toulon pour embrasser une carrière artistique à Paris, Mireille Aimée Aigroz choisit son nom de scène en référence à Jeanne d'Arc, mythifiée par ses lectures de jeunesse.

Devenue l'égérie de Michel Audiard, dialoguiste hors pair, elle incarne à l'écran la jeune femme libre changeant d'amant comme de chemise qu'elle portait toujours ouverte et nouée sur les blue-jeans. Tournant pour *La Grande Sauterelle*, en 1967, sur la lancée d'une poignée de comédies grand public, Audiard l'affuble du titre du film. Celui-ci devient le surnom de la jeune comédienne si sympa.

Dans *Le Grand Blond avec une chaussure noire* (1972), elle explose l'écran en exhibant son dos nu d'une échancrure vertigineuse jusqu'à la naissance des fesses ; une robe noire sur mesure sortie de l'imagination du couturier Guy Laroche. La voici qualifiée de « sex-symbol » au mitan des années 1960-1970, époque de sa liaison intense avec Alain Delon rencontré en 1968 sur le tournage de *Jeff*. C'était aussi l'époque de *La Piscine* où il avait exigé que Romy Schneider, son ex-premier grand amour, obtienne le rôle féminin : « Ce sera avec elle ou le film ne se fera pas », avait-il menacé. La sensualité de certaines scènes ne sera pas étrangère à cette exigence, que Mireille, placide, encaissa dans l'ombre : « Ce n'est que du cinéma. »

Son glamour et son mystère naturel, lui valent alors des rôles parfois redoutables, à l'opposé de sa personnalité rassurante, tel celui, troublant et pernicieux, qui lui est dévolu dans *Les Seins de glace.*

Benjamin Auger, pur produit de « l'école Filipacchi » depuis ses débuts à *Salut les copains* la fait alors poser alors pour *Paris Match* dans la tenue mythique du *Grand Blond.* La scène se noue à Marrakech. Le photographe la fait aussi jouer dans les rideaux de sa suite. Prise au jeu du glamour assumé, elle lui fait cet aveu candide et spontané : « La nuit, je me réveille et guette le clair de lune rien que pour regarder Alain dormir, tellement il est beau. »

Leur rupture (le mal d'enfant en sera la cause), après quinze ans de vie commune, sonnera comme un drame dans sa vie. Ensemble, ils avaient surmonté bien des épreuves : l'éducation du jeune Anthony (fils d'Alain) qu'elle défendit toujours y compris lors de ses équipées sauvages de jeunesse ; un grave accident de la route dans le Val d'Aoste, qui la laissa grièvement blessée et surtout une délicate opération du cœur par le professeur Cabrol.

Jean Cau, pour *Match*, eut le privilège de poser l'oreille sur son sein pour y entendre battre ce cœur « tout neuf ». Un article culte.

Mireille était aussi bonne photographe que charmante actrice. Pour le magazine *Lui*, dont la devise savamment ambiguë était : « Je suis dans *Lui* et j'aime ça » – de quoi mettre « en pétard » (un mot de Brigitte Bardot) en tout cas susciter l'ire des féministes ultras – elle s'y livra habilement dénudée plus d'une fois et réalisa plusieurs reportages sur ses copines, Fiona Gélin, Nicole Calfan, posant carrément nues sur le sable rose de Pink Sand. Sur cette plage des Bahamas, Daniel Filipacchi avait établi sa résidence d'éternel été. Régis Pagniez, premier directeur artistique de *Match*, lui aussi, y posa son parasol. De nombreuses séances de

« shooting » pour les magazines d'images, *Lui,* donc, *Elle*, *Paris Match* ou *Photo,* mais aussi pour de grandes agences de pub, choisirent Harbour Island pour théâtre de séances lascives. Les plus grands noms de la photo de charme (au sens glamour, pas forcément sexy du terme) d'Avedon, à Jean-Loup Sieff, auteur d'une célèbre *Femme nue dans un miroir* (1976) ou *Sur une échelle* (1971) ou *Nu penché* (1974), foulèrent plus d'une fois la plage au sable rose. Une manière de prendre le pas de Mireille des années plus tard…

Les Cœurs brûlés, une longue série télé sous un titre qui ne la rebuta pas, *Terre indigo*, autre série d'été, prolongèrent la carrière d'actrice de Mireille Darc, via le petit écran.

Mais elle se révéla aussi sur un terrain où on ne l'attendait pas. Certes, engagée dans plusieurs associations humanitaires (La Chaîne de l'espoir et l'opération + de Vie en faveur des personnes hospitalisées), elle mit tout son savoir – et forcément son cœur – au service de grands reportages de société : les prostituées, les femmes en prison… *Paris Match* parrainera une de ses expositions, conclue pour Artcurial. Nous l'accompagnerons jusqu'au bout de sa vie, auprès de l'architecte Pascal Desprez, son seul époux. C'est lui qui lui fermera les yeux, dans la nuit du 28 au 29 septembre 2016.

Le 1er septembre, deux mille personnes s'inclinèrent devant son cercueil, à la sortie de l'église Saint-Sulpice, à Paris. Johnny Hallyday (au couchant de sa vie) était là. Alain Delon aussi, auprès de Pascal. Et, bien sûr, Anthony, si attaché à « sa deuxième maman ».

Fidèle à *Paris Match*, où elle aimait nous rendre visite, sur les Champs-Élysées, elle accepta de présider une de nos croisières thématiques, à bord d'un paquebot de la Compagnie du Ponant.

Lors des conférences, une passagère au visage fermé, accroché à son sac à main à la manière de la caricature de Bernadette Chirac, revue par *Les Guignols de l'Info* (Canal+), chercha querelle à notre conférencier, Marc Brincourt. Celui-ci n'eut aucun mal à renvoyer la *Tatie Danielle* du jour à ses humeurs empoisonnantes.

Soudain elle chercha chicane à « Mimi », laquelle venait de répondre à une question sur sa vie privée outrancièrement fantasmée.

Elle avait cité Georges Lautner : « On s'aimait », confessa le réalisateur qui s'échappa pourtant d'elle au bras de Miou-Miou ; Alain Delon, en majesté ; Pierre Barret, président d'Europe 1, emporté dans la vaine attente d'une greffe du foie (elle l'aima vraiment très fort) ; Pascal Desprez, enfin, son seul mari. « Vous avez oublié un des hommes de votre vie, l'interrompit sèchement la virtuose de l'opprobre…

— Ah bon, vous connaissez ma vie privée mieux que moi, s'étonna sobrement Mireille.

— Vous avez oublié le professeur Cabrol ; celui qui vous a sauvé la vie. »

Droit dans les yeux et sans se démonter, Mireille répliqua d'une voix douce qui faisait aussi son grand charme : « Vous avez raison, Madame, le professeur Cabrol est le seul de tous les hommes qui a posé sa main sur mon cœur. »

Le soir même, à la table du capitaine (le rituel des fins de croisière), l'irascible passagère avait tombé le masque et souriait mielleusement à Mireille, qui l'avait si gentiment désarmée. Stupeur de Marc Brincourt et des autres convives, la fougueuse domestiquée insista même pour souscrire un abonnement à *Paris Match*, ce qui n'était pourtant pas au menu du jour…

De Gaulle, Charles

Et nous

Rien qu'en 1958, année de son retour au pouvoir en plein drame algérien, *Paris Match* place trois fois Charles de Gaulle sur le pavois de sa couverture, hissant les ventes au-delà des deux millions d'exemplaires.

Douze ans plus tard, tandis que sonne le glas à Colombey et par tous les clochers d'un pays assommé à l'annonce de la mort du Général, le journal s'arrache aux quatre vents des kiosques jalonnant le rendez-vous des Français avec l'histoire. Soixante-quatre pages spéciales sont bâties à l'image d'un mémorial. On y lit : « En hommage à celui qui a rendu l'honneur à la France, nous avons rassemblé les photos les plus rares, les plus émouvantes de sa vie et de son épopée. » Ce numéro pénétrera dans 2,2 millions de foyers, soit plus de 10 millions de lecteurs… Un numéro historique, on peut le dire… Il porte un titre unique et saillant, comme pour cingler les cœurs : « L'adieu à de Gaulle ». Il est daté du 19 novembre 1970, dix jours après l'annonce de son décès. Choisi au milieu d'un monceau de photos, un portrait en couleurs s'impose en couverture. Il est simplement barré d'un liseré tricolore, en bas de page. Adieu sobre, donc, sans fanfare ni sonnerie, comme il l'avait exigé lui-même au couchant de sa vie. *Match* est au diapason de son dernier vœu.

Lors du pèlerinage improvisé en Lorraine, Jean Cau marchera sans fin parmi les milliers d'« orphelins » (pour reprendre les mots de Georges Pompidou à l'annonce du décès du Général) anonymes qui ont saisi l'honneur d'accompagner le cercueil jusqu'à sa dernière demeure. Dans ce numéro que l'on conserve dans les familles afin de transmettre aux générations montantes le témoignage d'« une certaine idée de la France ».

D'une grande richesse éditoriale, ce numéro court de la naissance d'un géant, à Londres, au chant du départ qu'il orchestra lui-même à travers l'organisation d'un référendum – un rien superflu – dont il décréta, sans qu'on le lui demandât, qu'il convenait de le jouer dans une sorte de quitte ou double. Parole tenue, il quitta le pouvoir au lendemain du résultat perdant.

À la veille de ses 100 ans, l'amiral de Gaulle s'était livré à Caroline Pigozzi pour l'une de ses rares interviews : « C'était mon père, un être unique, sans successeur ni prédécesseur. »

Valérie Trierweiler, qui fut Première dame, nous proposa un sujet original autour d'Yvonne de Gaulle, loin de l'image surannée que certains renvoyaient d'elle. Elle nous la présenta, déchirée entre traditions et évolutions des temps modernes, évoquant en privé les grands sujets de société. Valérie nous révèle même qu'au moment du débat sur le projet de loi du député gaulliste Lucien Neuwirth en faveur de la pilule contraceptive : « C'est elle qui pousse son mari à accepter cet immense progrès pour les femmes. »

De l'île de Sein qui lança l'épopée (l'appel du 18 juin fut traduit et diffusé en langue bretonne depuis Londres) à la déchirure de l'Algérie française et au cercle des siens, la vie romanesque du personnage – un monument – se fait pan d'histoire. « Mon seul rival international, c'est Tintin ! », s'exclama-t-il un jour, selon une confidence d'André Malraux.

Pour sa dernière apparition publique, à Quimper, le 2 février 1969, date de son ultime grand discours, le Général puisera dans un poème de son grand-oncle Charlez Ar Gall, poète et barde celtique, pour lâcher ces vers à la foule extatique et comblée de bonheur : *« Va c'horf zo dalc'het / met davec hoc'h nij va spered / Vel a labous a denn askel / Nij da gaout e vreudeur a bell...* (« Mon corps est retenu, mais mon esprit vole vers vous, comme l'oiseau à tire-d'aile vole vers ses frères... »).

Enfin, comme s'il avait pressenti les graves dangers qu'encourait déjà la langue française, des années avant le déferlement du « globish » et la perversion excluante de l'écriture prétendue « inclusive », il tonna contre « l'écrit en quelque espéranto ou volapük intégré ».

En un vaste panorama de sa vie et de son œuvre, le numéro de *Paris Match*, riche en témoignages inédits et porté par de grandes signatures, fut un régal à composer.

Les marins de l'île de Sein

Pour les anciens qui accompagnent notre histoire, un trésor restait à faire ressurgir : l'intimité à Colombey. Cette intimité, *Paris Match* saura la forcer sans la violer.

En 1954, le Général met la dernière main au premier tome de ses *Mémoires de guerre* (Plon, 1954). Il est en pleine traversée du désert depuis qu'il a quitté le gouvernement en 1946. Il a choisi de se retirer à La Boisserie, une gentilhommière campée sur 2 hectares de terrain aux marches de l'Est. Il l'avait choisie, avant-guerre, séduit par sa situation au pied des grandes citadelles de Lorraine. C'est là-bas qu'il les rédige à son rythme et dans la paix d'une retraite politique et morale, vécue loin de l'agitation nihiliste des partis. La croix de Lorraine y est présente partout, y compris dans le jardin sous forme d'un parterre de fleurs de sauge de 10 mètres de long sur 7 de large. À la parution de l'ouvrage, *Paris Match* passe un accord avec l'auteur et l'éditeur. Le contrat stipule que le journal en diffuserait des extraits accompagnés d'une longue interview. Jean Farran, alors grand reporter (futur patron de RTL) est chargé de réaliser le sujet tandis que Jean Mangeot, Compagnon de la Libération, doit réaliser les photos. Ils resteront trois jours à La Boisserie et auront le privilège de partager le repas du couple, simple et copieux, servi avec un vin très fin. Guidés par le Général lui-même, ils visiteront son bureau, le coin salon où Yvonne fait de la couture à ses heures perdues et le petit musée personnel du souvenir.

Plus ou moins sérieusement, Jean Mangeot avait été mis au défi de photographier la paume du Général. « Nous pourrions ainsi faire lire ses lignes de la main à une voyante », avait prophétisé le patron du service photo, d'un ton goguenard... Mangeot avait haussé les épaules et maugréé : « Les cons... » Mais soudain, avisant, une médaille frappée de la reproduction d'une femme portant la coiffe de l'île de Sein, il s'enhardit et, porté par un souffle de roublardise, demanda au Général de la lui présenter. Pour ce dernier, cette décoration frappée en l'honneur des 130 premiers marins ralliés à la France libre est de la plus haute importance. Sur la tranche il est gravé : « Ce jour-là, ils étaient la moitié de la France. » Sur la gauche de la médaille, l'hermine bretonne, symbole de l'ancien duché ; sur la droite, la croix de Lorraine. Le Général s'en saisit, la place au creux de sa main droite. Mangeot photographie. Encouragé par la disponibilité de l'homme du 18 juin, il ose lui demander de descendre légèrement la médaille au bout des doigts, la main grande ouverte. C'est dans la boîte. Mangeot peut répondre au défi initial et se pousser du col. Comme stupéfiée par son audace et malgré le trophée réputé impossible, la rédaction ne fera jamais étudier les lignes de la main du Général.

Les journalistes ont une règle : ne pas laisser censurer leurs papiers. Cependant, comme il était prévu dans le contrat, Jean Farran fera relire son texte à l'ancien chef du gouvernement provisoire. Il le lui remit, après lecture, complétée d'une seule annotation. Christian Brincourt et Michel Leblanc recueilleront dans *Les Reporters* (Robert Laffont, 1970) les souvenirs de Jean Farran : « Lorsque je repense à lui, je l'imagine, solitaire dans sa demeure, non loin de sa "forêt gauloise" où les troupes de César ont pourchassé celles de Vercingétorix [...]. Derrière la maison, une colline. Lorsque j'étais chez lui, il m'a dit : "Vous voyez cette colline. Lorsque je mourrai, on y construira une croix de Lorraine et de partout, monsieur, on pourra la voir." »

C'était en 1954 !

Delon, Alain

Il rêvait d'un clan soudé. Diminué, le dernier monstre sacré – le seul – du cinéma, assiste, impuissant, au combat fratricide auquel se livrent ses enfants : Anouchka – sa fille préférée – Anthony son aîné et Alain-Fabien au crépuscule de sa vie. « On est au-delà du spectacle et des *panem et circenses*, déplore Bernard-Henri Lévy dans *La Règle du Jeu*. En donnant la parole à Anthony – « Au nom du père » (interview de Caroline Mangez) –, *Paris Match*, en janvier 2024, a ouvert le dossier de « l'homme blessé » et de la solitude du *Samouraï*. Derrière le constat alarmant, hommes de loi antagonistes et réseaux débridés ont déchaîné le feu.

Delon côté cinéma

Entre Alain Delon et *Paris Match*, un véritable roman-photo court depuis soixante ans, depuis qu'en 1964, façon jeune premier, il pose pour Walter Carone. Dès son apparition à l'écran, les oracles voient en lui un « James Dean à la française », l'alter ego masculin de Brigitte Bardot, l'autre « beauté du diable ». Son pouvoir de séduction lui ouvre les portes d'une carrière jalonnée de films culte : *Plein Soleil* où il apparaît son torse d'athlète et bronzé découvert, à la barre d'un voilier dans le golfe de Naples ; *Rocco et ses frères* un classique en noir et blanc, pour lequel il a dû suivre de solides cours de boxe anglaise ; *Le Samouraï* de Jean-Pierre Melville, où Nathalie, sa jeune femme, joue dans son ombre. Elle offre l'alibi idéal au tueur à gages qu'il incarne ; *Le Cercle rouge*, qui met en scène le casse d'une grande bijouterie de la place Vendôme ; *Le Clan des Siciliens* d'Henri Verneuil, avec Jean Gabin et Lino Ventura, qui signe le glas d'une bande de malfrats, etc.

Dans la peau d'un flic ou celle du bandit, Delon excelle l'arme au poing. L'un des aboutissements de ces cavales et barouds en tout genre reste *Borsalino* (qu'il produit), allégorie du milieu marseillais des années d'après-guerre où sous son nom de producteur, donc, Jean-Paul Belmondo partage l'affiche et l'art de la mitraille avec lui.

Delon et Belmondo

Après quelques nuages entre eux, les retrouvailles se feront spectaculaires. La plus éclatante aura pour théâtre le 50e anniversaire du Festival de Cannes, en 1997, où, dans ce décorum de fêtes et d'amours de saison, ils ne sont pas invités. Ils prendront leur revanche en composant notre couverture (numéro 2503) d'une savoureuse impertinence : « Cannes, on n'en a rien à cirer. » L'idée étant venue de Jean-Paul, c'est à Belmondo qu'il convenait de la rendre.

Ils s'étaient croisés pour la première fois lors du casting de *Sois belle et tais-toi* tourné en 1957. Marc Allégret, grand familier de *Match*, les retient pour tenir un rôle d'apprentis caïds – Loulou et Pierrot – copains de l'égérie du film, la sublime Mylène Demongeot, campée en cambrioleuse amoureuse. On était à deux ans de *Plein Soleil* (Delon) et d'*À bout de souffle* (Belmondo) où sous la baguette de René Clément (pour Alain) et de Jean-Luc Godard (pour Jean-Paul), deux étoiles sont nées.

On n'oubliera pas la photo d'Alain Delon, debout, applaudissant Bébel à tout rompre lors de la première de *Kean* en 1987, ni, cinq ans plus tard, celle prise au vernissage des œuvres de Paul Belmondo, le père de l'acteur, au Grand-Palais. Ils ne se firent pas prier pour poser autour des sculptures de l'artiste.

Leur dernière apparition pour *Paris Match* aura pour noble prétexte l'anniversaire de nos 70 ans, en 2019. Entre rires et sourires, les rivaux d'hier devenus « frères » miment un amical bras de fer sous l'objectif de notre photographe Vlada Krassilnikova, qui découvrit Paris quand elle dansait pour le Moulin Rouge.

Arrivé en second au studio, le Magnifique tombe dans les bras du Samouraï. Ils se chambrent : « T'as de plus en plus de cheveux blancs, dis donc. — Ben, [...] toi aussi, non ? » Face à face, en chemise blanche, les manches relevées, les deux acteurs qui cumulent plus de 80 couvertures de *Match* surenchérissent de fous rires. Leur complicité fonctionne au quart de tour. C'était le 29 mai.

Quelques jours plus tard, à l'invitation d'Olivier Royant et de Marc Brincourt, ils répondront encore présent à la grande soirée de gala organisée dans un hôtel particulier du VIIIe arrondissement. Leur dernière photo – ensemble – pour *Match* les montre coupe de champagne en main, trinquant devant le tirage géant de la couverture de Cannes 1997, quand, écartés du Festival par d'indélicats organisateurs, ils s'exclamaient : « On n'en a rien à cirer... »

Delon et les femmes

Si Alain Delon affiche 53 couvertures de *Match*, il le doit à son radieux talent, bien sûr ; mais aussi, pour beaucoup, aux femmes de sa vie. À commencer par Nathalie, sa première épouse (de 1964 à 1969), la mère d'Anthony.

On a longtemps fantasmé autour d'une hypothétique liaison, même éphémère, entre Brigitte Bardot, céleste Vénus surgie du golfe de Saint-Tropez, et le Guépard, mais cette rêverie éveillée tourna à la chimère. Elvis Presley lui-même, interrogé sur les raisons de son service militaire en Europe, avait ouvert la boîte aux illusions, déclarant, sans se démonter : « Je suis venu pour rencontrer Brigitte Bardot. »

Brigitte Bardot

Entre B.B. et Delon, on ne connaît guère qu'un court séjour passé chez elle, les pieds dans l'eau, à La Madrague, lors du tournage de *La Piscine*, en août 1968. « En tout bien tout honneur », tiendra-t-il à justifier. Elle l'initiera aux joies de la plaisance à bord de *Pen Duick*, barré par Éric Tabarly lui-même, sous l'œil de Jean-Pierre Biot, notre photographe, qui en rapportera un reportage intime et chaleureux.

Entre Alain et Brigitte, les choses avaient mal commencé. Au début des années 1960, ils avaient tourné dans une séquence des *Amours célèbres* mis en scène par Michel Boisrond. Elles étaient inspirées des bandes dessinées de Paul Gordeaux, l'un des premiers rédacteurs en chef de *Paris Match* lors de sa création en 1949. Delon se la jouait très jeune premier. Il l'agaçait franchement. Elle en précisa la raison dans son autobiographie *Initiales B.B.* (Grasset, 1996) : « Comme Alain ne me regardait jamais dans les scènes d'amour, mais qu'il fixait le spot placé dans mon dos pour faire ressortir le bleu de ses yeux, je fis la même chose, déclarant ma flamme en regardant – derrière Delon – les yeux de Pierre Massimi (ndla : il jouait le rôle de son écuyer) qui me le rendait bien. Ce fut sublime… Le cocktail Delon-Bardot s'avéra sans relief ! »

Les photos de Biot révèlent une situation moins douce-amère… Alain, cependant, a la tête ailleurs. Sur le tournage de *La Piscine*, au casting de rêve (Jane Birkin, Alain Delon et Maurice Ronet), le cinéaste Jacques Deray décrète : « Les corps doivent parler d'eux-mêmes, en liberté. » La peau luisante et dorée, Romy Schneider, 30 ans, Alain, 33 ans, s'étreignent langoureusement. Le réalisateur s'extasie comme pour B.B. : « Ils ont la beauté du diable ! » Pour *Paris Match*, Philippe Le Tellier multiplie les prises de vues quasiment au toucher.

Romy Schneider

On est alors cinq étés après leur rupture. Delon avait tenu à ce que son premier grand amour soit l'une des vedettes du film. Oubliée l'innocente « Sissi » (impératrice), bluette pour public candide d'après-guerre. Elle avait 20 ans quand elle débarqua en France pour jouer dans *Christine*, autre bluette qui campait la bonne société des années 1900. Elle tomba sous le charme d'un beau lieutenant des dragons, interprété par Delon. Bientôt la jeune femme quitte ses montagnes bavaroises pour s'installer chez Alain. Leur liaison tumultueuse durera cinq ans. Soudain, derrière quatre douzaines de roses, Alain rompt le charme : « Nous avons vécu notre mariage avant de nous épouser », griffonne-t-il en guise d'adieu…

Quand elle le retrouvera sur le tournage de *La Piscine*, Romy s'est façonné une nouvelle image. Incandescente. « Voilà mon premier rôle de femme. » À l'heure du suicide de Romy, à 36 ans, Delon publiera un déchirant cri dans nos pages : « Adieu, ma Puppelé ! »

Les années Mireille Darc

À Ramatuelle, derrière la piscine de tous les plaisirs, le destin guettait. De loin, Serge Gainsbourg veillait sur Jane Birkin en bougonnant, se vantant auprès d'un producteur de télévision – Pierre Grimblat – qu'il s'est procuré un revolver : « Le premier qui la touche, je le bute. » S'il se montre très gentleman auprès de Jane (cela faisait sourire Romy, nous contera Arnaud Bizot), Delon, lui, n'a d'yeux que pour une « grande sauterelle », comme la surnomma Michel Audiard… « J'ai trouvé une blonde marrante », lui avait annoncé Lautner.

Alain et Mireille s'étaient rencontrés dans l'hiver 1968, lors du tournage de *Jeff*, un film de Jean Herman (alias « Vautrin »). Ils fuiront les rafales glaciales de la mer du Nord qui balayent Anvers et le pays flamand en se réfugiant dans les bras l'un de l'autre. En 1971, le couple, jugé idéal par les Français, s'installe dans la nouvelle propriété de Delon à Douchy (120 hectares), un royaume secret entouré de hauts murs. Audiard, qui voyait en Mireille Darc le contraire d'une pétasse, lui avait appris le langage des petits truands pour agrémenter des rôles occasionnels de prostituée des rues « une espèce d'argot pour caïds intellos revenus de tout ». Il aimait l'entraîner au Palais des Sports, dans le rituel en vogue des combats de boxe où courait le Tout-Paris : « J'aime cette odeur de fauves autour du ring », avoua-t-elle. Dès lors, quand Alain fit monter un camp d'entraînement pour Jean-Claude Bouttier dans sa propriété avant le combat contre l'Argentin Carlos Monzon, elle croisa le gant avec le champion d'Europe « pour de rire ».

Katherine Pancol et Jean Cau seront les grands témoins pour *Match* d'une liaison tourmentée, traversée par les drames (terrible accident de voiture, opérations du cœur). Rien n'aura été épargné à celle qui incarnait le « sexy chic » d'une époque évanouie. La liaison fusionnelle Alain-« Mimi » durera quinze ans. Leur amour surmontera la passion et la rupture. « Entre nous, c'est pour la vie… Malgré le mal qu'il m'a fait », lâchera-t-elle à Katherine. L'histoire retiendra qu'il la quitta parce qu'elle n'avait pu lui donner d'enfant. Malgré tout, leur séparation n'a pas eu les relents amers de la déchirure. Aussi, quand ils se retrouveront sur les planches en 2007, pour jouer *Sur la route de Madison* au Théâtre Marigny, ils ne s'étaient, au fond, jamais perdus de vue. « Alain, c'est la famille », nous confirmera celle qui voyait à travers Anthony, l'aîné de la fratrie des enfants Delon, celui de son cœur.

Le clan Delon

À l'automne de sa vie, donc, hanté par les fantômes de Nathalie, Romy, Mireille, toutes trois disparues, Alain Delon, 87 ans, s'est retrouvé seul et désemparé. L'affaire Hiromi, cette dame de compagnie japonaise qui se déclare « compagne » de l'acteur, déjà diminué par un AVC, avait soudé ses trois enfants autour de lui. La plainte déposée par Anthony, Anouchka et Alain-Fabien soulignait à la fois l'abus de faiblesse et une vie de réclusion sous emprise.

« Sauvé par ses enfants » titra *Paris Match* en juillet 2023.

Un mois plus tôt, nous accueillions Anthony pour une grande exposition d'été : « Le dernier des samouraïs » montée par notre magazine au Cap-Eden-Roc (cap d'Antibes) en hommage à son père. Déjà, passant en revue l'album heureux de sa vie, pointait une certaine mélancolie dans les yeux d'Anthony. Il s'arrêta longuement devant un portrait d'Alain, seul ; sortit son téléphone portable pour la fixer et l'ancrer dans sa mémoire. Puis il s'immobilisa, comme à l'arrêt, hypnotisé par un cliché montrant Alain et Mireille en liberté. Le temps du bonheur. Anthony, entre tendresse et nostalgie. Mais à Douchy, l'orage s'annonçait !

Peur sur Delon…

Six mois plus tard, la forteresse se fissurait autour du patriarche désormais placé – pour son bien – sous protection juridique.

Devise

« Le poids des mots, le choc des photos »

Mais qui donc a inventé la formule magique ? Depuis l'imprimatur donné par Daniel Filipacchi, en 1976, l'année où il est devenu le propriétaire de *Paris Match*, les candidats au copyright se sont disputé la palme de la créativité.

L'histoire retient qu'on le doit à l'une des fulgurances imparables de Roger Thérond.

Il était déjà loin le temps où Gaston Bonheur, de son accent provençal accentué selon l'humeur, avait lâché la première salve qui fit mouche dans les années 1950 : « *Paris Match* ? Le journal que l'on n'oublie pas dans les trains. »

La formule imagée traduisait l'attachement porté au premier magazine d'images français, précieusement collectionné en famille.

Malgré les investissements de Jean Prouvost et de Béghin, les deux actionnaires pionniers, les moyens financiers n'étaient pas au rendez-vous de la première cuvée. Qu'importe pour le bon Gaston… Vu le dynamisme des équipes de reporters, il avait renchéri : « *Match* ? Une Ferrari avec un moteur de Solex. »

Enfin, sur la lancée du premier million d'exemplaires vendus à travers la France, dès 1952 (mort du roi George VI), il avait pris une initiative commerciale inédite : elle consistait à sillonner villes et villages dans le but d'y faire fleurir le sigle de *Paris Match* à l'entrée des cités sélectionnées d'après le nombre de lecteurs supposés. Ici 500, là 5 000. Du marketing d'avant-garde…

Les années 1970 avaient vu les panneaux publicitaires se répandre à travers le réseau des points de vente. Y croupissait, pour nos couleurs, un slogan sans relief et sans âme qui ne reflétait guère la richesse et la variété du titre au contenu imprévisible (« notre pochette-surprise », vantait Raymond Castans). Or les affiches se contentaient d'un sobre message : « Le monde, c'est *Paris Match* » ; d'une affligeante banalité.

Nommé PDG de la société Edimonde par Daniel dès le rachat de *Match*, Jean Hohman, la quarantaine assumée, se consacra à la promotion des titres du groupe. Découvrant l'usage imparfait de ces panneaux publicitaires si peu vendeurs, il entra en relation avec l'agence Bélier, filière de Havas, dirigée par Claude Douce.

En un brief, mené au pas de charge, l'agence esquissa la formule qui fera son chemin. L'idée lumineuse pour un « *picture magazine* » à fort contenu éditorial revint à jouer sur la césure évidente, mais complémentaire, entre le texte et l'image.

Trois jours plus tard, Daniel Filipacchi réunit son état-major. Le mot « photo » supplante vite « image », jugée trop contemplative. Un incident de circonstance lors du bouclage de nuit avait mis chacun sur la piste, il est vrai : un assistant fatigué avait sollicité l'avis de son directeur artistique – Guy Trillat – avant de plier bagage à l'aube. Ce départ précipité, quoique tardif, ne convenait pas au D.A. réputé teigneux et cabochard. Arrachant les maquettes punaisées sur le mur de la maquette, il les roula en boule et jeta son projectile à la figure de l'apprenti trop pressé : « Alors, ça, s'était exclamé Roger Thérond (entrant à l'improviste) de sa voix grave et posée, c'est le choc des photos ! » Il n'en fallait pas plus pour adopter illico cette amorce de devise. Restait à ajuster le concept au texte, afin de consolider la signature du titre.

En conférence de rédaction, Roger avait raconté l'histoire des photos à Daniel et mis sa garde rapprochée au défi de trouver mieux.

Sans élever le ton, Jean Durieux avança un timide : « Et pourquoi pas les mots plutôt que le texte… ? »

Roger, qui n'avait pas le compliment facile, s'extasie : « Voilà c'est exactement ce qu'il nous faut ! Jean a raison et Daniel sera d'accord, allons-y pour : "Le poids des mots, le choc des photos !" »

Prenant la balle au rebond, Jean Hohman obtint – contre une indemnité de pure forme – la caution de l'agence Bélier qui entérina la recette. Restait à décliner le slogan créatif sous toutes ses formes : affiches, bandeaux, messages, film promotionnel… Souvent imitée, singée, plagiée, la formule restera inégalée.

Entre-temps, à l'issue d'un autre *brainstorming* (« tempête de cerveaux ») dû à un renouvellement d'équipe au seuil de l'an 2000, un éditeur de presse s'employa à vouloir « réinventer » l'ADN de *Paris Match* (fatuité générationnelle classique). Il n'en sortira qu'un banal : « La vie est une histoire vraie », aussi peu innovant que « Le monde c'est *Paris Match* » des années 1970.

Retour donc, de nos jours – et pour toujours – à la formule gagnante signée de Daniel, Roger, Jean et les autres… Comme en sport, « on ne change pas une équipe qui gagne ». Ni un slogan vainqueur.

Diana, Lady

L'œil d'Irène Frain

Jusqu'à sa mort tragique, à 36 ans, dans le tunnel sous le pont de l'Alma, le 31 août 1997, l'ex-princesse de Galles et duchesse de Cornouailles a rayonné sur une cinquantaine de couvertures de *Paris Match*. Le 29 juillet 1981, 750 millions de téléspectateurs s'étaient laissés attendrir par le baisemain rituel délivré par son mari, le prince Charles, 32 ans alors, héritier du trône du Royaume-Uni. C'était au balcon du palais de Buckingham. À 20 ans, Diana Spencer, fille cadette du vicomte Althorp, entrait en majesté dans la famille royale.

Une multitude de témoins éblouis décrivent alors la fragile apparition de la future « Lady Di », suivie d'une traîne de huit mètres de long. Elle est à la fois l'oie blanche qui n'avait jamais connu de petit ami et le cygne blanc (« *The Swan* »), symbole de la fidélité et de l'amour, cher au cœur des nations celtiques – et notamment, de toutes les Bretagne.

Ce conte de fées surprise s'illustra en coulisses, dans la salle même du trône de Buckingham, par un baiser doré, et pas du tout volé, à des années-lumière du protocole victorien. Et ce, sous l'objectif de Patrick Lichfield. Mais derrière la grâce d'une révérence de l'époux et l'exaltant serment d'amour envers la Couronne britannique, voire la royauté tout court, signé par Anthony Burgess, l'auteur de *L'Orange mécanique* (Robert Laffont, 1972), les nuages s'amoncelleront bientôt sur le couple choyé... D'aucuns verront que la plume de Burgess, aussi révérencieuse fût-elle, esquissait, sans le dire, un roman d'anticipation cynique qui était sa marque, notamment sur la violence d'une société impitoyable.

> *Avec le recul, force est de constater, nota la romancière Irène Frain (qui totalise 523 sujets publiés sous sa plume dans* Paris Match *depuis les années 1980), que Diana a fait montre d'une endurance hors du commun, via un parcours sentimental en forme de montagnes russes. De ces hauts et ces bas, de ces épisodes radieux puis dépressifs, écrit-elle, les couvertures de* Match *tiennent fidèlement la chronique. À la joie des naissances de William et Harry, succèdent des hivers de bouderie et des excentricités qui dérangent. Ils sont eux-mêmes suivis de voyages officiels à l'allure de lune de miel ou, de façon imprévisible, assombris par les sautes d'humeur de la princesse et ses regards étrangement vides. On la dit parfois anorexique ; on saura après sa mort qu'elle était atteinte de troubles bipolaires. Dans ce contexte, il est stupéfiant qu'elle ait réussi à survivre dans l'étouffoir de la Cour [...].*

Dès lors, comme ces fameuses montagnes russes évoquées ci-dessus par l'auteur, la chronique des amours dictées par une certaine raison d'État, celle d'une future mère censée ne pouvoir faire ombrage à Charles, débouchera sur la fatalité d'un rude divorce, le 28 août 1996, qui figera la reine Elizabeth dans une attitude de statue de sel. Elle ira, de la divulgation d'une certaine violence intime, à la trahison des serments sacrés ; des tromperies de l'héritier au trône révélées par sa double vie à la liaison, comme vengeresse, de la belle, d'abord avec son écuyer et, pour couronner le tout, si l'on ose dire, par « *the Kiss* » avec son dernier amant, Dodi Al-Fayed, s'étalant à la une du *Sunday Mirror*, un an après son divorce et seulement trois semaines avant sa mort. *Paris Match* en fera sa couverture, sous un titre aussi sobre : « Le baiser », soulignant qu'à travers la solide embrassade photographiée dans une crique de Sardaigne, au terme d'une croisière de cinq jours, elle avait retrouvé les élans amoureux. Dodi Al-Fayed était le fils d'un homme d'affaires égyptien, propriétaire de la chaîne de magasins Harrods et de l'hôtel Ritz, à Paris, qui n'était guère en cour à la Cour. C'est dans ses bras que se nouera la tragédie d'août 1997, à Paris.

Relisant l'article qu'Irène Frain nous avait confié pour « Nos années 80 », l'un des numéros anniversaires de *Paris Match* paru en novembre 2018, il me revint l'incroyable prémonition concernant les fragilités psychologiques de Diana que la romancière nous avait confiée par une nuit de bouclage, le 13 novembre 1988. La lui remettant en mémoire à l'occasion de cet ouvrage, elle fit mieux que d'y répondre… Avec ce sens de l'amitié et de la fidélité qu'on lui connaît, elle bondit spontanément sur son clavier et m'adressa ce texte, fruit de nos souvenirs communs, intimement vécus par elle. Un récit inédit, 35 ans après les faits.

On m'a prévenue à la dernière minute, vers 13 heures. Juste le temps de filer chez Christian Lacroix, d'essayer une robe incroyable, bustier brodé, petite traîne et quantité d'épaisseurs de tulle en dégradés de rouge sombre au rouge clair, de retourner chez moi me maquiller, de me coiffer. Puis je file à l'Élysée – il faut y être impérativement avant 19 heures 30. Roger Thérond m'a donné pour mission de relater la soirée comme je le sens, en écrivain... « Vous ne pourrez pas prendre de notes, vous ouvrez les yeux et les oreilles, vous mémorisez tout, vous passez au journal pour débriefer dès que la soirée est finie, puis vous rentrez chez vous et vous écrivez. On ne pourra pas boucler sans votre papier, vous devez rendre votre copie. Au plus tard à 6 heures du matin. »

Sitôt arrivée à l'Élysée, je me place dans la file d'invités qui s'est formée devant le petit salon rectangulaire où le président Mitterrand attend ses hôtes, flanqué de Diana, de Charles et de Danièle Mitterrand. Tout est régi par un protocole strict : un aboyeur annonce les noms de l'invité qui serre ensuite la main de chaque membre du quatuor.

Diana, dès que je l'aperçois, me surprend. Son regard est sinistre. Elle regarde chaque invité par en dessous, étire systématiquement un sourire avare, comme rancunier.

Quand je suis face à elle, je me rends compte que ses paupières sont surchargées d'un épais et criard maquillage violet. C'est sûr, elle a dû pleurer et a tenté de réparer les dégâts – très maladroitement et sûrement au dernier moment. Ce rafistolage grossier jure aussi avec le lamé blanc de sa robe.

Elle semble aussi très nerveuse. On dirait que quelque chose commence discrètement à enrayer son « dressage protocolaire ». Je le ressens d'autant plus que Charles, lui, démontre une parfaite maîtrise de cette mécanique protocolaire, à l'image de François Mitterrand, du reste, et de Danielle. Bref, en elle, quelque chose détonne. C'est ténu, mais perceptible si l'on a, comme Roger Thérond me l'a demandé, les yeux bien ouverts.

Du coup, je me suis mise à observer Diana de plus en plus près durant les seuls créneaux où c'était possible : avant le dîner où un champagne était servi ; ensuite, lorsque chacun a quitté la table et qu'on a fait circuler café et infusions.

Elle était encore plus étrange, très bizarre. Par moments, elle se montrait souriante et tout à fait à l'aise et, soudain, de manière imprévisible, ses gestes se faisaient raides, presque saccadés et elle promenait sur l'assistance un regard par en dessous, sombre et voire sournois.

Ces phases de hauts et de bas étaient tout à fait subites et on avait l'impression à chaque fois d'avoir affaire à une autre personne. C'est là que je me suis entendu penser : « Cette femme souffre sûrement de troubles psychologiques » et comme quelqu'un de ma famille avait souffert de troubles bipolaires, son comportement m'a frappé.

Je m'en voulais un peu de le penser, je dois dire. Charles, lui, était toujours égal à lui-même, dans son rôle, courtois, affable. Et si j'ose dire, par contraste normal.

La soirée s'est terminée par la représentation d'un extrait de Starmania. *Je suppose que Jacques Attali, qui était aux manettes de cette soirée, avait fait ce choix pour faire plaisir à Diana, mais elle avait manifestement quelque chose d'autre en tête, ça avait l'air de la barber profondément. Ensuite son comportement est redevenu mécanique et saccadé, avec ce regard si sombre et comme épaissi d'arrière-pensées indéfinissables.*

À la sortie de la soirée, quand j'ai déboulé dans les couloirs de Match, *ma robe de soirée si spectaculaire a, un moment, éclipsé les questions de la rédaction, mais Roger Thérond veillait au grain. Il m'a convoquée dans son bureau, m'accueillant d'un : « Et alors, Diana ? Le fond de votre pensée ? »*

Le ton, la voix, ne me laissaient pas d'issue : il fallait tout lui dire. Je m'entends encore balbutier, prenant des gants et multipliant les biais : « Écoutez, excusez-moi, ça ne m'étonnerait pas qu'elle soit un peu… piquée. » Il me rétorque, même ton, même voix : « Expliquez-vous.

— Je ne peux évidemment pas vous le démontrer, c'est juste une intuition. »

Et, dans la foulée, cash, je décris son comportement, puis, tant que j'y suis, je décide de lâcher : « Je pense qu'elle souffre de graves troubles psychologiques. »

Il y a eu un long silence dans le bureau. La scène était totalement surréaliste : moi, dans cette robe insensée, les deux rédacteurs en chef (Patrick Mahé et Patrick Miler) debout, en jean et col de chemise ouvert, vu l'effervescence du bouclage, Roger Thérond, lui, bien calé dans son fauteuil de directeur de la rédaction, impavide, comme un monstre de sang-froid, le cerveau calculant, comme toujours, à toute vitesse et son œil d'aigle, affûté comme jamais, qui sondait le mien – il voyait bien que je lui livrais le fond de ma pensée mais se disait sans doute : « Qu'est-ce qu'on va faire de ça ? » J'ai alors choisi de prendre les devants : « Ce n'est pas le sujet de mon papier. Et il faut que je rentre tout de suite pour l'écrire. » Il a approuvé d'un ton laconique, sombre et cardinalice : « En effet. »

J'ai filé chez moi, j'ai enlevé ma robe dans l'état de Cendrillon qui voit son carrosse redevenir citrouille, je me suis préparé un café très fort, j'ai enfilé un peignoir et rédigé mon papier que j'ai rendu comme convenu à 6 heures du matin. Bien sûr, je n'y avais pas lâché un seul mot sur mon intuition.

Requiem

Elle est sans doute l'une des couvertures les plus esthétiques de *Paris Match*. Signée par Patrick Demarchelier, elle illustre la mort de Diana. Artistiquement ciblée sur son regard et le sourire, la mèche tombant librement sur le front, la photo est tirée d'une série de clichés attendrissants et même joyeux réalisés à New York par l'un des plus grands portraitistes de célébrités.

D'une plume sèche, mais loin d'être desséchée, Roger Thérond titrera respectueusement : « Diana 1961-1997 un destin ». La plus digne des épitaphes…

Les sujets britanniques avaient surnommé Diana la « reine des cœurs », en raison de ses actions humanitaires avérées mais aussi de ses flagrantes fragilités soulignées à la sortie d'une biographie parue cinq ans plus tôt. L'auteur avait révélé l'échec de son couple. Photographiée, en larmes, à la sortie d'un hôpital devant lequel s'était massée la foule de ses inconditionnels : « Nous sommes avec toi ! », Diana avait pu juger, malgré son chagrin, de son inoxydable popularité. Aussi, son décès accidentel, à Paris, au terme d'une escapade amoureuse en Sardaigne, censée amorcer sa nouvelle vie, avait créé un choc quasi planétaire.

Il était près de minuit, le 31 août 1997, un samedi, quand la Mercedes qui la conduisait avec Dodi, son compagnon, s'encastra à 100 kilomètres à l'heure contre un pilier du tunnel de l'Alma. L'alerte sera donnée dans les minutes suivantes par l'un des paparazzi qui, à moto, avait pris la roue de la voiture fracassée. Mais à *Paris Match*, coup de théâtre malheureux : Didier Rapaud, le rédacteur en chef photo, ne peut être joint : son téléphone – ouvert 7 jours sur 7, 24 heures sur 24 – est en dérangement !

Guillaume Clavières, son adjoint, endosse le poids de l'urgence. Il mettra plusieurs heures à vérifier les rumeurs et versions parfois contradictoires, notamment, celle de la véracité, ou non, du décès de la princesse. On savait juste alors que l'ambulance s'était arrêtée sur la route de l'hôpital pour lui prodiguer un massage cardiaque.

À 4 heures du matin, Guillaume se décide à réveiller Roger Thérond qui passe son week-end en famille, à Anduze, au cœur de sa Provence occitane. À la quatrième ou cinquième sonnerie, Roger s'arrache d'une nuit profonde, reprend ses esprits et décide dans une sagesse maîtrisée, d'une voix lourde et grave : « Pas question d'avancer le bouclage en l'état de l'enquête. Trop tôt. Je serai à Paris ce soir. Commencez à préparer le dossier photos. » En attendant, nous allons piloter les textes à commander. Il en sortira ce numéro hommage d'exception, déroulant, sur 58 pages, la courte vie de Diana Spencer, devenue la princesse mal mariée au futur roi d'Angleterre.

Comme toujours lors des grands événements, il fallait une suite au numéro solennel. Les funérailles en seraient l'occasion. Et quelle occasion ! Sous l'injonction unanime de ses sujets endeuillés, la Reine sortira enfin de sa froide réserve et fera, cérémonieusement, comme amende honorable face aux murailles de fleurs…

À *Match*, la couverture à venir devenait aussitôt la priorité. Le choix se portera sur l'élégante photo de la princesse, silhouettée sur un plongeoir et moulée dans un maillot de bain azur. Elle était étrangement survolée par un goéland argenté que d'aucuns prirent pour une blanche colombe. Problème : l'écrivain Gonzague Saint-Bris, figure du Nouveau Romantisme avec le comédien Francis Huster et Frédéric Mitterrand, venait d'acquérir le mensuel *Femme*. Intelligemment, il avait « bloqué » le cliché convoité à l'agence qui le commercialisait. S'appuyant sur la qualité parallèle de Gonzague, alors directeur de la stratégie et du développement du groupe Hachette Filipacchi, Roger Thérond l'appela sur-le-champ. Il sut lui faire entendre raison dans le registre : « Chroniqueur à *Match* tu fus, chroniqueur à *Match* tu resteras… » Et la photo fera la bonne couverture !

Drucker, Michel

Tandis que les nuages assombrissaient sa santé au printemps 2023, l'animateur inoxydable du paysage audiovisuel français (le PAF !) se reposait, chez lui, à Eygalières, dans les Alpilles, aux portes du Luberon voisin. Il nous y avait reçus longuement, en compagnie de Michel Maïquez, à la veille de ses 80 ans (12 septembre 2022). Impossible alors pour *Paris Match* de laisser la concurrence, version « Les Gens », souffler cette couronne de bougies à notre place.

Revenu en cuissards et maillot bariolé de coureur cycliste d'une balade sur les routes des Alpilles, il reprend alors son souffle en se posant « Maison Hache », sur un coin de terrasse, à l'ombre, où l'acteur Hugh Grant, autre régional de l'étape, aime à s'attabler au retour du marché.

Aux félicitations sur l'effort, il enchaîne d'abord par un petit couplet anti-jeunisme dont il a le secret et qui ne colle guère à l'anniversaire en question, dont nous allons devoir évoquer l'indispensable parution.

On connaît tout de ses apparents secrets de jouvence : humour, vie d'ascète, moral d'acier, amour des siens.

« Je ne me vois pas afficher mes 80 ans en couverture de *Match*. J'ai surmonté une endocardite infectieuse en 2020. Elle a failli m'emporter. Ça ne ferait pas très sérieux...

— Il y a peut-être une autre idée, Michel.

— Laquelle ?

— On ne va pas fêter tes 80 ans. Promis.

— Mais alors ?

— On va quadrupler la mise.

— C'est-à-dire ?

— Tes quatre fois 20 ans ! »

La parade est imparable. Il part d'un bon rire... Gagné ! Et c'est ainsi qu'Irène Frain percera l'intimité du couple auprès de Dany Saval, sa très discrète épouse. Patrick Bruel, Céline Dion, Jean-Jacques Goldman, Jean-Claude Killy, Claude Lelouch et même le philosophe Michel Onfray lui feront la surprise, sur dix pages, de souffler par la grâce de leur témoignage personnel, recueilli par Benjamin Locoge, quatre fois ses 20 bougies ! Pari tenu.

Il avait accepté de poser pour une série de photos – à vélo, bien sûr – avec Stéphanie Jarre, sa belle-fille, qu'il a élevée. Il s'attendait à un sujet plus modeste, n'imaginait pas un tel déploiement.

D'un portrait élégant avec Stéphanie, nous tirerons le cliché de couverture, en guise de cadeau d'anniversaire.

Le mot de la fin est signé de Céline Dion qu'il révéla au public français : « Tu as fait quatre fois le tour de tes 20 ans, Michel. Que la fête continue longtemps ! »

« L'ÉGLISE CONTRE L'ÉTAT »

Sous le nœud papillon, son signe extérieur de docteur ès médias, Gérald de Roquemaurel, jeune énarque, rejoignit les publications Filipacchi en 1972 avant d'endosser l'habit de président-directeur général du groupe de presse Hachette Filipacchi Médias qu'il quittera dix ans plus tard.

Sous sa baguette, à l'appui du label de « Daniel », l'empire de presse domina le monde. Il compta 260 titres répartis dans 41 pays, pour une diffusion de 1 milliard d'exemplaires par an : « Le plus beau métier du monde », écrivit-il dans un livre intitulé : *La Presse dans le sang*. Il y livra son analyse sur les relations entre la direction des rédactions et l'ensemble d'un groupe de presse, un sujet complexe…

> *Deux positions se font jour […]. La première stipule des relations très nourries entre les responsables de l'éditorial et les responsables du groupe : présence physique du patron du groupe au sein des rédactions, connaissance systématique par le patron des sommaires des numéros à venir, discussions préalables permanentes. Hormis le cas des patrons fondateurs, souvent journalistes eux-mêmes, cette façon de faire est très dangereuse, car elle ôte à la rédaction du titre*

toute liberté et impose des contraintes qui n'ont rien à voir avec l'éditorial. Pour prendre une métaphore, c'est un peu comme si le patron d'un groupe d'automobiles passait son temps à appeler les ingénieurs qui conçoivent de nouveaux modèles en leur demandant de changer tel ou tel élément du véhicule pour faire plaisir à tel ou tel fournisseur – là où il devrait les laisser agir en toute liberté, quitte à user en dernière instance de son droit de « final cut *».*

L'autre position est la position américaine, dite métaphoriquement « de la séparation de l'Église et de l'État » : la rédaction d'un journal est conçue comme un univers totalement autonome n'ayant aucun compte à rendre au reste du groupe. L'Église, c'est la conception éditoriale ; l'État, c'est l'administration : il n'y a pas de contacts entre eux. C'est ainsi que fonctionne une partie de la presse quotidienne et des news d'informations générales aux États-Unis. Le seul contrôle que peut effectuer le patron du groupe sur un titre a lieu a posteriori *: c'est la possibilité qu'il a de renvoyer un responsable du journal dont il estime que l'action est nuisible pour le groupe [...].*

Il faut donc trouver un équilibre entre ces deux pratiques, conclut-il.

À l'époque de Jean Prouvost, créateur de *Paris Match* et journaliste pur-sang, la question ne se posait évidemment pas. Journaliste il était, journaliste il restait. Idem pour Daniel Filipacchi, reporter tout-terrain, nourri à l'école de presse américaine moderne et même un rien jazzy. Il laissait à Roger Thérond (rencontré au numéro 1 du titre), autre journaliste pur-sang, une liberté absolue.

Équipe

Des mille et une maximes qui jalonnent la vie des journalistes, il en est une que j'ai eu plaisir à rabâcher 100 fois : « Le journalisme est un sport individuel qui se pratique… en équipe ! »

J'y vois toujours le meilleur contrepoison possible à servir face au repli égocentré de caractères trop individualistes…

Sans avoir besoin de citer tous ceux qu'elle embrase, elle évoque à la fois la documentation, les archives, les sténos (naguère, elles tapaient sur le clavier, en véritables « *Dactylos-rock* »), les services techniques et d'assistance multiples, la relecture précieuse des secrétaires de rédaction, l'œil des spécialistes de la photo, la mise en scène des maquettistes, la direction artistique, la fabrication, la diffusion, la pub, le Web, etc. Bref, tous ceux qui, au service du journal, notamment à celui des reporters de proximité et des globe-trotteurs désignés par l'actualité, œuvrent pour le succès de leur titre. Une maxime valable pour toute la profession. Très ancrée dans le fameux ADN de *Paris Match* et fortement inscrite dans l'art collectif du magazine, elle conduit ou ramène chacun à une saine humilité. Elle est le meilleur contrepoison au « tout à l'ego » des vaniteux.

Espace

Astronautes, cosmonautes, pionniers

La première couverture remonte à octobre 1957. Au premier plan, survolant l'immensité d'un bleu nuit, une boule rouge dont le monde apprend à prononcer le nom qui ressemble à celui d'un jeu pour enfants : *Spoutnik.* Il se traduit par « compagnon de route ». Le satellite russe fait sensation en se plaçant sur orbite autour de la Terre, marquant ainsi le début de l'ère spatiale…

Il émet un son : « bip-bip », qui fait le tour des cours d'école et devance d'un mois seulement *Spoutnik 2*, vaisseau cercueil de la petite chienne Laïka, de type Spitz nordique, premier être vivant à évoluer dans l'espace. Les scientifiques soviétiques, sommés par Khrouchtchev de procéder à l'expérience, au jour anniversaire des 40 ans de la révolution d'Octobre, n'en tireront guère d'enseignements. Entre stress, nourriture empoisonnée pour abréger ses souffrances et surchauffe de l'engin, Laïka meurt au bout de quelques heures de vol. D'autres animaux, dont des singes, envoyés par les Américains, suivront... Le Russe Youri Gagarine, le 12 avril 1961, sera le premier homme à survoler la Terre (108 minutes à 327 kilomètres d'altitude).

Sur la couverture du numéro qui signe l'exploit, Raymond Cartier, de retour de Moscou, fait surtitrer la une d'un ton solennel : « Un témoignage historique que vous voudrez garder ». Dix mois plus tard, le 23 février 1962, John Glenn, tête carrée et regard bleu acier, rend sa fierté à l'Amérique et relance la course aux étoiles. John Kennedy lui-même et son vice-président Lyndon B. Johnson se précipitent à Cap Canaveral pour fêter son retour après une mission réussie de trois jours. Forcément, *Match* est là.

Pionnier, précurseur, héros soviétique, Gagarine reste cependant, à jamais, le modèle de tous ceux qui constituent la caste des conquérants du ciel. Il ne profitera guère de sa notoriété internationale, se tuant sept ans plus tard, aux commandes d'un MiG-15. La deuxième couverture qui lui est dédiée, en forme d'avis de décès, bouleverse la planète.

On est alors à un an seulement du choc universel provoqué par l'alunissage d'*Apollo 11*.

Jusqu'au 21 juillet 1969, à 2 heures 56 UTC (temps universel), le monde observait la lune, perle de l'univers, en l'associant, soit au culte d'anciennes divinités (Hécate, déesse de lumière en Grèce antique), soit en méditant autour des travaux de Galilée ou de Cyrano de Bergerac, précurseur du siècle des Lumières, des romans de Jules Verne, des utopies cinématographiques de Georges Méliès (1902) ou du trait visionnaire d'Hergé dans ses albums *Objectif Lune* et *On a marché sur la Lune*, livres de chevet pour des millions d'enfants. Ce jour-là, donc, oui, on a marché sur la Lune.

« Un petit pas pour l'homme, crache l'enregistrement sonore de l'Américain Neil Armstrong, un grand pas pour l'humanité. » Six cents millions de téléspectateurs, à travers le monde et les fuseaux horaires, ont suivi, en direct, ce premier pas de géant, un fantasme devenu réalité.

C'est du pied gauche que Neil Armstrong prend contact avec le sol extraterrestre. Il stupéfie le monde et commente : « Je suis en bas de l'échelle du module. La surface est ferme, mais pulvérulente. Je la soulève au bout de mon pied. La matière adhère à mes bottes en couches fines comme de la poussière de charbon. Je peux voir les empreintes de mes pas. La zone est très plane. »

Trente minutes plus tard, son coéquipier Buzz Aldrin descend l'échelle à son tour pour lui emboîter le pas. Il est le deuxième homme à fouler le sol lunaire. Plus tard, entre Mémoires et conférences internationales, il décochera une pirouette pour exorciser le complexe de « l'éternel second » : « Que voulez-vous, Neil est médaille d'or. Je suis médaille d'argent. » Si Neil Armstrong photographie bien son pas – si symbolique – sur la Lune, il n'apparaît qu'en reflet, mais seulement, en reflet, dans la visière du casque d'Aldrin. On spéculera longtemps sur les relations entre les deux hommes que Michael Collins (le troisième homme) prendra en photo, tour à tour, à bord du *LEM*, muni de son propre système de propulsion. Tout le temps de la mission, il était resté aux commandes de l'engin, en orbite lunaire.

Le numéro de *Paris Match*, montrant Aldrin donc – et non Armstrong, forcément – se vendra à 1 723 369 exemplaires, un record pour l'époque. Il ne sera devancé, un an plus tard, que par « L'Adieu à de Gaulle » (2 211 560 exemplaires), deuxième vente historique après celui qui couvrait la visite d'Elizabeth II à Paris, en 1957.

Armstrong quitte la NASA en 1971. Il se retire à Indian Hill, dans l'Ohio, près de Cincinnati, où Pascal Rostain le débusquera, en 2006. Buzz Aldrin, lui, prend son bâton de pèlerin pour incarner l'épopée. Comme Armstrong, il mobilise la NASA pour contrer les allégations des complotistes niant la réalité de l'exploit scientifique.

Romain Clergeat, pour *Paris Match*, l'interviewe en 2012. Ils se retrouvent devant la grande horloge du musée d'Orsay. Romain remarque qu'il porte au poignet la Speedmaster Omega, la montre qui a accompagné les hommes des six missions d'*Apollo* et s'empresse de la lui faire arborer, tout sourire, sous l'objectif de notre photographe, Philippe Petit.

Avec une modestie non feinte, Aldrin dit : « Lorsque l'homme explorera d'autres galaxies, je ne serai plus qu'un des petits maillons de la longue chaîne de l'espace. » Méditatif, il confie : « Aux jeunes, je ne parle plus de la Lune, mais de… Mars ! » Clergeat en profite pour évoquer avec lui la mort d'Armstrong, décédé, six mois plus tôt, à 82 ans, à l'hôpital de Cincinnati. Les yeux dans les yeux, il ose : « Vous aimeriez être inhumé sur la lune ?

— Je n'y verrais pas grand monde. En outre, mon grand-père, enterré à Arlington, s'appelait… Moon ("lune" en anglais). Ma mère est également enterrée là. Elle s'appelait Aldrin. Quand viendra mon tour, on lira donc : Moon et Aldrin. Cette idée me plaît bien. »

On compte une trentaine de couvertures de *Paris Match*, toutes missions confondues, y compris celle qui emportera l'équipage sacrifié de *Columbia* en février 2003. Elles ont toutes rencontré le succès auprès des lecteurs, certaines sont recherchées, d'autres même cotées ! La plus spectaculaire est, sans doute, celle où Bruce McCandless (février 1984) figurera le premier spationaute à effectuer une sortie dans l'espace. Aucun lien physique ne le rattachait à son vaisseau lors de la quatrième mission Challenger. Elle fera, plein pot, la couverture du livre album : *Le Choc des photos* trente ans plus tard.

Le ciel et les Français

Aujourd'hui, le rêve s'appelle Thomas Pesquet. Rêve-t-il de planter le drapeau français sur Mars ? À moins que ce soit celui des Nations unies ? Depuis *Apollo 11*, l'ONU a fait adopter un traité sur l'espace, calqué sur celui qui sanctuarise l'Antarctique. Son objectif : fixer, à l'unisson, les principes d'exploration et d'utilisation de l'espace extra-atmosphérique, y compris la Lune et autres corps stellaires.

Pesquet totalise aujourd'hui près de 400 jours en mission de spationaute et six sorties extravéhiculaires. En cumulé, elles représentent près de 40 heures, soit 10 % de ses expéditions (*Soyouz*, *Space X*, etc.). Comme pour Jean-Loup Chrétien, le précurseur (station Mir, avant la navette *Atlantis*), il a débuté à Baïkonour en novembre 2016 et vécu à bord de l'ISS jusqu'à juin 2017.

Ses clichés pris du ciel et vite édités, notamment *Terre(s)* (Michel Lafon, 2017), paru sous trois couvertures, aux couleurs du drapeau national, ont atteint des records de vente : plus de 200 000 exemplaires, dont les droits ont été versés aux Restos du Cœur. Il nourrit « la Terre entre nos mains » de réflexions personnelles et d'alertes écologiques – il a vu de ses yeux la planète en proie à de graves désordres environnementaux.

Claudie Haigneré, première spationaute française, partage ses valeurs et ses rêves. Elle-même s'éblouit à l'idée d'un séjour lunaire à imaginer en compagnie de son mari, spationaute lui aussi.

Trente ans avant Pesquet, le général Jean-Loup Chrétien était venu à *Paris Match*. C'était en 1989. Sous les yeux éblouis de Jean Cau, il avait commenté et légendé de sa main d'immenses tirages de ses photos qui avaient garni un cahier central de 16 pages. En salle de projection, il avait déjà sonné la sirène d'alarme : « Vu l'état de la Terre, la crise de l'environnement, la dégradation générale me donnent une impression de fragilité. On voit l'atmosphère, ce petit drap transparent qui enveloppe la Terre et l'on se dit : robe ou linceul ? De là-haut, on voit tout. Tout. Y compris les tankers qui vidangent dans la mer. »

Affolé par les forêts qui brûlent, la désertification, l'assèchement des lacs, tel le Baïkal, il s'était déjà transformé en lanceur d'alertes. Il concluait alors : « Je suis le dernier à jeter l'anathème contre la science, mais je n'oublie pas ce que Montaigne a écrit : "Science, sans conscience n'est que ruine de l'âme." »

Nous nous étions quittés sur un clin d'œil amical, à la veille de se revoir lors du Festival interceltique à Lorient, avec quelques pontes de la NASA, d'origine écossaise… Retrouvant le sourire, il lâche alors « Savez-vous que j'avais emporté un drapeau breton avec moi ? » Jamais le *Gwenn ha Du* n'aura flotté si haut !

Pour *Paris Match*, le photographe Vincent Capman réunira le dix majeur de l'aéronautique française. Autour de Claudie Haigneré campent Thomas Pesquet, Jean-Loup Chrétien et Patrick Baudry. En bon Bordelais, celui-ci avait emporté une bouteille de Château Lynch-Bages. Il fera la couverture, en juillet 1985, au retour du vol de la navette *Discovery*. Ils posent en combinaison d'un bleu uniforme. Nous les baptisons : « les Grands Bleus ». À ce jour, 70 femmes et un demi-millier d'hommes ont déjà volé vers les étoiles.

Exploits

« Citius, Altius, Fortius »

« Plus vite, plus haut, plus fort », telle la devise olympique à laquelle s'ajoute depuis 2021 « *Commuter* » (« ensemble »), l'équipe de *Paris Match* est partout. « Le monde est à nous » peut titrer notre journal à l'occasion de ses 70 ans (numéro 3657, du 12 juin 2019). En effet, les couleurs de *Paris Match*, son célèbre et si familier logo à lettres blanches sur fond rouge, ont flotté sur le pôle Nord, un volcan, en plein Pacifique, sur l'Himalaya… Et même, dernier exploit, dans l'espace, à 30 709 mètres d'altitude. Jamais elles ne s'étaient affranchies des rêves de l'apesanteur.

En chapô d'ouverture de ces véritables « coulisses de l'exploit », *Match* écrit : « Pour la première fois, grâce aux spécialistes du CNES et à l'équipe de Jean-Claude Rubio sur le site d'Aire sur l'Adour, notre bannière s'est déployée le temps d'un rêve au cœur de la stratosphère. » Antoine Caillou, le créateur de « Kyu Aero », spécialiste de la prise de vue aérienne, a dirigé deux caméras pour filmer 1 heure et 42 minutes d'ascension du ballon gonflé à l'hélium, puis 44 minutes de descente sous parachute, à 5 mètres par seconde. La dépose du matériel, se fera sur un chemin du Gers, où l'attendait le véhicule du CNES. Opération réussie à la minute et au millimètre près… Un reportage de Romain Clergeat, l'homme de « *Match* avenir », rubrique culte et François Demange.

Clergeat était déjà, dix ans plus tôt, de « L'Alerte rouge pour la planète blanche » (numéro 3123) ; un grand reportage, sous forme de défi, dont le but est de mobiliser les esprits contre le réchauffement climatique. Il s'inscrivait dans les célébrations des 60 ans du magazine. Objectif : le Groenland dont la fonte de la calotte glaciaire s'est agrandie dangereusement, du quart de sa surface habituelle.

Avec Romain l'accompagnent Nicolas Dubreuil (chef d'expédition), Jérome Huffer, en gamberge technologique permanente, et Matthias Petit, du service photo, chargé de maquetter le site choisi où percer la glace afin d'y planter les piquets qui délimiteront l'espace à peindre. Il en a apporté une centaine. Il y a encore Julien Pfyffer et le photoreporter Philippe Petit, volant désormais – et bien, on le verra – de ses propres ailes.

L'équipe de *Match* n'a qu'une idée en tête : arriver à peindre le logo du journal sur la banquise et le photographier depuis le ciel par hélicoptère… Mais pas un logo de poche ; non, un vaste rectangle coloré de 70 mètres sur 36. Pour tirer au cordeau un logo presque aussi grand qu'un terrain de foot, il faut l'aide du GPS et des satellites. Un travail de fourmi commence pour l'équipe engoncée dans ses triples couches de parkas et qui, à défaut de motoneige, traîne, derrière les chiens de traîneau fournis par les villageois, trois cents litres de peinture pure, six diffuseurs, un appareil paramoteur.

Sous moins 35 degrés, le traçage prend quatre jours. Le terrage prend forme. Au cinquième, il neige : impossible de peindre. Le rideau des flocons recouvre les premiers tracés. Un vent mauvais se lève. Il fait clair au huitième jour. Six cents autres litres de peinture sont livrés par motoneige.

Enfin, c'est la délivrance. Un magnifique rouge carmin habille la banquise aux couleurs de *Paris Match*. Il ne reste plus qu'à photographier ce logo géant, façon fanal, qui se veut point d'alerte à la face du monde. À Philippe Petit de jouer.

Il a suivi des cours de paramoteur, un aéronef à hélice et voile de parapente, de type ULM. Mais, terrible déconvenue, le moteur, justement, ne démarre pas : il fait trop froid, l'arrivée d'essence est bouchée, les vents tournants tonnent. Il finira par s'élever sous les yeux des enfants du village inuit d'Ittoqqortoormiit qui n'en reviennent pas de voir voler un homme. Un vol de trop courte durée.

La chance est avec *Paris Match* au moment même où le rêve semble s'effondrer. Surgi de nulle part, un hélicoptère qui assure l'approvisionnement entre les villages de glace où vivent les familles d'Inuits repère l'équipe et se pose à leur pied. Le pilote les embarque. Ensemble, ils peuvent admirer leur œuvre vue du ciel. Philippe Petit shoote pour l'éternité. Car, en juillet prochain, dans quatre mois, la banquise commencera à fondre.

Ce n'est pas la première fois qu'un logo géant est ainsi dessiné. Des années plus tôt, Jean Durieux, adepte des sujets en cinémascope comme il disait, en avait fait tracer un dans les sables du désert. L'affaire avait mobilisé un bataillon de soldats tunisiens…

L'Île mystérieuse

Il est un autre type d'exploits, dont les anciens à *Match* ont longtemps tiré gloire. C'est celui de Gérard Géry, de la prestigieuse Compagnie des guides de Chamonix. Grand lecteur d'Hergé, il avait fait le vœu de planter le drapeau de *Paris Match* sur une île volcanique, à la manière de Tintin dans l'album *L'Île mystérieuse*.

En 1957, il avait déjà fait flotter une chemise sur un îlot crachant du feu aux Açores. Il fera mieux six ans plus tard, en Arctique, en compagnie de l'alpiniste Pierre Mazeaud et du cinéaste Philippe Laffon. D'un bref survol, depuis Reykjavik, en Islande, ils repèrent un bouillonnement autour d'un cratère. Interdiction leur est signifiée d'approcher à moins de quatre kilomètres ce morceau de terre immergée en fusion.

Malgré l'ordre des garde-côtes, ils arment un canot à moteur et prennent la mer depuis l'île de Westman, située à 18 kilomètres de là. Ils portent des cirés jaunes, chers aux marins bretons. Après tout, ils ne sont pas si loin des pêcheurs d'Islande, héros du roman éponyme de Pierre Loti.

Enfin, les y voici : à la manière de Maurice Herzog, autre alpiniste de renom et pionnier de l'Annapurna, en 1950, Mazeaud déploie le drapeau français. Géry, lui, hisse, fièrement, la bannière rouge au logo de *Paris Match*. Ils exultent comme des enfants : « Comme si nous avions vaincu un sommet 8 000 mètres ! »

Ils en oublient le danger qui menace… Un grondement sourd les ramène à la réalité. Un énorme nuage blanc s'élève au-dessus d'eux, prémices de premières explosions. Sous une pluie de lave et de boue, ils se ruent vers l'embarcation, se dégagent à la rame. Stupeur : au moment de partir, le moteur s'enraye et refuse de démarrer. Ils rament sur plusieurs centaines de mètres et sont recueillis par l'équipage d'un chalutier islandais.

Derrière eux, le ciel s'obscurcit, Laffon filme. Soudain, l'embrasement. Une partie de l'île est engloutie, l'autre forme déjà un épais nuage de fumée noire, cette fois, et s'abîme partiellement dans les flots. Une atmosphère de fin du monde.

Géry sabrera le champagne jusqu'à plus soif avec Mazeaud. Il tirera cigarette sur cigarette (il fumait deux paquets par jour), avant de fêter l'exploit au retour, au journal. « En famille ».

Il en compte un autre qui fit date. En 1958, alors que le général de Gaulle est rappelé aux affaires, il parvient à se cacher dans une meule de foin, à La Boisserie… Il réussit alors l'impossible : prendre une photo du Général bras levés, faisant le V de la victoire au passage des avions de la patrouille de France, partis de Dijon pour le saluer.

Il tentera de renouveler la partie de cache-cache avec les gendarmes, lors de la reconstitution de l'enlèvement du petit Éric Peugeot, en 1960. Abrité dans une niche à chien jugée providentielle, il s'y tapit des heures durant, en pointant son téléobjectif par l'ouverture. Hélas pour lui, des gendarmes viennent se soulager contre la niche et restes plantés là. N'en pouvant plus, Géry tente de donner le change en… aboyant ! Il est arrêté. Il signe là, le meilleur du pire…

FAITS DIVERS

À puiser dans nos archives vint le jour où, du côté des faits divers, sonna l'heure de les rassembler. Il en est sorti un livre album que j'ai eu l'honneur de piloter en 2022 pour les éditions Hors collection.

Apparemment enfouis des années durant, ils peuvent ressurgir, soudain, sous la plume de tel romancier ou la caméra de tel réalisateur. Jean Gabin, par exemple, endossa le rôle de Gaston Dominici au cinéma.

Même Orson Welles s'était lancé, en vain, sur la piste de ce qu'on a appelé « l'affaire Dominici », la tuerie sans mobile d'une famille britannique venue camper dans l'arrière-pays dénudé des Alpes de Haute-Provence.

Les années 1950 verront fleurir quantité de faits divers passés au tamis de la presse écrite. Ainsi en fut-il de l'affaire Marie Besnard, dite « l'empoisonneuse de Loudun », les « J3 de banlieue », exécuteurs – sans mobile de l'un des leurs.

Paris Match impose sa différence en alignant ses atouts maîtres : le récit et la photo (et vice versa) complémentaires.

Autrement dit, pose les prémices de sa future devise : « Le poids des mots, le choc des photos. »

L'affaire Dominici

C'était en 1952, dans la nuit du 4 au 5 août. Elle signe la première tragédie médiatique d'après-guerre. L'assassinat sauvage d'un père, d'une mère et de leur fillette au lieu-dit de La Grande Terre à Lurs, embrase l'imagination. D'abord, celle des commissaires Sébeille, puis Chenevier, la pipe en bataille, lequel transforme l'enquête en affaire personnelle.

Très vite les soupçons se portent sur Gaston Dominici, le patriarche d'un hameau de rocaille. Chef du clan de bergers, il montre un visage de santon taillé à la serpe, porte moustache et cheveux en broussaille. À 75 ans, il se laisse guider par une canne de grand chemin.

La galerie des personnages s'attarde aussi sur Marie, sa femme, soumise et rabougrie comme un sarment de vigne. Il la surnomme d'un sobriquet dédaigneux : « La vieille sardine ». Les fils, Clovis – au prénom émergeant d'un manuel d'Histoire – et Gustave, ont le parler râpeux et la rudesse abrupte. On nage dans un univers à la Giono, sans la tendresse d'écriture du romancier. L'auteur, imprégné de culture provençale, et son confrère, Armand Salacrou, assistent au procès. C'est à partir des notes de Giono que Gabin endossa le rôle.

Lors des interrogatoires, Gaston avait avoué, puis s'était rétracté. Les deux frères l'avaient désigné, étaient tombés dans les bras l'un de l'autre, mais Gustave revint sur son témoignage.

Bref, Gustave innocentait. Clovis accusait, Gaston niait tout en tempêtant : « Je ne veux pas la guillotine, je veux être brûlé comme Jeanne d'Arc, exilé comme Napoléon, crucifié comme le Christ.

— Vous êtes un habile comédien, mais ici on ne joue pas la comédie, laissa tomber le commissaire Sébeille.

— Ah bon, tu crois que je suis bon comédien ? »

Dans un haussement d'épaules, Sébeille s'empressa de rapporter la scène et le dialogue surréaliste à Jean-Paul Ollivier, de *Match*.

Ces aveux et volte-face constituaient le menu d'un procès capable d'empoigner le public. C'est alors que Clovis donna une tournure dramatique à l'audience. La scène se passe au tribunal de Digne, le 23 novembre 1954.

On est au sixième jour du procès de Gaston Dominici. Moustache lissée, coiffé de frais, cravaté et le col enfoui dans une écharpe de bonne facture (*Paris Match*, numéro 296), il subit, impassible, bien calé sur le banc des accusés, la synthèse des dix-huit mois d'enquête. Soudain, éteignant le petit sourire énigmatique de l'accusé, qui perce sous le masque impénétrable, Clovis pointe le doigt sur le patriarche. « Ose dire que ton père est un assassin ! », s'emporte alors Gaston, dressé devant son banc. « C'est toi-même qui me l'as dit », réplique le fils, le doigt toujours pointé sur son père.

Six jours plus tard, la condamnation tombe : il est condamné à mort. Gracié par de Gaulle, en 1960, *Paris Match* le retrouvera deux ans plus tard à l'hospice des vieillards de Digne. Il est devenu chauve. Son regard, tantôt malin, tantôt agressif, garde une certaine force. Devant lui, un bol de soupe, une miche de pain et une poignée de cigarettes ficelées en paquet de fortune.

La photo choc produit son effet. Mais pas aussi fortement que celle du doigt pointé de Clovis sur son père. Ce témoignage, véritable scoop de Jack Garofalo (il y avait 50 journalistes dans une salle minuscule), a mis le ministère de la Justice dans tous ses états. La conséquence : l'État bannit les photographes des salles d'audience !

Albert Spaggiari

Les années 1960 sont marquées par le rapt du petit Éric Peugeot, 4 ans et demi, fils du grand industriel de l'automobile. Cinquante ans après l'heureux dénouement, il posera pour *Match* en brandissant le numéro 623 du magazine, dont il fit la couverture avant l'arrestation de ses ravisseurs.

En mai 1968, une intense histoire d'amour pousse un élève d'une classe de seconde, âgé de 17 ans, dans les bras de son professeur, Gabrielle Russier, 31 ans. Sur plainte des parents du jeune homme, l'agrégée de Lettres est emprisonnée aux Baumettes, à Marseille. Elle n'accepte pas la condamnation à un an de prison avec sursis, contre laquelle le Parquet fait appel. Il n'y aura pas de deuxième procès. Elle se suicide par le gaz. Même le président Pompidou sera interpellé sur ce drame. Il inspirera le film *Mourir d'aimer* (six millions de spectateurs), tourné par André Cayatte en 1971. Annie Girardot, sublime comme toujours, fera revivre Gabrielle Russier à l'écran.

Outre l'affaire de Bruay-en-Artois (voir aussi l'entrée Q pour « Yann Queffélec ») où le reporter, Jean Ker, impose sa griffe et son style d'insatiable chasseur de scoops, les années 1970 sont franchement marquées par le grand banditisme.

Pour *Paris Match* elles ont trois têtes d'affiche : Albert Spaggiari, Jacques Mesrine et le baron Empain.

Spaggiari, alias « Bert », orchestre le braquage de la Société générale à Nice, le 20 juillet 1976 (371 coffres-forts forcés pour un butin estimé à 30 millions d'euros actuels), et ce, par le creusement d'un tunnel à travers les égouts avoisinants. On retiendra de lui un autre fait d'armes : son évasion spectaculaire du bureau du juge d'instruction, en mars 1977, soit une chute de plus de six mètres. Ancien parachutiste en Indochine, il maîtrise l'art du roulé-boulé, atterrit sur le toit d'une voiture et enfourche la moto d'un complice.

Paris Match retrouvera « Bert » au hasard de ses errances, notamment lors de la sortie d'un de ses livres *Faut pas rire avec les barbares* (La Manufacture de Livres, 2011) et *Les Égouts du paradis* (Albin Michel, 1978). L'ancien cerveau du casse de Nice sera même interviewé clandestinement par Bernard Pivot.

Soutenu par l'un de ses derniers fidèles, Hubert Lassier, très assidu à fréquenter le bureau de Jean Durieux, patron des infos à *Match*, sa trace est facile à remonter au fil d'étapes éphémères à Buenos Aires ou à Rio. Sans le sou – car la cavale coûte cher – et grimé, il y croise même Ronald Biggs, le leader du gang de l'attaque du train postal Glasgow-Londres (2 millions et demi de livres sterling en 1963), dont Gérard Oury tirera un film : *Le Cerveau*, en 1969.

Spaggiari tentera un dernier coup de Bonneteau, via Lassier pour *Match*. Ce dernier prétend avoir retrouvé le docteur Josef Mengele, quelque part dans la jungle amazonienne. On est en 1986. Non seulement le reportage photo, grossièrement monté, sent l'arnaque, mais l'inspiration est malvenue, ainsi que l'expliquera Jean-Michel Caradec'h, grand reporter : un an plus tôt, les restes du médecin-bourreau nazi ont été authentifiés par les services israéliens de recherche des criminels de guerre. Mengele est mort en 1979 !

Jacques Mesrine

En une décennie, Mesrine a largement peaufiné sa légende pour ainsi dire… Non seulement, il la façonnait du fond de sa prison (Patrick Miler et moi avons reçu de longues missives manuscrites détaillant sereinement ses crimes !), mais son évasion à grand spectacle a bâti le reste.

Pour *Paris Match*, cela se solde par un scoop qui fera hurler la classe politique et frémir le monde judiciaire.

Été 1978. Isabelle de Wangen, 28 ans, travaille à son bureau, rue Descartes, à Paris, derrière le Panthéon. Figure familière des bancs réservés à la presse dans les tribunaux, jeune femme séduisante au cheveu brun coupé court, elle a tapé dans l'œil du gangster qui se la joue volontiers enjôleur, même depuis le box des accusés.

Architecte de formation, doué d'un sens inné du dessin, il avait croqué sa jolie cible à l'encre de Chine, lui faisant même passer des messages via une avocate tombée sous le charme de son client.

Et voici que, soudain, l'on cogne à la porte. À peine l'ouvre-t-elle qu'elle entend Jacques Mesrine, fraîchement évadé de prison, justifier sa visite d'invité surprise d'un banal : « J'avais envie de voir où vous habitiez. » À la ceinture, il porte un 357 Magnum en guise de carte professionnelle. D'ailleurs, c'est en pro de la communication, qu'il lui fixe rendez-vous le lendemain… « Pour une interview-vérité. » Celle-ci se déroulera dans sa planque, rue Belliard, quartier des Grandes-Carrières, vers la porte de Clignancourt.

La planque en question n'est qu'un réduit au mobilier sommaire : table de camping, penderie à rideau en plastique. Un amoncellement de « Pascal » (des billets de 500 francs) et de fausses cartes d'identité jonchent le sol. Avec le plus grand naturel, Mesrine sert le champagne (un de ses vices) à Isabelle. Du Cristal Roederer, rien que ça ! Il porte un tee-shirt blanc et un pantalon de velours, arbore un revolver au côté gauche et un second, dans un étui de ceinture, côté droit. Crânement, Isabelle de Wangen met le « desesperado » à la question... À chacun son boulot. « Pensez-vous être un homme dangereux ? attaque Isabelle.

— Face à des flics armés, je n'ai aucune limite. Je suis sans pitié. J'allume et je tire. Et s'il faut les achever, je le ferai. Eux le feraient aussi.

— Comment pensez-vous vieillir et mourir ?

— Je sais très bien que ça finira mal, que je vais mourir, me faire abattre : demain, dans quinze jours, dans un an ou dans huit mois si j'ai de la chance. Je m'en fous. »

Mesrine dénonce encore l'inhumanité des QHS (pour « quartiers de haute sécurité ») et l'isolement total qu'il compare à une « souricière ». L'interview est dense, complète, non sans éluder certains vertiges mythomaniaques. Aussi, sans état d'âme ni coupure, *Paris Match* décide-t-il de la publier dans son intégralité.

La photo de couverture du numéro daté du 16 novembre 1979 fait sensation à l'affichage. Elle a été prise dans son repaire par Sylvie Jeanjacquot, sa compagne. Toujours sous le tee-shirt blanc, à la James Dean, il pose pour elle, en brandissant un fusil d'assaut, une kalachnikov, un revolver Smith & Wesson.38, une grenade défensive et des fumigènes.

Aux moralistes qui s'offusquent que l'on a tendu une plume à Mesrine, *Paris Match* réplique : « L'exercice de notre métier implique un devoir : celui d'informer les lecteurs ; nous avons la certitude que la liberté passe par l'information sans entraves. »

Moins d'un an plus tard, comme il l'avait prédit lors de l'entretien, c'est la fin. On est à la veille de la Toussaint 1979, Mesrine prépare un voyage pour Rome. La planque a été repérée par les policiers de l'Office central de répression du banditisme (OCRB).

Broussard, patron de la brigade de recherche et d'intervention (BRI) est sur le coup. Dix ans plus tôt, il avait sabré le champagne avec Mesrine lors d'une première arrestation théâtrale.

Vendredi 2 novembre, jour de la fête des Morts. Il est 15 heures 15. Au volant de sa BMW verte, le fugitif est encerclé par les hommes de la BRI. D'un camion bâché, des tireurs ouvrent le feu. Dix-neuf balles le clouent sur place. Sylvia Jeanjacquot perd un œil dans la fusillade.

Paris Match est sur le coup de longue date. Le service des infos (Durieux-Sicart) avait eu vent de l'opération. Grâce à un scanner acheté aux États-Unis, un appareil rare à l'époque, les photographes Houpline et Esch avaient pu capter les ondes de la police… Des noms de code « Cristal », « Topaze », ils décryptent celui d'un bistro. En initiés, ils s'y postent à six heures du matin. Dès que la fusillade éclate, ils bondissent dans le sillage du camion débâché, d'où les rafales sont parties.

Mesrine a été tué sur le coup. Il gît, la tête posée sur le volant d'où s'échappent les clameurs du klaxon. Sa main droite est crispée sur le levier de vitesse, comme s'il s'apprêtait à débrayer pour filer au plus vite. Du sang coule de sa tempe. Peu après la fusillade, des dizaines de photographes entourent le véhicule canardé. On relève 21 impacts de balles, dont 19 mortels. Tandis que les inspecteurs se congratulent, Houpline a le temps de relever la tête de Mesrine qui bascule en arrière. Il la retient et interpelle les policiers : « Vite ! Apportez une couverture. Pour recouvrir le corps. » Le reste n'est plus que fiction romanesque. Vincent Cassel s'en tire au mieux dans *L'Instinct de mort* (2008).

Le baron Empain

Pendant plus de deux mois (63 jours), le PDG du groupe Empain-Schneider a vécu l'enfer. Héritier et golden-boy, industriel de renom, il est enlevé le 23 janvier 1978 par un gang de malfrats qui le condamnent à l'enfermement inhumain dans une cave glacée d'un pavillon de la banlieue sud. Il vivra en reclus, les chaînes au pied, sous une tente-prison si petite qu'il restait recroquevillé, dans l'obscurité.

Dans le but tout aussi sordide d'accélérer la remise de la rançon réclamée, ses ravisseurs lui tranchent le petit doigt. C'est à *Paris Match* sous la signature de Jean Cau, sur une enquête-interview de Virginie Merlin, que le baron racontera sa captivité :

« Et votre amputation ?

— Au couteau. Ils m'avaient sonné en me faisant boire une saloperie quelconque... Un assommoir... Ensuite, j'ai atrocement souffert. Je viens d'être opéré cinq heures durant, mais ce n'est rien, absolument rien, le paradis à côté de ce que j'ai souffert. Ils m'avaient laissé une bouteille d'alcool, mais comment défaire et refaire le pansement avec des menottes ? Je versais l'alcool sur un linge sale. C'était atroce, mais j'avais peur de la gangrène. »

À la suite d'une remise de rançon ratée (du simple papier) au cours de laquelle un des gangsters est tué, il est libéré en échange de reconnaissances de dettes farfelues, grotesques et non identifiables vu la circonstance. Il est retrouvé hirsute, amaigri, hagard, dépenaillé dans le métro qui va de la porte d'Ivry à la station Opéra.

Quand le calvaire prend fin, en ce 26 mars, commence la chasse au scoop. Le document le plus rare à glaner est celui des photos de type Polaroïd adressées par les ravisseurs, retrouvées dans une consigne de la gare de Lyon et, naturellement, mises sous scellés au 36, quai des Orfèvres. On y voit le baron enchaîné par le cou au-dessus d'un exemplaire de *France-Soir* attestant de la date du cliché maudit. Seuls les policiers l'ont vue. Justement, « la guerre des polices » sera pour beaucoup dans le dénouement de cette chasse à la photo choc. Elle oppose de longue date la brigade criminelle (les commissaires Leclerc et Ottavioli) à l'antigang de Broussard.

René Sicart, chef des infos, joue son va-tout en interpellant l'attaché de presse du ministère de l'Intérieur : « *Paris Match* tient à saluer l'exploit des policiers. Nous pourrions publier la photo du baron enchaîné…

— Mais vous n'y pensez pas !

— À défaut, celle du patron de la crim', le commissaire Ottavioli…

Au bout du fil, la voix s'étrangle.

— Mais ce ne serait pas opportun. Vous vous rendez compte de ce que diraient les autres… ? »

Sicart raccroche et laisse le soufflé retomber… On est lundi, jour de bouclage, pourtant, il faut faire vite… Mais voici qu'un appel sonne sur sa ligne directe. C'est Ottavioli lui-même, dont la fille Dominique est reporter à… *Match*. Il ne tergiverse pas, va droit au but : « Voilà, j'ai des photos… Si vous voulez les voir… »

En moins de temps qu'il ne faut pour l'écrire, Jean Durieux surgit au Quai des Orfèvres. Sans un mot, ou si peu, le commissaire sort du tiroir de son bureau une pochette noire d'où il abat, comme une poignée de cartes gagnantes, les treize polaroïds si convoités.

Le jeudi suivant, la couverture triomphe en kiosque.

Au-delà des polémiques portés par de beaux esprits doutant de la captivité, *Match* poursuit l'enquête. Virginie Merlin, inlassable investigatrice passe-partout, est sur ses talons. Avec un duo de photographes rompus à l'art de la planque, elle surveille les allées et venues du baron autour de son domicile, avenue Foch.

Soudain, le voici face à elle. Dans un réflexe de pur reporter, en digne « enfant de *Match* », elle hèle un taxi qui rattrape et suit la voiture dans laquelle Empain s'est engouffré. Terminus l'aéroport de Roissy. Là, elle le suit, discrètement, jusqu'au comptoir d'Air France. Sans se poser la question, elle se fait enregistrer au siège voisin de l'inconnu qui vient de présenter son passeport belge à l'hôtesse d'accueil. Passagère sans bagage, elle se retrouve à Los Angeles. En 12 heures de vol sans turbulence, loin de là, et entre deux coupes d'un champagne de grande marque, bien méritées, Virginie réalise l'interview surprise la plus exhaustive du baron. Jean Cau le tournera en petit chef-d'œuvre de son cru. Quant à l'administration admirative de l'exploit, elle remboursera d'un cœur léger cet investissement réflexe (« non provisionné, bien sûr »). Pour *Match*, la retombée médiatique vaudra 10 ou 20 fois la mise réflexe…

Et les autres

Lorsque le gang des postiches sévira dans les années 1980, faisant de Paris une sorte de Far West, les attaques de banque tourneront à la prise d'otages. Comme pour illustrer la dégaine des braqueurs, nous composerons une photo « pastichant les postiches ». Vrais attachés-cases à la main, fausses barbes et armes factices animeront le tableau. Sur la photo, nous serons sept à prendre la pose, grimés en gangsters de saison, dont les paparazzi Rostain et Mouron, mais aussi le reporter Christophe Buchard et Jean Tagnière, alors responsable au service des informations générales.

Des affaires et des monstres… Dans le désordre, voici d'abord Patrick Henry, assassin du petit Philippe Bertrand, 7 ans. Son procès tournera, paradoxalement, à celui de la peine de mort, abolie sous la plaidoirie de Robert Badinter. Ensuite, les disparus de Mourmelon, ville de garnison ; l'adjudant Chanal se suicidera en prison avant de passer aux aveux ; puis le cas Émile Louis, dit « le boucher de l'Yonne », dont Jean Ker ne lâchera jamais la piste. Enfin, Michel Fourniret (« l'ogre des Ardennes ») l'un des pires tueurs en série français et son innommable complice, Monique Olivier, condamnée à nouveau en décembre 2023. Arnaud Bizot et Jean-Michel Caradec'h dépeindront l'itinéraire du monstre et l'insoutenable galerie de leurs petites victimes. Insoutenable, encore, l'assassinat sordide d'Ilan Halimi par une bande des cités de Bagneux, commandée par un barbare sadique. Le jeune juif endure un véritable martyre.

Outre Bruay-en-Artois et l'affaire Grégory Villemin, entre corons du Nord et sombre vallée de la Vologne, le cas d'Omar Raddad fait sensation. Le jardinier marocain est accusé du meurtre de Ghislaine Marchal, retraitée argentée, laquelle aurait signé de son sang un trop flagrant « Omar m'a tuer ». Les dissonances de l'enquête interpellent nos journalistes, notamment Arnaud Bizot, toujours en pointe sur les sujets complexes (comme la disparition toujours non élucidée de Delphine Jubillar) et jusqu'à l'académicien Jean-Marie Rouart. En 1994, celui-ci publie un ouvrage au titre évocateur : *Omar, la construction d'un coupable* (Éditions de Fallois, 2001). Jean d'Ormesson prend alors la tête du comité de soutien créé par son jeune confrère.

Deux visages d'ange émergent de ces enfers. Celui de la petite Maëlys de Araujo, 8 ans, enlevée et tuée par Nordhal Le Landais, maître-chien mythomane, accusé d'autres crimes aujourd'hui prouvés. En mars 2022, la dernière photo de Maëlys, dans la voiture de ses parents en route pour le mariage d'amis, en Isère, où Le Landais lui tendra un piège fatal, fera la couverture de

Paris Match. Elle posait, façon selfie, auprès de sa grande sœur, Colleen. Émilie Blachère et Arnaud Bizot dresseront le portrait du tueur « aux multiples visages ».

L'innocence est mise en scène par Jacques Lange quand il fait poser Marie Trintignant, en ange ailé, en 2002. Amoureuse du surréalisme, la comédienne avait joué le jeu pour incarner la douceur d'un tableau de Magritte.

Quelques mois plus tard, le 26 juillet 2003, Bertrand Cantat, chanteur et amant labellisé Noir Désir, étrange nom prémonitoire, que l'on dira jaloux de sa liberté singulière, l'assomme sous une avalanche de coups dans leur chambre d'hôtel à Vilnius, en Lituanie. Il l'abandonne gisant dans ses blessures, sans même appeler les secours. Elle en meurt : « Comment pourrais-je ne pas le haïr ! », s'exclame Nadine Trintignant lors d'un entretien douloureux avec Arnaud Bizot.

Marie Trintignant, « l'ange fracassé », incarne aujourd'hui la souffrance des femmes battues. Parfois… à mort !

L'heure n'est plus seulement à la série noire, malgré les *cold cases* qui font florès. Loin des récits romanesques d'hier autour de *Pierrot Le Fou*, *Flic Story*, *Borsalino* et autres *Tontons flingueurs*, l'époque a basculé dans le pire : celui du terrorisme d'abord ciblé, mais aussi à l'aveugle – meurtres au couteau –, inspiré par le djihad islamiste et revendiqué au cri de « *Allah Akbar !* ». Un autre engrenage et un nouvel enfer.

FIDÉLITÉ

À chaque génération nouvelle, les rédactions croient réinventer le titre qui les accueille. Surfant sur l'air du temps, ils en oublient vite ses racines. C'était le cas, ce mardi-là, à *Télé 7 jours* où le critique musical snobait obstinément… Dick Rivers, réputé sympa mais assez crampon. Il enchaînait les opus de country rock inspirés du grand Johnny Cash ! Certes, l'ancien « Chat sauvage » des années 1960 n'était pas Johnny Hallyday, lequel devançait Michel Drucker – l'enfant roi de la télé – au palmarès des couvertures de l'hebdo de télévision à tirage monumental. Ni même l'épatant Jacques Dutronc – l'anticonformiste relax qui aimait tant les filles « de chez Castel ». Mais…

Dick souffrait du complexe Johnny (et même d'Eddy Mitchell).

Enfant de Nice, baie des Anges, il n'avait pas surgi du Golf Drouot, maxi podium, sous plafond bas, repaire à rockers et yéyés parisiens.

Il avait surtout la « téléphonite » aiguë.

Excédé par le dédain qu'il estimait subir, il avait fini par composer le numéro personnel de Daniel Filipacchi. Le rock'n'roll n'était pas le soda favori du jazzman averti, mais le souvenir de *Salut les copains* vibrait toujours chez lui. Plus que l'émission culte, le magazine fétiche qui en découla avait assis son triomphe d'entrepreneur de presse.

Aussi, débarqua-t-il à l'improviste à *Télé 7 jours.* Un lourd silence brisa le léger brouhaha qui singularise le début des conférences de rédaction. Posé sur un coin de bureau, il monta juste la note sans même hausser le ton : « Bonjour à tous. J'en ai pour une minute. Je suis passé vous dire que si vous êtes ici, aujourd'hui, c'est grâce à des gens comme… Dick Rivers. Voilà, c'est tout ! Restez fidèles aux anciens qui ont jalonné nos parcours. Bon courage pour la suite… »

La semaine suivante, le bon Dick apparaîtra sur une double page… Daniel déléguait et savait placer sa confiance ; mais dans les coups durs, il répondait toujours présent : la marque d'un grand patron. Inutile de dire que les exclusivités à répétition faisaient sa joie. Pêle-mêle : l'évasion de Jacques Mesrine (se confiant à *Match*) ou celui du baron Empain libéré (les photos du « scoop » le montraient enchaîné par ses ravisseurs) ou encore la révélation de l'existence de Mazarine, fille cachée de François Mitterrand, voire le cliché interdit du président sur son lit de mort…

Un autre exemple souligne sa fidélité vis-à-vis des siens. En 1984, Jean Durieux, patron des reporters, fut embastillé, sous l'accusation de recel de photos de l'identité judiciaire. Il s'agissait de celles de la victime du « Japonais cannibale », un fait divers sordide, à Paris. Daniel monta lui-même au créneau auprès du ministre de l'Intérieur, malgré sa solide aversion envers les politiques. Quand, par un froid polaire de janvier, les portes de Fresnes s'ouvrirent enfin, il fut le premier, au milieu d'un peloton de confrères, à venir serrer dans ses bras l'homme des scoops de *Match* : « En copain ! »

Filipacchi, Daniel

C'était à Paris, vers la fin de l'année 2012. Daniel sirotait un éternel Coca-Cola. Nous nous étions retrouvés aux Deux Magots, l'une de ses terrasses favorites – celle de sa mère ; son père, alors secrétaire général de la librairie Hachette, fréquentait plutôt le Flore avec ses copains et intellectuels d'après-guerre.

Daniel avait rendez-vous un peu plus tard avec Alain Kruger, ancien patron de *Première*. Alain préparait une série d'entretiens pour France Culture, relayant la première édition de ses fausses vraies Mémoires : *Ceci n'est pas une autobiographie* (XO, 2012).

Daniel est chez lui à Saint-Germain-des-Prés. Naguère, il avait posé ses valises rue de Verneuil, y devançant Serge Gainsbourg et Willy Rizzo, photographe de *Match* et designer chic ; ses bureaux étaient installés au 3, rue Jacob, un rez-de-chaussée de fond de cour, les fenêtres lourdement protégées par des barreaux d'acier. Ils recélaient quelques Magritte, Miró ou Chirico, revenus de la grande rétrospective consacrée à ses œuvres et à ceux de Nesuhi Ertegün, au Guggenheim de New York. « L'Oncle Dan » des années 1960 redevenait alors « Citizen Dan », auréolé des lauriers de sa couronne d'entrepreneur de presse. D'un air distrait, mais non sans sérieux, bien rétabli d'une lourde chute dans son escalier, quoique légèrement boitillant au moindre déplacement, il survola la révision de six nouveaux chapitres, complétant la première édition de son livre.

Brossé à traits d'esprit familiers, son petit chef-d'œuvre explorait les souvenirs grands et minimes de la vie d'un patron de presse atypique, à multicasquettes, habité par une multitude de passions : le jazz, les femmes, la peinture surréaliste, Paris (et *Paris Match*), New York, bref, la vie à pleines dents... Et la vie de famille.

Tirant sur sa paille après avoir repêché le trop-plein de glaçons qui noyait le Coca, il ne résista pas à ce diagnostic d'expert ès sodas, façonné par la culture des terrasses américaines : « Les garçons parisiens se prennent pour des barmen américains ! » Chose dite, il replongeait dans quelques feuillets de la copie, s'amusant à vérifier la composition de son « Club » (avec un grand C) d'amis octogénaires : « Pas forcément un "grand ami" ou un "meilleur ami", tout simplement un ami. » Ce qu'il avait précisé, à la main, en toutes lettres. La liste passait par Jean Frydman « retiré dans son ranch au Canada », un homme d'affaires et de communication à qui son groupe devait tant depuis *Jazz Magazine*, dans les années 1950 ; elle continuait par Benno Graziani, ancien correspondant à Rome et séducteur né... Intimement lié à Caroline Lee Bouvier devenue Radziwill, la sœur de Jackie Kennedy, il tutoyait JFK, ce qui l'épatait encore, lui qui en avait tant vu... À ces intimes manquaient de solides compagnons d'épopée : Roger Thérond, « l'œil de *Match* », patron de rédaction à l'inaccessible talent ; Jean Cau, écrivain de race et pur esprit libre ; Frank Ténot, le bras droit sans qui le groupe ne se serait pas construit.

Pas au club, donc, Daniel ? « Je n'y célèbre que des amis encore en vie, une quinzaine tout au plus ; Frank et Roger ont leur part dans l'ouvrage ; Jean (Cau) ? Son œuvre lui survit... » Issu de l'édition originale, publiée un an plus tôt, il y maintenait cependant Willy Rizzo, qu'il comparait à l'acteur « fou » Jack Nicholson. Willy venait de décéder à l'âge de 90 ans ; Régis Pagniez, le roi des directeurs artistiques, figurait aussi dans ce panthéon intime. Il avait fait de lui son invité permanent aux Bahamas, à Harbour Island, là où Régine et d'autres noms des nuits parisiennes avaient élu leur résidence tropicale d'été. À cette évocation, on mettait le cap sur Pink Sand, la plage de sable rose où tant de top models ont pris la pose pour les photographes attachés au magazine *Lui*.

Feuilletant ainsi les épreuves de l'édition poche de son livre à paraître au printemps 2013 : « Ça fait drôle : tout le monde sait qu'au début des années 1950, mon père, Henri, en a importé le concept en France. Il avait acheté les droits de *Pour qui sonne le glas* d'Hemingway et quelques classiques. » La caste des critiques s'était alors offusquée de voir la littérature bradée au niveau d'un magazine à deux francs. Soixante-dix ans plus tard, Daniel souriait d'ajouter son nom aux 20 000 titres publiés en poche depuis 1953.

Rarement patron de presse – à ce niveau – n'apparut aussi présent et faussement distant à la fois, en raison de ses activités de globe-trotteur. Ou plutôt d'« *American*-trotteur ». New York, Miami, Les Bahamas étaient ses points d'ancrage favoris. Rien ne lui échappait de notre magazine cependant, malgré de fréquentes absences à Paris. Sous des allures à la Cary Grant masquant une vraie fausse désinvolture, il se tenait, en effet, très au courant de l'activité des titres de son groupe, qu'il fût à Paris, à Megève, sur son bateau autour de Miami ou dans l'opulence soft (disques d'or fétiches, tableaux de valeur courante) de ses bureaux modernes à Broadway… Jamais président ne délégua autant à ses « *boss* » éditoriaux, lesquels évoluaient dans un climat de confiance et de liberté responsable. Il ne lui serait jamais venu à l'idée d'imposer un sujet de couverture. Surtout à *Match* où Roger Thérond pratiquait l'art du sans-faute hebdomadaire. Seul le prétexte d'une grande exposition de peinture – surtout d'art moderne et mieux encore, d'artistes surréalistes – pouvait le voir surgir à la maquette. Il y donnait alors son avis d'incollable expert. Il en fut ainsi avec Dalí puis Rembrandt.

Films

À quoi reconnaît-on un titre pérenne ? Au cinéma. Aussi n'est-il pas étonnant de constater que le service des droits dérivés de *Paris Match* soit, de longue date et de plus en plus souvent, sollicité par les maisons de productions, qu'il s'agisse de longs métrages classiques ou de fictions télé, par exemple des séries. La demande la plus courante concerne les placements de produits : de l'affichage du titre sur des kiosques à journaux, à la vue d'exemplaires laissés sur une table, un divan, un canapé ou consultés négligemment par les acteurs. Banal. *Match* se fait alors objet du décor et de scénographie. Les propositions les plus répandues consistent à faire monter en maquette de fausses couvertures du magazine. Les réalisateurs sont friands de ce procédé car l'apparition du logo, le cadrage de la photo de une, la typographie des titres permettent, à l'œil, au spectateur de se projeter dans une époque fortement identifiée. La démarche nécessite un certain nombre de vérifications de forme et de fond auprès de la rédaction et du service juridique, notamment pour ce qui concerne les droits d'auteur.

Que ce soit pour la France ou le marché international, le film consacré à Billie Holiday, alias « Lady Day », l'une des plus grandes chanteuses américaines de jazz et de blues avec Ella Fitzgerald, la montre deux fois à Paris : à Pleyel (en 1954) à l'Olympia (en 1958). Assez pour justifier la couverture de *Match*.

Il en va de même pour Michelle Obama, ex-First Lady, elle aussi multicélébrée à Paris et très aimée en France. Donc, vue par *Match*. Elle pose dans une robe couleur fuchsia, la fausse une qui lui est consacrée titre sa promesse d'intimité par un grand « Notre vie à la Maison-Blanche ». Il la montre entourée d'accroches d'actualité supposée autour d'Audrey Tautou et de la princesse Charlène menant la danse au bal de la Rose, à Monaco.

Dès octobre 2023, Catherine Deneuve, interprétant Bernadette Chirac, justifie la collaboration du titre. Idem en télévision : les fausses unes de *Paris Match* surgissent dans la série *D'argent et de sang* de Xavier Giannoli, tirée du best-seller éponyme de Fabrice Arfi.

Quand l'humour frappe à la porte, tant que celui-ci ne nuit pas à la renommée du journal, l'accord se fait sur un sourire. Il en est ainsi de la parodie *Paris Match*, créée pour mettre en scène *Lady Bug* (et Chat noir), série d'animation franco-coréo-japonaise à base de superhéros pour public adolescent ; ou de *La Flamme*, série télé de Canal+. Jonathan Cohen y incarne un pilote de ligne en quête d'une « copilote » à recruter parmi un peloton de prétendantes qu'il est censé emmener vers un septième ciel ! Encore une fois, un faux *Paris Match* est de la partie. Pour de vrai.

Francfort

La Foire du livre de Francfort (*Frankfurter Buchmesse*) est le plus grand Salon du livre au monde : 7 000 exposants y attirent

300 000 visiteurs en quelques jours. J'y suis allé dix ou douze fois, tantôt pour les éditions Filipacchi (liées à *Paris Match*) au titre de directeur éditorial, tantôt pour les Éditions du Rocher, tantôt pour le Sportel de Monaco, tantôt en conseiller littéraire et agent exclusif comme ce fut le cas pour les Mémoires de Brigitte Bardot (*Initiales B.B.*, Grasset, 1996).

Cette dernière expérience fut, de loin, la plus instructive : « Le plus grand coup de la cuvée 1995 », titre le journal du Salon. Grasset, Hachette, Robert Laffont, Albin Michel sont les premiers éditeurs à traquer le futur best-seller. Bientôt, de drôles de rumeurs courent à travers les allées encombrées : « Les Mémoires de Bardot ? Mais il n'y a rien dedans ! Ça ne vaut pas le coup ! » Même le vénérable *New York Times* accréditera cette thèse à l'aveugle, ce qui me vaudra un fax d'excuse à classer collector de la part de la journaliste manipulée.

Sur place, je cherche à tarir la source de cette désinformation calculée. Facile : j'ai le manuscrit en main, ou, du moins, l'esquisse du récit, une trentaine de pages témoins, afin de susciter la curiosité des candidats sans trop en révéler, une technique bien connue dans ce genre de circonstance. C'est alors qu'un intermédiaire américain, surenchérissant sur le raisonnable, m'invitera à croiser le verre au bar de l'hôtel Intercontinental. Tel un magicien de casino, il agitera sous mes yeux des liasses de billets verts afin d'acheter « cash » le droit de devenir mon « sous-agent » en Amérique. À l'exception de ce vain braconnage de foire, les vrais grands éditeurs se disputent le contrat au cœur d'une enchère à la loyale.

Classe et madré, Harold Evans, président de Random House, offre deux millions de dollars. À l'aveugle. Informé par mes soins de la réalité du manuscrit, plus de 1 000 feuillets bruts de décoffrage, il décrète : « Deux millions de dollars d'avance pour Madame Bardot, mais 50 % de texte à couper ! Je signerai sans problème, mais à condition d'avoir la maîtrise totale du texte. » Evans ne sera pas le seul éditeur américain sur les rangs. Dans la prolongation de ce Francfort tumultueux, Roger Thérond parraine une virée new-yorkaise, que je combinerai à une sorte d'« inspection » du bureau de *Paris Match* à Broadway. Olivier Royant m'accueille à l'aéroport JFK. Nous déjeunons en compagnie d'un avocat d'affaires au Bernardin, table favorite de Robert Redford, Eric Clapton, Mick Jagger et du président Ronald Reagan…

La tournée des éditeurs a pour étapes : Harper's Collins, St. Martin's Press, Crown Publishing, Putnam's, d'autres encore et, bien sûr, Random House qui confirme son offre de Francfort. Avant de quitter l'Allemagne pour New York, nous avions déjà conclu un accord avec l'éditeur allemand Lübbe pour 400 000 deutsche marks. L'été indien roussit les feuilles de Central Park à plaisir et laisse augurer un retour couronné de lauriers, car de fax en fax, Brigitte et son mari Bernard d'Ormale ont suivi toutes démarches, offres, surenchères et tractations. En toute modestie, j'ai tout bon. C'est donc fort d'un contrat confirmé, édité noir sur blanc, que, dès le pied posé à Roissy, je file directement chez Brigitte, à Bazoches, aux portes de Montfort-L'Amaury.

À mes yeux, le contrat arraché pied à pied, tombe comme un atout cœur : mission remplie. Je le lui tends dans un sourire ému. Brigitte s'en saisit, sans un mot, ne prend pas la peine de le lire ni, même de le parcourir. Debout face à moi, son regard rivé dans les yeux, elle me défie froidement, le visage empreint d'une gravité insoupçonnée : « Tu ne crois pas que je vais signer chez ces cons d'Américains après ce qu'ils m'ont fait ? » Elle poursuit, sans me laisser répliquer : « J'ai failli perdre un œil à l'aéroport de Dallas lorsqu'un cadreur a heurté mon visage avec sa caméra !

— Mais Brigitte, c'était en 1965, il y a 30 ans ! Et puis il y a deux millions de dollars pour toi, là. Regarde, là. Sous tes yeux ! »

Se dressant telle la danseuse de mambo de *Et Dieu... créa la femme*, elle déchire les 20 feuillets du contrat en quatre et met court à la discussion sur un définitif : « Et puis ils n'avaient qu'à pas exécuter les Rosenberg ! » Bardot, égale à elle-même : imprévisible. Et libre ! Je ne la reverrai plus qu'aux obsèques de Roger Thérond, sur le parvis de l'église Saint-Sulpice à Paris, en 2001. Tombant dans mes bras, les yeux lourds de chagrin, elle répétera 10 fois, 20 fois : « Mais qu'est-ce qu'il nous a fait Roger... ? Qu'est-ce qu'il nous a fait... ? »

Gainsbourg, Serge

Nous ne fîmes que deux couvertures dédiées à celui qui se qualifiait lui-même d'« homme à la tête de chou ». Son autoportrait brossé dans *Pensées, provocs et autres volutes* (Le Cherche Midi, 2006) résume bien la cotte de mailles forgée par ses soins pour se protéger des caciques allergiques à ses provocations. En se présentant « petit voleur, grand faussaire, flambeur, vitriolé, dépressif, pessimiste forcené, maladroit, addict et violent », il consolide sa cuirasse. Il est vrai que certaines de ses pensées, mi-poétiques, mi-surréalistes, malgré le jeu des mots en trompe-l'œil, lui vaudraient de nos jours d'affronter quelque anathème. À la question : « Votre objet le plus précieux ? », la réponse fuse : « La femme-objet. » On a beau le définir libre de ses sarcasmes, de ses conneries et de ses humeurs, la montée en puissance d'une « libération de la parole » aurait attaqué son 8e degré permanent. Passons sur l'épisode Whitney Houston à qui il déclara un « *I want to fuck you* » aussi incandescent qu'un billet de 500 francs brûlé en direct à la télé. « C'était *hard*, d'accord », avouera-t-il. De la femme, il dit encore : « Pour elle je suis un mâle nécessaire et pour moi elle est un bien inutile. »

Ceci ne l'empêchera pas de brandir ses trophées : « J'ai trois bagues en platine à l'annulaire. Trois bagues pour trois B : Bardot, Birkin, Bambou. » En authentique « *serial lover* », il a écrit en une nuit *Bonnie & Clyde* pour Brigitte, sa « plus belle chanson d'amour ». À Christian Brincourt, revenant sur cette passade – elle lui avait trouvé la maison du 5, rue de Verneuil, transformée en musée –, elle avoua : « Quand je l'ai quitté, il a dit que c'était comme si on lui avait arraché le cœur avec les dents. »

Avec Jane Birkin, muse lascive, il exalta *69, année érotique*. On était cinq ans avant que Sylvia Kristel, à la fausse candeur sexy, tienne l'affiche, 554 semaines durant, à Paris, avec le film *Emmanuelle*, précurseur, en 1974, d'une vague de films classés X (128) pour 6,5 millions d'entrées.

Enfin, il entraîne Caroline von Paulus, dite « Bambou », l'eurasienne de trente ans sa cadette, dans une mise en scène exhibitionniste qui nourrira le cahier photos hyper sexy du magazine *Lui* dans les années 1980. D'un mot, il situe crûment sa conquête : « Odeur fauve et lit-cage. »

Artificier d'écriture, Gainsbourg allume les mots comme des pétards. D'abord, classé chanteur à texte – à la Brassens – il prend un envol sulfureux à partir de 1965. Surfant sur le succès de *Poupée de cire, poupée de son*, il fait de France Gall, 17 ans (la majorité est encore à 21 ans) sa nymphette ingénue. *Les Sucettes*, interprétée par la tendre blonde, se fait fantasme pour initiés. Contre toute attente, le voilà propulsé en haut de l'affiche. Celle du magazine *Salut les copains* – à l'égal de Johnny Hallyday, Claude François, Sylvie Vartan, Françoise Hardy et les autres – sous l'œil photographique de Jean-Marie Périer.

Dès 1969, à l'heure de *Je t'aime, moi non plus*, on touche aux *Jeux interdits*. Jane Birkin, bouche en cœur, hérite de la complainte initialement destinée à Brigitte Bardot, mais qu'elle a dû décliner, sous l'imprécation de Gunther Sachs, son mari d'alors. Dans sa construction même, la chanson annonce des dizaines de formules chics et chocs qui verront Gainsbourg, à la barre des mots, virer en Gainsbarre. À lui, très vite, *Les Petits Lolos de Lola*.

Avec *Lemon Incest*, étendu sur un grand lit et penché sur sa fille Charlotte, 12 ans alors, il frôle l'accusation de pervers incestueux en cinq minutes et onze secondes d'un jeu (de mots) troublant qui, sous couvert d'adoration fusionnelle entre un père et sa fille, exhale l'acidité d'un fruit défendu. Elle rebondira deux ans plus tard, avec *Charlotte forever*, autre clip. De même qu'il exhiba ses conquêtes, met-il l'adolescente en scène au service d'une balade narcissique. Gainsbourg s'était rêvé peintre cubiste, abstrait, surréaliste.

Ses textes croquent de poétiques turpitudes. Il s'avoue misogyne. Il est surtout misanthrope. Ses mots crus n'étaient pas des mots bleus. Dandy des mots, il aborde bientôt la gravité de la rupture (*Je suis venu te dire que je m'en vais*) où perce *Sensuelle et sans suite*. En deux heures, j'ai composé *Sea, Sex & Sun*, confie-t-il à *Match* en 1978.

Bien avant que Charlotte ouvre au public le sanctuaire de son enfance – Richard Jeannelle l'y photographia tout en candeur et sourire avec son père, en 1983, à l'âge de *Lemon Incest* – la rue de Verneuil est devenue lieu de culte pour des milliers d'admirateurs anonymes. La façade est le passage obligé de tous les artistes de street art. À chacun sa fresque, son portrait, son éloge naïf... On la visite aujourd'hui sur rendez-vous.

À son époque, c'était déjà une maison musée. Y trônait un immense portrait de Brigitte Bardot en couleurs et, parmi les cendriers débordant de mégots, des trophées disparates : les nus de *Lui*, une collection de dragonnades militaires, des képis de policiers. À l'appel de Sam Bernett, patron du Bus Palladium les gardiens de la paix, si bien nommés alors, le ramenaient chez lui en panier à salade où il cuvait le rhum de trop... Puis il les invitait chez lui et se mettait au piano... Enfin, des fanions de la Légion, son dernier dada... Benjamin Locoge rappelle dans *Match* : « Il adorait ouvrir sa porte à des inconnus, à des fans. Il partageait un bout de sa nuit avec eux. » De nos jours, le public s'y presse, par tout vent et par tous les temps.

Gens, les

Nourri de presse magazine américaine, Daniel Filipacchi avançait, à raison, que si *Paris Match* était un pionnier dans bien des domaines de l'information et de l'image, il se posait aussi en précurseur, pour la France, des reportages réalisés sur rendez-vous. On n'appelait pas encore « peoples » nos célébrités, titre à succès d'un hebdomadaire outre-Atlantique pour qui Marilyn Monroe, Raquel Welch, Ursula Andress, Jane Fonda et le carré de mythes masculins polis par Hollywood ou la magie du disque, était le B. A-BA quotidien.

Déjà, au tout début de l'ère Prouvost, starlettes et mannequins s'imposaient en couverture entre deux numéros dédiés aux guerres coloniales, à la politique internationale ou aux grands aventuriers. Mais les artistes de renom, telle Michèle Morgan, très en vogue à l'époque, ou Zizi Jeanmaire, mélange de gouaille et d'élégance, aux jambes légendaires souvent gainées de noir, faisaient l'affiche, donc méritaient « la couv' ».

Loin derrière Brigitte Bardot (*Et Dieu... créa la femme*), Alain Delon, irradie de beauté sauvage le spectateur dans *Plein soleil* ; il soigne un romantisme tragique dans *Rocco et ses frères*. Sa romance désenchantée avec Romy Schneider fait les gros titres tandis que le cinéma italien explose de sensualité et que la Nouvelle Vague déferle avec Jean-Paul Belmondo en figure de proue.

Côté têtes couronnées, l'avènement de Grace Kelly mariée au prince Rainier III de Monaco éblouit le public, toujours friand de contes de fées. La rencontre a été scellée par l'estampille de *Paris Match* ; le magazine se sent un peu chez lui sur le Rocher. Y naissent Albert, Caroline et Stéphanie, vite accaparés par la rédaction et baptisés : « Les enfants de *Match* ».

Enfin, la génération rock et yéyé (Johnny Hallyday-Sylvie Vartan) impose sa griffe, ses flirts incandescents, sa liberté de ton et ses riffs. D'une décennie à l'autre, les personnalités éclosent, enjôlent, grandissent avec nos reporters. Le journal ne manque pas de « têtes de gondole », dont le portrait claque au dos des kiosques.

Mais la révolution interne des années 1968-1976 marque une rupture avec le monde du spectacle que l'on n'appelait pas encore « show-business ». Transformé en *news magazine*, le journal perd son âme et… ses lecteurs. C'est alors que le retour de Daniel Filipacchi comme propriétaire et de Roger Thérond au poste de directeur éditorial va remettre le train des célébrités sur les rails. Le rappel est daté de 1978. À la tête d'un groupe jeune, moderne et florissant, Daniel décide de mettre un terme à l'aventure du mensuel *20 ans*, un titre sympathique, plus ancré dans la bulle allègre des années 1960 que dans les codes annoncés pour la décennie qui monte.

À la tête de *20 ans*, Agathe Godard, au visage harmonieusement sculpté, œillade soulignée de noir, lèvres carmin, promène un faux air de Faye Dunaway dans *Bonnie et Clyde*. Montée sur des stilettos de 10 centimètres, elle affecte un style chic non sophistiqué. Sensible à sa sensualité clairement affichée, Daniel, qui assume de fermer *20 ans*, n'entend pas se priver d'une journaliste connue pour écumer les nuits parisiennes aux côtés d'un photographe aimanté par les noms qui brillent. Autre avantage, elle ne fume pas, ne boit pas, fait mine de se servir une vodka frappée versée depuis une carafe d'eau minérale à glaçons en forme de trompe-l'œil. Indiscutablement, il la voit prendre en main le people (qui ne dit toujours pas son nom) pour… *Paris Match*. Agathe n'a pas 30 ans. Elle a publié un roman de prime jeunesse chez Gallimard, bénéficie déjà d'un réseau solide de personnalité et a mis Régine, prêtresse des nuits parisiennes, à ses pieds. C'est plus qu'il n'en faut pour séduire Roger Thérond. Mais elle ne l'entend pas ainsi : « Non, Daniel, pas moi ! Je ne suis qu'une blonde, une *girly*, je n'ai dirigé qu'un mensuel pour jeunes filles branchées. *Match* c'est un journal de baroudeurs, de grands reporters… » L'intéressé dégaine alors son imparable sourire, ajuste ses Ray-Ban et réplique : « Eh bien, je te nomme grand reporter. »

En moins de temps qu'il ne faut pour résister, la voilà en mini-jupe, jean et teckel sous le bras, dans le bureau de « Roger ». Les yeux de Laura Mars soutiennent le regard laser du patron de *Match*. Celui-ci en a vu d'autres et ne se laisse pas impressionner par celle en qui certaines coquettes maisons voient trop vite en Agathe « la dernière poule de Daniel » …

Caressant sa barbe de la main gauche, Roger griffonne quelques notes, l'air faussement indifférent : « Daniel m'a dit que vous aviez un excellent carnet d'adresses. Vous allez vous charger de construire une rubrique dédiée aux célébrités. Nous l'appellerons "Les Gens". Elle couvrira 16 pages par semaine. Le but est de faire pénétrer les lecteurs dans l'intimité des vedettes. Vous avez carte blanche ! » Agathe fera le job comme l'on dit et même au-delà. Alvaro Canovas, photographe de classe et d'élégance, autant fait pour le baroud (il sera gravement blessé en Libye) que pour les fêtes de nuit, puis l'Américaine Kasia Wandycz, qui posa comme modèle dans une agence de mannequins des Champs-Élysées, seront ses premiers photographes attitrés. Enfin, viendra Henri Tullio, un ancien de l'agence France Match qu'elle épousera…

Il revient à Agathe le crédit d'avoir pérennisé « Les Gens » dans *Paris Match*. Plus tard, François Pédron, à la plume stylée, Claude Devedeux, au look dandy, Sabine Cayrol, à forte personnalité, et Catherine Tabouis prendront tour à tour la barre de la fameuse rubrique. Agathe Godard y gagnera une section pleine et entière, à son nom, placée en fin de numéro. Le Tout-Paris, Saint-Tropez, Ibiza s'y montreront en habit de fête des années durant. Une place de choix, en outre, très prisée des annonceurs.

Aujourd'hui, elle publie ses souvenirs, chez Flammarion, dont *Arrivée à Paris Match* ne manque ni de sel, ni de… glamour !

Giscard d'Estaing, Valéry

Paris Match n'étant pas un magazine d'opinion ni un journal engagé, rien depuis les années de Gaulle et l'intimité de La Boisserie, photographiée dans le sillage même du Général, n'avait fait date dans les années 1970, en dehors des vacances en liberté du couple Pompidou, intronisé « Français comme les autres ».

Certes les reportages ne manquaient pas : Valéry Giscard d'Estaing, Jacques Chirac, François Mitterrand, en France ; plus tard Michel Rocard, Laurent Fabius ou Édouard Balladur. Tous animaient le bal des prétendants au pouvoir suprême ou au premier accessit, celui de l'hôtel de Matignon. Avec VGE, *Paris Match* joua dans un registre inédit. Écarté de la route de l'Élysée, en 1981, à la suite de la victoire de François Mitterrand propulsé vers un double septennat, l'ancien locataire de la rue du Faubourg-Saint-Honoré, élu à 48 ans, l'un des plus jeunes chefs de l'État, se morfondait entre le conseil général du Puy-de-Dôme (dans le canton de Chamalières), un siège de député, puis la présidence du conseil régional d'Auvergne. Son idéal reposait sur la rédaction d'une constitution européenne, tout en briguant un fauteuil à l'Académie française, épée et habit vert en ligne de mire.

L'écriture se voulait son refuge. Le succès de ses essais *Deux Français sur trois* (Flammarion, 1984) et *Le Pouvoir et la Vie* (Cie12, 1988), publié par sa fille Valérie-Anne, épouse de l'éditeur Bernard Fixot, ne suffiront pas à son bonheur. Admirateur de Maupassant, il songeait surtout à tenter une carrière surprise de romancier.

En attendant de guider sa plume vers *Le Passage*, texte bucolique à visée sentimentale mettant en scène un notaire de province et une jeune auto-stoppeuse, il fourbira ses armes à *Paris Match*. Non pas dans le registre de la bluette, bien au contraire, mais dans celui du président sortant, plus ou moins en attente d'un rappel à l'affiche du grand théâtre de l'Europe ; un rôle à sa mesure que l'Histoire ne lui réservera pas...

Roger Thérond lança l'idée de l'attacher à nos couleurs. Il aimait beaucoup la vivacité d'esprit de Giscard, souvent qualifié de « surdoué » ou d'« intelligence supérieure ». Il lui rendait d'amicales visites chez lui, rue de la Faisanderie, sans s'immiscer dans les desseins politiques de l'ancien président.

Commençant ses journées par les revues de presse déposées sur son bureau, Roger s'était pris de passion pour les chroniques de Henry Kissinger, l'ancien secrétaire d'État de l'administration Nixon, récipiendaire du prix Nobel de la paix pour son rôle joué dans l'arrêt des combats au Vietnam. Il passait pour être le Talleyrand du XXe siècle.

Depuis lors, Kissinger (décédé, à 100 ans, en novembre 2023) répandait sa bonne parole à travers des chroniques régulières publiées sous la bannière du *Los Angeles Times*.

Roger voyait en Kissinger le modèle à suivre pour Giscard.

Aussi lui proposa-t-il de prendre le planisphère à bras-le-corps et d'en faire ses « Carnets du monde. » Il y en aura 15 en tout, fortement titrés sur la couverture, prestige oblige. Le premier est intitulé : « L'Europe doit refuser l'option zéro-zéro de Gorbatchev ». Il est daté du 8 mai 1987 (numéro 1980). Il ne s'étire encore que sur six pages. Mais dès le suivant : « Le Japon triche-t-il ? », paru un mois plus tard, le sujet court sur 10 pages (12 juin), suivi (19 juin) d'un complément de 6 pages : « Le Japon, ses ressorts secrets ». Rien qu'en 1987, *Match* publiera cinq de ses chroniques au long cours, la plupart, teintées d'un clairvoyant pessimisme quant au tragique destin de Gorbatchev à la tête d'une Russie vulnérable, sur le plan économique, en recomposition politique avancée.

La dernière (été 1993) le conduira en Chine, d'où – dixit – il reviendra « terrifié ».

J'eus l'honneur de travailler auprès de lui, en compagnie de l'élégante Nicole Bröchler, qui fut championne de France des sténos de presse. Laurence Masurel, figure érudite du service politique, prendra mon relais (c'était naturellement sa place).

Valéry Giscard d'Estaing relisait attentivement la copie avant d'accorder l'indispensable « bon à tirer » guetté par Pierre Reynès. Fin lettré, celui-ci coiffait le secrétariat de rédaction. Relire ces chroniques, rédigées au retour de voyages où son rang d'ancien président lui valait d'être reçu au sommet des pays visités, reste un régal, même et surtout avec le recul. Ils auraient sûrement mérité d'être servis en édition sous forme de docte compilation, non sans quelques notes d'humour.

J'ai sous les yeux un sujet prémonitoire du 19 octobre 1989 (numéro 2108). Il est intitulé : « La Ruée vers l'Ouest ».

Les six pages photos montrent des trains surchargés de réfugiés. Elles soulignent qu'en huit mois, 100 000 Allemands de l'Est ont franchi le Rideau de fer : « Même en RDA (le mur de Berlin séparant l'Est de l'Ouest tombera bientôt) son élève modèle, l'Europe rouge craque. »

Cette fois, c'est sous forme d'interview (réalisée en compagnie de Roger Thérond lui-même, un fait exceptionnel) que VGE livre son diagnostic aux lecteurs de *Match* : devant la fuite des Allemands de l'Est, la victoire du syndicat Solidarité en Pologne et le sabordage du Parti communiste hongrois, l'ancien président dresse le bilan de la faillite de l'Europe de l'Est. « L'idéologie communiste des années 1950 est morte », conclut-il.

Il sort à peine d'une entrevue avec le général Jaruzelski, aux apparences glacées derrière ses lunettes fumées qui font le bonheur des caricaturistes. Le dictateur polonais était en vacances dans un petit château, à 25 kilomètres de Varsovie. Il y avait là des représentants de Solidarité, le syndicat béni par le pape Jean-Paul II, preuve que les années répressives, si dures, menées contre Lech Walesa, sa figure emblématique, seraient derrière lui…

Sortis dans le parc sous un rayon de soleil, Jaruzelski dit à Giscard : « C'est ici que Walesa a été arrêté en 1981. Ce n'est tout de même pas la prison de la Santé ! »

Un de ses conseillers lui confia qu'avant le déjeuner, le Général (bientôt rayé du jeu), lui avait demandé : « En France, la Santé, c'est bien une prison ? »

Le mur de Berlin tombera le 9 novembre, sonnant le glas du communisme à l'Est. Un mois seulement après cette rencontre… Et notre interview.

Globish

Les « pubards » qui véhiculent ce jargon caricatural sans vergogne croient faire chic et moderne en noircissant leurs tableaux

Excel et autres PowerPoint d'anglicismes de bureau. Certes, il n'est pas question, dans nos journaux, de défier les Québécois dans une ultra défense de la langue française : football, penalty, basket-ball, rock'n'roll, jogging ou manager garderont à jamais leur griffe passée, de longue date, au tamis universel.

Aujourd'hui, une « novlangue » décousue assaille les rédactions. Difficile de résister à la déferlante, même à *Match*, mot anglais, d'origine, dont l'écrivain Philippe Labro aime à rappeler que le concept se traduit par défi ou combat…

Sorties de *workshops* uniformes, *coachées* et *boostées* par des *sponsors overbookés*, les fourmis du *digital* (pour « numérique ») bafouillent impunément le fruit de leur *brainstorming* (pour « remue-méninges »). Il est vrai qu'à l'époque de la Covid-19, on nous a bassinés avec le mot *cluster* pour définir un simple « foyer » !

Voici un court florilège (pardon *best of*) édifiant de cette invasion néo-linguistique imposée par la tutelle du *marketing*, même si celle-ci n'est qu'à *low cost* (« à coûts réduits »).

Il est de bon ton désormais de jongler entre le *naming*, et le *in market* désignant le « marché intérieur », l'*infotaiment* pour le mélange d'« information » et de « divertissement », le *ranking* pour « classement » et le *bundle* pour une « offre payante »…

Côté information, impossible d'échapper au quadruplet censé séparer les *hard* (« informations graves »), des *fake news* (« fausses informations »), des *soft news* (« nouvelle froide ») ou des *straight news* (pour « l'essentiel »).

Le *free-floating*, désignant l'utilisation de vélos en libre-service, côtoyait, à Paris, le slogan capitulard des Jeux olympiques de 2024, claironnés *made for sharing*, plutôt que… « faits pour partager ».

Face aux têtes de pipe qui pensent *upgrader* (pour « élever » ? !) la France par la déferlante de ce *globish* (jargon simplifié de l'anglais véhiculaire), tout en snobant les langues régionales d'origine, la veille contre l'anglicisme dévoyé se fait vigilance chez les secrétaires de rédaction, heureusement de fins lettrés.

La contagion est sans frontière. Elle a déjà contaminé l'allègre Provence où des communicants redoutant peut-être de n'être pas dans le coup, n'ont rien trouvé de mieux que de baptiser *Clean my calanques* – néologisme incongru – la mobilisation civique appelant à nettoyer leurs rivages souillés par toutes sortes de pollution. Dire *clean* au lieu de « nettoyer », quelle avancée linguistique !

Quand elle publia sa chronique sur ce thème, Catherine Schwaab reçut quelques invectives graveleuses, en retour, mais beaucoup de satisfecit ! La contagion du globish étant mauvaise conseillère, les communicants du vénérable alcool provençal, universellement connu sous le nom de Ricard, n'ont pas reculé, dans la foulée, à s'afficher : « *Born* à Marseille ». Peuchère !

Grégory

C'est avec l'affaire Grégory, quarante et un ans après le film éponyme de Henri-Georges Clouzot (1943), que le terme de « corbeau » est réapparu en gros titres. Il a surgi avec l'assassinat du petit Grégory Villemin, 4 ans, retrouvé noyé dans la Vologne, une rivière noire des Vosges. Jalousie, vengeance, secrets de famille nourrissent de terribles écrits, le premier annonçant le pire, sous couvert de fautes d'orthographe flagrantes, accidentelles ou voulues pour troubler les pistes : « Je vous ferez votre peau à la famille Villemin. » Un flot quasi ininterrompu suivra malgré la mort tragique de l'enfant. Gendarmes, policiers, experts en graphologie y perdront – jusqu'à ce jour – leur savoir de terrain, d'école, de labo scientifique…

Paris Match a consacré 14 couvertures à ce qui est devenu « l'affaire Grégory ». Dès la première dépêche d'agence, relatant les circonstances de la découverte du corps de l'enfant supplicié, Didier Rapaud, alors le numéro deux au service photo, surgit en pleine conférence de rédaction ; chacun étant choqué en l'écoutant citer en détail le compte-rendu du drame.

Bientôt lâchées sur le terrain, deux équipes complémentaires de reporters entrèrent en concurrence, non pas seulement pour livrer le meilleur sujet possible (témoignages, interviews, photos exclusives), mais – insolite de la situation – pour se persuader d'élucider, chacun de son côté, avec ses indices et convictions propres, l'épais mystère d'une vallée repliée sur ses secrets de famille.

À chacun son camp. Le scénario en est trop connu désormais pour le rabâcher à perte de lignes. En résumé, les gendarmes du capitaine Sesmat soupçonnaient fortement Bernard Laroche, beau-frère des parents de l'enfant, tandis que la police judiciaire de Nancy penchait pour creuser l'enquête autour de la mère, Christine Villemin. Et comme le juge Lambert – taxé de « petit juge » tant en raison de sa petite taille que pour son apparente fermeture d'esprit, prit à contre-pied une France émue par le chagrin de celle-ci en la plaçant en détention provisoire, le malaise général succéda à la stupeur. Consternation chez les pro Villemin ; soulagement chez les pro Laroche.

Jean Ker, drapé dans l'habit du chevalier blanc, écumait la Vologne jour et nuit dans l'espoir d'alléger la souffrance de Christine Villemin et de son époux, Jean-Marie. Jean-Michel Caradec'h le défiait sans relâche dans le sillage de l'enquête policière. *Paris Match* laissait carte blanche à ses envoyés spéciaux transformés en limiers. La proximité de Ker avec les Villemin était telle qu'il fut inquiété par la justice quand Jean-Marie Villemin, ivre d'une irrépressible douleur vengeresse, abattit son beau-frère. Ker l'avait surtout raisonné une première fois, évitant alors le pire.

Toute la presse fit de Lépanges-sur-Vologne, repliée sur la rusticité des Vosges profondes, un théâtre aux fantasmes. Chacun y alla de son idée saugrenue, voire baroque, parfois scandaleuse. Un photographe fut même soupçonné d'avoir déposé jouets et peluches sur la tombe de l'enfant, afin d'en rajouter dans le kitsch macabre.

L'idée la plus décalée est signée Sola. Le patron du service photo de *Match* ruminait son obsession de l'originalité. Profitant d'un passage à Paris d'Helmut Newton, metteur en scène de nus provocants et de stars glamoureuses (Brigitte Nielsen, Grace Jones, Monica Bellucci, Cindy Crawford), il fit le siège de sa femme, June, alias Alice Springs, pour monter avec elle le sujet le plus déroutant. Des lettres du corbeau hantant la vallée il s'improvisa « cinéaste d'un jour », quarante ans après Clouzot. Et c'est un véritable corbeau empaillé qu'Helmut Newton, maître de l'érotisme glacé, photographia sur les marches du tribunal de Dijon…

Grève

De toute son histoire (près de 4 000 numéros), *Paris Match* aura manqué trois semaines de parution. Pas une de plus. C'était lors de l'éruption de Mai 68, d'une fronde universitaire partie de Nanterre, puis de la Sorbonne (3 mai) ayant embrasé les universités et gagné toutes les couches sociales : elle se traduisit par un véritable blocage du pays, imprimeries, raffineries, dépôt d'essence et transport. Pas de diffusion possible, pas de distribution de journaux…

C'est ainsi que *Match* manqua l'un des événements les plus marquants de ce noir printemps : l'assassinat du sénateur Robert Kennedy, cinq ans après celui de son frère, John Fitzgerald, à Dallas.

Candidat à l'élection présidentielle, à la suite du forfait de Lyndon B. Johnson, affaibli par l'enlisement américain au Vietnam, un certain Sirhan Sirhan, de nationalité jordanienne, l'avait abattu de plusieurs balles. C'était au soir du 5 juin, juste à la sortie d'un rassemblement tenu à l'hôtel Ambassador, à Los Angeles.

Deux mois plus tôt, le pasteur Luther King (prix Nobel de la paix), apôtre du mouvement des droits civiques, était aussi tombé sous les balles d'un autre tueur à Memphis, sa ville du Tennessee. Au coup de feu, un photographe sud-africain, Joseph Louw, travaillant pour *Life*, avait bondi. Il signa une photo témoignage riche en émotion. Le portrait du pasteur occupa toute la couverture (numéro 992, daté du 13 avril), mais surtout, le gros titre de une résonnait singulièrement en cette nuit de juin à Los Angeles : « Mort comme Kennedy ».

Or, voici qu'un autre Kennedy, le frère cadet tant aimé de son aîné, était tombé, comme lui, à son tour : « Mort comme Kennedy. »

Ce nouvel électrochoc tragique, venu de Californie, stupéfiait le monde. Malgré lui, *Match*, dut alors laisser à *Life* l'exclusivité du reportage. Impossible de composer un numéro dans l'orage de l'après Mai 68 ! De la scène de crime, on reste hypnotisé par la vision d'Ethel, 40 ans, la femme de Bobby. On pense, sans le dire, à Jackie, le 22 novembre 1963 à Dallas, le tailleur rose maculé du sang de JFK quand sa belle-sœur, penchée sur son mari agonisant, s'accroche à l'ultime regard.

Dès sa reparution en kiosque (le dernier numéro remontait au 11 mai), *Paris Match* produira plusieurs séries nourries par la fronde étudiante, le retour triomphal du Général (31 mai) après sa « fuite » mystérieuse à Baden-Baden en Allemagne, où il était allé s'enquérir – en secret – du moral des troupes auprès du général Massu, commandant en chef des armées françaises outre-Rhin…

Et, naturellement, sur la mort de « Bobby ». On était alors le 22 juin, deux semaines après le drame. Si la couverture (numéro 998) était bien noire, comme lors des grandes disparitions, des adieux et des deuils, le numéro lesté de 166 pages développait d'abord « Les Journées historiques – Des barricades aux élections ».

Match déploiera une partie de cette pagination autour des funérailles de Robert Kennedy.

Derrière les larmes d'Ethel, mère de leurs onze enfants – elle était enceinte du dernier lors de l'assassinat – on retrouvait encore du Jackie, noyée de chagrin mais drapée dans sa dignité, au cimetière des héros à Arlington. On était loin, alors, des spéculations post-mortem insinuant qu'une intense tendresse, mêlée de détresse, aurait intimement rapproché Jackie de Bobby.

Au-delà du premier et large cercle familial – la dynastie Kennedy –, le plus émouvant, en images, publiées dans *Match*, était la chaîne humaine rassemblant un million d'Américains éplorés autour de la voie ferrée reliant New York à Washington. Tous étaient venus saluer le passage de la dépouille du sénateur dans son linceul étoilé.

Quarante ans ou presque (28 juin 2006) après mai 1968, la rédaction votera une grève inédite à la majorité. La raison ? L'éviction d'Alain Genestar, directeur de la rédaction. Selon la direction du groupe, le motif reposait sur un différend économique (par rapport au marché). En interne, elle était ressentie comme étant la conséquence tardive d'un sujet de couverture du journal paru onze mois plus tôt (25 août 2005). Il présentait Cécilia Sarkozy et son nouveau compagnon débusqués par des paparazzi à New York.

Grève symbolique : celle-ci se déroula un jeudi, jour de mise en vente du numéro ; un jour de semi-relâche, à l'heure où s'ébauche le suivant.

Paris Match sortit en kiosque à son heure. Alain Genestar publia un court ouvrage au titre évocateur : *Expulsion*.

HITCHCOCK

Chaque festival du film voit déferler des nuées de photographes qui, au pied des marches, à Cannes, font partie du décor.

Les photos de Brigitte Bardot, à ses débuts, suivie par une flopée de marins américains la sifflant d'admiration sur la Croisette ont fait date. Ils l'avaient accueillie quelques heures plus tôt pour une conférence de presse-cocktail à bord de leur porte-avions mouillé dans la rade. Plus que la réception insolite, l'enchaînement fit mouche : tandis que les starlettes couraient au-devant du premier photographe de plage venu, B.B. n'eut qu'à arpenter le remblai en ondulant du bassin pour aimanter le regard des « *midships* », hypnotisés par sa chute de reins.

Marilyn Monroe, en temps de guerre cette fois, avait déjà électrisé les G.I. en Corée… La présentation de Grace Kelly, Oscar 1955, au prince Rainier, l'aura conduit, grâce à *Match*, au mariage de conte de fées. Des millions de lecteurs, d'une génération l'autre, en ont partagé la romance, finalement tragique. Pierre Galante avait monté le reportage avec la complicité d'André Lacaze. Pour parvenir à ses fins, il choisit sa propre épouse, l'actrice Olivia de Havilland (elle joue Mélanie dans *Autant en emporte le vent*), comme ambassadrice auprès de Grace. Il avait rencontré Olivia à l'occasion d'un close-up pour *Match*. De sa conquête hollywoodienne, il gagna un compliment admiratif : « Le seul reporter qui a épousé son reportage. » À chacun, dès lors, sur le terrain, de stimuler son imagination.

Le photographe François Gragnon, joueur impénitent, as du poker et donc du poker menteur, n'était pas à un défi près. Dans un avion, entre coup de cœur et coup de dés, il avait déjà séduit la danseuse étoile Tessa Beaumont – qui fit la couverture du magazine en 1959.

Au ravissement de la rédaction, elle accepta qu'il lui passe la bague au doigt.

En 1963, à Cannes, il s'était mis en tête de pondre un scoop avec Alfred Hitchcock, réalisateur des *Oiseaux*, thriller d'épouvante, présenté en ouverture du Festival. Gragnon cherchait une idée insolite allant de pair avec l'étrange univers du film.

Non sans rouerie, le service photo l'avait défié en lui mettant sous le nez un reportage complet de Philippe Halsman, star du magazine *Life*. Il avait l'art et la manière subtile de dévoiler la personnalité de ses sujets à travers des mises en scène surprise, décalées et joyeuses. Ainsi inventa-t-il l'art de la « jumpologie » (il photographiait ses sujets en l'air en les faisant sauter sur place ou au-dessus d'un trampoline). Marilyn Monroe, Brigitte Bardot, Audrey Hepburn et même François Mauriac sont passés devant son objectif.

Bref, pour Gragnon, le défi est de taille. Dénichant sa cible à l'hôtel Carlton, où les grandes maisons de production ont pignon sur Croisette, il le convainc de le retrouver tôt le lendemain matin sur une plage tranquille, vers Golfe-Juan, plage historique où Napoléon débarqua après son exil à l'île d'Elbe. Par ce relatif éloignement, il cherche avant tout à éclipser ses (nombreux) concurrents qui « planquent » alentour... « Avez-vous une idée originale ? », lui demande le réalisateur.

Gragnon a les photos d'Halsman en tête, notamment la dernière série de l'été 1962, prise à Bodega Bay (Californie) sur le tournage même du film où Tippi Hedren, l'actrice, multiplie les scènes de panique face au vol agressif des passereaux. La plus parlante est celle d'un corbeau (apprivoisé) venant se poser sur un long cigare d'Hitchcock, comme sur la branche d'un arbuste. Gragnon garde aussi en tête la gestuelle très parlante d'Hitchcock mimant devant François Truffaut, dans un bureau des studios Universal, à Hollywood, le déploiement des ailes d'un corvidé. Il se lance : « Longez la plage, maître, et imitez le vol d'un goéland. » Désarmant d'humour, « Hitch » hausse les épaules et d'un ton faussement détaché : « Je peux faire mieux, vous savez...

— Ah oui... Tant mieux. Et quoi donc ?

— Je peux marcher sur l'eau, comme Jésus sur le lac de Tibériade. »

De Hitchcock, maître du suspense, on peut s'attendre à tout. Mais de là à le voir marcher sur l'eau ! Gragnon est interloqué. Cependant, le lendemain matin, à l'heure dite, le réalisateur descend de sa suite, déjà vêtu d'un smoking de soirée, les souliers vernis au pied.

Le Roleix en bandoulière, Gragnon s'entend lui lancer un « Banco » de circonstance. Sans mot dire, mais habité par une grande perplexité, il prend rapidement son pas.

Arrivé sur la plage, il se place derrière lui, à très courte distance et le cadre en pied, impatient de le mettre en boîte. Sa « cage » à lui. Sans se retourner, comme dans une cérémonie muette, Hitchcock arpente le sable mouillé, grimace et aborde les flots. De ses bras, comme convenu, il mime aussitôt l'envol du goéland. Gragnon « shoote ». Mais voilà qu'Hitchcock s'enfonce à fleur de vagues. Jusqu'aux genoux. Gragnon « shoote » et « re-shoote ».

Superbe et imperturbable, Hitchcock se retourne alors vers le photographe. Dans un hochement de tête navré, il s'exclame : « *Sorry*. Ça n'a pas marché aujourd'hui ! »

HITLER

Vrais faux « Cahiers »

Tout a été lâché, y compris nombre d'inepties, sur l'affaire dite des « faux cahiers de Hitler ». Il faut toujours s'intéresser à la genèse des sujets, surtout des plus toxiques, même s'ils sont commentés par de savants exégètes, étrangers au débat.

C'est au magazine *Stern*, colosse de la presse allemande d'après-guerre, réputé pour ses couvertures accrocheuses, qu'il revint d'abord de laver son honneur perdu au terme d'un dossier nauséabond. Ce qu'il fit. Quant aux victimes collatérales, dont *Paris Match*, leur bonne foi a été établie quasi simultanément à la révélation même du scandale.

En février 1983, un émissaire de *Stern* a rendez-vous à *Match*, sur les Champs-Élysées et s'enferme avec Roger Thérond, sous promesse de secret absolu. Il se dit détenteur d'un document historique retrouvé « quelque part en Europe » par un de leurs enquêteurs, Gerd Heidermann… Les carnets secrets tenus par Adolf Hitler entre 1932 et 1945, un « journal intime d'une valeur extraordinaire ». Tel est l'enjeu.

Sûr de son trésor, l'émissaire fait miroiter à Roger une parution quasi simultanée autour du monde, avec pour solides supports l'américain *Newsweek* et le *Sunday Times* en Grande-Bretagne. Il insiste également, loi de la concurrence oblige, sur l'indiscutable intérêt d'un newsmagazine français.

Tel un expert en sciences criminelles, il sort de sa manche un certificat d'authenticité signé du célèbre historien britannique Hugh Trevor-Roper, haute figure de l'Intelligence Service (les services secrets de Sa Majesté), auteur d'un livre qui fait autorité sur *Les Derniers Jours d'Hitler*.

Acquérir le sujet. Ou non.

Ce sera fait à Hambourg, au siège de *Stern*, par Gérald de Roquemaurel, secrétaire général du groupe, en présence d'une délégation de *Match* dont Eugène Silianoff, ancien diplomate bulgare, Georges Menant, grand reporter, Didier Rapaud, responsable en second du service photo, et moi-même, représentant le rewriting. Inspiré, l'avocat qui nous accompagnait ajouta une clause en annulation si le sujet sulfureux se révélait « faux », car préjudiciable à la réputation de notre titre.

Stern, sûr de son exclusivité à sensation, accepta la réserve d'une élémentaire prudence et signa la clause.

La responsabilité de publier. Elle fut assumée. Mais, à peine le numéro surgissait-il en kiosque, que la nouvelle du « faux » se répandait depuis l'Allemagne. Consternation et scandale.

Paris Match sut en tirer la leçon. L'ensemble de ce dossier est disponible dans une série télé (*Faking Hitler*) et via un podcast très instructif de France Culture (2018) diffusé en deux épisodes. Gérald de Roquemaurel, trente ans après les faits, y livra son témoignage. Clair et précis.

Hors-série

Le premier numéro hors-série de *Paris Match* remonte à 1953. Il célébrait, le couronnement d'Elizabeth II, reine du Royaume-Uni et souveraine du Commonwealth. L'hebdo, lui, savourait déjà ses premiers millions. De format moyen, un rien rectangulaire et de couleur pourpre, ce supplément s'arracha en kiosques, tant la France républicaine des années d'après-guerre était en quête de fastes et de majesté. On le trouve encore (rarement) chez les bouquinistes, à une cote de... collectionneur.

Il y en eut deux autres, assez consistants, dans les années 1950. L'un consacré aux Jeux olympiques de Melbourne, en Australie (1958), où la France (onzième sur 38 nations avec 14 médailles) avait sauvé l'honneur grâce à Mimoun, au marathon (en 2 heures 25 minutes) et où notre reporter, Jean Noli, subjugué par les charmes kiwis, à tous les sens du terme, mit six mois pour s'en remettre. Et en revenir... Signe des temps : il retrouva sa place à *Match*, soigneusement préservée par les copains.

Le troisième, même année, et presque même saison (novembre), suivit la disparition du pape Pie XII. Comme par malice, Gaston Bonheur en confia la réalisation artistique à Daniel Filipacchi, qui portait une sainte aversion au cléricalisme et au monde noir des soutanes. Heureusement, le ton violette fileté de cramoisi des soutanes de l'évêque et le rouge flamboyant des cardinaux, tranchant sur le blanc du pape, lui mit un peu de couleur dans les yeux. À défaut de se sentir chez lui au Vatican, il profita sans réserve, de son propre aveu, des tentations de la *dolce vita* romaine.

Au fil du temps, *Match* mit en lumière de nombreux numéros hors-série tantôt qualifiés d'historiques (le Débarquement de 1944, la libération de Paris), tantôt d'opportunistes par le service des ventes. L'Exposition universelle à Séville, la disparition de la princesse Grace de Monaco (en liaison avec l'américain *Look*, racheté par Daniel Filipacchi), le drame du stade du Heysel avec Michel Platini, les Jeux olympiques de Los Angeles (quatre médailles d'or pour l'athlète Carl Lewis), « *Paris Match* Voyages » (trois numéros), etc.

Plus récemment, sans logique éditoriale définie, les kiosques ont ainsi vu défiler un certain nombre de numéros disparates ; tantôt un hommage à Alain Delon (réussi), tantôt la célébration des top models des années 1980-2000 avec Claudia Schiffer en couverture, ou encore « Les femmes de présidents ».

À un an des 70 ans de *Paris Match* (en 2018, donc), Olivier Royant, directeur de la rédaction, homme de fidélité s'il en est, me tira d'une semi-retraite bretonne (les métiers de passion ne connaissent pas de repli), dans le but de créer une collection s'appuyant sur une ligne éditoriale clairement déterminée.

Il cherchait quelqu'un qui avait « la mémoire du titre ». Pour avoir été recruté par Roger Thérond en personne à l'automne 1980, avoir passé seize ans dans son immédiat sillage et l'avoir secondé au Comité éditorial de la Société Hachette-Filipacchi dans les années 2000, mon profil et l'expérience requise correspondaient à sa recherche. Ce fut un enchantement.

Avec Marc Brincourt, rédacteur en chef photos jusqu'à 2017, on ne pouvait trouver plus juste complémentarité amicale et professionnelle. Du surnom donné à Roger Thérond – « l'œil » – il avait fait le label de sa petite société. Pour de bon.

Michel Maïquez, retraité junior lui aussi, avait conduit la direction artistique, dix ans durant, après le départ de Guy Trillat. Il s'imposa en indiscutable coéquipier pour boucler le trio. Dès la première réunion, tenue dans une salle à manger de l'immeuble de Levallois, vestige des années dorées du groupe,

Marc débarqua les bras chargés de dossiers à l'ancienne ; Michel griffonna de premières esquisses prometteuses.

Ainsi fut créée la première ligne à succès des hors-séries de la nouvelle génération. Nous la baptisons alors : « Nos Décennies ». Sept numéros de 132 pages correspondant à ces décades (appelées plus couramment décennies) et un numéro supplémentaire de 148 pages dédié aux unes de *Paris Match*.

Convaincues par l'accueil du public, et la somme de 1 072 pages, notre éditrice, Claire Leost, et la relève (Anne-Violette Revel de Lambert et Gwenaëlle de Kerros) nous incitèrent à prolonger l'expérience.

À ce jour, 45 numéros consécutifs ont vu le jour sous notre bannière. Et la suite est assurée.

Ils sont dédiés à de grandes personnalités publiques : de Gaulle, Mitterrand, Kennedy, les présidents de la Ve République, la reine Elizabeth II, Charles III ; à des célébrités du cinéma : Brigitte Bardot, Romy Schneider, Mireille Darc, Sophie Marceau, Audrey Hepburn, Catherine Deneuve ; à des stars grand public : Johnny Hallyday (deux numéros) ou Michel Sardou ; aux couples de légende, tels Marilyn Monroe et Yves Montand ; à des événements internationaux : Roland-Garros avec Yannick Noah, les Bleus de Didier Deschamps ; le Festival de Cannes sous la conduite de Sharon Stone ; à la mode (Yves Saint Laurent, Dior, Chanel, Karl Lagerfeld), aux ambassadeurs de la gastronomie française (Guy Savoy, Alain Ducasse, etc.).

L'air de rien, ces quelque 4 800 pages constituent, là encore, une synthèse revisitée de la mémoire de *Match*. Et la ronde continue.

INTELLIGENCE ARTIFICIELLE

Le potentiel de ChatGPT [pour « Generative Pre-trained Transformer »] est énorme et il est probable que cette technologie révolutionne la manière dont nous communiquons et interagissons avec le monde qui nous entoure. À l'avenir, il est possible que ChatGPT puisse être utilisé pour aider à résoudre des problèmes complexes dans des domaines tels que la médecine, la finance, l'énergie et bien d'autres encore. Bien que l'intelligence artificielle soit encore largement considérée comme une technologie émergente, elle est en train de bouleverser la société dans de nombreux domaines. Les progrès réalisés dans le domaine de l'IA ont déjà permis des avancées majeures dans des domaines tels que la reconnaissance vocale, la vision par ordinateur et l'automatisation des processus de production. Dans l'avenir, il est probable que l'IA sera utilisée pour résoudre des problèmes plus complexes et pour aider à résoudre certains des plus grands défis auxquels la société est confrontée.

Question : Qui a écrit ces lignes ? Qui a rédigé cet extrait d'article censé exposer les vertus de l'intelligence artificielle ? Un rédacteur ? Un reporter ? Un « rewriter » ? Romain Clergeat, l'homme-clé de la rubrique « *Match* Avenir » s'en explique : « En quelques secondes, nous avons posé la même question à ChatGPT, avec des variantes et nous avons retenu sa version la plus sobre. »

L'énoncé posé était simple : « Écris un article pour expliquer au lecteur de *Paris Match*, comment tu as été créé, quelles sont tes capacités et de quelle manière tu vas bouleverser le monde du travail et plus globalement la société. »

Ainsi, c'est sous la signature même de ChatGPT qu'a été publiée dans le numéro du 22 mars 2023 la réponse ci-dessus. Une réponse composée en quelques secondes… Trois mois seulement après le lancement de la société OpenAI, créée par Sam Altman et désormais adossée au géant Microsoft, le modèle finalisé comptait déjà près de 175 milliards de paramètres et traitait 100 milliards de messages par jour.

Dès lors, c'est une avalanche : en images recomposées comme et textes, les nouveaux logiciels concurrencent les capacités humaines. Un mois plus tard (le 13 avril 2023), *Paris Match* reproduit un visuel créé par le logiciel Midjourney montrant Donald Trump paradant dans New York sous une floraison de bannières étoilées à la tête d'une innombrable foule. Il avait été immédiatement twitté par Eric Trump, le 4 avril, jour où son père était convoqué au tribunal de Manhattan… Tout est faux dans cette parade, donc.

À titre d'exemple, *Match* multiplie les visuels artificiels et trompeurs, ainsi que les exemples les plus édifiants dans ce reportage. L'écrivain Bernard Werber pose franchement la question : « Faut-il avoir peur de l'intelligence artificielle ? » C'est le grand défi d'aujourd'hui pour le monde où la frontière s'amenuise entre le cerveau et la machine, d'autant que Sam Altman, lui-même, tout habité par son invention, déchaînant les passions et faisant trembler les puissants, rêve d'une IA qui dépasserait les aptitudes cognitives de l'humanité. On peut déjà faire dire n'importe quoi à un faux Poutine, un faux Kim Jong-Un, un faux Ali Khamenei bien qu'ils ne soient pas, eux, à de faux prêches près ! Face à la déferlante non maîtrisée de l'IA – pourra-t-elle l'être ? –, les garde-fous sont encore impuissants.

Côté gravité, c'est l'inquiétude. Les services photos sont ciblés. Il faut sans cesse vérifier, remonter aux sources des documents, les valider, esquiver les pièges dont les plus grossiers se révèlent parfois être les plus subtils dans la forme. C'est un des gros chantiers ouverts par Jérôme Béglé (et ses équipes). Déjà très en pointe dans le domaine du numérique, il œuvre aux *Paris Match* d'aujourd'hui et de demain. Face à la standardisation niveleuse de l'IA – déjà en cours dans des romans express – faudra-t-il créer un label « certifié journaliste de *Paris Match* » ?

Si d'aucuns plaisantent à l'image inventée du couple royal Charles et Camilla vêtus en habits d'éboueurs, côté frivolité, on se réjouit de l'aubaine. Ainsi, quand *Playboy*, sort en kiosque en janvier 2024, le modèle nu, figurant à la une, n'était en rien une « *playmate* » traditionnelle, posant sous l'objectif d'un photographe... Mais une créature (ou création) totalement virtuelle, sortie des techniques de l'IA : « Au moins, sourit le directeur de l'édition française, co-auteur du *Guide de l'emmerdeur* (Filipacchi, 1991), un succès, il n'y a pas de droit à l'image... »

Face aux périls de l'ère nouvelle et à l'impact de ces technologies déroutantes, il est à noter, pour la petite histoire, que sous les 12 pages de photos de muses irréelles, les légendes en texte ont été rédigées en... dix secondes !

International

Autant *Match* doit beaucoup à *Life*, son grand frère et modèle aujourd'hui reconverti très tôt sur le Web, autant sa formule, dite « parisienne » (journal mixte, rose et noir, politique et people, etc.) a peu de chance de faire école ailleurs. La preuve en a été donnée trois fois : en Russie, au Japon, en Espagne. C'était l'idée de Gérald de Roquemaurel, président du groupe après que Daniel Filipacchi et Frank Ténot lui en eurent remis les clés au début de l'an 2000. Ce qu'il avait réussi avec la farandole des *Elle* à l'international, il escomptait bien en faire autant avec une déclinaison de *Paris Match*. Déjà, à la grande époque – il n'était pas encore président –, nous avions surfé sur la « perestroïka » naissante sous le sceau du président Mikhaïl Gorbatchev. C'était en novembre 1991. L'expérience fit long feu. Et pourtant, une solide ambassade du titre s'était déplacée à Moscou et à Saint-Pétersbourg.

Russie

Là, autour du maire, Anatoli Sobtchak et d'Andreï Gratchev, porte-parole du président (encore) soviétique, se pressaient Paul Quilès, ministre français de l'Équipement, Bernard Attali, patron d'Air France, Henri Martre, président d'Aérospatiale, Pierre Vaillaud, directeur général de Total et Jacques Lehn, directeur général d'Hachette. À l'initiative d'Europe 1 et Europe 2, le groupe avait créé des radios musicales. Elles émettaient 22 heures par jour, touchaient 12 millions d'auditeurs à Moscou et 2,5 millions à Saint-Pétersbourg.

La couverture rayonnante d'Isabelle Adjani encourageait la multiplication des toasts au champagne ou à la vodka, selon les goûts et l'étiquette.

Il en résulta un prototype de *Paris Match*, édité en russe, d'après une idée de Vladimir Fedorovski, co-fondateur d'Europe 2000, un « think tank » franco-russe.

Roger Thérond menait notre équipe où figurait Maryse et son mari le dessinateur de presse Georges Wolinski, récemment recruté par *Match* pour y croquer l'actu de la semaine. Nicolas et Dominique Sirkis, créateurs du groupe Indochine, dix ans plus tôt, étaient du voyage, portés par leurs succès rock et folk, dont un certain *Dizzidence politik,* à connotation locale (« Hôpital psychiatrik / Staliniste politik / Douche froide et mogadon »).

Toutes ces bonnes intentions atteindront leurs limites au bout des incessantes crises économiques et constitutionnelles qui sonneront le glas de l'Union soviétique, au profit de la Fédération de Russie.

Japon

Trois ans plus tard, récidive souriante au Japon. Il y aura deux numéros en langue japonaise : l'un avec Adjani (valeur sûre), habillée par Dior et baptisée « Reine de France », car elle incarnait la reine Margot présentée en majesté au Festival de Cannes. Il était adossé à *Elle Japon* ; l'autre avec le top model Claudia Schiffer, dans un déshabillé très audacieux étudié pour Versace, sous l'œil de Richard Avedon, maître de la photographie de charme chic.

Tirés à 250 000 exemplaires, ces numéros avaient, selon le mot de Bernard-Henri Lévy, venu épauler le lancement du titre à Tokyo, « construit une tête de pont entre nos deux cultures ». Le soir du dîner de gala, chez Taillevent-Robuchon, installé dans un château de style XVIIIe siècle, la culture de la presse japonaise révéla sa spécificité nipponne. Distribués par Hachette, les annonceurs attirés par un pays lui-même aimanté par le luxe ne manquaient pas à l'appel. Se pressaient en nos pages Lanvin, Van Cleef & Arpels, Yves Saint Laurent, Lancôme, Hermès et Cartier… Les deux premiers numéros présentaient une jolie vitrine de la production de la maison mère. On y trouvait aussi bien le Louvre, que l'exposition Monet, un sujet insolite sur Éric Cantona, footballeur et artiste (peintre) que *Les Guignols de l'Info* sur Canal+ caricaturaient en… Picasso ! Plusieurs pages déclinaient encore les photos satellites de spot vu du ciel, et, pour varier les plaisirs, des célébrités photographiées en liberté et des top models à volonté…

À travers *Paris Match*, les hommes d'affaires japonais démontraient leur goût prononcé pour la France, d'abord en amont, puis lors de la visite officielle à Paris de l'empereur Akihito et de l'impératrice Michiko. Au sommaire du numéro 2 apparut un cliché du déjeuner privé donné en l'honneur du couple impérial par le président Mitterrand ; en revanche, aucune photo de Mazarine, sa fille longtemps cachée, dont la révélation par *Match* avait fait grand bruit dans la foultitude des quotidiens nippons à fort tirage.

En dépit de l'attractivité des sujets choisis, le lectorat n'était pas préparé à la découverte d'un magazine mixte. Au pays du Soleil-Levant, les femmes ont leurs magazines (mode, beauté), les hommes les leurs (*news*, économie, sport). Pas question de changer d'habitude et de s'immiscer au cœur de la « *Japan way of… Life* » ! Hélas, donc, le « *Dômo Arigatô gozaïmasu* », formule rituelle de remerciement pour un accueil cérémonial, fit long feu…

La Trilatérale

Les années 2000 souriaient à Gérald de Roquemaurel. Installé dans le costume de président par Jean-Luc Lagardère, il avait déjà pris – en tant que secrétaire général, deux ou trois ans plus tôt – l'initiative d'une grande réunion du groupe, une fois par an. Il en résulta un raout intitulé : la Trilatérale. Une fois elle se tenait en Europe, une autre en Amérique (États-Unis, Québec où naquit une édition éphémère du titre), une troisième en Asie (Chine ou Japon). Deux cents cadres disséminés autour du monde bouclaient alors leurs attachés-cases, serviettes en cuir sombre et valise à roulettes pour les trois jours d'un congrès aussi studieux qu'exotique. S'y nouaient, il est vrai, quelques alliances entre titres de même parenté : le magazine de tourisme *Bon Voyage* (1999-2005), que j'avais créé, se trouva un cousinage inné avec l'américain *Travel Holiday* et l'espagnol *Deviajes*.

Paris Match *España*

Roquemaurel avait mûri l'idée d'engager *Paris Match* au jeu des 7 familles de la presse magazine internationale. Il en fit un modèle. Ainsi, sous la vénérable direction de Juan Cano, Madrilène bon teint et vice-président d'Hachette-Filipacchi en Espagne, *Paris Match* faillit donner naissance à un clone intitulé *Madrid Match*. Les Madrilènes tenaient à investir sur... le nom de Paris, ville encore phare à l'époque. C'est donc un authentique *Paris Match España*, tiré à 600 000 exemplaires (numéro 1) et s'appuyant sur une rédaction de 30 personnes, qui fut lancé dans un flot publicitaire spectaculaire. Des autobus revêtus des couleurs rouge et blanc du logo de *Paris Match* traversaient les grandes villes. Notre magazine s'exportait dans une atmosphère de *fiesta brava*, forts de sujets 100 % ibériques. Pour 300 pesetas (12 francs, avant l'euro), le grand public recevait une offre alternative aux *news* nationales, calquées sur l'américain *Time*, tels que *Cambio*, *Epoca*, *Tiempo*.

Si le magazine reposait bien sur des codes établis de longue date (un contenu varié) qui fit son succès en France, il se heurta au mode de consommation ibérique, très porté sur la famille royale, les petits secrets du palais de la Zarzuela, les aristocrates plus ou moins en cour, les footballeurs du Real Madrid (voire de Barcelone). Bref, outre les grandes expositions artistiques au Prado ou dans quelque fondation qui permettaient de multiplier des pages culture flatteuses à l'œil, le public attaché prioritairement aux célébrités (*la Gente*) défilant à perte de pages dans *Holà*, restaient d'abord fidèles à leur marque.

Le coup de pied de l'âne vint de la distribution. Envoyé par Gérald de Roquemaurel chaque jeudi soir (retour dimanche) pour superviser le bouclage de *Paris Match Espagne*, tout en dirigeant *Télé 7 jours* et même *Première*, j'eus l'idée d'endosser le rôle d'un inspecteur des ventes occasionnel. Armé d'un banal appareil photo, je sillonnai les principales artères de Madrid et, bien sûr, les dépôts de presse en gares, notamment ceux de la grouillante et populaire Atocha... Et là, consternation : *Match España* était mal distribué. Ou pas du tout. Voire carrément caché sous les étals des kiosquiers.

Le rapport fit son effet et me valut quelques réprimandes de la part du patron des ventes espagnol qui n'avait guère apprécié cette initiative de simple bon sens, révélant un dysfonctionnement majeur. Nous nous croisâmes sans un mot, presque sans un regard lors d'une très pluvieuse Feria de Séville. Jean-Luc Lagardère, venu aux nouvelles lors d'un séminaire du groupe, dut se faire une raison : le mal était fait, preuves en main. *Match Espagne* ne s'en remettra pas.

Belgique

L'une des plus belles fêtes organisées pour les 70 ans de *Paris Match*, en 2019, eut pour cadre le palais d'Egmont à Bruxelles, fief des Affaires étrangères : un cadre somptueux, une décoration flatteuse à l'œil, riche des reproductions géantes de nos couvertures, un dîner de gala prestigieux, des discours imagés truffés d'anecdotes.

Comme en Espagne, *Paris Match Belgique* (50 000 exemplaires par semaine) se montre très attaché aux aléas et avatars de la famille royale. Son acte de baptême a eu pour cadre la mise à mort des Twin Towers, le 11 septembre 2001, à New York.

Ce soir-là, Delphine, la fille naturelle du roi Albert, reconnue des années plus tard par son père – donc devenue princesse – était à ma table ; ou plutôt, civilité oblige, j'étais à la sienne. Une belle occasion, en tout cas, pour esquisser avec elle un prochain sujet. Il sera conduit par Marc Deriez, le rédacteur en chef, hôte émérite de la soirée…

Avec le fils d'Albert – qui abdiqua en 2013 – et de la sublime Paola, Philippe, septième roi des Belges, et la très moderne Mathilde, duchesse de Brabant, on est loin du règne compassé de Baudouin (quarante ans sur le trône). Son épouse, Dona Fabiola de Mora y Aragon, figure éminente du « renouveau charismatique », deviendra une icône universelle grâce à son action en faveur de multiples fondations caritatives.

Ainsi va *Paris Match Belgique* – édité en français – mais aussi distribué dans les Flandres.

Bien des sujets de l'édition française s'y retrouvent chaque semaine, surtout quand ils portent sur les reportages internationaux, mais la famille royale de Belgique reste naturellement de sa prééminence.

Paris Match testera aussi sa marque au Québec et en Afrique. Elle est toujours sous licence en Suisse.

Interview

Daniel Filipacchi était purement et simplement allergique à l'entretien de presse, rebaptisée « *interview* » à l'américaine. Expert jongleur en cet art premier, Thierry Ardisson, qu'il avait pris sous sa coupe, a fait école en presse écrite (« Descentes de police » dans *Rock & Folk*) et en télévision où il se classa en pionnier de l'impertinence maîtrisée. Aux plus grandes heures d'Europe 1, Jean-Pierre Elkabbach et Alain Duhamel – son alter ego de RTL –, parfois associés à la télévision, se partagèrent la palme de l'interviewer le plus perspicace. Le premier invita même François Mitterrand à se livrer lors d'une longue confession-vérité, au seuil de la mort.

Aux États-Unis, Larry King (CNN) battit un record en matière d'entretiens « les yeux dans les yeux » lors de « *talk-shows* », dont le mot « *show* » – à l'américaine forcément – souligne la part de spectacle dont il sortait plus en vedette que la plupart des 40 000 personnes qui ont garni l'interminable liste de ses invités…

En France, Guillaume Durand, d'abord, puis Jean-Jacques Bourdin (alias « l'homme libre ») et Pascal Praud (RTL hier, Europe 1 et CNews aujourd'hui) participent à la course en tête de la libre antenne.

À *Paris Match*, Dany Jucaud (côté people, hier) ou Laurence Ferrari (politique) marquent l'interview de leur griffe. Dany se montrait percutante face aux personnalités de tout rang. Au cours de ses années *Match*, elle nous livrera une douzaine d'entretiens drôles et piquants avec Catherine Deneuve, son amie et confidente. « La grande Catherine » signera un émouvant adieu au couturier Yves Saint Laurent, dont elle fut si longtemps l'égérie. À la demande de Muriel Beyer, l'éditrice de Dominique Tapie, Dany réalisera le grand entretien-vérité d'une femme « décavée ». *Match* avait fait sensation, un an plus tôt (numéro 3797), en révélant au public la situation surréaliste dans laquelle la veuve de Bernard Tapie s'était brutalement retrouvée, avec 642 millions d'euros de dettes à la clé. Titres de l'époque : « L'héritage Tapie, sa femme ruinée », « Pourquoi il ne l'a pas protégée ». Une enquête à plume élancée, menée et rédigée par Sophie des Déserts.

Observant Sylvie Vartan – qu'elle fréquentait lors de leurs années passées à Los Angeles – en train de feuilleter le livre album de Johnny, *Ma vie Rock'n'Roll* (Fixot, 1994), Dany lui arrachera cette confession : « On n'oublie jamais son premier grand amour. Johnny est un être déchiré, beaucoup plus tendre qu'on le croit. Je l'aimerai toute ma vie. »

Comme Johnny et Sylvie, le couple que France Gall a formé avec Michel Berger est entré dans la constellation de la Starmania. Douée pour le bonheur, France Gall est brisée par la mort brutale de Berger et celle, si douloureuse, de leur fille, Pauline, en 1997. « Putain de vie ! », s'exclama-t-elle au-delà du chagrin.

Dany l'avait retrouvée au Sénégal. Posant ses bagages dans sa maison campée sur une petite île au large de Dakar, Dany se lâche avec sa franchise de ton bien connue : « France, il faut que j'écrive sur toi. Je n'y arrive pas. Aide-moi.

— Tu n'as qu'à écrire : “France Gall est morte ce matin et la France entière a du chagrin !” Ce n'est pas compliqué.

Elle éclate de rire.

— Si, c'est compliqué. Compliqué et irréel de parler de toi au passé. »

L'auteure de la comédie musicale *Résiste*, minée par la maladie, s'éteindra en janvier 2018. Elle avait 70 ans.

De sa vie américaine, où elle passa de nombreuses années, y partageant, sur les hauteurs de West Hollywood, celle du romancier Pierre Rey, Dany accueillit chez elle une pléiade de stars : de Kirk Douglas à Sean Connery ; puis lors de son époque new-yorkaise, Dany Jucaud rencontra « le Tout-People ».

Elle obtint de Sharon Stone, dont le sex-symbol explosa en 1992 dans le film *Basic Instinct* et qui fréquenta sa maison de Los Angeles, ce jugement radical (au second degré, bien sûr) sur les hommes : « J'ai toujours dit qu'il fallait qu'un homme ait des couilles de la taille du New Jersey pour vivre avec moi, car je suis infernale. »

Sous sa plume et avec l'amicale contribution d'Aurélie Raya, autre personnalité, 20 ans durant, de *Match*, Dany publie : *J'avais une maison à Los Angeles* (Stock, mai 2024).

« Uncle Dan »

Le plus allergique au rôle d'interviewé était donc le grand patron de *Paris Match* : Daniel Filipacchi lui-même.

Grand amateur de Marcel Aymé, dont il appréciait la manière caustique de croquer « la petite bourgeoisie parigote », les intellectuels germanopratins et les snobinards, Daniel avait fait sienne une maxime du maître de celui-ci, Octave Mirbeau : « Je n'aime pas les interviewers. Ils sont souvent forts avec les faibles, faibles avec les forts. » Aussi les entretiens avec Daniel Filipacchi, se comptent-ils à peu près sur les doigts de la main ; au maximum les deux.

N'étant pas à une contradiction près, « Uncle Dan » ne trouva rien de mieux, en 1992, que de créer un magazine iconoclaste composé à 100 % d'extraits d'entretiens et de propos recueillis sur le vif, tout bonnement baptisé *Interview*, devenu *Entrevue.*

En confiant la direction à Thierry Ardisson, expert mordant, c'est à lui qu'il accepta de se confier plutôt qu'aux professionnels de la profession dont il n'avait que faire et qui le sollicitaient en vain… Il fit même coup double en imposant à CB News, l'hebdo des publicitaires branchés, une interview insolite à deux voix avec Ardisson, façon duo sur papier glacé.

Elle était menée par Christian Blachas, le patron de l'hebdo, animateur sur M6 et chanteur de rock à ses heures perdues.

Ardisson venait d'arrêter de publier son *Écho des Savanes*, après un numéro titré : « Monaco-Mona-cul-Mona-fric » qui avait défrisé le Rocher. Mais la vraie raison était purement économique. Aussi, Daniel estime-t-il devoir préciser : « Cette fois il met de l'argent. Il agit comme partenaire industriel et financier. Si on fait une connerie, on est deux à l'assumer. »

Thierry en profite pour lever le voile sur « le système Filipacchi » que tant d'augures aux aguets (en vain toujours) aimeraient percer : « C'est ça la philosophie Filipacchi. Elle part du principe qu'il faut, dès le départ, se donner les moyens d'entreprendre. Si l'on a épuisé tout l'argent, on arrête. C'est simple... et sain. Il n'y a aucune raison de s'endetter pendant cinquante ans pour équilibrer un journal. »

Le premier numéro (juillet-août) consacré à la pop-star Madonna, plus provocatrice que jamais (sexe et religion à la clé), est un succès (252 000 exemplaires vendus). Trois mois plus tard, l'éditeur communique un taux de 5 % d'invendus seulement à Paris et annonce pouvoir augmenter son tirage.

De cette courte interview commune, beaucoup retiennent « la méthode Daniel » qui a fait le succès de *Paris Match* et de son empire de presse. Elle se termine en confiance ; ce que Daniel dénie à nombre d'interviewers à démarche insidieuse et sur une boutade... Question de Blachas : « Voyez-vous votre collaboration avec Ardisson s'étendre ?

— Vous voulez dire qu'il risque de racheter Hachette un jour ? Pourquoi pas ? Bill Cosby veut bien racheter NBC ! »

Entre Thierry Ardisson (« votre petit chouchou », disait de lui Claude Acaeï, l'assistante de Daniel) et Filipacchi, la connivence ne datait pas de cette sortie remarquée. Déjà en 1979, l'équipe du journal *Façade* (à parution éphémère) avait débarqué en force au bureau de Daniel, Thierry en tête. Ceux qui s'interrogeaient sur les débuts et, notamment, le financement de *Salut les copains* en eurent pour leur argent... « Nous avons mis, Frank [Ténot] et moi notre argent personnel. J'avais 5 millions et lui 2,7. Ni

Jean Prouvost (*Paris Match*), ni Sylvain Floirat (Europe 1) ne croyaient à l'affaire [...].

— Et *Paris Match* ?

— *Match*, c'est à moi et je sais ce que je veux en faire ! »

Des interviews notables de Daniel, deux l'ont été pour *Paris Match*. L'une à Olivier Royant, en 2014, où il revenait beaucoup sur ses débuts, notamment à propos d'un cliché de Jean Genet, poète iconoclaste, qu'il avait cadré derrière des verres à pied figurant les barreaux d'une prison.

Daniel se targuait d'être l'un des premiers paparazzi en France, avant même que le cinéaste Federico Fellini n'impose l'appellation à travers *La Dolce Vita*. Il confessa à Royant une grande timidité. Ainsi rangea-t-il son Rolleiflex quand l'équipe de *Paris Match* débusque Louis-Ferdinand Céline, dans son noir exil d'après-guerre au Danemark. Malin, il échange le refus de l'écrivain maudit de poser devant son appareil contre une lettre autographe, le dédouanant auprès de sa rédaction en chef...

Il lui avoue aussi, comment, à la veille de la mort du maréchal Pétain, à l'île d'Yeu, à l'été 1951, il soudoya un gardien de la Citadelle, à Port-Joinville, en lui passant discrètement un petit « Minox », appareil de poche. Vaine astuce. Le gardien s'empressa de vendre ses photos aux Américains de *Life*. Enfin, bien avant de lancer *Lui*, le magazine de charme au slogan ingénieux (« Moi, je suis dans *Lui* et j'aime ça »), il fit de déroutantes armes à *Marie Claire* (propriété de Jean Prouvost) et fut vite rappelé à l'ordre par Hervé Mille, le patron : « Arrêtez d'imaginer les modèles à poil. C'est de la mode que nous faisons ici ! »

Autre regret de Daniel : « Pour être un grand photographe (son modèle était Man Ray, pour son œuvre picturale), j'aurais dû suivre les conseils de Roger [Thérond] : aller au Louvre afin de m'inspirer des cadrages et de la lumière des grands peintres. »

Daniel ne sera ni Youssuf Karsch (le portraitiste) ni Man Ray l'artiste, inventeur des « rayogrammes » avec qui il déjeunait souvent dans un restaurant de l'Odéon, ni Walter Carone, ni Willy Rizzo, ni Izis, ses pairs de la première heure, ni le roi des paparazzi dont il fut l'un des précurseurs, mais un véritable entrepreneur de presse.

Petits secrets

Adepte du surréalisme, c'est en invité pointilliste que Daniel se livre par microtouches. Il fixera encore un rendez-vous du genre à Gilles Martin-Chauffier, pour *Paris Match* et à Alain Kruger, autre compagnon de route, ou plutôt de groupe.

Plus insolite, à la sortie de *Ceci n'est pas une autobiographie*, ses Mémoires décalés, il recevra *Le Monde* en 2012, grâce à Yann Plougastel, critique musical qu'il appréciait. Daniel s'était brisé deux vertèbres. L'entretien avec « un des hommes les plus secrets et caustiques de la presse internationale », écrit Plougastel se déroula sur un immense divan trônant dans une pièce aux murs ornés de Magritte, Chirico (qu'il fréquentait à Rome), Miró.

Elle est d'une grande richesse et fait mentir celui qui, sourire méditatif aux lèvres, regard protégé derrière ses Ray-Ban fumées, chemise rayée barrée d'une grosse cravate fantaisie, accueillit une journaliste américaine (Carolyn Pfaff, de *Focus*) par ces mots : « On me dit secret et réservé. C'est vrai, car je me méfie de la presse française qui ne reproduit pas fidèlement mes propos. Votre magazine étant américain. J'ai décidé de me livrer en confiance. » C'était en 1983. Daniel venait de racheter *Look*, le rival historique de *Life*, le modèle de *Paris Match*.

Posant devant l'œuvre géante hyper réaliste d'une femme en bikini, les fesses agrémentées de lingerie – une photo signée de John Kacere dont Daniel fréquentait l'atelier dans Soho – il délivra, en toute liberté, le panorama de son groupe et des projets partagés avec Jean-Luc Lagardère (Hachette).

Tout en répondant aux questions, il signa près de trois cents documents débordant d'épais parapheurs. C'est alors que Frank Ténot passa la tête : « Il est 19 heures, Daniel, et ce soir *King Creole*, avec Elvis Presley, passe à la télé. » L'annonce surréaliste en un tel lieu et avec un tel interlocuteur sonnait subtilement le mot « fin ». Sur cette seule apparition de Frank, en forme de clin d'œil, la journaliste replia sagement son carnet de notes. On la raccompagna avec élégance à travers un couloir garni de toiles aux scènes cauchemardesques sorties de l'imaginaire agité d'un certain Guy Johnson et les peintures d'un érotisme assumé de Kacere. En quelques saillies maîtrisées de sa part, un mot de passe (« Elvis ») opportuniste de Frank Ténot et les œuvres de photoréalistes admirés, Carolyn Pfaff, observatrice pour *Focus* (le titre du journal parlait pour elle) savait tout des petits secrets du patron *frenchy* le plus rock'n'roll d'Amérique !

Le Japonais cannibale

« Vol et recel de vol. » Sous cette lourde accusation, Jean Durieux, figure de base du département scoop, se retrouve emprisonné à la prison de Fresnes. Arrêté, inculpé, écroué. On est le 19 janvier 1984. Le reproche ? La publication par le magazine *Photo* (groupe Filipacchi), en décembre 1983, des clichés du cadavre partiel de Renée Hartevelt, 25 ans, une étudiante néerlandaise, victime du « Japonais cannibale », Isseï Sagawa. Un assassinat particulièrement cruel, perpétré 30 mois plus tôt, chez lui, dans un studio à Paris.

Sagawa, depuis interné à l'hôpital psychiatrique de Villejuif, n'avait rien trouvé de mieux que de découper une partie du corps de celle qu'il fantasmait en « amoureuse », d'en garnir son réfrigérateur et d'en dévorer une partie !

Dès la parution de *Photo*, livré en dépôts de presse sous un emballage fermé en plastique, le parquet de Paris ouvre une enquête contre X pour « violation du secret professionnel » et, plus infamant, pour « vol et recel de vol ».

Le jour même, le magazine est retiré de la vente sur ordonnance en référé du président du tribunal de Paris. Au 63, avenue des Champs-Élysées, le bureau de Durieux est assailli par une escouade d'inspecteurs de police à longue figure. C'est vers lui, en effet, que convergent les regards glacés des enquêteurs. Les liens amicaux et historiques tissés entre *Photo* et *Paris Match* renforcent, selon eux, l'accusation de recel, via l'hebdomadaire.

L'affaire prend aussitôt des proportions politiques majeures. Charles Pasqua, au nom du RPR, président de la commission spéciale au Sénat sur la liberté de la presse, manifeste son indignation : « Il est sans précédent qu'un journaliste se voit sanctionner dans l'exercice de sa profession, sous le prétexte qu'il refuse de dévoiler les sources de son information. »

Alain Madelin (UDF) fustige « le pouvoir qui porte de nouveaux coups à la liberté d'informer ».

Lors du « Club de la Presse » sur Europe 1, Simone Veil, ancienne présidente du Parlement européen, met le curseur sur la grande faille du dossier : « Les journalistes doivent pouvoir publier sans avoir à révéler leurs sources, quitte à ce que par ailleurs on recherche ces sources. En l'espèce, on poursuit un journaliste, alors que c'est dans la police qu'il faudrait rechercher qui a donné les documents. »

Elle insiste à voix posée sur le fait que « l'arrestation de Monsieur Durieux est un détournement de l'utilisation de la détention préventive que j'estime inadmissible ».

En réplique, les Associations de juges d'instruction marquent leur courroux en concoctant une poignée de communiqués sur fond d'autodéfense.

En attendant, Durieux, 53 ans, est le seul inculpé... Et l'unique incarcéré. La Chambre d'accusation lui reproche de s'être procuré les clichés du corps dépecé et mutilé de l'étudiante, tirés de négatifs des services de l'identité judiciaire ; ce qui, en fait, rejoint directement la piste ouverte par Simone Veil.

En effet, si ces négatifs ont bien été conservés dans les archives de ladite identité judiciaire, il a donc fallu les faire sortir des archives pour être utilisés à l'extérieur, ou que des tirages aient été exécutés dans les laboratoires même de la police.

Le juge Grellier, au profil austère, mène l'instruction. Pour le parquet, cependant, la complicité de certains fonctionnaires apparaît évidente. Prompt à ne pas soulever le voile de la complaisance officielle, celui-ci se contente donc de demander simplement la mise sous contrôle judiciaire de l'inculpé ; mais le juge d'instruction, peu sensible à cet imbroglio de coulisses, tenait à faire un exemple. Pour lui, la mise en détention provisoire du journaliste s'impose.

À *Paris Match*, Roger Thérond rétorque sobrement : « Monsieur Durieux a fait son métier. Son devoir est de réunir des informations et des images. Il a, de plus, celui de n'indiquer ses sources ni à l'intérieur de notre propre maison, ni bien entendu, à l'extérieur. »

Et de conclure, sans prendre de gants : « S'il y a eu des fuites dans les services de police, eh bien, que la police fasse sa propre police ! »

Six jours après l'incarcération, la cour d'appel s'apprête à rendre son arrêt sur la demande de mise en liberté de Durieux. À cette annonce, Thérond s'empare d'une épreuve de papier à gabarit (ce qu'utilisaient les maquettistes, avant l'arrivée des ordinateurs) dans le bureau de Guy Trillat, le directeur artistique. D'une pointe de stylo à bille bleue, il rédige, sur-le-champ, un début d'édito – ce billet du directeur est rarissime à *Paris Match*, intitulé « L'affaire Durieux ». Il écrit, raye, barre, biffe, et me tend le texte. Je le lui relis à voix haute afin de vérifier le rythme des mots. Cela donne enfin :

Paris Match, qui a refusé de publier les photos « choquantes » du japonais criminel, se trouve au cœur de la tourmente déclenchée en France par l'incroyable incarcération à Fresnes d'un de ses rédacteurs en chef, parce que celui-ci a détenu ces images et n'a pas voulu en donner les sources. À l'heure où nous bouclons ce numéro, le journaliste est toujours incarcéré. S'il l'était encore à la parution du journal, cela prouverait bien que le paysage français s'obscurcit lugubrement et que la nuit tombe sur nos libertés [...] L'affaire Durieux soulève aussi le grave problème de la détention abusive d'un inculpé.

Se repliant dans son bureau, il demande une feuille blanche à Christine Terneau, son assistante ; celle pour qui la formule : « Dans *secrétaire*, il y a *secret* et *se taire* » semble avoir été inventée… Il poursuit alors sa démonstration en spéculant sur les deux cas de figure devant lesquels la cour d'appel va trancher :

1/ La chambre d'accusation qui se réunit mardi à 14 heures libère Jean. Auquel cas, il sortirait de Fresnes en fin d'après-midi où nous pourrions aller le chercher.

2/ La chambre d'accusation recommande d'attendre le lendemain, mercredi, où le juge Grellier a convoqué Jean pour 16 heures. S'il prend la décision de le libérer, Jean sortira dans la soirée de mercredi, à Fresnes, donc, où aura lieu la levée d'écrou. Je me refuse à envisager une autre hypothèse.

Et il signe le manuscrit d'une forte griffe qui fait foi : RTh.

Mardi soir, fin de bouclage. La nouvelle de la libération de Durieux nous atteint lors de la conférence rituelle qui amorce le numéro suivant. La rédaction en chef, au complet, se précipite à Fresnes.

Il fait un froid glacial. Tard en soirée, Durieux apparaît sous une lumière glabre. Sortant de leur voiture, Daniel Filipacchi et Frank Ténot se mêlent à la horde des reporters : « Ça fait plaisir de retrouver un copain ! », s'exclame Daniel derrière sa lourde écharpe. Ce salut très « *Sixties* » (on ne refait pas Filipacchi !), arrache des rires contagieux à l'équipée confraternelle. Sur la lancée, tous envahissent *Les Agapes*, un « bistro à flics », calé dans une ruelle, derrière le 36, quai des Orfèvres.

Durieux y avait son rond de serviette. Ses informateurs... aussi !

JAZZ MAGAZINE

« Une des plus excitantes expériences de ma vie », confesse Daniel Filipacchi, à la parution du monumental livre album (500 pages) consacré à l'histoire exhaustive de *Jazz Magazine*, dont le premier des 483 numéros parut en décembre 1954.

Il le dit à Jean-Louis Ginibre, jazzman lui aussi, qui sera le patron éditorial de ses journaux installés et développés à travers les États-Unis (voir à la lettre A à l'entrée « Adresses » et l'inter N pour « New York »).

C'est à la mort du saxophoniste Charlie Parker – au numéro 5 – que Daniel prend la revue en main

Sous le titre « Bird of Paradise », *Jazz Magazine* écrit : « L'oiseau est tombé, foudroyé, des sommets qu'il avait su atteindre et, plus jamais, ses ailes ne s'ouvriront pour un nouvel envol. Son cœur, qui avait si souvent touché le nôtre, a brusquement cessé de battre, le samedi 12 mars, à New York. Il s'est éteint à l'âge de 35 ans. »

Et c'est quand le jazz moderne connaît son premier deuil historique que Daniel, familier du Hot Club de France, rue Chaptal, déboula au micro d'Europe n° 1, une radio périphérique privée naissante. Elle émettait depuis le 1er janvier 1955 (à 6 heures 30 du matin), mais ses programmes avaient été interrompus par les autorités. Elle les reprendra le 3 avril (sur 1 647 grandes ondes).

Trois semaines après la mort de Charlie Parker, Lucien Morisse, promu patron des programmes, familier lui aussi de l'antre de la rue Chaptal, se trouvait étonnamment démuni des disques du maître du saxo. Son seul recours : Daniel Filipacchi, très largement approvisionné en 78 tours depuis les États-Unis et l'Angleterre. Ce fut la première et salutaire approche du micro pour Daniel, qui y prit goût, prémices de l'émission qu'il conduira bientôt avec Frank Ténot, un passionné de jazz lui aussi, par ailleurs ingénieur à l'énergie atomique… Mais avant de former ce duo gagnant, Maurice Siegel, adepte de jazz hot, n'avait rien trouvé de plus madré que de lui mettre Frank dans les pattes.

Face à cette manœuvre déloyale de patron machiavélique, Daniel et Frank firent de « La Belle Ferronnière » – le QG des journalistes de *Paris Match* – le terrain de leur *pax professionalis* !

Devant un Coca-Cola pour l'un, un verre de Bordeaux pour l'autre, ils y passèrent une sorte de serment « à la vie à la mort » et ne regrettèrent jamais ce pacte d'associés.

Daniel et Frank quittèrent ensemble le vieillissant *Jazz Hot* pour le tout jeunot *Jazz Magazine*, dit « *Jazz Mag* ». Daniel s'y illustra en inventant le concept des « *Blinfold Tests* », que Thierry Ardisson, en version « pop music », reprendra des années plus tard dans « Lunettes noires pour nuits blanches » à la télévision…

De cette époque flamboyante, Daniel confia à Jean-Louis Ginibre : « Ma jeune expérience de journaliste venait de *Paris Match* et de beaucoup de journaux avant. J'avais travaillé à *Samedi Soir*, j'avais fait la mise en pages du *Hérisson*. J'avais même fait du quotidien. J'ai commencé en écrivant des textes. Quand je partais en reportage, j'eus l'idée d'emporter un appareil photo. C'est ainsi que je suis devenu photographe. Plus tard, j'ai dû quitter *Match* et *Marie Claire* pour me consacrer entièrement à mes émissions de radio et à mes nouveaux magazines (*Pour ceux qui aiment le jazz* et *Salut les copains*). »

On connaît la suite providentielle. Et, pour *Match*, le retour en vrais boss de la paire magique (1976).

Frank Ténot confirmera la belle *story* à Philippe Carles, rédacteur en chef de *Jazz Mag* : « Pour Daniel et moi, ce journal a joué le rôle de prototype, ou plutôt de terrain d'initiation. Une rédaction, des imprimeurs, des achats de papier, etc. C'est en le faisant que nous avons appris notre métier. Si nous avons pu concevoir et fabriquer *Salut les copains*, ce fut grâce à *Jazz Magazine*. »

Paris Match n'avait plus qu'à attendre son heure.

Jérusalem

Sur une énigmatique indiscrétion du magazine *Marianne*, alors dirigé par Jean-François Kahn, le nom de l'éditeur, Bernard Fixot, a couru parmi les candidats potentiels à la reprise de *Paris Match*. Roger Thérond, au seuil de l'an 2000, réfléchissait à passer la main.

Outre le sien, celui d'Alain Genestar, directeur de la rédaction du *Journal du dimanche* et le mien (rédacteur en chef dans le sillage de Roger) roulaient sous la plume des échotiers de presse. Info ou intox ? Pour incongrue qu'apparut la nouvelle – et bien que l'éditeur à succès s'en défendît mollement – elle n'était pas non plus sortie par hasard du chapeau…

Costume trois pièces, cravate club et montre à gousset à l'ancienne, Bernard Fixot ne régnait pas encore sur le bureau penthouse perché au 49ᵉ étage de la tour Montparnasse. Sa maison d'édition (XO) occupait celui d'un bel hôtel particulier de la rue Pierre-Charron, quasiment sous les fenêtres de *Match*.

Le soir venu, à plus d'heure, il campait souvent à la maquette de *Paris Match* où Guy Trillat, sur son temps libre d'après-bouclage, façonnait la mise en page de la collection « Grands Écrivains » créée en coédition avec le groupe Filipacchi et *Paris Match*, sous la baguette de Roger Thérond. Les ouvrages, publiés sous blister, contenaient un roman et, version fascicule, la vie illustrée de l'auteur.

Soutenu par l'Académie Goncourt, convaincue que le circuit presse pouvait toucher le très grand public, il en publia 100 numéros atteignant un record de vente de 10 millions d'exemplaires en deux ans dans les points de presse. Le reste est évidemment littérature…

Une de ses recettes consistait à monter des opérations promotionnelles d'envergure. Ainsi, pour le lancement de *La Pierre de lumière* (XO, 2000), de Christian Jacq, plongeant le lecteur dans une cité interdite de Haute-Égypte, il convia une centaine de journalistes internationaux à un séjour de trois jours à Louxor. Du jamais-vu de la part d'un éditeur français. *Paris Match* était toujours du voyage.

Il en ressortait des cahiers magazine très illustrés montés sur 16 pages par l'équipe de Guy Trillat, légendés par la rédaction.

À l'occasion de la parution du livre de Marek Halter *Les Mystères de Jérusalem* (Robert Laffont, 1999), il organisa un voyage à la carte pour le groupe. Direction Jérusalem, Bethléem, Jéricho et les eaux salées de la mer Morte à Qumrân, mais aussi le mur des Lamentations, la mosquée Al-Aqsa et le Saint-Sépulcre…

Le général Sharon, alors Premier ministre d'Israël, se déplaça à la rencontre de ses hôtes à l'hôtel King David aux lourdes pierres d'un beige doré, si caractéristique de la Terre sainte. Luc Ferry, futur ministre de l'Éducation nationale, était là. Avec lui, Jacques Duquesne, président du conseil de surveillance de *L'Express*, Jean-Claude Lamy, écrivain et journaliste au *Figaro*, Marie-Claire Pauwels, directrice de *Madame Figaro* et Georges-Marc Benamou, directeur de *L'Événement*. Enfin, pour nos couleurs, Anne-Marie Périer, patronne de *Elle*, Roger Thérond (avec Astrid, son épouse), Alain Genestar (la sienne) et… moi, idem.

La visite nous conduisit à l'inexpugnable plateau de Massada, flanqué d'abruptes falaises qui culminent face au désert de Judée. Nous étions subjugués par ce plateau fortifié en forme de losange, théâtre de l'irréductible grande révolte contre les Romains (an 66), une insoumission menée jusqu'au sacrifice.

Silencieusement, nous embrasions à l'œil nu les vestiges d'un des huit camps romains sis sur le versant ouest qui avaient assiégé Massada. Loin de toute mythologie sacrée, Fixot invoqua, soudain, l'impératif besoin de fixer une photo de groupe. Il insista pour se placer entre Roger Thérond, Alain Genestar et moi, dans un jeu d'image qui, alors, aurait laissé coi plus d'un pronostiqueur de presse…

JOHNNY

Hallyday

Sa carrière signe à elle seule un livre des records. Il compte 1 000 chansons à son répertoire, a vendu 110 millions d'albums dans le monde dont 70 millions en France, affiche un palmarès de 42 disques d'or, 25 de platine, 5 de diamant…

Il a entrepris 190 tournées, tenu 3 285 galas en France, dont 101 sur la scène de Bercy, 144 au Palais des Sports, 266 à l'Olympia, salle mythique. Et a dominé neuf grands soirs au Stade de France.

Enfin, s'il a partagé 540 duos avec 180 artistes différents, dont Sylvie Vartan avec qui il a interprété 80 titres, il a tourné dans 36 films et justifié 2 500 couvertures de magazine en cinquante-sept ans…

Et justement, c'est lui qui détient le record des couvertures de *Paris Match* (85 à ce jour, femmes et filles adoptées comprises).

En 2019, déjà, deux ans après sa disparition, le premier numéro hors-série de la collection « À la Une » de *Paris Match* lui rendit hommage. Bouclant la parution sur un tableau nostalgique, nous invitions le lecteur à faire « Le Tour de Johnny en 80 unes ».

Comme elle est touchante, la première photo. Elle remonte au 21 juillet 1962. À l'occasion de sa première tournée d'été qui le verra prendre à bras-le-corps la scène de 43 villes françaises.

Il n'a que 19 ans. Loin du blouson de cuir à la Marlon Brando, de la dégaine féline d'Elvis Presley, du tee-shirt blanc façon James Dean – ses trois modèles –, « l'idole des jeunes » pose pour *Match* en veston, chemise azur boutonnée au col et fine cravate à pois, façon Hermès. Une gravure de mode. De quoi rassurer les parents de ses fans, affolés par les comptes-rendus de galas débridés où volent chaises et képis de policiers à pèlerine et bâtons blancs.

Neuf mois plus tard, Sylvie Vartan, blonde sensuelle du même âge (elle a un an de moins que lui) et chanteuse à répertoire « yéyé », gagne aussi la une. La raison ? On la clame « fiancée à Johnny ». Ils se marieront en 1965 dans la frénésie de Loconville, village tranquille de l'Oise, assiégé par leurs fidèles.

Si Johnny « alluma le feu » plus d'une fois dans les stades et même face à 400 000 fans rassemblés pour l'an 2000 au pied de la tour Eiffel, « à la fin du spectacle, j'en ai pleuré », avouera-t-il à Philippe Labro, il a aussi « mis le feu » aux couvertures de *Paris Match.* Au nombre de parutions, il éclipse rois, reines, princes, princesses, chefs d'État, stars de l'écran…

Bien des auteurs, auréolés de gloire littéraire, ont écrit sur lui dans *Match.* Philippe Labro, en tête, donc, qui lui composa (entre autres) « Mon Amérique à moi » ; un texte profond aux accents singuliers de l'acteur John Wayne psalmodiant : « *America, why I Love her...* » ; mais aussi l'académicien Daniel Rondeau, à la veille d'un album tout imprégné de « blues », au titre intime : *Le Cœur d'un homme.* C'était en 2007.

Trente ans plus tôt, Jean Cau avait croqué en Johnny un Phénix : « Il renaissait des cendres de Jean-Philippe ». Aussi, un autre académicien, François Weyergans, prix Goncourt 2005, aux racines franco-belges (comme Johnny), l'avait interviewé en 1999.

Enfin, Marc Lévy, l'auteur qui transforme chacun de ses ouvrages en livre d'or, naturellement très à l'aise sur le terrain d'un multiple disque d'or, le retrouva à Los Angeles à la veille d'une première tournée internationale (2012).

À *Paris Match*, nous avons été un certain nombre à le fréquenter assidûment, à l'accueillir au journal même, à écrire sur lui, à plume gaillarde. D'abord Georges Renou (un ex de *Salut les copains*) dans ses tendres années ; mais aussi Agathe Godard, Sabine Cayrol, Dany Jucaud, Katherine Pancol, Gisèle Galante… Plus tard, Gilles Lhote, invité à sa villa Lorada à Saint-Tropez, accompagnateur fidèle à Las Vegas et dans plusieurs Stade de France.

Entre deux divorces et liaisons éphémères, Johnny tomba raide dingue de la fille d'Olivia de Havilland, mythifiée par le rôle de Mélanie dans *Autant en emporte le vent*, tiré du roman de

Margaret Mitchell. J'étais là quand, porté par son élégance, à col cassé et pochette assortie, Pierre Galante, pilier des années Prouvost, vint annoncer la nouvelle à Roger Thérond : « Tu ne me croiras pas Roger, si je te dis avec qui Gisèle va se fiancer… – Qui donc Pierre ? – Johnny – Johnny ??? – Oui, Johnny Hallyday ! »

Hélas pour la promise – ils s'étaient connus lors d'un reportage en Irlande – qui posa pour deux couvertures dans ses bras (numéro 2002, du 9 octobre 1987 et 2014, 1er janvier 1988), le serment prononcé devant Olivia de Havilland, sous les yeux de notre journaliste, Henry-Jean Servat, dans un restaurant d'Aix-en-Provence, tourna court.

Johnny y avait pourtant mis les formes. Reposant son verre de Château-Clarke, un solide Médoc, il s'était cérémonieusement tourné vers Olivia et, tel un chevalier d'autrefois, s'était jeté aux genoux d'Olivia pour prononcer la formule rituelle à faire craquer toutes les mères : « Accepteriez-vous, Madame, de m'accorder la main de votre fille ? » Un cœur en diamants sauta aussitôt au cou de la douce Gisèle dont il habilla le doigt d'un solitaire ; ses cadeaux de fiançailles…

La date du mariage est fixée au 15 juin, jour de l'anniversaire de Johnny. Mais à l'heure de souffler ses 45 bougies, Johnny est à Los Angeles avec ses copains… Pas de « happy end » donc, pour Gisèle, comme pour un remake fatal d'*Autant en emporte le vent…*

Femmes, je vous aime

Ainsi Johnny pourrait-il endosser le titre à succès de Julien Clerc. Elles ont balisé sa vie, jalonné sa carrière, justifié tant de couvertures. En remontant le cours de ses amours, on les décompte ainsi :

Quatre couvertures de *Paris Match* avec Sylvie Vartan, entre 1975 et 1979. Sylvie lui donna un fils, David ;

Deux avec Babeth Étienne, en 1980 et 1981. Il l'épousa à Beverly Hills (Los Angeles) le temps d'une brève union ;

Sept avec Nathalie Baye, entre 1983 et 1985. La comédienne lui donna une fille, Laura.

Deux avec Gisèle Galante (1987 et 1988) ;

Deux avec Leah (1988 et 1989), mannequin canadien que lui a présenté son fils ;

Sept avec Adeline Blondieau, la fille de Long Chris, son copain historique. Il est vrai qu'ils se marieront deux fois ; la première à Ramatuelle en juillet 1990 ; la seconde, en 1994, à Las Vegas, sur un défi amical de leur copain Marc Francelet, auteur de l'autobiographie *L'Aventurier* (Le Cherche Midi, 2021). Deux mariages, deux divorces…

Une avec Karine, mannequin, muse du couturier Jean-Claude Jitrois ;

Vingt-deux avec Laeticia. Soit une par an, ou presque, pendant leurs vingt-quatre ans de vie commune…

Une avec Catherine Deneuve, publiée post-mortem.

Qu'en dire, sinon qu'elle avait pour but de lever le mystère autour d'une chanson mystérieuse : *Lady Lucille*. Le titre est attribué à la star iconique. Dans le livre qu'il a consacré à cette romance, alors supposée mais quasiment établie, Gilles Lhote remontera la piste aux cailloux blancs. Ceux qui jalonnent leur destinée.

Séduite par Vadim, à la fleur de ses 17 ans, Catherine éprouva comme une toquade pour Johnny sur le tournage des *Parisiennes*, une bluette pour ados des années 1960… Ce fut si flagrant que, dans ses mémoires, Vadim lui-même, amant et réalisateur, raconta qu'en plein tournage il décida de pimenter les scènes de tendresse.

À l'heure de fêter les 50 ans de Johnny, au Parc des Princes, en 1993, Deneuve confiera à Henry-Jean Servat pour *Match* : « C'est pour moi que Johnny a chanté *Retiens la nuit.* »

Pendant l'écriture de ses Mémoires : *Destroy* (Michel Lafon, 2000), Johnny chuchotera à Gilles Lhote : « Ce qu'elle a Catherine ? Elle a ce que les autres n'ont pas… » L'éditeur fera de cet aveu le bandeau de couverture du livre *Lady Lucille* (Seuil, 2020).

Toutes n'ont pas posé dans ses bras à la une de *Paris Match*. Mais au palmarès des couvertures dont, encore une fois il reste le recordman absolu, on note que plus de la moitié d'entre elles (48) est liée à la ronde des amours.

Le comble ? Il aura manqué celle de son mariage, en mars 1995, avec Laeticia Boudou. Les boucles à l'anglaise et le sourire intimidé de la jeune épousée, 21 ans – soit 31 de moins que son rocker au cœur tendre –, n'apparaîtront qu'en bandeau, en haut près du logo.

Après le serment de fidélité prononcé à Neuilly devant Nicolas Sarkozy, maire et le déjeuner scellé chez Le Duc, la table en vogue de Montparnasse réputée pour ses crustacés marinés aux épices de l'océan Indien, il y avait tout pour être heureux.

Mais… voici qu'en fin de bouclage, alors que Roger Thérond et son premier cercle supervisent les ultimes mises en page, Didier Rapaud (service photo), surgit sous notre nez, une dépêche d'agence à la main : « Claude Chirac vient d'accoucher : c'est un garçon ! » Thérond, lissant sa barbe, nous intime sans se retourner : « On change tout. Nous serons seuls avec Claude Chirac à la une. Laissons Johnny à *Gala* ! » Puis, se tournant directement vers moi : « Patrick, vous l'expliquerez à Johnny… »

L'expliquer à Johnny ! Un jour pareil ! La mission échoit finalement à Gilles Lhote. Il accompagne le chanteur à Toulouse. Il s'y produit le soir même, le soir de ses noces… Mais pas de téléphone portable à l'époque, et donc un impossible jeu de pistes à élucider. Les heures passent. La conférence de rédaction n'en finit pas. Intrigué d'être sans nouvelles, Gilles réussit à joindre Pierre Reynès, ultime vigie sur place avant l'envoi des sujets à l'imprimerie. Grâce à Pierre, Gilles parvient à m'atteindre. Très embarrassé et conscient de son impossible ambassade, je lui expose calmement le coup de théâtre du midi. Il part d'un rire sans fin dont il a le secret : « Tu déconnes mec, tu déconnes… » Hélas, non !

À minuit, cependant, prenant sur lui, il affronte « l'idole ». Qui fulmine et tempête. Mission remplie pour Gilles, non sans embruns.

À 3 heures, la sonnerie de mon téléphone déchire la nuit. Je décroche à tâtons, l'appareil tombe. J'entends : « C'est Johnny !

— Écoute !

— Rien : je n'ai rien à écouter. Salaud ! Tu m'as fait rater mon mariage. » Et il raccroche sur un enchaînement d'injures.

Trois ans plus tard, parodiant la devise de *Paris Match* côté texte (« Le poids des mots »), il enregistrera : *Le Poids de mes maux*.

Johnny était coutumier des réveils aux aurores. Ses premiers mots : « J'te dérange ? — Oh, non Johnny ! » (*Sic*). Même Roger Thérond, pour un sujet paru ou qui tardait à paraître dans la rubrique « Les Gens », eut droit à cette interpellation furibarde en plein sommeil. Astrid, son épouse peut en témoigner.

C'est ainsi que Gilles Lhote – à qui j'avais présenté Johnny lorsqu'il s'était réfugié chez Long Chris, après sa rupture avec

Nathalie Baye (à l'été 1985) – sera convoqué par Michel Sola. D'un ton sans réplique, le rédacteur en chef photos lui assénera une sorte d'ultimatum : « Vous voulez Johnny ? Alors gardez-le ! »

Bien lui en prit, car Gilles et Johnny multiplieront les sujets pour *Paris Match* et *Télé 7 jours* notamment.

En 1998, à l'occasion du numéro 2000 du premier hebdo de télévision (plus de deux millions d'exemplaires par semaine) Johnny arrivait en tête des couvertures (21). Il devançait… Michel Drucker pourtant indéboulonnable (19), puis la glamoureuse Jacqueline Huet, la plus hollywoodienne des téléspeakerines de la belle époque, regard lascif, sourire engageant, diction d'excellence.

« Le guerrier »

Entre Gilles Lhote et Johnny viendra le temps des livres. *Destroy* sera écrit à bord du *Only You*, le yacht qu'il avait affrété pour naviguer dans les Caraïbes, à partir de Miami, puis Cuba et jusqu'à New York. Ensemble, nous partagerons l'écriture joyeuse de *Ni Dieu, ni Diable* (Robert Laffont, 2018), puis de *Rallumer le feu* (Seuil, 2019), livres albums passionnés autour de sa vie rock'n'roll. Gilles écrira aussi *Johnny le Guerrier* (Robert Laffont, 2017) pour accompagner le dernier combat du rocker, dont il pensait, vu sa volonté, qu'il arriverait à le surmonter.

À *Paris Match*, tandis qu'un million de personnes l'accompagneront vers l'église de La Madeleine, où se tient un cérémonial amplifié – le président Emmanuel Macron prononcera l'éloge funèbre sur le parvis – par rapport aux obsèques d'Elvis Presley, à Memphis, le requiem paraîtra en deux temps.

Benjamin Locoge verra tomber sur les épaules de Johnny le dernier rideau de la tournée des Vieilles Canailles avec Eddy Mitchell et Jacques Dutronc. C'était à Carcassonne, cinq mois avant sa mort.

Caroline Mangez reconstituera « l'émouvant dernier dîner du jeudi » à Marnes-La-Coquette. Il s'était tenu le 30 novembre 2017. On était à cinq jours de l'adieu populaire et solennel à la fois.

Ses derniers mots pour les copains bikers (Pierre Billon, Claude Bouillon) feignaient encore l'optimisme : « Qu'est-ce qu'on va faire cette année ? » Il rêvait d'un nouveau raid à moto sur la Route 66 au départ de Santa Fé, ville lumière du Nouveau-Mexique : « On fera de belles photos. » Dans la nuit du 5 au 6 décembre, Johnny partira... Seul, à jamais !

La photo comptait beaucoup pour Johnny. Tony Frank, Benjamin Auger, Jean-Marie Périer l'ont accompagné depuis *Salut les copains*. Plus tard, Daniel Angeli, Dimitri Coste, Renaud Corlouër prendront de solides relèves.

Au printemps 2019, Monique Kouznetsov (agence H&K) monta une exposition artistique intitulée « Johnny Star » à Saint-Germain-des-Prés (galerie Mandarine). Là se sont vendus des tirages d'exception de Jim Arndt, Shelby Duncan, Sylvie Lancrenon et, bien sûr, d'André Rau. Ces grands formats couvraient 12 années de la vie californienne de Johnny et, bien sûr, la mythique route 66. Elles ont aujourd'hui une cote. Comme le numéro de *Paris Match*, daté du 8 au 15 décembre 2017. Là encore, le portrait en noir et blanc, pleine page, est signé André Rau.

Et le titre explose dans sa délicate sobriété graphique : « Johnny – 1943-2017 – Une vie ».

KENNEDY

« La jeunesse aux commandes en Amérique » : ainsi *Paris Match* titre-t-il la victoire de John Fitzgerald Kennedy (numéro 606, 19 novembre 1960) lorsque le fringant sénateur accède à la Maison-Blanche. Déjà Jackie, que la France apprendra à aimer et qui révèle les origines occitanes de sa famille – les Bouvier – de Pont-Saint-Esprit (Gard) s'offre en photo de couverture dans un sourire littéralement éclatant. Sur ses genoux, une petite fille blonde, Caroline.

Ce rayonnement répond à l'évolution d'une époque en rupture avec l'après-guerre qui met hors-jeu son cénacle de vénérables dirigeants portés aux affaires de trop longue date.

Le couple incarne à la fois le glamour qui sera la marque des années 1960 et une apparente mélodie du bonheur. Tandis que « Mamie » Eisenhower, l'ex-Première dame, s'estompe en coulisses, Jackie fait souffler un vent de modernité. Elle s'affiche à la française (numéro 634, daté du 3 juin 1961), telle une égérie de Givenchy ou de Chanel.

Le style Jackie fait grincer les dents des créateurs américains. Pour la grande soirée de gala donnée à l'Opéra royal de

Versailles, lors de la visite d'État des Kennedy en France, en juin 1961, elle porte un ensemble manteau et robe brodé de brins de muguet, de bleuets France et de roses.

Son apparition griffée par Hubert de Givenchy fera dire à de Gaulle : « Elle est comme une peinture de Watteau. » Au Général ébloui et toujours sous le charme, JFK (le monde avait appris à pianoter les initiales de John Fitzgerald Kennedy) ne peut que rétorquer : « Je suis l'homme qui accompagne Jackie Kennedy. »

Certes, le drame menace et, bien au-delà des supputations sur la vie de couple, ou l'avenir de leurs enfants, coqueluches des photographes dès leur plus jeune âge, la tragédie de Dallas, met un terme prématuré à l'idylle naissante entre le monde et le jeune président tombé sous les balles d'un tueur au passé trouble, Lee Harvey Oswald, ancien candidat à la nationalité soviétique. Arrêté, il sera abattu lors de son transfert à la prison du comté par un patron de boîte de nuit, Jack Ruby, râblé, gras, vulgaire, aux allures de proxénète campé dans un film noir.

Philippe Labro fut témoin de la scène. Seul journaliste français présent à Dallas au lendemain de l'assassinat filmé en direct par un cinéaste amateur – Abraham Zapruder. Les clichés tirés du film seront publiés par *Life* et par *Paris Match*. Labro, donc, était là. Il était déjà journaliste star à *France-Soir*, le quotidien dont Pierre Lazareff, sorti lui aussi de l'école Prouvost, avait porté le tirage au million d'exemplaires… par jour !

En mars 2020, Labro a décrit, en exclusivité, pour *Paris Match*, la ruée brutale, même – et surtout – entre confrères dans les locaux du quartier général de la Police où est enfermé l'assassin présumé. Plus de trois cents journalistes, caméras de télévision dans les pattes, guettent le tueur qui surgit entre des policiers à stetson sur la tête. Première constatation : on y rentre comme dans un moulin. Les flics, écrit-il, sont accommodants et sympathiques. Le « *Frenchie* » est le bienvenu. Même Ruby, le croisant, avant d'abattre Oswald, le saluera sous le chapeau mou à la Sinatra, d'un : « Français ? Ah, les Folies-Bergère ! »

Non sans modestie, Philippe Labro nous confiera :

« À peine ai-je appris qu'on avait "tiré sur le président", je me suis rué vers une voiture pour foncer vers New York. Tournant de vie. Les journalistes ont, paraît-il, de la chance. La mienne fut d'être présent, sur le sol américain, le 22 novembre 1963… »

Les choses sont moins simples, en effet, qu'il ne consent à le dire. Elle révèle en Labro la personnalité du journaliste d'instinct et du flair que l'on n'enseigne guère dans les écoles à formatage collectif plutôt qu'à formation individuelle.

À l'époque, Philippe a 27 ans. Fougue et jeunesse sont en lui. Il n'est pas aux États-Unis par hasard. Reporter tout-terrain mais déjà critique de cinéma, il a débarqué à Los Angeles en compagnie d'une poignée de confrères dont Pierre Galante et Nicolas de Rabaudy pour *Paris Match*, Jacques Jaubert du *Parisien* et Jacques Chancel de *Paris Jour*. Au menu : *It's a Mad Mad Mad World*, une comédie américaine classique, à visionner après la visite traditionnelle des studios de la Paramount ; puis ce sera la ballade dans Bel Air, suivie d'un shopping éclairé sur les collines de Beverly Hills, chantées alors par Fats Domino. Clou de l'expédition de presse VIP : l'émission de télévision de l'acteur déjanté Jerry Lewis, aux gesticulations loufoques (ne pas confondre avec le rocker Jerry Lee Lewis qui mettait le feu à son piano sur scène).

Serré dans son imperméable à la Humphrey Bogart, Labro était bien du périple, y compris pour assister à la niaiserie du film *It's a Mad Mad Mad World.*

Pour Nicolas de Rabaudy, qui me le conta de vive voix lors d'un dîner chez Taillevent (il était devenu critique gastronomique), ce qui était « fou, fou, fou, fou » c'était la disparition soudaine de Labro, aperçu pour la dernière fois à proximité du très mythique Beverly Hotel. Pas de Philippe à bord de l'avion du retour. Le mystère s'évapore entre deux bulles de champagne et le sourire d'accortes hôtesses. La joyeuse équipée débarque à Orly. Choc au pied de l'avion où s'étale à travers toute la une de *France-Soir* l'assassinat de Kennedy, éclipsant toutes les autres nouvelles. L'article est signé : Philippe Labro.

Dans son livre de souvenirs, sur ces « fabuleuses années », Rabaudy a l'honnêteté de raconter son retour, un rien penaud, au journal : « À Hollywood, tout s'est bien passé pour Galante et toi ? le questionne Roger Thérond, l'air grave et préoccupé… Le film de Kramer valait-il le voyage ? Avez-vous quelque chose à en tirer ?

— Rien, à l'exception d'un portrait de Jerry Lewis en pitre du petit écran.

— Écris un écho, Nicolas, douze lignes. Mais, au fait, Philippe Labro était avec vous ?

— Oui, Roger. Enfin il y était sans y être car on ne l'a vu que pour la première du film. C'est tout.

— Ah, il n'est pas revenu avec vous à Paris ?

— Non. Il a filé à Dallas.

— Oui, j'ai compris. C'est très bien joué. Cela s'appelle la baraka. Il en faut dans une vie de journaliste.

— Roger, dites-moi, j'aurais dû rester à Los Angeles ?

— Tu es reparti avec ton groupe. Que dire de plus ? Je t'avais envoyé pour le lancement du film, c'est bien ça ?

— Oui, mais le premier sur place, c'était lui.

— Ta chance viendra. Cultive-la. »

Fort de la leçon, Nicolas saura saisir sa « baraka ». De Jean Anouilh à John Wayne, qui l'embarquera sur son yacht *Wild Goose II*.

Au top 10 des couvertures

Amours, mystères et tragédies, de Jackie à Marilyn, de « Jack » à Onassis, de Robert à John-John, si proche d'Olivier Royant lors de ses années new-yorkaises, et mort au volant de son avion au-dessus de Cape Cod, les Kennedy entrent naturellement dans le top 10 des couvertures publiées depuis les années 1960.

Le 3 juin 1961 (numéro 634), Jackie Kennedy attire 1 637 915 acheteurs. Les obsèques de JFK (numéro 765, daté du 7 décembre 1963) en réuniront 1 801 880.

Trente ans plus tard (26 mai 1994), « L'Adieu à Jackie » (qui avait refait sa vie avec l'armateur Onassis) dans une période où la vente du plus grand magazine français, concurrence télé oblige, tournait alors autour du million d'exemplaires.

Kersauson, Olivier de

Sa carte d'identité annonce la couleur bleu horizon. Profession : navigateur. En faisant de lui un pilier des « Grosses têtes » son émission phare sur RTL, Philippe Bouvard, qui tenait aussi chronique pour *Paris Match*, claironna : « Sa conversation est pleine de sel. »

Le décrivant tandis qu'il se préparait pour la course La Rochelle – La Nouvelle-Orléans, il décrivit ainsi son œil bleu qui aimante tous les regards d'« un bleu pâle comme une porcelaine trop longtemps lavée à l'eau de mer… » Et d'enchaîner sur le caractère abrupt et granitique d'Olivier de Kersauson : « À l'entendre, son goût de la mer a pour origine le dégoût de tout le reste. Il ne lui déplaît pas qu'un Kersauson ait été présent à la première croisade. »

De son éducation chez les Jésuites et les frères maristes, ce Breton à feinte nonchalance originaire de Penn Ar Bed (le Finistère en breton), y gagna mieux qu'un latin de messe ; celui, nettement plus étoffé, qui lui permet de multiplier les exercices d'improvisation en véritable érudit, non dépourvu de sens théâtral : « On lance un mot dans son oreille, il en ressort par sa bouche, multiplié par mille. »

Aussi parle-t-il une bonne demi-douzaine de langues vivantes passe-partout, voire quasiment éradiquées (tel le breton), sans oublier l'idiome de Tahiti, où, de mer lasse, il a fini par jeter l'ancre six mois par an.

Quand il tâta du journalisme, ce fut à *Paris Match*, au rewriting dans les années 1970. Il n'oubliera jamais cette école de rigueur, de maîtrise et d'adresse linguistique au service d'une tonalité collective.

Son pair en écriture s'appelait Jean Noli, un copain de poche (par rapport à sa stature) et d'excellence qui avait sauté sur Suez avec les paras. Il maniait la plume en virtuose, donnant, comme par magie, la réplique au verbe naturel d'Olivier. Des affres bien connues de la page blanche, celui-ci était capable de déclamer d'une traite un imaginaire récit en alexandrin, d'où Jean, d'une écriture vive et nerveuse, glanait de quoi trousser le « chapô » de présentation des sujets du jour, aussi austères fussent-ils.

De ce compagnonnage de bureau naquirent bien des reportages. Quand, soulevé au rythme des marées intérieures – « Je vis avec un bateau dans la tête » – Olivier embarqua pour de bon, Noli prit naturellement son sillage. Ainsi les retrouva-t-on, l'un à la barre, l'autre sur les quais, entre Londres et Sidney ; l'un pour battre le record de la traversée (aller-retour) l'autre pour conter la légende du trimaran *Kriter II*, lancé sur les traces des clippers d'antan.

On était en novembre 1975. À mille lieues (ou plutôt milles nautiques) des soirées de bouclage à la petite semaine au rewriting de *Paris Match*, Olivier avait surtout un solide bagage de navigateur. Il avait déjà passé dix ans sur l'océan dans l'ombre d'Éric Tabarly, son modèle (couverture de *Paris Match* après Sydney-Hobart, en 1968). Et voici qu'à son tour, il devenait seul maître à bord.

Battu par *Great Britain* au terme de 67 jours et 13 695 milles nautiques, retardé après avoir heurté un cachalot, il remporta le défi en temps compensé, au grand dam des « bookilomètresakers » anglais qui avaient fixé sa cote à... 29 contre 1 !

L'année suivante, il perdra son gouvernail, improvisera un gréement de fortune pour gagner Sydney, ne donnant pas de nouvelle et pour cause : la radio de bord étant tombée en panne... La mort dans l'âme, Olivier dut se résoudre à faire tirer la fusée rouge de détresse.

Dans l'épique, il y aura encore le naufrage de *Kriter IV*, en 1979, un an après la disparition d'Alain Colas à bord de *Manureva*. Perdus pour perdus par des creux de six mètres, Olivier et ses équipiers luttèrent vingt heures durant contre la violence des vagues, avant d'accoster, enfin, *Atlantic Song*, le cargo du sauvetage.

De ces exploits et de ces drames, Olivier et Jean firent un best-seller *Fortune de mer*. Ainsi le lecteur embarqua-t-il avec eux pour un impitoyable Tour du monde à travers les trois océans – l'Atlantique, l'Indien et le Pacifique –, borné par les grands caps : Horn, Leuuwin, Bonne-Espérance. Seuls le vent, la mer, le ciel et les étoiles accompagnèrent l'odyssée des treize équipiers du skipper entré dans la légende.

Aujourd'hui, en poète, Olivier publie des essais aux éditions du Cherche Midi : *Le monde comme qu'il me parle* (2013), *Veritas Tantam...* (2022).

À ce jour, aucune autre maison de Lettres n'a réussi à l'arracher à son éditeur, gage de fidélité, s'il en est.

Cette fidélité, *Paris Match* la partage avec lui, d'une décennie à l'autre. Jérôme Béglé la perpétue à ce jour.

Dans les années 1980, il fut notre envoyé spécial sur l'America's Cup à San Diego et en Australie ; on le sollicita pour détailler les ravages des marées noires qui endeuillèrent ses côtes bretonnes ; plus tard, il signa le requiem d'Éric Tabarly disparu en mer d'Irlande et fit serment d'accompagner Marie, sa fille, jusqu'au Golden Globe Challenge 2023 au nom de la légende *Pen Duick*.

À chaque appel téléphonique, à chaque courriel ou texto l'atteignant en lointaine Polynésie, il répond présent, si l'enjeu du moment le touche au cœur.

Ainsi, par exemple, signa-t-il l'éloge funèbre dédié au cinéaste Jacques Perrin, inoubliable acteur de *la 317e Section* et du *Crabe-Tambour*, metteur en scène naturaliste d'exception (*Le Peuple migrateur*). Interprète, réalisateur, producteur, « héros de la planète », Perrin fit la couverture du numéro qu'Emmanuel Macron, réélu président en mai 2022, aurait pu glaner.

Oui, mais voilà : l'Élysée n'avait pas joué le jeu de l'exclusivité souhaitée, à tout le moins, de l'originalité espérée. Tous les présidents s'y étaient prêtés avant lui. On objectera que François Mitterrand posa seul, en 1981, mais c'était sous l'objectif de Yousuf Karsh, le plus grand portraitiste du monde ; donc, il s'agissait bien d'un inédit photographique à forte plus-value culturelle.

Macron « à la une », cela sonnait comme une évidence ; mais dans le contexte, en imaginant les portraits classiques de tous les « news » à fleurir simultanément, à l'unisson, dans les kiosques (c'était couru d'avance) faute de cliché personnel (avec Brigitte, par exemple) plus *Match* et face à Jacques Perrin, donc, éternel jeune premier porté par le requiem d'Olivier de Kersauson, il n'y avait pas… photo.

LABRO, PHILIPPE

« L'Américain »

Avec plus de deux cents parutions, Philippe Labro reste l'une des grandes signatures de *Paris Match*.

Journaliste, romancier (*Des feux mal éteints*), critique, parolier de chansons à succès (pour Johnny Hallyday), animateur télé (Antenne 2 et C8), directeur d'une station chaîne de radio (RTL), cinéaste enfin, son écriture, d'une modernité intemporelle, n'en finit plus de séduire.

Pas étonnant donc que dans notre petit soulier, à Noël dernier, un joli cadeau tomba du ciel sous forme d'un superbe opus siglé aux armes de la collection « Quarto » (éditions Gallimard) : *Écrits américains* de Philippe Labro (1 152 pages !), savouré, entre deux bulles millésimées, pour bien démarrer l'année 2024.

Sa renommée journalistique doit pour beaucoup au scoop international réalisé pour *France-Soir* au lendemain de l'assassinat de John Fitzgerald Kennedy, à Dallas, le 22 novembre 1963. Il assista en direct à l'assassinat de ce dernier par Lee Harvey Oswald, dans les locaux de la police.

C'est évidemment Roger Thérond, le « patron des patrons » de rédaction, qui l'arracha au grand quotidien du soir. C'était en 1977. Roger avait à cœur, en contrepoint du « choc des photos », de lester les textes du fameux « poids des mots ». Il recrutera bientôt Katherine Pancol, Irène Frain et fit de Jean Cau la signature littéraire permanente et lumineuse de notre titre.

Comme placé sous le signe d'une étoile (de shérif), le premier sujet signé de Labro dans *Match* concerna les adieux de l'acteur John Wayne au cinéma (numéro 1478, daté du 23 septembre), l'icône des « Westerners… ».

Trois mois plus tard, Philippe était mis à contribution, pour la première fois autour d'un anniversaire de la mort de Kennedy.

En 1978, il œuvra deux fois sur le destin de la dynastie, à travers un espoir de reconquête du pouvoir, via Ted, le frère aîné de John ; mais aussi pour célébrer les 18 ans de John-John et les 21 ans de sa sœur Caroline, les enfants du président assassiné et de Jackie. En 1979, celle-ci souffle ses 50 bougies. Philippe affûte sa plus belle plume pour célébrer « le phénix – Première Dame, veuve et reine captive ».

Il ne reviendra que deux ans plus tard (6 février 1981) sur le clan, mais seulement à l'occasion du divorce de Joan et de Ted, brisant alors les illusions politiques ultimes du sénateur.

Je le rencontre pour la première fois le 1er avril 1981.

Nous bouclons alors le numéro 1663 quand Ronald Reagan est victime d'un attentat. Qui appeler pour mon baptême du feu ? Philippe Labro, bien sûr. Comme s'il connaissait de lui les moindres éléments biographiques, il nous ficelle un formidable portrait de l'ancien acteur promu au rang suprême : « L'arme du crime est encore braquée », titre le reportage photo. Labro souligne : « Reagan n'était pas seulement un héros de cinéma. »

La passion Kennedy reste naturellement son fanal. En juin 1983, Philippe s'y attelle à nouveau, vingt ans après le drame : « L'Amérique redécouvre Jackie et espère en John Junior. Il est le dauphin de la première dynastie des États-Unis. »

Il récidive dans l'ampleur d'une première série d'articles au couchant de cette année particulière. Il traite en trois volets (numéros 1799, 1800 et 1801) « Le plus grand roman américain de tous les temps : la tragédie de Dallas, la rage de vaincre du héros romantique, les 100 jours d'un président, vécus comme une lune de miel politique. »

Dans les années 1990, Labro accompagnera la mort de Jackie : « Elle rejoint John dans l'amour éternel » (numéro 2394, 2 juin 1994). Cinq ans plus tard, il signera le requiem de John-John, suite à sa mort accidentelle aux commandes de son petit avion : « L'Adieu au petit prince de l'Amérique ». Enfin, en 2018, saluant la sortie de la biographie qu'Olivier Royant, alors directeur de *Match*, consacra à John-John qui fut son compagnon de bureau dans les locaux du groupe à New York, Labro reviendra sur l'incarnation du « rêve brisé ».

On ne résume évidemment pas les nombreuses contributions de Philippe Labro au clan Kennedy, porteur de romantisme et de fantasmes romanesques.

Quand l'Amérique s'impose dans nos pages, il est naturel de se tourner vers lui. Successivement, il dépeint la chute de Mohamed Ali, dont il signera le portrait, à sa mort, mais aussi le triomphe de Superman, héros du grand écran tombé dans le marketing de rue le plus déluré ; il célèbre bientôt l'Oscar de Jane Fonda, 40 ans, en 1979 et plonge dans les humeurs de John McEnroe, qui casse autant de raquettes de tennis que le rocker Jerry Lee Lewis mettant le feu à son piano électrique.

De Steve Mc Queen, broyé par le cancer en 1980, il dit : « Toute sa vie il n'avait rêvé que d'une chose : s'évader. » Un texte si juste que nous le republierons, quarante-trois ans plus tard à la sortie du numéro hors-série (automne 2023) publié en hommage à l'acteur.

S'il prête sa plume au portrait tragique de Liz Taylor, « atteinte de la maladie qui a tué Elvis Presley », Labro prend à sa main la grande série de l'été 1985, titrée « Les Immortels ». Il la déroule en quatre parutions (numéros 1886, 1887, 1888 et 1889) : 1/ la vie de James Dean « le rebelle foudroyé », 2/ Marilyn « la poupée trop fragile », 3/ Humphrey Bogart « le dur au cœur tendre », 4/ John Wayne « le géant du Grand Ouest ».

Il résuma son autre Amérique, celle « des larmes et du sang », depuis la Ségrégation jusqu'au glas du Vietnam, celle des grandes blessures et de la nostalgie dans un texte unique publié dans notre ouvrage *68, Année Choc* (Plon).

Ce livre album conduit sous ma direction, en 2008, riche en « poids des mots et en choc des photos », mis en scène par Guy Trillat, avec Didier Rapaud à la manœuvre iconographique et Joëlle Ody, passée de notre cher rewriting à *Polka* le jeune magazine d'Alain Genestar, c'était bien du « pur *Match* ».

Jean-Claude Carrière, Irène Frain, Jean-Claude Killy, Jean-Marie Périer, Michel Drucker étaient de la partie. Et Philippe Labro, donc.

Pour la réédition de l'ouvrage, en 2018, Serge July signa une puissante introduction sur ce fameux « 68 » à résonance universelle, logiquement titrée : « Une vague mondiale ».

Lors des deux dernières années que j'eus l'honneur de passer à la tête de *Paris Match*, je confierai à Labro une série, classée « haut de gamme » selon les exégètes bienveillants, c'est-à-dire normaux.

À la veille de l'élection présidentielle, elle avait pour titre : « La France vue d'ailleurs ». Ken Follett, membre de la Royal Society of Literature, le reçut chez lui à Londres ; puis vint le tour de Douglas Kennedy le plus populaire des auteurs américains en France ; enfin, Orhan Pamuk, le grand romancier turc, prix Nobel de littérature, dont les livres sont traduits en soixante langues. Il le rencontra au bar de l'hôtel Pont Royal, le plus littéraire de Paris (Sartre, Beauvoir, Cau, Genet, Sollers y sont toujours en photo). Tandis qu'Alvaro Canovas le photographie en plan serré, il eut ce cri du cœur : « Pour moi, Sempé c'est la France ! Tout y est : l'ironie et la tendresse. » Ainsi Pamuk saluait-il spontanément le dessinateur historique de *Paris Match*.

À l'été, toujours en compagnie d'Alvaro, et à la veille du Consistoire réuni à Rome, Labro nous prêta encore sa plume pour interviewer Monseigneur Sarah, figure apostolique d'Afrique d'une rare tonalité conservatrice. Un texte vite vu, mais trop peu lu, car balayé par la polémique. À relire, donc, avec plus de sérénité et de tolérance.

Cette année-là, Philippe Labro, qui fut cinéaste, bluffa la rédaction en chef en improvisant « à chaud », dans la douleur de l'instant, un portrait très émouvant de Gaspard Ulliel « l'ange foudroyé », victime d'un accident de ski fatal.

D'une autre génération que la sienne, Labro a fait tourner Jean-Louis Trintignant (*Sans mobile apparent*), Jean-Paul Belmondo (*L'Héritier* et *L'Alpagueur*), Yves Montand (*Le Hasard et la Violence*), Gabrielle Lazure et Claude Brasseur (*La Crime*), Depardieu et Nathalie Baye (*Rive Droite, rive gauche*) – tous ses films ont été réalisés entre 1971 et 1984 –, il sut exprimer en une poignée d'heures seulement, ce qu'incarnait Gaspard Ulliel, modèle de simplicité affective aux yeux du public d'aujourd'hui.

Labro c'est aussi la chanson. Pour *Paris Match*, il brossa *Mon Amérique à moi*, titre éponyme d'un succès écrit pour

Johnny Hallyday. Il évoque la terre promise sur laquelle Johnny a bâti très tôt sa légende, celle du mythe de la route et des grands espaces, mais aussi de ses idoles de jeunesse : Elvis Presley, James Dean, Marlon Brando. Labro signa ce texte dès le numéro 1 de la collection « À la Une » de *Paris Match*, en mars 2019, une collection de hors-séries, qui court sur 45 numéros déjà.

Depuis *Jésus-Christ est un hippie* (époque Woodstock aux États-Unis), *Ô ma jolie Sarah*, jusqu'à *Fils de personne*, *Ne tuez pas la liberté* ou encore *Comme un roc*, Labro a composé un album entier pour Johnny. Il est l'un de ses paroliers les plus emblématiques. Et au-delà de *Paris Match*, une marque : Labro.

Levallois Blues

« À Dieu Olivier ! » « Va Doue ! »

En 2018, Claire Leost, éditrice du titre et Olivier Royant, qui avait succédé à Alain Genestar, me rappelèrent en vue de préparer les 70 ans de *Paris Match*.

Deux ans plus tard, le 30 décembre, Olivier succombait dans une clinique de Levallois-Perret, au terme d'une longue maladie affrontée et défiée avec une admirable résistance. Le courage, valeur en perdition, comme sacrifiée de nos jours : « J'ai vu mourir un homme debout », écrira Régis Le Sommier, son adjoint alors, dans un texte d'une digne sobriété. Nous l'avons tous vu « mourir debout. »

Un film documentaire, *Une autre idée du monde*, balayant les guerres oubliées d'Afghanistan au Nigeria, du Bangladesh au Kurdistan, que *Match* produisit avec Bernard Henri-Lévy, en témoigne. La première séquence les montre l'un et l'autre au cœur du bureau où reposent d'innombrables archives photos, à

Levallois. L'image s'attarde sur plusieurs plans où ils slaloment entre les boîtes jaunes débordant de tirages et de négatifs, les consultant à gestes précautionneux, sous l'œil de Marc Brincourt.

On est en décembre, quelques jours avant le pire. Olivier apparaît déjà très aminci. Trop. Il ne se plaindra jamais.

En compagnie du « philosophe sans frontière » et en notre présence, muette et comme paralysée – en cette situation lourdement partagée par tous, dans l'espace dédié à la direction artistique – Cyril Clément-Auger, notre D.A. masquait difficilement ses larmes.

Olivier supervisera son ultime « mur » numérique du prochain magazine à paraître. C'était un numéro hors-série, parmi les premiers bouclés rue des Cévennes.

Hervé Gattegno dirigeait le journal. Le soir de sa disparition, il m'appela aussitôt – merci à lui –, m'invitant à célébrer dans les colonnes de *Match* la personnalité de notre ami « mort debout » à 58 ans.

Delphine, son épouse, éditrice à *Vogue*, m'appela également. Elle se contenait entre ses larmes, mais, prenant sur elle, parlait d'une voix digne, retenue, posée. Submergée par le chagrin, mais tout en maîtrise, elle m'invita à son tour à parler de son Olivier – notre Olivier – cette fois, lors de la cérémonie religieuse. Un honneur.

Connaissant mieux que quiconque l'amour intime qu'Olivier portait à la Bretagne – il était de Rostrenen, dans le *Kreiz Breizh*, la « Bretagne profonde » – j'avisai les sonneurs du Bagad de Lann-Bihoué, via Jean-Yves Le Drian, ancien président de la région Bretagne, ministre d'État depuis dix ans.

Rarement obsèques d'un journaliste aura bénéficié d'une telle solennité. Au premier rang, deux présidents de la République,

Emmanuel Macron et Nicolas Sarkozy, accompagnés de leurs épouses ; mais aussi un ex-Premier ministre, Alain Juppé et son épouse Isabelle, figure du groupe, Anne-Marie Couderc, qui en fut la directrice générale (et ministre). Se détachait aussi, la haute stature d'Antoine Arnault, vice-président de Dior, l'un des fils de Bernard Arnault (LVMH), pour qui *Paris Match*, créé le mois de sa naissance (mars 1949) reste l'album des Français et un magazine « premium ».

D'entrée, au son d'*Ar Mor Divent* (« La Mer sans fin »), titre adapté, ici, à l'immensité du ciel, la cornemuse figea les officiels en solennité partagée.

Jean-Marie Rouart, de l'Académie française, l'écrivain Philippe Labro, un duo de copains d'Olivier, Pascal Rostain et Renaud Revel, ainsi que moi-même saluèrent avec émotion son départ vers le ciel : « *War hent ar baradoz* » (« Sur les chemins du paradis »). Je clamai ce vœu bien haut, avec force, en langue bretonne, fixant les deux présidents, placés côte à côte, sur ma gauche, au premier rang, afin qu'ils enregistrent cette ode à une langue désespérée, comme éradiquée pour « raisons d'État », sous la IIIe République.

En écho, tomba, en italien – puis en français – la voix du pape François, transmise avec les plus grands égards par Caroline Pigozzi.

Ce jour-là, « le poids des mots » résonna pour longtemps chez Arnaud Lagardère. Quelques mois plus tard, en effet, le téléphone sonna en Bretagne : « Patrick, viens me voir demain et refaisons un tour de *Match* ensemble ! »

Je m'interrogeai : de casting en casting, les générations nouvelles avaient-elles changé de cap et d'éthique ? En quittant la rue de Presbourg, pas revue depuis un rendez-vous très formel dans le bureau de Jean-Luc, en compagnie d'Olivier, des années plus tôt, je signerai pour deux ans avec Constance Benqué, présidente de Lagardère Media News.

Au bout du contrat, à quelque distance de là, tombait pour *Paris Match* l'heure de fêter ses 75 printemps.

Libération, la

En 2024 et 2025, nous célébrons les 80 ans de la Libération. Il est de tradition, chaque décennie, au moins, d'apporter sa pierre au grand mémorial de la Seconde Guerre mondiale. La « Seconde » et non la « Deuxième », espère-t-on, comme s'il était acquis qu'elle serait la dernière, malgré les orages qui, régulièrement, menacent la planète.

Paris Match a largement contribué à ce devoir de mémoire. Outre les sujets de circonstance, ponctués par les cérémonies solennelles organisées lors des commémorations, en Normandie par exemple, on s'attardera sur trois numéros d'exception : l'un saluant le Débarquement des Alliés (6 juin 1944), l'autre la libération de Paris (25 août), le troisième : le 8 mai 1945.

Ils sont à peu près introuvables, sauf à se les procurer auprès des bouquinistes qui frôlèrent l'avanie d'être délogés des rives de la Seine sous quelque prétexte olympique. Pourquoi sont-ils si durs à dénicher de nos jours ? C'est qu'à l'époque des célébrations du cinquantenaire (1994-1995), ces spéciaux paraissaient sous forme de suppléments à l'hebdomadaire. Ils n'étaient pas vendus séparément.

S'affichant sur fond tricolore, leurs couvertures typographiques, à l'exception d'une fenêtre photographique de femmes en liesse hissées sur une jeep à Paris, ont pour titre : « Ils débarquent ! » (Le fameux « *Sie Kommen* » des Allemands) ; « 8 mai 1945,

LA VICTOIRE » et « La France libérée – Paris en fête (25 août 1944) ».

À ceux qui veulent en savoir plus sur ces journées de fièvre et d'héroïsme (seuls 177 bérets verts Français, la plupart Bretons, débarquèrent le 6 juin), il convient d'ajouter que *Paris Match*, loin de lésiner sur les moyens, avait déployé sa propre opération « Jour J » (« D Day » – opération « Overlord »), en mobilisant sa rédaction et le réseau de ses correspondants, de Bonn à Washington, de Sidney à Ottawa. Le but : réaliser au profit des lecteurs « l'enquête la plus longue » en référence au *Jour le plus long*, titre du film de Darryl F. Zanuck (1962). Robert Mitchum, Henry Fonda, John Wayne en étaient les solides têtes d'affiche.

Les trois heures du film étaient rythmées par la musique du Français Maurice Jarre. Très grand public et couvert d'Oscars, à Hollywood, il était l'adaptation du roman de Cornelius Ryan. Quatre ans plus tard (1966) sortira *Paris brûle-t-il ?*, adapté, lui, du récit très documenté de Larry Collins (*Newsweek*) et Dominique Lapierre, insatiable globe-trotteur et grand reporter à… *Paris Match*.

LIFE

Oui, l'hebdo, créé à la fin du XIXe siècle (1883) mais recomposé vers le photojournalisme à partir de 1936, était bien le modèle de *Paris Match*. Il se qualifiait lui-même de « *the most iconic Photographs of all Time* ». Son concept (l'image choc d'abord) avait révolutionné la presse mondiale.

En France, dès son lancement en 1949, *Match* passa alors pour son enfant naturel. Fallait-il rompre avec la figure tutélaire ? Pour André Lacaze, Jean Rigade et bientôt Roger Thérond, nul besoin du Dr Freud pour s'atteler à la question. « Tuer le père pour devenir un homme », un classique pour potaches en examen de fin d'année…

À la mise en scène des photos « plein pot » de *Life* que développeront, d'une génération l'autre, les différents directeurs artistiques de *Match*, ses patrons enseignaient aux plumes nouvelles, en guise de bienvenue et pour consolider l'identité du titre, le besoin impérieux d'« écrire visuel » ; c'est-à-dire de situer l'action d'entrée (à la Simenon) et de faire vivre les personnages.

Des années plus tard, Harry Luce, son propriétaire, écrira à Roger Thérond : « *Paris Match*, le meilleur magazine du monde. »

Marceau, Sophie

Qui d'autre qu'elle aurait pu illustrer le numéro anniversaire des 70 ans de *Paris Match* ?

On était au printemps 2019, soit cinq ans après son dernier grand rôle dans *Une rencontre* de Lisa Azuelos.

Déjà, en 1997, classée « Star fétiche », elle avait fêté avec nous le numéro 2500 (avril 1997). Et voilà qu'à 53 ans Sophie Marceau, sans actualité donc, venait de se hisser au premier rang du « Top 50 » des personnalités préférées des Français. L'actrice inaugurait le premier classement paritaire du traditionnel coup de zoom sur les femmes et les hommes de l'année, réalisé par l'Ifop pour *Le Journal du dimanche*. Dès le lancement de ce sondage nouvelle vague, elle rafle donc la première place, à l'instar de Jean-Jacques Goldman, côté hommes, elle s'en révélera indétrônable, décrochant trois « Top 50 » consécutifs. En somme, des « Top d'or » !

Son ascension s'est faite sous le regard attendri de *Match*. D'abord avec Elsa Trillat, la jeune photographe complice des premiers jours (une amie pour la vie), puis Jack Garofalo,

Jean-Claude Deutsch, Benoît Gysembergh. Pendant huit semaines, celui-ci accompagnera l'étoile montante en Italie, aux États-Unis, en Pologne, partout où elle vit, là où elle travaille. Elle commentera elle-même, sous sa plume, les joies et les solitudes d'une artiste nomade qui, en tous lieux, arrive à préserver son univers.

Guettant les métamorphoses de l'ado prodige, puis de la chrysalide, nos reporters ont souligné son innocence juvénile, son épanouissement solaire, puis sa liberté assumée de femme épanouie, devenue également « une maman comme les autres ».

Sophie a fait sa première couverture à l'âge de 17 ans, à l'exemple de Brigitte Bardot, l'ensorcelante muse chère à Walter Carone, mais surtout à Roger Vadim qui lui passa la bague au doigt.

Envoûté, le romancier David Foenkinos, passé de *La Délicatesse* au *Potentiel érotique de ma femme*, invité à prendre la plume pour exalter cette quinqua radieuse s'exclame : « Elle est la femme rêvée. » Revenant sur le phénomène de *La Boum* (1983), la comédie bon enfant mettant en scène les premiers émois amoureux d'une ado, il explique alors qu'il s'agit bien plus que d'un film à succès : « C'est la bande- annonce de l'époque, un souffle de liberté et d'insolence. » À seulement 16 ans, elle obtenait un premier César.

La suite ? D'une génération l'autre, elle a fait battre les cœurs. Du cinéaste Andrej Zulawski, pygmalion et grand amour, qui la conduisit à Hollywood. Dans *Braveheart*, elle endosse le rôle de la princesse Isabelle qui séduira Mel Gibson, l'interprète de William Wallace, héros insoumis jusqu'à une mise à mort inhumaine de l'indépendance écossaise. Elle se fera ensuite James Bond Girl, dans la peau d'Elektra King au charme vénéneux. Pierce Brosnan en est comme… paralysé.

Sourire mutin, œillades malicieuses, grimaces de potache (elle adore tirer la langue), toujours espiègle, jamais effrontée, à la cinquantaine, toujours radieuse, elle fait rêver les femmes. Son modèle n'est autre que Julia Roberts, dont l'art de la séduction oscille entre comique et romantisme. Son naturel fait le bonheur des photographes. Aussi lui réservent-ils rituellement, à Cannes, une amicale haie d'honneur. Ce qui ne l'empêcha pas un jour de désarmer un *paparazzo* débusqué. Par autodéfense (et dérision), elle dégaina son téléphone portatif sous son nez : « Arrêtez de me filmer ! », supplia le filou. Un comble !

Martin-Chauffier, Gilles

Le jour où Gilles a décidé de lever l'ancre de *Paris Match*, par un soir embrumé d'avril 2023, une sorte d'électrochoc mélancolique a saisi la rédaction, des plus anciens aux petits nouveaux.

Catherine Schwaab, qu'il avait recrutée en 1994 chez Prisma et qu'il appelait « Schwaaby », son alter ego ès chroniques, y perdit plus qu'un repère : un compère de bouclage. Collés nez à nez, leurs bureaux rivalisaient d'intelligence tumultueuse, car ils ne s'épargnaient aucun éclat, à tous les sens du terme.

Rédacteur en chef à la culture chevillée au corps, il débordait d'esprit. Le grand jeu consistait à anticiper ses passes d'armes lors des conférences de rédaction ; ses humeurs mâtinées d'humour, ses révoltes de salon, son pas énervé dans les couloirs ; ses éclats de voix sans fausse note. Adoubé en 1982 dans l'écurie de *Paris Match*, il faisait rarement « couac » même si ses pairs objectaient un avis contraire au sien.

L'accueillant à mon bureau de tout jeune rédacteur en chef, il ne se présenta qu'en rédacteur anonyme, issu d'une modeste rubrique de services intitulée « Vous », l'ancêtre du « Vivre *Match* » d'aujourd'hui et l'antichambre des séries d'art de vivre qui ont fleuri, depuis, dans la presse magazine.

On était à la fin du mois de juin. Passée l'énumération des tendances et saveurs de saison qui garnissaient les pages de fin, vint l'heure de parler du contrat. Il m'annonça devoir partir en vacances dans le golfe du Morbihan, ce qui, selon les canons gaulliens d'un autre temps, valait mieux que d'annoncer un séjour dit « parisien » (mot tabou pour beaucoup) sur les plages de Pampelonne, entre Ramatuelle et Saint-Tropez, ou entre Ré et Ferret, des néo-snobs au langage ampoulé. Nous sommes tous les deux de Vannes ; je l'ignorais alors.

Depuis, ne serait-ce qu'à travers les dizaines de réunions du jury du Prix Bretagne/Priz Breizh de littérature, doté par Vivendi, nous avons partagé bien des valeurs qu'un pays de caractère, la Bretagne, nous a transmises. Elle a su tenir et maintenir, malgré une histoire « confisquée », comme celle de sa langue maternelle – antérieure au français en Armorique – éradiquée par « les hussards noirs de la IIIe République ».

Ce point commun n'était pas suffisant pour justifier une confiance aveugle entre nous, car il n'est pas une région, un terroir, un territoire à forte identité préservée qui ne puisse revendiquer d'aussi sûres valeurs.

Pour bagage littéraire, Gilles avait déjà publié *Pourpre*, à la discrétion de Simone Gallimard, et tenait à la main un roman tout nouveau, tout beau, édité sous le joli label du Mercure de France.

D'une innocente odyssée, la couverture des *Canards du Golden Gate*, illustrée d'un para torse nu dans un baraquement de tôle tropical, accrochait le regard. La baie de San Francisco se faisait port d'attache pour palmipèdes fatigués, sans espoir de nouvelle envolée. Venus à tire d'ailes du lointain Mexique, ils finissaient là, gavés de pop-corn. Gilles tirait de cette « nature morte » une fable adaptée aux velléités d'indépendance antillaise qu'il avait observées pendant son service militaire à La Martinique. En guise de morale à l'histoire, le narrateur croquait les protestataires en simples tributaires amarrés à la métropole par le jeu des subsides d'État…

Des années plus tard, corrigeant le tir au cœur du « vieux pays de ses pères », il ne verra pas les autonomistes bretons d'un œil aussi sévère. Au contraire, comme nombre de compatriotes éblouis en sortie de Fest Noz, il fantasmera, pour la galerie, un utopique tremblement de terre arrachant les marches de l'Armorique au socle hexagonal (une image, bien sûr) transformant la péninsule en île flottante ; soit une petite sœur de l'Irlande celtique. Ce trèfle imaginaire à quatre feuilles faisait fleurir des sourires…

Paraîtra alors un joli petit pamphlet : *Du bonheur d'être Breton*, joliment ciselé. Déjà, son *Roman de la Bretagne* aux multiples éditions, contait la mélancolie d'un ancien duché passé à côté d'un destin digne de celui des rois du Portugal qui surent repousser l'appétit gargantuesque de la Couronne espagnole.

Il est vrai que le duché de Bretagne – avec Nantes pour capitale – vécut en État indépendant pendant sept siècles et qu'au XVIIe, soit quelque cent ans après l'acte d'union scellé avec la Couronne de France, l'Armorique à la prospérité convoitée, reçut encore le surnom de « Pérou du Royaume ». La nuit du 4 août 1789 sonnera le glas de sa souveraineté.

Passé ce libelle à fort enracinement, quelle carrière, journalistique et littéraire !

« *Culture* Match »

En 1996, issu du rewriting où il régnait en chapelier d'écriture, il fut nommé rédacteur en chef à cinq barrettes pleines. C'était à l'occasion de mon départ pour la direction de *Télé 7 jours*.

Sa culture en fit naturellement le patron de la rubrique « Culture *Match* » dont il donnera les clés à Jérôme Béglé, futur patron du *Point* puis du *Journal du dimanche*, aujourd'hui de *Match*, et à Benjamin Locoge, autre ami, de même facture d'écriture.

Rédigeant mille et un papiers à la carte, il décrocha le prix Interallié avec *Les Corrompus*, chronique balzacienne politico-médiatique, puis enchaîna sur le Renaudot des lycéens (*Silence on ment*), autre fresque sociétale. Le prix Renaudot du meilleur essai avec *Le Roman de Constantinople*, sa Byzance à lui, couronna son travail.

Sa plume acérée s'exerçait à la manière d'un ambassadeur littéraire du journal, dont il possédait la formule intime au bout du crayon.

À l'occasion des 70 ans de *Paris Match*, il en fit la démonstration. Non content de croiser le graphe avec Michel Houellebecq, le plus singulier des écrivains français contemporains, il se posa, non pas en sparring-partner, mais en complice éclairé. Bel échange d'où sortit ce bijou en guise de synthèse :

> Paris Match *? Notre magazine est masculin et féminin, noir et rose, politique et people. Des grands reportages photo internationaux aux critiques de films ou aux récits des soirées, c'est une encyclopédie hebdomadaire de la France.*
>
> *Chez les bouquinistes, les anciens numéros s'arrachent car tout le monde y retrouve quelque chose de ses propres souvenirs. Surtout de ses bons souvenirs. Des centaines de pages et d'images avaient traité de la guerre d'Indochine, de l'Algérie, de Mai 68, du Vietnam, mais la couverture de Match était l'image de notre joie de vivre : B.B., Johnny, Delon, Belmondo, les yéyés, la bande à Audiard...*
>
> *Pendant des décennies, on a pris la vie à la française, c'est-à-dire à la légère.* Match *se voulait un journal de voyous dirigé par deux ou trois gentlemen. Plutôt qu'une confession exclusive du père Teilhard de Chardin, on rêvait d'avoir Brigitte Bardot en photo dans le bureau du Général. Nos pages regorgeaient de stars qu'on aimait chez nous et à l'étranger.*

Ce dandysme, c'était notre carte de visite. Et tant mieux si cela agaçait quelques esprits supérieurs [...]. En 1996, à mes premières conférences du lundi, d'autres noms étaient apparus pour cette fameuse couverture : Depardieu, Adjani, Vanessa. Pourtant l'enthousiasme n'était plus le même. La France ne souriait plus. Déjà, elle ne vouait plus aucun culte à ses stars. Les intellectuels étaient tombés dans tous les panneaux successifs, de Staline à Castro en passant par Khomeiny et Pol Pot ; les hommes politiques s'autorisaient trop d'entorses à la morale républicaine qu'ils ne cessaient d'invoquer ; les vedettes du show-business à l'abri d'une infranchissable barrière d'attachés de presse ne cessaient de se prétendre « normales », donc sans éclat.

Quand vint le soir de lever le verre à son départ, j'ouvris le ban, non sans inciter les aspirants « bébés *Match* » et de vagues héritiers abusifs autopersuadés d'être dans la note, à relire au plus vite cet acte patrimonial. On s'y plonge, page 50, numéro 3657 « spécial 70 ans ». Avec fidélité et délectation. Merci Gilles.

Mitterrand, François

L'amoureux

« Sa vie, quel roman ! », titra *Match* à sa mort.

Entre épouses et concubines, le charmeur se fit séducteur. Marie-Claire Terrasse entre dans sa vie en 1938. Il l'appelait Béatrice, parce qu'elle n'aimait pas son prénom, mais deviendra la populaire Catherine, à l'aune des premiers succès de la télévision.

Le public découvrit en Catherine Langeais et son impeccable mise en plis, la première des speakerines de la RTF. Entre deux interludes, elle annonçait les programmes de la chaîne unique, en alternance avec la blonde et glamoureuse Jacqueline Huet et Jacqueline Caurat, leur alter ego, une érudite philatéliste par ailleurs.

Leur liaison eut l'avant-guerre assombrie pour cadre. Et, pire la drôle de guerre, quand il endossa l'uniforme au 23e régiment d'infanterie coloniale, basé au Fort d'Ivry.

Il est alors fou d'amour pour celle qu'il appelle désormais « VM » (Visage merveilleux). Leurs fiançailles sont célébrées le 3 mars 1940, trois mois après « une de ces nuits extraordinaires que l'on ne peut oublier » et d'où, écrira Franz-Olivier Giesbert (*François Mitterrand, une vie*, Le Seuil, 1996) il s'est retrouvé assez brisé, sur le trottoir, seul, à trois heures du matin…

Des lettres d'amour échangées entre François et Marie-Claire, alias Béatrice, alias « VM », avant de s'improviser Catherine, il en est plus d'un millier, nous confia Giesbert. En biographe avisé, il eut tout loisir d'en reproduire certaines des plus brûlantes.

Quelques semaines après leurs fiançailles, François prend le chemin du stalag. Le cœur de sa tendre conquête vacille et s'éprend d'un autre homme. Leur amour n'y résiste pas. À son retour, Marie-Louise lui rend sa bague de fiançailles. « On a beaucoup pleuré », avoue-t-elle.

« Je l'aime parce que je l'ai aimée ; je ne souffre pas et je peux aimer hors d'elle », écrira-t-il, dix-huit mois plus tard à l'un de ses amis. On est en 1944. Il vient de découvrir le visage d'une fraîche inconnue lors d'une soirée chez un couple d'intimes : Patrice Pelat et Christine Gouze. « C'est ma sœur », lui glisse celle-ci. « Elle est ravissante. Je l'épouse. »

Elle a 20 ans, lui 29. Il tombe sous le charme. Incapable de se détacher de son regard, il la surnomme : « La fille aux yeux de chat ». Sans le deviner encore, les voilà embarqués avec deux enfants officiels – Jean-Christophe, né en 1946, Gilbert, en 1948 – pour une complicité non sans nuages de plus de cinquante ans : « Si ambitieux soit-il, il a toujours besoin de femmes dans les moments de fièvre, confessera-t-elle dans son livre de souvenirs. Durant la Résistance, François était souvent absent. Il avait pris de mauvaises habitudes… »

Présente à ses côtés dans toutes les joutes électorales, depuis 1946, elle resplendit de bonheur, le 10 mai 1981, quand sa victoire à l'élection présidentielle déchire l'écran de la télévision. Et quand Manuel Litran, artiste et photographe, passé par le prestigieux magazine *Art* où il accumule de subtils portraits de peintres et d'écrivains, tire le portrait officiel pour *Match*, Danielle multiple les regards attendris vers celui qui reste son « héros ».

Très vite, le couple a passé un pacte : respecter la liberté de chacun.

On ne s'étonnera pas, à la révélation de l'existence de Mazarine dans *Paris Match*, la fille naturelle du président qui portera le nom de sa mère – Pingeot –, de la réaction sans courroux de Danielle : « Je l'ai toujours su. C'est une affaire entre lui et moi. »

François Mitterrand a rencontré Anne Pingeot en 1960. Il s'était fait construire une maison de vacances dans une bergerie à Latche. Elle aussi passait ses vacances au Pays basque. Ils ont vingt-huit ans d'écart. Mais face à cette jeune femme pour qui il se dévore de passion, il a encore raison gardée.

Le 19 octobre 1962, il lui adresse une première lettre d'amour. On en comptabilisera plus d'un millier là encore, rédigées à plume fiévreuse entre cet automne 1962 et son dernier hiver, en 1995. Certaines seront illustrées de différents collages révélant d'insoupçonnables candeurs. Pour ce faire, à la manière d'un collégien à l'heure des travaux pratiques, il prend des ciseaux, de la colle, découpe dessins et photos dans les journaux. Les éditions Gallimard composeront un recueil : *Lettres à Anne* (Gallimard, 2016) de cet amour caché. Valérie Trierweiler s'y plongera avec délicatesse, tandis que le service photo mettra en scène une intimité fortement épiée à partir du second septennat. Côté escapade, l'Acropole d'Athènes apparaît, en 1970, comme théâtre de leur serment d'amour.

De sa lecture et de son expertise il en sortira une évidence : « Ils se sont adorés et se sont beaucoup fait souffrir. »

Enfin, Mazarine vint

Quelle histoire ! Les *Dossiers secrets de Paris Match* (Robert Laffont, 2009) en firent le récit détaillé. Notre « Mitterrand intime » (hors-série de mai-juin 2021) en exposa les tenants et aboutissants.

Sous nos couleurs, les lecteurs n'ignorent rien du lent cheminement éditorial qui a conduit à la révélation de l'existence officielle de Mazarine Pingeot, alors âgée de 20 ans, la fille cachée du président.

Tout a été dit de la planque initiée sur les pas d'Isabelle Adjani, transformée soudain en aubaine à paparazzi et donc des photos providentielles, prises sur le seuil du restaurant Le Divellec, sur l'esplanade des Invalides.

On était le 21 septembre 1994. Les photos avaient été développées en catimini puis apportées dans un secret étudié à *Paris Match* (Ah, la tête de Michel Sola, patron du service photo en les découvrant !). Rien de plus n'est à conter des négociations menées en tête à tête le 7 octobre au Pichet, un restaurant de la rue Pierre-Charron, entre Frank Ténot et Roland Dumas, avocat et ministre, devant une (ou deux) bouteilles de Château Beaucaillou ; puis par appels téléphoniques urgents et fax barrés de rouge, à Belle-Île-en-Mer, où le président avait pris l'un de ses derniers quartiers de vie.

Il en est de même de l'enveloppe kraft remise en main propre (par mes soins) à Paulette Decraene, secrétaire particulière du chef de l'État, au bar de l'hôtel Bristol. Elle contenait les tirages des photos qui permirent à François Mitterrand, fidèle à son principe de non-intervention auprès des médias, d'acquiescer sans le dire à leur publication, d'un lapidaire : « Les journaux font ce qu'ils ont à faire. »

Rien, enfin, du bouclage des quatre pages hyper confidentielles, lui aussi secret, tenu dans mon appartement de la rue Lincoln, à deux pas du magazine… À la même heure, le service du rewriting composait, sans le savoir, les chapôs et légendes d'un sujet condamné d'avance. Comme *Paris Match* avait ses règles – non écrites – mais instinctivement respectées, le « scoop » l'emporta sur d'hypothétiques états d'âme. À la sortie du numéro, qu'il fallut réimprimer, vu son succès, chacun battit des mains.

Délivrée en pleine lumière, où brillait la grâce d'un amour paternel, Mazarine n'éprouva pas le besoin d'alimenter « l'affaire » d'un quelconque épisode judiciaire.

Roger Thérond, n'écrivait jamais (ou si peu) d'éditorial : « *Match* n'est pas un journal d'opinion et je garde la mienne pour moi ; j'en fais grâce à nos lecteurs », sauf si le titre était attaqué (ce fut le cas à l'occasion d'une interview et photos choc de Jacques Mesrine « ennemi public n° 1 »). Lors de mon dernier exercice à la tête de *Paris Match* (2021-2023) j'appliquai ce précepte à la lettre ne signant que deux éditos en quelque deux ans ou presque. Le premier, pour célébrer la libération d'un duo de reporters (François de La Barre, Véronique de Viguerie) retenus par des guérilleros en Afrique sous la menace des mercenaires russes de Wagner qui progressaient en leur direction. L'autre, en raison d'un inutile coup de griffe de madame Rima Abdul-Malak, ministre de la Culture, se lâchant au micro d'une radio publique contre notre titre, dans un surréaliste mélange des genres.

Vu l'acrimonie des Tartuffes chassant en meute bien-pensante, après « l'affaire Mazarine », Roger Thérond attendit la mort de François Mitterrand pour ajuster quelques têtes de pipe qui dépassaient du lot des bigots, après les avoir alignées une première fois (17 novembre 1994), soit une semaine après la publication des photos.

Irrésistible édito, donc, à savourer encore de nos jours :

Ce fut un beau vacarme. Seul le président, averti par nos soins, se tut. Mais les autres ! Les fameux autres ! Professeurs de vertu et donneurs de leçons, journalistes introduits et directeurs intègres, consciences appointées et grands déontologues, faudra-t-il que nous dressions votre liste peu civile ? Ignorons l'infortunée Arlette Chabot, qui se lamentait sur France 2. N'oublions pas deux noms. S'avance à l'ordre de la respectabilité M. Jean Miot, président de la Fédération nationale de la presse française. S'avance à l'ordre de la dérive Mme Françoise Giroud. Jean Miot déclara qu'il espérait de toutes ses forces que la presse française, à la suite de l'article de notre journal, ne roulerait pas dans le caniveau. Le président Miot avait parlé trop vite et sans savoir, ce qui arrive quand on préside trop. Un an plus tard, les présidents revirent Mazarine : c'était devant une église. Ils ont pu tendrement la regarder suivre le cercueil de son père, parce qu'ils l'avaient déjà vue dans un moment de bonheur. Et qu'ils l'avaient vue dans Paris Match. *Elle n'était plus la clandestine. Mais Mme Giroud, moraliste inattendue, avait rendu publiquement son jugement : ce magazine avait des « mœurs de voyous ». Quant à Mazarine, Mme Giroud, experte en destins, en était sûre : elle serait « la bâtarde » ; elle « raserait les murs ». Ces malédictions reçurent le plus cinglant des démentis lorsque les trois enfants de François Mitterrand furent réunis devant leur père mort, comme ils l'avaient été, par sa volonté, de son vivant. Allons, Mme Giroud s'était trompée de pièce. On jouait dans le théâtre grec ; elle s'était crue au boulevard.*

Il est vrai que Françoise Giroud, auteur du roman *Au bon plaisir*, publié aux éditions… Mazarine et porté au cinéma par

Catherine Deneuve (la mère et maîtresse) du président joué par Jean-Louis Trintignant, n'avait fait qu'alimenter le vrai-faux secret de l'existence de Mazarine Pingeot, éduquée « aux frais de l'État », ce que Jean-Edern Hallier, menaçait de le révéler. L'histoire « voilée-dévoilée » faisait le sel des dîners en ville.

Entre Mazarine et *Match*, les relations resteront sans nuage. Une première fois, en présence d'Ali Baddou, son compagnon de l'époque, j'expliquai sur le plateau de Canal+, au micro de Michel Denisot, à quel point *Paris Match* avait rendu service à la jeune agrégée de philosophie, devenue romancière. Grâce à nous, elle était sortie du purgatoire de la « clandestinité » familiale, encadrée par toute une noria de protecteurs officiels : François de Grossouvre, éminence grise et condottiere du clair-obscur à l'Élysée, Michel Charasse, ministre, ou le commandant Prouteau, patron de la cellule « secrète » du GSPR (Groupe de sécurité de la présidence de la République). Ali Baddou n'opposa qu'une moue de pure forme sans réelle affectation.

Les yeux dans les yeux, à l'occasion du salon littéraire Livr'à Vannes/Levr e Gwened, je récidivai en l'y accueillant. Elle avait publié chez Julliard : *Bouche cousue* (2005), *Bon petit soldat* (2012) et *Se taire* (2019) trois titres qui collaient à son personnage, à sa vie, non sans innocence. Le soir, à bord de la vedette qui conduisait les auteurs à travers le golfe du Morbihan, nous évoquâmes cette reconnaissance, tacitement voulue par son père. Elle en souriait, de ce pâle sourire un rien retenu où, encore pour *Match*, elle posa sur les quais de la Seine, en 2012, à l'occasion, justement, de *Bon petit soldat*, son deuxième roman, axé sur : « Être ou ne pas être. Être un secret inavouable… »

La morale de l'histoire tombera au *Journal officiel*, le 16 octobre 2023. Par décret, Mazarine devient Mazarine Mitterrand-Pingeot. Ah, si Françoise Giroud voyait ça !

Mode

Cardin, Chanel, Courrèges, Dior, Gaultier, Givenchy, Lagerfeld, Saint Laurent… Ils ont tous posé pour *Paris Match*. Des mannequins d'hier – Victoire, égérie de Dior épousa Roger Thérond – aux top models : Claudia Schiffer, alors star planétaire, posera dans un semi-nu étudié en 1990… La photo fera le tour du monde et la couverture d'un numéro expérimental de *Paris Match* au Japon.

Loin des « porte-manteaux » anonymes de naguère, surnom péjoratif des années 1960 à 1980 (époque Schiaparelli), tout change avec la génération des top models qui succède aux mannequins « à la papa », dont les noms ne faisaient pas encore l'affiche – à part de rares exceptions, comme Victoire.

Changement d'ambiance et de tonalité alors : dans le sillage de l'indétrônable Claudia Schiffer, elles s'appellent Naomi (Campbell), Christy (Turlington), Stéphanie (Seymour), Linda (Evangelista), Gisele (Bündchen), Cindy (Crawford)… Toutes affichent de fortes personnalités. Elles ne se lèvent plus le matin à moins de 15 000 dollars la séance photo. Ceux qui les « shootent » se la jouent artistes et deviennent leurs copains. Yann Gamblin, par exemple, qui tiendra (sous pseudonyme) le bureau de New York entre deux délégations officielles, partagera deux ans durant la vie du « top » australien, Elle Macpherson, devenue femme d'affaires.

La France n'est pas en retrait, loin de là, grâce à Inès de La Fressange. Subjuguée, l'Amérique la qualifie de « Parisienne idéale ». Très jeune, elle devient modèle pour Chanel qui en fait son égérie. Elle donne un sérieux coup de jeune à la marque planétaire. Les grands photographes, tels Helmut Newton et Guy Bourdin, sauront saisir sa vraie sensibilité.

Contrairement à la brochette des « top » d'expression « Pop Art », elle invente, écrira Catherine Schwaab, « le mannequin intelligent », celle qui fait mentir le cliché du modèle sexy à cervelle d'oiseau. La vie ne lui épargne pas les épreuves. Elle les surmonte avec cran et sourit (numéro 3399) à sa renaissance amoureuse.

Dans le métier, son bagage d'étudiante diplômée en histoire de l'art lui permet de prendre le dessus sur les concurrentes qui font le bonheur de la presse masculine : ici la texane Jerry Hall ; là, Grace Jones aux atours spectaculaires. Mieux qu'elles, elle a bien plus qu'un physique, Inès. Sa classe naturelle, son humour, son sens de la répartie, ses clins d'œil, sa complicité rieuse (avec Karl Lagerfeld notamment) en font la partenaire idéale des défilés.

Avec Élisabeth Lazaroo, qui dirigea longtemps la rubrique « Vivre *Match* », Catherine Schwaab composa une délicieuse « Ode à la mode » (mars 2022). Tout en verve et délicatesse, elle plongea nos lecteurs dans les coulisses des défilés réservés aux très VIP.

Au fil des décennies, notre magazine n'a rien raté des péripéties de cet univers foisonnant de sujets aux visuels parfois intimidants.

Arme de séduction française (Jackie Kennedy l'illustra au premier chef), le phénomène tourna d'entrée à l'histoire d'amour avec *Paris Match*.

À plume vive, Catherine Schwaab nous replonge dans les petits secrets d'un milieu hypersensible, débordant de créativité et d'extravagance. Elle en souligne les caractères les plus tranchants : le franc-parler de Chanel, l'humour caustique de Karl Lagerfeld, les confidences d'Yves Saint Laurent ou de Pierre Bergé, les perfidies d'Azzedine Alaïa… « À chaque interview, le papier faisait mouche. De nos jours, déplore-t-elle, couturiers et créateurs ont un discours nettement plus formaté, voire platement *corporate.* »

Et de poursuivre : « La mode fut et reste à jamais le terrain de jeu idéal pour faire aimer la photo : combien de nos lecteurs, éblouis par les clichés de Lindbergh, Avedon, Newton, Bourdin, Demarchelier, Issermann, etc., ont trouvé leur voie à travers les sublimes shootings réalisés pour *Match* ! »

Quant aux égéries, sautant allègrement les décennies, depuis l'origine, on y retrouve Victoire (Doutreleau) puis Catherine Deneuve pour Yves Saint Laurent, le ténor (sa première couverture est de mars 1958), Mireille Darc et Françoise Hardy, muses du « court » signé Courrèges, Audrey Hepburn incarnant le raffinement de Givenchy.

Toutes se posaient en ambassadrices de l'ultra féminin. Avec elles et jusque dans les extravagances sexy d'un Jean-Paul Gaultier, en 1969 « année érotique », la mode est alors nommée Désir.

En son temps, Dior (« Monsieur Dior ») cultivait opulence et sex-appeal. On était à l'orée des années 1950 et *Paris Match* tenait déjà ses quartiers de production chez le magicien de l'avenue Montaigne. Willy Rizzo, Walter Carone, Jack Garofalo faisaient presque partie du décor.

En 1951, Jean-Pierre Pedrazzini fit tutoyer la mode française et les déesses grecques. Devant les colonnes du Parthénon, « demeure des vierges », dédiée à Athéna, les huit plus jolis mannequins Dior présentent la collection automne-hiver du grand couturier. Sept décennies après le cliché iconique de « Pedra », la maison Dior célèbre ses noces d'or en y envoyant 90 vestales pour ranimer la flamme de la mode. Les images du défilé feront le tour du monde. Mais, tandis qu'avec la naissance de *Match*, la ligne Dior – jupes à 40 centimètres du sol et poitrine mise en valeur – fait ses gammes et rafle la mise, elle est défiée par Jacques Fath, qui, bien avant l'Anglaise Mary Quant, annonce la jupe ultra-courte. En avance sur les vogues montantes, le créateur prévoit même des jupes au ras du genou. Loin du classicisme de « la maison d'en face » qui prend déjà pied sur la Fifth Avenue, à New York, Jacques Fath, inspirateur de « La Parisienne » pour sa dernière collection présentée en 1954 (l'année de son décès, à 42 ans) fait sensation en attirant l'actrice et sex-symbol, Rita Hayworth. On la surnomme « la déesse de l'Amour ».

Monaco

Grace Kelly et Rainier

« Merci au Festival de Cannes et à *Paris Match* d'avoir été les catalyseurs de notre existence. » Cette reconnaissance est signée Albert de Monaco. Pour la première fois, posant sous le grand portrait de sa mère adorée, Grace Kelly, peint par Ralph Wolfe Cowan, spécialiste attitré des têtes couronnées, Albert revit pour nous la journée du 6 mai 1955. Ce jour où, comme dans un scénario bien huilé, le destin de la dynastie des Grimaldi a bifurqué vers l'aura de Hollywood.

Fraîchement oscarisée pour son rôle d'ingénue dans *Une fille de la province*, l'actrice radieuse ne restera pas aux marches du Palais. Elle deviendra la reine de la Principauté. On est bien au-delà du conte de fées fantasmé par un réalisateur illuminé.

Cecil Beaton, portraitiste attitré de la famille royale d'Angleterre, avait tenté de saisir « l'indéfinissable beauté » de Grace Kelly. Mais c'est Jack Garofalo et Michou Simon qui lui arracheront ses premières poses à Cannes.

À l'époque, faire poser des starlettes sur La Croisette était un jeu d'enfant. À *Paris Match*, bouillonnant d'idées, il convient de se démarquer du peloton des faiseurs de célébrité. Avec Grace Kelly, venue sur la Côte d'Azur l'année précédente pour tourner dans *La Main au collet* d'Alfred Hitchcock, avec Cary Grant, la célébrité était acquise et personnifiée.

Une idée fuse : « Et si nous présentions Grace, princesse de cinéma à un authentique prince régnant, Rainier de Monaco ? » Mi-boutade, mi-bravade, la mission échoit à Pierre Galante, familier de la jet-set. Son arme secrète : il est le mari (deux fois oscarisée) d'Olivia de Havilland, qui joue la trop candide Mélanie dans *Autant en emporte le vent*, inspiré du chef-d'œuvre romanesque de Margaret Mitchell, figure du Vieux Sud évanoui dans les décombres de la guerre de Sécession. Un solide atout.

Le 3 mai, l'étoile blonde aux yeux d'un bleu porcelaine se présente au pied du Train bleu qui stationne sur les rails de la gare de Lyon.

Le plan s'échafaude dans la voiture-restaurant. Gaston Bonheur et Roger Thérond renchérissent d'arguments. Le but : convaincre Olivia d'approcher Grace sous prétexte de parler « statuettes », comme on parle chiffons entre femmes à la mode.

Olivia est instantanément convaincue : « Quelle belle rencontre, quel magnifique sujet photos cela ferait et, imaginons-le... Quel beau mariage en vue ! »

Elle ne croit pas si bien dire. À ces mots, comme par extraordinaire, Grace Kelly fend la file des quelques passagers qui cherchent une table. La sienne est déjà réservée par la production. Elle porte un tailleur en tweed bleu et prend place. Poussée par son mari, Olivia lui emboîte le pas. Sourires, présentations, compliments mutuels... Et enfin, la question qui brûle les lèvres d'Olivia : « Accepteriez-vous de rencontrer le prince de Monaco dans le cadre d'un reportage pour *Paris Match ?*

— Mais pourquoi pas ? », réplique Grace.

La suite n'attend pas. Dès le lendemain, Michou Simon et Edward Quinn, appareils photo en main accompagnent Galante à l'hôtel Carlton où le studio de la Metro Goldwyn Mayer a établi ses quartiers.

Grace apparaît dans une robe en satin noir imprimée de grosses fleurs roses et vertes. Elle porte des gants blancs, très courts.

À 14 heures 55, les grilles du palais s'ouvrent devant la Studebaker louée par la MGM. Trente minutes plus tard, Rainier surgit au volant de sa Lancia décapotable. Intimidée, Grace se rassure en notant la décontraction affichée du Prince ; il porte des lunettes fumées, garde une main dans la poche, façon play-boy.

Elle le laisse la guider vers les jardins exotiques du Rocher surplombant la Méditerranée. Elle y admire deux lions et un tigre du Bengale dont, sous ses yeux affolés, il caresse la fourrure.

Retrouvant Olivia de Havilland à l'hôtel, elle lui confiera, dans un sourire de connivence : « *He's very charming.* »

Coup de pub ou coup de cœur ? La suite passe par quelques présages « sacrés » du père Tucker, chapelain du Palais. Comme Grace Kelly, Irlando-Américaine de Philadelphie, il est originaire de l'île d'émeraude, dont la religion majoritaire est le catholicisme. À Monaco, elle est religion d'État. Pour Tucker, Grace est, sans le savoir elle-même, la prétendante idéale. Elle a le profil rêvé pour donner une jolie brochette d'héritiers bien nés à la Principauté (« Si Dieu le veut ». Il le voudra.). Mi-conseiller, mi-confesseur, il entreprendra une sorte de lobby spirituel et temporel auprès de Rainier.

La raison du cœur rejoignant ici la raison d'État, le Prince ne se fera pas prier pour couvrir la future promise de missives enflammées. Elles ne resteront pas sans réponse. Quelques mois plus tard, s'étant rendu à New York, il y scellera sa passion amoureuse par une bonne et solide demande en mariage. Pour bague de fiançailles, Rainier passe au doigt de Grace un double anneau d'or serti de diamants et de rubis aux couleurs de la Principauté.

Les choses s'accélèrent. Un peu moins d'un an après leur première rencontre, vêtue d'une robe de soie marine à col blanc et coiffée d'une capeline blanche, serrant Oliver, son caniche noir, dans les bras, Grace Kelly apparaît à la coupée du *USS Constitution*, une frégate à trois mâts battant pavillon américain. Longue de 62 mètres, le grand mât culminant à 67 mètres, elle est alors le plus vieux navire de guerre à flot à travers le monde. Elle a été baptisée par le président George Washington, en 1797, pour célébrer la Constitution des États-Unis. Le navire historique mouille au large. En ce 12 avril 1956, le port de Monaco pavoise et festoie au rythme des amours princières. Face au photographe de *Match*, Maurice Jarnoux, la future princesse débarque du *Duo Juvante II*, le yacht à bord duquel Rainier s'est porté au-devant de sa fiancée que saluent militairement les 55 marins de la Constitution.

Une pluie d'œillets accueille les premiers pas de Grace. Ils sont jetés du ciel depuis l'hydravion d'Aristote Onassis.

Le conte de fées atteint son sommet une semaine plus tard, un jeudi. Grace émerge comme un cygne blanc d'une robe somptueuse : 46 mètres de taffetas, 90 mètres de tulle de soie, 90 mètres de dentelle de Valenciennes, une robe offerte par les studios de la MGM. La cérémonie est filmée en direct par la télévision française et même en Eurovision.

Onze coups sonnent au clocher de la cathédrale de Monaco. Devant un parterre d'officiants, dont le père Tucker, et Mgr Marella, représentant officiel de Sa Sainteté le pape Pie XII,

Mgr Barthe prononce les phrases rituelles : « Rainier, Louis, Henri, Maxence, Bertrand Grimaldi, prince de Monaco, voulez-vous prendre pour légitime épouse Grace, Patricia Kelly, ici présente, selon le rite de notre Sainte Mère l'Église ?

— Oui, Monseigneur. »

Se tournant vers la princesse – elle porte déjà ce titre, ayant déjà prononcé le « *yes* » du mariage civil dans la salle du Trône – d'une blondeur dorée et drapée de dentelle de Chantilly, l'évêque renouvelle le vœu : « Oui, Monseigneur », répond-elle.

Walter Carone est aux premières loges pour fixer la minute du « oui sacramentel ». Il a pris place, fugacement, devant l'autel.

L'« *Ite Missa Est* » carillonne de bonheur. En uniforme marine à parements dorés, le buste ceint de l'écharpe rouge et blanche aux couleurs de Monaco, Rainier invite sa jeune épousée à monter dans la Rolls-Royce décapotable blanche et noire pour gagner la petite église Sainte-Dévote, calée sous les falaises abruptes au pied du port. Selon la tradition, la mariée doit y déposer son bouquet de muguet en offrande. Grace Kelly en robe de mariée (numéro 368, 28 avril 1956) atteindra le 15e rang des ventes historiques du journal, avec un score de 1 904 693 exemplaires. Un an plus tard, le couple photographié au palais fera encore mieux (numéro 408) : 1 912 322 exemplaires.

Il est vrai que, neuf mois après le « oui sacramentel », Caroline a vu le jour au palais. Puis Albert et Stéphanie. À chaque naissance, la rédaction de *Paris Match* sabre le champagne. Le magazine a fait de ces noces éblouissantes une affaire personnelle.

Grace et Rainier, vus par Albert

C'est pourquoi, près de soixante-dix ans après la rencontre entre Grace Kelly et Rainier, nous avons demandé à Albert, prince régnant, ce que la mémoire familiale en avait légué. La première démarche eut pour cadre l'hôtel Fermont qui domine la baie de Monaco. S'y tenait, en 2020, une soirée de gala organisée par le Sportel.

L'événement annuel associe le monde du sport à celui de la télévision. Albert le préside et s'y était rendu. Instantanément, il saisit le défi au bond : on ne le lui avait jamais demandé. Ni à ses sœurs. Alors, oui, il accepterait volontiers de livrer son témoignage.

La confirmation se noua à la table d'un restaurant péruvien, à Paris, Le Manko, quartier de l'Alma, où se pressent les amateurs de cuisine exotique et sud-américaine (classés VIP). Restait à transformer la promesse. C'est l'ami Stéphane Bern, intime du Prince, qui s'en chargea.

De ce récit exclusif, où Albert rend grâce à *Paris Match*, on retient plusieurs confidences : à l'heure de rencontrer Grace Kelly, et à cent lieues de l'inimaginable coup de foudre, Rainier a le regard tourné vers l'Amérique, d'où il espère accrocher l'attention de futurs investisseurs pour Monaco. Malgré la précipitation du rendez-vous, il répond favorablement et se rend disponible.

D'autre part, il connaît l'un des deux photographes, Edward Quinn, qui a déjà publié un reportage sur lui, un an plus tôt, pour *Match*. Le texte était signé de Jean-Paul Ollivier, annoncé par la MGM avec Pierre Galante.

Albert nous confie qu'entre le 6 mai 1955 (date de la rencontre) et le janvier 1956 (celle des fiançailles à New York), un couple d'amis des parents de sa mère – les Austin – avaient œuvré « pour la circulation de sentiments réciproques ». Le père Tucker n'était pas seul.

En 2019, l'année où Grace aurait eu 90 ans, Albert avait monté une magnifique exposition, au palais même. Le reportage complet de Michou Simon et celui d'Edward Quinn, mis en regard, a permis à tous les siens de plonger dans leurs origines : « Beaucoup d'enfants n'ont pas cette chance », nous écrit-il. Devenue mythique, la robe en satin noir à fleurs roses et vertes que Grace portait le 6 mai, est resté – au palais toujours – parmi les trésors affectifs de la famille.

Caroline et Stéphanie

Les amis de nos amis sont nos amis. Les enfants de nos amis sont aussi nos enfants. Il est de tradition, à *Match*, d'accueillir les belles lignées dans nos lignes. Il en est ainsi, dans le désordre, d'Anthony Delon, Paul Belmondo, David Hallyday et, bien entendu, pionniers sur l'arbre généalogique « maison », de Caroline, Albert et Stéphanie de Monaco.

En 2009, à l'occasion des 60 ans de notre magazine, Caroline comptait déjà 47 couvertures de *Paris Match*, derrière Lady Diana (61) et devant Alain Delon (46). Stéphanie, elle, en comptait autant que Jackie Kennedy (28). Dans les années 1950, malgré l'énorme poids de la famille royale de Grande-Bretagne, les Grimaldi (famille de Monaco) disputaient la une à la reine Elizabeth et aux frasques de sa sœur, Margaret, au destin amoureux brisé.

Avec Caroline, joli cœur à prendre, les premiers émois de l'adolescence attirent la lumière. Son mariage (cassé par le Vatican) avec Philippe Junot, play-boy de salon, agita la chronique des têtes couronnées. Dès 1981, soit trois ans après leur union, une demande de reconnaissance en nullité du mariage religieux avait été introduite en cour de Rome. Il s'en suivit une longue procédure (onze ans) que Robert Serrou, très introduit au Vatican alors, explicita dans *Match* dans un foisonnement de références historiques.

Mais c'est à l'occasion d'une escapade avec le champion de tennis, Guillermo Vilas, qu'elle tombera – pour la première fois – dans les filets des paparazzi, tendus sur le sable doré d'une île exotique.

La chronique s'enfle alors autour de ses passades ou passions, d'autant que la rumeur d'une vaine liaison avec Roberto Rossellini gagne bientôt les rédactions.

Match gagnera la confiance de Caroline grâce à Pepita Dupont, envoyée spéciale sur le Rocher, dès un bref échange de présentation lors d'un cocktail dans une galerie du Sporting. Esquissant une révérence à son passage, Pepita s'était fendue d'un sobre et souriant : « Mes hommages, princesse, je m'appelle Pepita...

— Pepita ? Comme c'est drôle, mon père m'appelle Babyta... »

Il n'en fallait pas plus pour rompre le protocole et passer au tutoiement de connivence.

De Caroline, devenue princesse de Hanovre par mariage, *Paris Match* a publié de très fortes images. De tendresse, bien sûr, même si sa liaison éphémère avec le comédien Vincent Lindon valut quelques poursuites au nom du « droit à l'image » et de « l'intimité de la vie privée ».

De douleur également. La mort brutale de son deuxième époux, Stefano Casiraghi, tué lors d'un accident de motonautisme *off-shore* au large de Saint-Jean-Cap-Ferrat – et dont elle a trois enfants, Andrea, Charlotte, Pierre – l'a plongée dans une profonde affliction. Drapée dans un châle de dentelle et mantille noirs, les yeux masqués sous une large paire de lunettes opaques, elle murmure : « Mais que vais-je devenir sans lui ? » C'est le temps des larmes, l'adieu déchirant d'une madone que Thierry Esch et Jean-Claude Deutsch signent en couverture (numéro 2160) le 18 octobre 1990.

Caroline se consacrera dès lors à de nombreuses actions de charité et d'entraide – ambassadrice de l'Unesco – en faveur de l'enfance maltraitée. Depuis 2009, elle aura suscité dix nouvelles couvertures, soit un nombre plus modeste que dans les deux décennies précédentes. Son éclipse relative est un peu due à l'héritage culturel qu'elle a dû assumer depuis la disparition de sa mère, en 1982, à la suite d'un tragique accident de voiture. Caroline préside désormais la Fondation Princesse Grace de Monaco.

Déjà, lovée contre son père défait par la douleur, elle était apparue en madone endeuillée, digne d'un peintre de l'école espagnole. Elle était l'incarnation d'un certain idéal de beauté féminin cruellement blessé.

Avec Stéphanie, benjamine de la fratrie, les paparazzi s'en donnent d'abord à cœur joie. Bruno Mouron et Pascal Rostain, alors indissociables, l'avouent dans *Chasseur de scoops*, une bande dessinée qui leur est dédiée (Glénat Éditions, 2012) : « On était très proches », dit le premier. « Nous étions pratiquement dans ses bagages quand elle voyageait », confirme le second.

Loin des tentations du monde du spectacle et de ses travers exhibitionnistes, Stéphanie se consacre désormais à d'aimables activités culturelles et sociales de la Principauté.

Oubliées les frasques à répétition de ses tendres années, vécues dans un tourbillon médiatique et sentimental. Oublié le souffle tempétueux d'*Ouragan* (face A), une chanson générationnelle, enregistrée en 1986, sur une mélodie refusée par Jeanne Mas. Oubliée *Irrésistible* (face B), qui sera traduit en anglais.

Se rêvant top model, elle suivit alors des cours de stylisme et créa une ligne de maillots de bain, dont le titre *Pool Position* et celui d'un parfum Insaisissable sont de la même veine que ses chansons à succès.

Les passions, mais aussi les blessures physique et morale de Stéphanie (elle était à bord de la voiture lors de l'accident mortel qui emporta Grace, sa mère) lui valurent de nombreux sujets dans *Paris Match*.

Ses amours avec Daniel Ducruet, culturiste et garde du corps, nourrissent alors l'appétit gargantuesque des « voleurs d'image ». Elle l'épouse en 1995 et lui donnera deux enfants (Louis et Pauline). Épousailles de courte durée (ils divorcent en octobre 1996) et retrouvailles buissonnières calment le jeu. On est déjà loin des *Fleurs du mal*, titre qu'elle dédia à son ex-petit ami, Paul Belmondo. Bien avant que ne surgisse Mario Jutard, patron de boîte de nuit. Avant Ducruet.

Anthony Delon la consola de sa rupture avec Paul, naguère. Il prouva ainsi que les enfants de nos amis, s'ils sont aussi nos amis, rivalisaient entre eux de jeux interdits...

MONROE, MARILYN

Elle était « la femme »... Du moins, une certaine image de la femme, faite de grâce, de caprices, de beauté, de finesse, ainsi que la campe *Paris Match* alors. On la dépeint en mythe absolu de la femme enfant dans un mélange d'innocence et de sex-appeal exacerbé.

Deux jours avant sa mort, elle avait accordé à notre journal l'autorisation de publier sa confession ; l'aveu de mille fragilités. En 36 pages, le mystère de sa mort déroula le drame de sa vie.

Elle n'a connu ni son père ni sa mère (« une femme aux cheveux rouges croisée trois fois ») et resta, sa courte vie durant, même quand elle atteignit une hyper starisation, comme une enfant abandonnée. Il est vrai qu'on la trimballa naguère dans le dédale d'une douzaine de familles adoptives. Et combien d'amours ratées !

La photo de couverture (numéro 697, convoité par les collectionneurs) fait tomber un rideau de chagrin. Son regard si pur et déjà trop lourd nous aimante ; comme s'il nous forçait, en le fixant jusqu'à l'obsession, à percer « les mystères de sa vie ».

On est au cœur de l'été. L'heure est au soleil, à l'appel des plages, aux fêtes de nuit. Le numéro paraît un 18 août. Un million cinq cent mille acheteurs, hypnotisés par la photo « plein pot » de Willy Rizzo, s'arrêteront, des heures durant, pour feuilleter notre magazine et le reprendre en main, sans fin, sans voix.

Même *L'Osservatore Romano*, organe officiel du Vatican, qui parlait d'excommunier Brigitte Bardot lorsqu'elle interpréta *Et Dieu... créa la femme* six ans plus tôt, y va alors de son épitaphe. Entre chagrin et pitié.

Pitié pour une enfant née de père inconnu, de mère folle et internée. Chagrin face à une vie évanouie, qu'un destin surmonté allait transformer en inaccessible icône.

Derrière l'adieu à Marilyn, une question : « Pourquoi ? »

Le jeune écrivain Marc Sabathier-Lévêque, peintre et musicien, ami de Malraux, venait de publier *Oratorio pour la nuit de Noël*, inspiré de l'œuvre de Bach. Ce texte rare (publié à quelques centaines d'exemplaires) sera même illustré par Picasso. Il avait croqué l'auteur à la terrasse des Templiers, un café de Collioure.

Un critique a vu dans cette ode : « Un chant de l'adolescence, l'apocalypse d'un enfant de l'Assistance publique qui découvre le monde et se découvre lui-même au-delà d'une improbable famille. »

Né de père inconnu, confié par sa mère à une sage-femme qui décédera quand il avait 13 ans, Sabathier a pour moteur de son œuvre le thème de l'abandon. Nul mieux que lui n'est placé au sein de la rédaction pour explorer les bleus à l'âme qui ont conduit Marilyn, 36 ans, à sa dernière nuit.

Gaston Bonheur, qui le recruta pour *Match*, le choisit donc, plutôt qu'un écrivain de notoriété, tel Guillaume Hanoteau, voire Raymond Cartier.

On ne pouvait trouver plume plus délicate que celle du jeune poète, proche des surréalistes en outre, pour tenter d'expliquer le désespoir qui conduisit la star ultime à la fatalité du suicide.

Sabathier le fera sous forme de « lettre à la disparue ».

Elle recèle des trésors de tact, de blessures imaginées, d'un ressenti éprouvé à distance, d'un partage de souffrances psychologiques, guidant sa plume vers la vaine élucidation de cette malédiction :

> *Le destin, Madame [...] Il y a six ans, nous écrivions ici même, ce qu'était depuis votre naissance, votre cauchemar. Il aura survécu à votre mort [...] Votre père n'est jamais venu vous voir, Madame. L'an dernier, à New York, parvenue au faîte de la gloire, vous avez essayé de le retrouver. Vous n'avez pas osé décrocher le téléphone. Une de vos amies les plus fidèles s'en est chargée. Elle s'entendit dire qu'il ne vous reconnaissait pas pour sa fille. Alors, la plus belle femme du monde, celle qui faisait rêver des millions d'hommes, pleura.*

Sabathier va plus loin : « Vous n'avez pas eu un seul amour durable. »

Passent alors l'évocation d'un premier mariage raté (avec un agent de police) en forme d'évasion vers une liberté fantasmée ; puis celui très people avec Joe Di Maggio, le meilleur joueur de base-ball de tous les temps. Il représentait la gloire, la force, la jeunesse. Bien qu'idolâtré, il était resté simple, timide, affectueux. La machine à broyer d'Hollywood eut raison de leur courte vie de famille. Vingt-quatre heures après la mort de Marilyn, personne n'avait encore réclamé son corps et c'est le bon Joe qui veilla sur lui. Douze heures durant. À la minute où le cercueil allait être refermé, il balbutia : « *Marilyn, I love You, I love You.* » Sur sa tombe, il déposa un océan de roses rouges, en forme de cœur, symbole d'éternité. C'est toujours vers lui qu'elle se retournait quand, aux lumières factices des studios, succédaient la solitude et les coups bas encaissés par l'administration peuplée de petits hommes gris à front bas.

À la sortie des *Misfits* (*Les Désaxés*), film maudit, elle tombe malade. Face à Clark Gable, elle avait tourné par 40 degrés dans le désert de Reno, capitale du divorce, en plein Nevada. La Twentieth Century Fox profita de l'échec commercial pour lui indiquer la sortie, taxant la rupture de contrat d'un dédit de 750 000 dollars.

« Cela ne vous aurait dérangé aucunement, écrit Sabathier. Du moins, si vous n'aviez pas senti soudain que l'on vous disait, indirectement, avec beaucoup de nuances et un sourire grassouillet : "Norma Jeane Baker, nous allons te remettre dans la poubelle d'où tu es sortie. Tu as 36 ans et de belles filles au monde, il en naît tous les jours." » Elle avait accumulé des millions et la réclamation aurait pu la faire sourire, y compris l'écrivain Arthur Miller, son dernier mari.

L'auteur des *Sorcières de Salem*, chéri du Tout-New York intellectuel, se déroba-t-il ? C'est pour elle qu'il avait écrit *Les Misfits*, trois ans durant.

Miller écrivit en exclusivité (*Paris Match* numéro 156, 1958) comment Marilyn l'avait électrisée quand elle posa pour une longue séance de photos dans le studio de Richard Avedon.

Au milieu des rires, de la musique d'ambiance et du champagne, elle s'était mue en Jean Harlow, en Marlène Dietrich, en Lilian Russel…

Leur rencontre, en 1956, avait été célébrée comme « l'union de l'intelligence et de la beauté », une formule très réductrice pour elle.

On ne la savait pas lectrice de Freud, ce qui l'aidait à surmonter les poses suggestives dictées par les scénaristes. Elle affichait même, dit-on toujours d'elle, un Q.I. de 168, supérieur à celui d'Einstein !

Intimes funérailles

Au cours de cette séance burlesque où Marilyn ressuscita la légende des vamps sous un flot de musique des années 1930 déversé d'un vieux pick-up, Miller s'extasia en la voyant « danser sur une table, entourée de cent Scott Fitzgerald qui l'acclamaient [...]. Elle avait trouvé le dosage exact d'astuce et d'innocence, l'aimable espièglerie qui marquait la rébellion des femmes d'il y a 30 ans, une rébellion qui, contrairement à celle dont nous sommes aujourd'hui témoins, ne semblait pas avoir d'horrifiantes résonances psychiatriques et qui consistait seulement à bien s'amuser ». À méditer de nos jours...

Miller, pourtant, divorcé d'elle depuis novembre 1960, n'assistera pas à ses funérailles. Derrière un pasteur luthérien, vingt-quatre personnes, seulement, accompagnèrent Marilyn au petit cimetière de Westwood.

Désigné comme exécuteur testamentaire, Joe Di Maggio avait écarté le Tout-Hollywood des producteurs à gros cigare, des jacasseurs et des médisants de gazettes corporatistes.

Pas l'ombre d'un Frank Sinatra à l'horizon, non plus ; ni d'Yves Montand, qui vécut une passion dévorante avec Marilyn, sur le tournage du *Milliardaire*, en 1960, au nez d'Arthur Miller et de Simone Signoret, sa conjointe. Livrés à eux-mêmes, les deux amants brûlèrent de passion : « Avec Marlon Brando, Yves est l'homme le plus séduisant que j'aie rencontré, osera-t-elle… Après mon mari, bien sûr. » Ils feront la couverture de *Look*, concurrent de *Life*, l'Amérique puritaine tournant alors la romance en scandale.

Trente ans après, Katherine Pancol contera la colère de Signoret guettant le retour de Montand à Orly. Ce long texte, paru dans un numéro spécial de *Paris Match* clôture les 14 pages du sujet publié en juin 2020 dans le hors-série « Secrets d'amour ».

Pas un mot des Kennedy, enfin, sans doute en raison de leur encombrante passion pour la star des stars. Le « *Happy Birthday Mr. President* » de Marilyn, bouche en cœur incandescent sur la scène du Madison Square Garden, à New York, pour les 45 ans de JFK, avait mis en lumière les zones troubles de la romance. Derrière la façade glamour, d'aucuns voient toujours en Bobby le maître obscur des basses œuvres… Il en reste une interrogation sans réponse : qui Marilyn tenta-t-elle de joindre dans un sursaut de rappel à la vie, le fol espoir de la retenir d'un souffle ? Un ultime SOS ? La veille encore, elle plantait des arbres dans son jardin, aménageait sa maison de style mexicain. Aucun signe avant-coureur d'une existence en fuite. On la retrouva la main agrippée sur le téléphone, à côté de la boîte de barbituriques fatale…

Pour excuser son absence, Miller avança cet argument ambigu : « Je n'irai pas. Elle n'est plus là, pourquoi irais-je ? D'ailleurs ce sera un cirque. » Ce n'en fut pas un, tout au contraire.

Crime ou suicide par overdose ? Le mystère reste entier. Et Marilyn, née de père inconnu, de mère absente et folle, repartit, seule, vers sa nuit éternelle.

Qu'aurait-elle ressenti, au printemps 2022, quand des chercheurs français ont fini, les progrès de l'ADN aidant, par retrouver la trace de son vrai père ? François Pomès, réalisateur et producteur de documentaires pour la télévision (« Label News »), nous apporta en avant-première cette très tardive *happy end*. Pour quelques poignées de dollars, des collectionneurs s'étaient arraché huit cheveux de Norma Jeane Baker. Lors de ses investigations, l'auteur de *Marilyn Monroe, son dernier secret* (Plon, 2023) retrouve une ultime mèche de cheveux. Trois ont parlé. Un laboratoire de Toulouse a résolu l'énigme autour de celui qui la hantait. Et qu'elle chantait – en vain – dans *Le Milliardaire* : « Mon cœur est à papa. » Elle chercha si longtemps l'identité de son père biologique…

Les yeux en amande, une moustache à la Clark Gable, il s'appelle Charles Stanley Gifford, tête brûlée des années 1920. « Un assez beau mec, issu de la classe moyenne californienne », écrira Aurélie Raya en exclusivité dans *Paris Match* (21 avril 2022).

Nous fîmes de cette révélation un spectaculaire bandeau de couverture coiffé, actualité dramatique oblige, d'une vaste enquête sur les crimes de guerre commis par l'armée russe et ses affidés tchétchènes en Ukraine.

À côté du titre sur bandeau rouge, nous reproduisons la photo de Marilyn au regard alourdi de tristesse ; celle-là même prise par Willy Rizzo, parue le 18 juillet 1962 et qui hanta tant d'exégètes depuis lors.

Qu'aurait éprouvé l'écrivain Marc Sabathier-Lévêque, orphelin lui aussi et biographe d'un jour – et quel jour ! – pour *Match* en la revoyant ? Et en découvrant la vérité de la paternité enfin établie ? Lui est mort de maladie en 1965. Il avait 37 ans ; l'âge, ou presque, de Marilyn.

Mot

Quatorze mots ont suffi à François Nourissier, futur grand ordonnateur du prix Goncourt (30 ans au jury, 7 ans président), pour se faire ouvrir les portes de *Paris Match*.

Troussant – en 1962 ou 1963 – un portrait de Brigitte Bardot « la plus belle des Françaises », il écrivit avec une désarmante simplicité : « Quand elle a faim, elle mange. Quand elle a soif, elle boit… »

Il le conta lui-même dans le numéro 3000 de *Paris Match*, publié en novembre 2006 : « J'eus la chance que cette miniature tombât sous les yeux de Jean Prouvost et lui plût. Il me convoqua, me suggéra de l'appeler “Patron”, siffla le teckel qui ne quittait pas ses genoux, lui répéta pour la centième fois la formule qui me valait ce coup de baguette magique […]. Miracle dans mon train-train plutôt gris ? J'ouvrais de grands yeux. Le bureau, daim et velours bleu était un salon royal, une évocation des privilèges octroyés par le patron : rester assis et couvert, parfois, devant le souverain. On se serait cru dans Saint-Simon. Le patron m'avait conféré un titre charmant : j'étais grand reporter écrivain. Cela tenait à la fois de l'intimité et de l'exotisme. Ces mélanges étaient un des secrets de *Match* […]. »

New York

Forcément, avoir pignon sur rue à Manhattan, ouvre la porte à mille et un scoops. Olivier Royant y résida dix ans (1989-1998).

Daniel Filipacchi l'hébergea pendant 18 mois dans l'un de ses appartements qui donnait sur la rivière Hudson.

Olivier dormait entre les Chirico, Magritte, Jeff Koons, Man Ray, Brauner, quelques quadrichromies d'un album de Clovis Trouille (peintre naïf, obsédé par les bonnes sœurs voyeuses) dont l'œuvre valait talisman pour Daniel, et le totem des *Onze Mille Verges* d'Apollinaire.

Il résida dans l'antichambre de ce qui deviendra, en 1999, la grande exposition Filipacchi-Ertegun : « Two Private Eyes » (700 pièces), déployée sur tous les étages du musée Guggenheim.

Ensuite, il s'installera dans un appartement de fonction, au carrefour d'Upper East Side et de l'avenue de Lexington, avec – atout non négligeable à New York – une petite terrasse fleurie.

L'œuvre journalistique d'Olivier Royant aux États-Unis est marquée pas sa rencontre avec Donald Trump, bien avant l'entrée de celui-ci à la Maison-Blanche. L'entrepreneur le plus fantasque du Nouveau Monde, tout à sa paranoïa médiatique, lui balança une imparable *punchline* (sa marque de fabrique) : « Tout est à acheter dans le monde, mais je suppose que les Français ne voudront pas me vendre la tour Eiffel. Je me trompe ? »

John Kerry avait ses faveurs, mais Olivier gardera cependant table ouverte chez le Républicain, imbattable en matière de provocation permanente.

Rien du mauvais goût meublé (de style médiéval) de l'appartement de la Trump tower donnant sur le rectangle vert de Central Park n'échappera à son œil de reporter. Il avait fait ses classes, stagiaire à *Match*, le jour de l'attentat à la galerie Point Show, sur les Champs-Élysées, en 1984. En une journée, zigzagant entre morts et blessés, il avait apporté au journal de quoi gagner l'estime des vétérans du « choc des photos ».

De son équipée américaine, Olivier Royant aura glané quelque 220 sujets majeurs, dans une galaxie de domaines divers et variés, ce qui, en nombre de feuillets, correspond à 2 500 pages au calibre standard.

En édition, on pourrait en faire quatre tomes de 500 pages.

Olivier n'a écrit qu'un livre : *John, Le Dernier des Kennedy*, paru peu avant son propre décès (30 décembre 2020). Il ne s'était pas remis de la mort du fils de John Fitzgerald Kennedy, préfigurant aux yeux d'une Amérique moderne le recours idéal pour perpétuer le mythe de JFK. Il s'était lié d'amitié avec l'héritier de la dynastie *Irish-American* la plus célèbre au-delà de l'univers celtique, lorsque Daniel Filipacchi lui déroula le tapis étoilé dans son bureau de Broadway.

En créant *George*, un mensuel politique pop, dont le nom tenait de l'admiration de Kennedy Junior pour George Washington, il avait suscité l'admiration du « carré français » (45 personnes, journalistes et administratifs mêlés) qui tenait le 45e étage au 1633 Broadway. Olivier n'avait plus que des étoiles dans les yeux en se liant d'amitié avec le fringant espoir du gotha démocrate qui, assurait-on en coulisses, briguait un siège de sénateur à New York.

Quand l'accident de John-John se produisit, il était en Bretagne, son « *Bro gozh ma zadoù* » (« le vieux pays de nos pères »). À la manière d'un Jack Kerouac, barde et poète, un autre Breton passé par le Nouveau Monde, la matière bretonne restait collée à ses semelles de vent.

Olivier avait quitté New York depuis un an.

Romain Clergeat, le plus en phase avec la marche accélérée du temps, fasciné par « les nouveaux maîtres du monde » à la Bill Gates ou Elon Musk (qu'il rencontrera), lui succéda alors.

Il est l'un des tout derniers à avoir vu John-John en vie. Attablé chez Trionfo, le resto italien devenu la cantine du groupe, il déjeunait avec Jean-Jacques Naudet, ex du magazine *Photo*, à Paris, devenu « *Editor at large* » d'*American Photo*, un poste taillé sur mesure.

John-John occupait la table voisine. Entre deux « *Hello* » et quelques bribes de conversation, ils remarquent sa cheville plâtrée posée sur un fauteuil. Quand John-John leur annonce qu'il part pour le week-end à Marthas's Vineyard, île réservée de la jet-set et qu'il va piloter son avion, Romain s'entend lui répondre : « Vous allez piloter avec un plâtre ?

— Ce n'est rien, d'ailleurs je vais le faire enlever bientôt. »

Comme depuis l'enfance où il croyait qu'Air Force One lui appartenait, John-John se disait que « le ciel était à lui ».

L'enquête a prouvé qu'après son décollage, un Boeing de la compagnie American Airlines avait évité, de peu, la collision avec son Beeshcraft. C'est la nuit ensuite. Le trou noir. Le mystère de sa disparition en compagnie de sa femme, l'ancien mannequin Carolyn Besset, reste entier. Habitué des retards, il l'avait attendue, deux heures durant. Il avait dû décoller à la nuit tombée...

NON-PARUS

À la frustration légitime d'un rédacteur apprenant que son texte est recalé, différé, ou au pire condamné, Roger Thérond, d'une réplique flegmatique, opposait une appréciation personnelle qui laissait l'auteur déçu sans voix : « Les non-parus sont la richesse de *Paris Match.* »

Pour en avoir moi-même été victime, une ou deux fois en vingt ans, comme bien d'autres, y compris des écrivains de renom, tels que Jean Cau (eh oui !) ou Jean-Edern Hallier aux cartes blanches, façon « tribune libre », j'en ai fait à mon tour un principe de réalité. Et même de fatalité. À *Match*, il faut savoir marier une dose de stoïcisme à une certaine philosophie...

L'exemple de Jean Cau prête au sourire bonhomme. Un jour de bouclage, il découvrit que son sujet sur la CNCL (Commission nationale de la communication et des libertés) était repoussé en conférence de rédaction.

Refuser un Jean Cau, bigre, il fallait oser ! On était à l'époque où se menaient d'intenses négociations autour de la privatisation de TF1 et de l'attribution de la « Cinquième » chaîne, dans lesquels le groupe Lagardère était partie prenante... Dans un réflexe de grand sage, Roger Thérond avait préféré différer l'article de notre meilleur bretteur.

Cau, il est vrai, prenait cette CNCL pour un de ces « Comités Théodule » raillés par le général de Gaulle dont, depuis un pèlerinage à Colombey, il était devenu un fervent connaisseur de l'œuvre et des bons mots. Ce « machin » disait-il, dans un sourire désenchanté, ferait mieux de veiller à préserver notre liberté d'expression…

Créée en 1986 en remplacement (accrochez-vous bien) de la Haute Autorité de la communication audiovisuelle, ancêtre du CSA (Conseil supérieur de l'audiovisuel) puis de l'actuelle ARCOM (Autorité de régulation de la communication audiovisuelle et numérique). Cette très (trop ?) sérieuse institution donnait prétexte à dérision, dont Cau possédait la talentueuse pratique. Ne trônait-elle pas, grande dame ou déjà vieille fille, sur les hauteurs de la Tour Mirabeau, d'où elle distillait bons et mauvais points à sa guise…

Catherine Tasca, future ministre, alors nommée à sa tête par le président Mitterrand, ne résistait guère, en la circonstance, aux foucades menées, depuis 1981, contre « la culture en veston rose », par ailleurs personnifiée par Jack Lang, à ses yeux.

Bref, le papier fut « trappé » et Jean Cau déboula à la vitesse du vent. Sans mot dire, il saisit une feuille blanche et griffonna une courte et nerveuse saillie à l'intention de notre directeur (son ami).

L'ayant sous les yeux, je ne résiste pas à l'exhumer, aujourd'hui, afin de juger de l'esprit et du ton : « Roger, est-ce que la CNCL passe ? Je l'espère. Sinon, évidemment, je boude (un mois) J. Cau. » Un mois !

Naturellement, l'avertissement fit long feu et Jean réapparut à la conférence du lendemain. Heureuse époque (« *no pain, no complain !* » comme l'on dit à Buckingham), où le linge sale se lavait en famille et non pas dans les lavoirs d'à-côté… Pas de fuite nauséabonde dont risquaient de se repaître la concurrence aux aguets et l'adversité éditoriale…

Nicolas de Rabaudy a subi plus qu'à son tour les affres du non paru. Il navigua sur le pont du navire amiral de la flotte Prouvost entre 1963 et 1976, prêtant sa plume à la rubrique

« Elles & Eux », un cénacle de noctambules et de gourmets de la vie, dont Jean-Pierre de Lucovich et Marc Doelnitz étaient les figures de proue avec Alexandre Vialatte et Joseph Kessel.

Mieux que d'autres, il a longuement décrit le ressenti d'un reporter privé de parution.

Recalé, le sujet prenait la voie impénétrable, voire l'impasse, d'un hypothétique dossier. Rabaudy qualifie celui-ci de « linceul des textes non parus ».

Son amour du cinéma l'amena souvent à couvrir La Mostra de Venise. *Paris Match* avait fait de l'hôtel Riviera son pied-à-terre sur le Grand Canal. Le palace se targuait d'avoir été choisi par Luchino Visconti qui en fit le théâtre de son film *Mort à Venise*.

Sans négliger les projections du soir, Rabaudy arpentait la Cité des Doges, fasciné. Au-delà de la place San Marco et de sa basilique et du Rialto, cœur marchand de la ville, il fit de la sublime parenthèse vénitienne, douze étés durant, l'objet d'un reportage de fond, digne, se persuadait-il, de remplir plusieurs pages illustrées d'« Univers *Match* », une rubrique d'excellence ; un journal dans le journal.

Une campagne internationale intitulée « *Save Venice* » (écriture américaine), justifiait son enthousiasme. Venise, la ville des amoureux, mais d'abord de Byron, de Wagner, des peintres munificents du palais des Doges, était menacée par le surtourisme (déjà en 1967), les vendeurs de bimbeloterie de la place Saint-Marc, les ravages des marées hautes (*l'acqua alta*) et les morsures du temps.

« Save Venice »

Sur place, il identifia vite les photos des bâtiments de prestige en état de décomposition apparente. Attablé tantôt au Riviera, à la terrasse du Danieli ou dans les jardins opulents du Cipriani, une oasis de luxe campée sur l'île de la Giudecca, il s'attela consciencieusement à l'écriture d'un long texte à dicter aux sténos et promis au ravalement de coutume sous les plumes ajustées du service du rewriting.

Sur injonction de sa rédactrice en chef, il bâtonna *fissa* un papier de circonstance sur les effusions spectaculaires entre le cinéaste Federico Fellini (*La Dolce Vita*) et l'acteur fétiche Marcello Mastroianni qui touchait les femmes au cœur. Donc les lectrices…

Mais à *Match* les blessures de Venise n'étaient pas à l'ordre du jour, malgré la campagne « *Save Venice* » venue d'Amérique. Pas question de toucher aux gondoliers ni aux pigeons obèses à bannir de la place San Marco, etc. « Venise est immortelle », trancha une rédactrice enamourée qui avait plutôt la tête et le cœur au Cipriani… « Mais alors ? objecta timidement Nicolas.

— Ton papier est très bien, mais je le verrais bien pour *Le Monde*. Il pourrait constituer le début d'un "dossier" (mot honni redouté par les auteurs) ».

Noyant sa désillusion au QG-bar de La Belle Ferronnière, Rabaudy tomba sur Marc Heimer, grand reporter et Manuel Litran (« au physique de Don Quichotte et d'Alceste au moral »). Ils revenaient d'un périple de quatre semaines en Australie, enrichis d'un trésor de 3 000 photos : « Vous croyez que les Français sont aussi passionnés que vous par les kangourous ? avait sèchement objecté le responsable de l'iconographie. C'est bon pour le *National Geographic* ! Ou pour une encyclopédie. »

Trente-cinq ans plus tard, je m'attable auprès de Nicolas de Rabaudy, auteur de *Nos fabuleuses années Paris Match* (Scali, 2007), préfacé par Astrid Thérond. « Et Venise, Nicolas ?

— Depuis 1967, il est resté "une des richesses de *Match*", selon le mot, si juste – hélas – de Roger... »

Stoïque et philosophe Nicolas. Et toujours fidèle à « l'esprit *Match* ». Si l'école de la fatalité, comme le démontrent ces confidences d'un « grand ancien », fait naturellement partie de « l'ADN de *Paris Match* », elle n'est pas forcément une malédiction non plus.

À mon départ (automne 2023), Romain Clergeat l'un des rédacteurs en chef de la rubrique « Vivre *Match* » hérita de la responsabilité des numéros hors-série du journal paraissant toutes les six semaines.

Composer un numéro hors-série passe par l'exploration des archives. Il attaque celles qui lui permettraient de composer un numéro dédié à Lino Ventura. Faisant défiler sous ses yeux des dizaines de références plus ou moins connues, Clergeat est intrigué par l'indication d'un non-paru concernant l'acteur, en 1972.

Il s'agissait d'une interview exclusive réalisée par Jean-Claude Zana, reporter tout-terrain, lors du tournage du *Silencieux* tourné en Catalogne. Or ce texte avait été écarté au profit d'un portrait signé par l'écrivain Philippe Labro, dignement présenté en titre de couverture.

À l'interview « brut de décoffrage » du reporter de base, Roger Thérond avait privilégié le nom plus porteur d'un journaliste écrivain qu'il venait de recruter un an plus tôt et qui venait de réaliser *L'Héritier* avec Jean-Paul Belmondo dont la silhouette virile claquait à l'affiche, sur fond d'incandescence pourpre.

Légitimement fier de sa trouvaille – l'aiguille dans une meule de foin –, Clergeat exhume l'interview éclipsée à l'époque et la transforme en authentique exclusivité d'aujourd'hui. Preuve qu'un « non-paru », aussi enfoui dans les mémoires soit-il, peut, 50 ans plus tard, ressurgir en majesté…

« Les non-parus, *dixit* Roger, sont bien la richesse de *Match.* »

ORMESSON, JEAN D'

Avant *Paris Match*, sorti de *France-Soir*, belle école alors, j'avais servi au *Figaro* pendant les années 1970. Jean d'Ormesson et Raymond Aron m'y avaient reçu en personne pour une présentation qui ressemblait à un examen de passage...

À cette époque (1980), Roger Thérond m'avait recruté, convaincu par un reportage en Écosse où son assistante, Christine Terneau, avait su me débusquer à la minute même où je bouclais mon sac pour quitter l'hôtel. Passé un premier entretien intimidant vu sa personnalité, il m'engagea à bien vouloir subir les questions complémentaires de Jean Cau, son écrivain de confiance (et ami). On n'entrait pas dans la presse les mains dans les poches...

Des années plus tard, Jean d'Ormesson, couvert d'honneurs et de gloire littéraire, posa ses amarres à Vannes pour un « Café littéraire ». L'accueillant au titre de président du Salon du livre, je pris plaisir à lui remémorer ce souvenir. Le soir, pendant le dîner au Rive Gauche, restaurant à cuisine inventive, sur le port, il ne réfréna pas, d'un œil malicieux, quelques confidences ; au contraire. « Je suis plutôt du Sud, avança-t-il comme pour s'excuser d'apparaître trop peu souvent en Armorique.

— De quel sud, parlez-vous, s'éleva timidement une voix… ?

— Je pense à la Corse.

— Très bien la Corse, maître (la voix s'était enhardie), mais la Bretagne aussi à un sud… Vers Pornic ! »

Cette tranquille affirmation dessina de copieux sourires autour de la table. Sur ce, Jean d'Ormesson nous confia un trait de sa biographie qui n'apparaît dans aucune note de lecture : « Saviez-vous que je connais bien Vannes ?

— Non, et comment ? Vous y êtes venus souvent ?

— À 20 ans, j'ai servi dans un régiment de paras. J'ai même sauté, par ici, au-dessus des landes de Meucon où nos avions stationnaient. »

Stupeur générale. Les fourchettes restent dressées dans la main des convives. Nul ne connaissait l'épisode militaire de Jean d'Ormesson, stationné à Vannes, là où Bigeard et d'autres préparèrent leurs hommes à sauter dans les rizières indochinoises.

Une confidence en entraînant une autre, chez les plus anciens s'avive aussitôt le souvenir imagé de ces années où les bérets rouges qui, par ailleurs, ont créé le Rugby club de Vannes, en 1950, tenaient le pavé sur le port. « Un jour, j'ai vu un gars tomber en torche, ose un invité…

— Ah, la mort ! rebondit Jean d'Ormesson, elle nous rattrape un jour ou l'autre. Ici, nous sommes bien au pays de l'Ankou, n'est-ce pas ? La grande faucheuse des légendes bretonnes ; heureusement, avec vous, malgré mon âge [il avait 85 ou 86 ans], je me sens en sécurité. »

Au milieu des rires partagés et des verres promptement levés à sa santé – « *Yec'hed mat* » en breton – il assène, mi-sérieux, mi-rigolard : « Le pire, comme pour Jean Cocteau, c'est quand

Édith Piaf meurt le même jour que vous. Alors, l'écrivain passe au second plan. »

Jean d'Ormesson avait en mémoire ce numéro (le numéro 758) de *Paris Match*, daté du 19 octobre 1963… La « chanteuse des rues », bras croisés sur sa robe noire, visage chiffonné, occupait toute la couverture, sous un titre rassembleur : « Adieu à Piaf ». En bas, sur une simple ligne (même pas un bandeau), un simple : « Hommage à Jean Cocteau ».

Sept ans plus tard, le 5 décembre 2017, Jean d'Ormesson s'éteignait à Neuilly-sur-Seine. *Paris Match* jetait ses forces éditoriales pour composer, à sa mémoire, le numéro hommage attendu par ses nombreux lecteurs…

C'est alors que tomba la nouvelle du décès de Johnny Hallyday !

Pas question de manquer le rappel à Dieu de l'un et de l'autre, aux publics si différents. Pas question de bâcler le dernier salut au « monstre de la scène », pas plus que celui dû à l'académicien favori des Français.

Le numéro d'Ormesson sortit le jeudi 7 décembre. Mais la rédaction fit coup double : à pas de chasseur, elle boucla en une nuit celui consacré à Johnny. Il apparut dès le vendredi dans les kiosques de la région parisienne, le mardi suivant dans toute la France. À la manière d'un hors-série dont l'exposition s'étend sur plusieurs semaines, il restera disponible jusqu'à la fin du mois.

Laura Félix-Faure, directrice de la diffusion s'en félicite encore : « Le numéro consacré à Jean d'Ormesson se vendra à près de 500 000 exemplaires et celui de Johnny à 900 000. »

En 2017, *Paris Match* aura diffusé 53 numéros en… 52 semaines !

PAPARAZZI

Dû à quelque législateur zélé, à l'été 1970, le délit d'« atteinte à l'intimité de la vie privée » nouvellement promulgué fera de l'article 9 du Code civil une sorte de rente pénale, notamment au profit d'artistes en perte de vitesse courant alors le (petit) cachet de substitution ; exception faite, si les actes ont été accomplis au vu et au su des intéressés.

Ainsi les « fausses planques » valent-elles consentement présumé.

À *Paris Match*, la cellule dédiée aux célébrités plus ou moins consentantes travaillait en marge des équipes de photographes traditionnels. Non sans frottement sur le terrain, surtout à l'heure du rendu des reportages au service photo. En général, la course au rendez-vous manqué (caprices de stars) tournait à l'avantage des flibustiers de l'image sauvage.

Comme un inséparable couple de loups gris, les paparazzi marchaient en binôme : Houpline-Esch, Lange-Gordeaux, Wis-Mouron, puis Rostain-Mouron, duo de choc.

Tous ont multiplié les scoops. Une BD et même un film ont été consacrés aux deux derniers nommés. Leur rôle à l'écran était joué par Patrick Timsitt et Vincent Lindon, lequel – ironie de l'histoire – était dans leur mire aux temps agités de son idylle avec Caroline de Monaco. Il arriva même que, disputant un match de foot caritatif sous les yeux de la princesse à l'île de Ré, l'acteur dégaine ensuite une plainte pour diffusion de photos non autorisées, et ceci au seul titre du « droit à l'image ».

On doit à Rostain (seul) les photos aussi insolites qu'exclusives d'Alexandre Soljenitsyne, écrivain prolifique figure de la dissidence soviétique, ancien captif du bolchevisme d'État. Libéré de l'enfer de Sibérie, puis expulsé *manu militari* d'URSS, il avait trouvé refuge, en 1982, dans une forêt profonde du Vermont. Protégé par la CIA, donc logiquement préservé des regards, il y mettait la main à la correction des épreuves de son imposant manuscrit historique *L'Archipel du Goulag*, attisant la curiosité générale.

Tous les paparazzi américains étaient à ses trousses… Rostain aussi.

Loin de se laisser intimider par les fameuses banderoles jaunes de la police fédérale : « *No trespassing !* » (« Ne pas franchir ! »), il enjambe allègrement les barrières et s'enfonce dans les buissons. Son sauf-conduit, en gage d'autodéfense, tenait simplement dans cet aveu d'inculture candide : « *I don't speak english !* »

Ainsi « shoota-t-il » Soljenitsyne, torse nu et raquette à la main, la cible la plus prisée des photographes du moment.

On doit encore au duo les photos de Marlon Brando sur son atoll à Tahiti, de Neil Armstrong, le premier astronaute à avoir marché sur la Lune, surpris par un heureux « hasard » lors d'un banal plein d'essence à Cincinnati, la ville de sa retraite ; ou encore Oussama ben Laden débusqué à Marbella (Andalousie), luxueuse station balnéaire de la Costa Del Sol en compagnie de jolies filles généreusement dévoilées…

À son palmarès, les idylles rock'n'roll de Johnny Hallyday, les papes Jean-Paul II et Benoît XVI dans leur résidence d'été de Castel Gandolfo, le bizutage du prince Albert lors de la cérémonie du « passage de la ligne » à bord de la *Jeanne d'Arc*, Carlos le terroriste en promenade VIP à la prison de la Santé, le leader palestinien Arafat, dont on ne savait rien du sort – mort ou vif ? – depuis plusieurs semaines…

Jamais battus devant l'impossible, Rostain et Mouron, son très avisé compère, iront jusqu'à ramasser les poubelles des stars de Hollywood et en inventorier le contenu… Ils en feront une série de natures mortes, façon œuvres d'art, bientôt exposées dans les musées du monde entier. Ils en feront la décoration du pavillon français de l'Exposition universelle, à Milan, en 2015.

On les retrouvera, enfin, dans l'habit de patrons d'agence (Sphinx). Deux photographes de leur école, Pierre Suu et Sébastien Valiela, pisteront Mazarine Pingeot, la fille cachée du président Mitterrand.

Ainsi tourne le monde secret des paparazzi, ces pirates de la photo « volée », mythifiés par Federico Fellini. Sous l'œil complice d'Anita Ekberg et de Marcello Mastroiani, le cinéaste romain inventa avec eux *La Dolce Vita*. Un film daté de 1960, à voir et revoir.

La caste d'époque ne comptera guère plus de cinquante paparazzi. La déferlante des smartphones, vite transformés en caméras espions, multiplie désormais le nombre d'amateurs de clichés insolites et « volés » (une « concurrence déloyale », ironise Rostain).

Ce qui n'est pas du cinéma, en tout cas – on est loin de Fellini –, c'est la manière dont la France a transformé l'article 9 du Code civil en article 221 du Code pénal, en 1994.

Aujourd'hui les journalistes, même s'ils filment, écrivent ou photographient la vérité, peuvent se retrouver au tribunal correctionnel pour répondre de ce supposé délit.

Aux États-Unis et en Grande-Bretagne, on ne condamne qu'en cas de fausses vérités et de faits inexacts.

Parachutiste

Lors d'un pot sur le pouce à L'Apollinaire, brasserie QG du journal, en face du pont Mirabeau, à Paris, l'écrivain Yann Moix, auteur de *Jubilations vers le Ciel* (Grasset, 1996), s'exclame soudain, non sans second degré : « *Match*, c'est du carré, du solide, du costaud, c'est un journal de paras ! » Bigre !

En prenant sa barre, à l'automne 2021, après tant d'années passées au titre de rédacteur en chef, puis une dizaine d'années à la tête de *Télé 7 jours*, je n'avais jamais imaginé que ses bouclages, réglés au pas de chasseur, pouvaient résonner avec la solennité d'une prise d'armes sous le logo rouge et blanc du magazine.

À y réfléchir, grâce à la saillie fantasque de Moix, je me dis que les reportages en première ligne, voire les plus téméraires « paparazzades » tenaient souvent de l'opération commando.

Benoît Gysembergh, photojournaliste d'exception, qui avait tapis rouge à la Légion étrangère, n'a-t-il pas intitulé son livre de reportage : *La Photo en première ligne ?* Un titre tombé du ciel, lui aussi, lors d'un de nos déjeuners dits « de gamberge ».

Des paras brevetés, *Match* en a compté quelques-uns dans ses rangs, notamment dans les années 1950 et 1960 et lors de la prescription obligatoire. L'élégant et discret Pierre Manrique, mon bras droit, avait servi en Corée, puis en Indochine ; Charles

Villeneuve, voix d'Europe 1, qui collabora quatre ans à *Match*, porta le béret rouge des commandos de choc.

Le plus célèbre d'entre tous était Daniel Camus. Photographe aux armées, bientôt engagé à *Match*, il sauta avec les sacrifiés de l'héroïque bataille de Diên Biên Phu livrée au creux des montagnes du Tonkin (1954).

Le plus mythifié reste Jean Roy. Il avait été parachuté sur Sainte-Mère-Église lors du Débarquement et coiffait encore le béret rouge lorsqu'il fut fauché sur le canal de Suez, en 1956, lors de son reportage pour *Match*. Vrai héros pour ses pairs, il portait le numéro du standard téléphonique du journal sur la plaque d'immatriculation de sa jeep, tel un tatouage au cœur.

La première couverture de *Paris Match* dédiée aux parachutistes (numéro 84) remonte au 28 octobre 1950. Le portrait plein cadre d'un « para inconnu » occupe toute la une. On découvre Jean-Paul Hamel, 23 ans, caporal-chef d'un commando du 1er régiment de chasseurs parachutistes (1er RCP). La photo est signée de René Vital, lui-même baroudeur, féru de rugby et de boxe. Le titre du reportage invite au respect : « Ceux qui se battent pour la France en Indochine ». La légende photo sublime le sous-officier : « Hamel s'est engagé à l'âge de 17 ans. Se bat depuis quatre ans et demi. Dix opérations parachutées. Deux blessures. »

Soixante-dix ans plus tard, Hamel s'éteint à Vannes, Morbihan. La cité des Vénètes et des ducs de Bretagne fut le berceau des paras avant leur départ pour « l'Indo ». Hamel y avait trouvé son épouse – elle était ouvreuse au cinéma… Hanté par sa joliesse, il l'avait demandée en mariage par lettre… depuis la baie de Da Nang.

Le 15 mai 2020, Veronica, une de leurs quatre filles, accompagnait la dépouille de son père dans la nef de l'église Saint-Patern, l'un des sept saints fondateurs de la Bretagne historique.

Dans ses bras, comme un talisman pour le ciel, elle portait la reproduction de la couverture de *Match*, une photo emblématique au dos de laquelle des générations d'appelés et d'engagés ont appris à réciter « la prière des paras ».

On ne s'étonnera pas, vu nos précieuses archives, que la Société des Amis du musée des Parachutistes se tourna vers *Paris Match* dans l'espoir d'obtenir les photographies des combattants de Diên Biên Phu à la veille des célébrations des 70 ans de la bataille (2024).

Paris Match a consacré 11 couvertures aux Centurions de la guerre d'Indochine.

Passion

Daniel et Frank

On oppose souvent la passion à la raison. Parfois trop. La preuve avec l'extraordinaire alliance que scellèrent – véritable sceau industriel – Daniel Filipacchi et Frank Ténot, les patrons emblématiques du groupe Hachette Filipacchi, dont *Paris Match* fut le fleuron.

Photo, presse, cinéma, surréalisme, voitures, femmes et jazz… tels étaient les sept centres d'intérêt autour desquels, dès « l'adulescence » s'articulait la vie de Daniel Filipacchi. Le sept, chiffre fétiche, étant supposé porter bonheur ; on comprend qu'il n'ait jamais jugulé ses passions. Contrairement à ceux qui cherchent à maîtriser ces états affectifs irraisonnés, censés dominer le mental, il en a fait ses armes de conquête et de séduction massives.

La photo sera son tremplin. À 20 ans, dans l'immédiate après-guerre, il mitraille les amis de ses parents ; son père, secrétaire général chez Hachette, fréquentait des auteurs célèbres. Il avait créé Le Livre de Poche, participé au lancement de la prestigieuse « Pléiade », accompagné bien des collections, dont « La Série Noire ». Aussi recevait-il, tant au Flore que chez lui, un solide gratin de l'édition et des artistes en vue d'après-guerre. Du beau monde et une aubaine pour Daniel dont la presse constituait la cible professionnelle ; quand Jean Rigade lui proposa spontanément d'embarquer dans le premier équipage de *Paris Match*, il déboula vers l'aventure au volant de sa Ford T Bird, le Rolleiflex à l'épaule.

Des salles obscures, qu'il fréquentait depuis sa prime jeunesse, il fit encore un panthéon de stars hollywoodiennes qui éblouiront son imaginaire et guidera la future « peopolisation » de ses journaux.

Les femmes ? « Vous pensez trop à elles », lui serinait Hervé Mille, vénérable patron de l'équipe Prouvost. Vu le futur succès des magazines *Lui* et *Playboy* (à la française), qu'il conduira à l'époque où la presse masculine pondait des œufs d'or, cette apostrophe mi-douce, mi-amère, masquait un authentique nonsens.

Le jazz, enfin, a fait swinguer sa vie d'homme et de « boss ». C'est, en effet, grâce à cette passion que naquit le duo d'entrepreneurs de presse Filipacchi-Ténot ; autrement dit Daniel et Frank.

On est en mars 1955 quand tombe la nouvelle de la mort de Charlie Parker. À 34 ans ! Maurice Siegel, l'un des patrons d'Europe n° 1 l'appelle, de nuit. En urgence. Incroyable, mais vrai, il n'y a pas un seul disque du « Bird » (le surnom de Parker) dans les archives sonores de la station. Il est pourtant le saxophoniste alto le plus emblématique du jazz américain, l'un des fondateurs du style be-bop (avec Dizzy Gillespie). Ensemble, ils ont marqué la vibration souterraine des caves de Saint-Germain-des-Prés où Boris Vian « Sans le jazz la vie serait une faute » mettait les « Zazous » au pied de sa trompette et de ses Blues.

Daniel Filipacchi, tout jeune, est l'un des plus riches collectionneurs de disques : sa discothèque personnelle recèle quelques pépites déjà introuvables. Il n'est plus à *Match* à l'époque, mais photographe pour *Marie Claire*, autre titre phare du groupe Prouvost.

Dans les locaux d'Europe 1, il croise Frank Ténot, autre érudit en matière de jazz. La formation d'ingénieur de celui-ci, ancien physicien au centre de l'énergie atomique, mais par ailleurs collaborateur du magazine *Jazz Hot* (passion partagée, donc), contraste avec le photographe le plus culotté de Paris.

Siegel tient à sa perle rare. À lui seul, Daniel a de quoi garnir les archives sonores relativement modestes et comme désargentées. Délégué à l'Information de la station périphérique, il se heurte aux options stratégiques de Lucien Morisse, responsable de la programmation musicale. À chacun son poulain. Daniel ou Frank ? Frank ou Daniel ?

Ce dernier anticipe sur la tempête qui agite les crânes des deux chefs rivaux. Malin, il esquive leur brouille, met instinctivement le cap sur La Belle Ferronnière, le café à l'ancienne qui, sous *Paris Match*, borde la rue Pierre-Charron et la rue François-Ier, où siège Europe nº 1.

Laissant les patrons concurrents à leur bras de fer blanc, il y entraîne Frank Ténot. Devant un Coca (pour lui) et un verre de Bordeaux (pour Frank), les deux hommes en ressortent avec un solide pacte amical d'associés (à 60-40 pour cent) qui fera mouche dans la profession.

Quinze jours seulement après leur première rencontre, ils partagent l'antenne autour de l'émission « Pour ceux qui aiment le Jazz ». S'ensuivra le mensuel *Jazz Magazine* (20 000 exemplaires), aux revenus faméliques équilibrés « grâce à une gestion d'épiciers ».

En 1962 sonnera la révolution de *Salut les copains*, inspirée par la génération montante des *teenagers* américains (13-19 ans) qui, au-delà de l'argent de poche de papa, découvre un premier pouvoir économique. Une émission dédiée cartonne à l'heure des devoirs scolaires (17 heures) ; bientôt s'impose le lancement d'un magazine sur papier glacé, riche en photos couleurs et reportages intimes autour des vedettes de l'époque. Des rockers d'abord (Elvis, Gene Vincent), leurs émules *made in France* : Johnny Hallyday, Eddy Mitchell, Dick Rivers ; des « yéyés » ensuite…

La passion rejoignant ici la raison, ils ont créé le mensuel sur leurs économies propres ; soit 2,7 millions (anciens francs) pour Frank, 5 millions pour Daniel. Le premier tirage à 100 000 exemplaires (couverture Johnny) sera épuisé avant même la mise en vente ; idem pour le retirage immédiat, lui aussi placé à 100 000 exemplaires dans les kiosques. En bout de course, le numéro s'arracha à 99 % ! Idem pour le suivant (couverture Elvis Presley).

Le tirage de *Salut les copains* atteindra même son mât de cocagne : un million d'exemplaires en 1965, à l'occasion du mariage de Sylvie Vartan et de Johnny Hallyday.

Dix ans passent, enrichis d'autres créations… Et voilà qu'à 48 ans (Daniel) et 51 ans (Frank), les deux associés d'un groupe de presse dans le vent atteignent une sorte de Graal professionnel.

Le 18 juin 1976, Jean Prouvost cède *Paris Match* à la Librairie Hachette, laquelle, le 7 juillet suivant, par la voix de son nouveau président, Jacques Marchandise, annonce qu'elle ne conserverait pas le contrôle du titre phare. Elle ne garde que 40 % du capital de la future société éditrice, la majorité (60 %) allant à la société Cogedipresse dont le PDG est Daniel Filipacchi et l'associé numéro 1, Frank Ténot.

Ainsi *Paris Match*, qui avait dilapidé son identité entre 1968 et 1976 sous la tentation ubuesque de transformer l'hebdomadaire d'images en « *news magazine* » façon *L'Express* ou *Le Point* – cousins français du *Time* et de *Newsweek* – retrouve enfin ses marques.

À la barre, Roger Thérond, au retour salutaire (il était parti en 1968). Sous ses ordres, un état-major réduit : Benno Graziani, Philippe de Baleine, rédacteurs en chef ; René Sicart, Jean Durieux et Robert Serrou, chef des informations, Raymond Tournoux, service politique.

Exit Raymond Cartier, Arnold de Contades (gendre de Prouvost), René Mauge (rédacteur en chef du « news » et les autres).

Adieu la maquette étriquée au logo écorné, concoctée par Milton Glaser, directeur artistique de *New York Magazine*, qui avait fêté sa création, verre de champagne en main, en célébrant un véritable « *ego trip* » ! Retour aux fondamentaux, alors, l'égo artistique en moins, autour de Régis Pagniez, un homme d'image.

Paris Match quitte alors son port d'attache historique, phare de la rue Pierre-Charron. Toutes figures de proue en avant, dont Jean Cau, écrivain hors pair, il s'amarre pour de bon sur la prestigieuse avenue des Champs-Élysées. Un an plus tard, en augmentation constante, la diffusion du titre bondit déjà de 20 % !

PEDRAZZINI, JEAN-PIERRE

Une « gueule d'ange ». Son buste, inauguré à Budapest par Roger Thérond et notre petite équipe, en 1986, est aussi artistiquement réussi que l'était son visage, sculpté à la perfection. Une certaine fureur de vivre, à la James Dean, vibrait en lui, d'où sa passion pour les bolides qu'il conduisait pied au plancher, non sans épater la galerie et ses conquêtes féminines du Club Saint-Germain. Son pouvoir de séduction le faisait rayonner au cœur du « Paris *by night* » et quelque peu jalouser dans la fratrie des photoreporters.

Enfin, la photo, prise sur son lit de mort, tandis qu'il découvrait ses ultimes clichés pris lors de l'insurrection hongroise qui lui coûta la vie, deviendra mythique. Il n'est pas un directeur ou rédacteur en chef de *Match* fidèle qui, depuis 1956, n'ait eu sa reproduction encadrée posée auprès de son bureau.

Si « Pedra » était une grande figure des nuits parisiennes, à l'époque où « Elles & Eux » (ancêtre de la rubrique « Les Gens ») couvrait les célébrités, il était attiré par le baroud, à l'instar de Jean Roy qui tombera à Suez... la même semaine que lui ! Et par le grand reportage, bien sûr.

À six mois de sa mort tragique, fauché par les balles soviétiques, à Budapest, donc, il embarqua avec Dominique Lapierre, lui aussi une future grande figure de *Match* et du reportage au long cours, auteur de best-sellers internationaux jusqu'à camper *La Cité de la Joie* (Robert Laffont, 1985) à la face du monde, ce temple des misères humaines à Calcutta. Ensemble, accompagnés de leurs épouses, ils sillonnèrent la Russie soviétique, de Brest-Littovsk à Yalta, en passant par Minsk (qui n'était pas encore biélorusse) et Odessa en attente de souveraineté ukrainienne Simferopol, Rostov, Sotchi et l'inévitable... Stalingrad (devenue Volgograd). Cette épopée routière, à bord d'un break Marly pavoisé aux couleurs de *Paris Match*, a fait l'objet d'un livre illustré, publié quelques mois après la mort de Pedrazzini, délais d'impression obligent.

Gaston Bonheur, l'un des rédacteurs en chef de la première heure, en composa la préface. La relisant pour un sujet à placer dans la rubrique « Archives » de *Paris Match*, je ne résistais pas au plaisir d'en faire la lecture à voix haute devant les jeunes stagiaires débarqués pour l'été. À savourer mot à mot :

Pour commencer, il y a le président de la République, Vincent Auriol et sa femme. C'est au Kremlin, en février 1956, une des premières réceptions de la Russie sans Staline. Une espèce de bonhomie « fils du peuple » règne sous les lustres de la grande salle Saint-Georges où se reconnaissent, sans même s'entendre, le fils du boulanger languedocien et le paysan ukrainien Krouchtchev. Quant à Boulganine, avec sa barbiche et ses yeux pâles, il a l'air du portrait-robot d'un militant radical de province.

Deux jeunes journalistes français profitent de la détente pour parvenir jusqu'au vieux maréchal dont le veston s'orne d'une étoile d'or. Dominique Lapierre se jette à l'eau, poussé par Jean-Pierre Pedrazzini.

« Nous voudrions parcourir la Russie en automobile. Avec nos femmes. Un jeune ménage de journalistes soviétiques pourrait nous accompagner. Voilà l'autorisation exceptionnelle que nous sollicitons de votre part, Monsieur le Maréchal. Boulganine se frotta la barbiche.

— En automobile. Avec vos femmes ! »

Il semblait amusé. Le président Auriol se fit gentiment le complice des deux reporters, soutint leur demande et, six mois après, alors qu'on croyait la chose enterrée, la permission improbable parvint soudain à Paris. Lapierre et Pedrazzini seraient les premiers à pouvoir rouler en liberté sur 15 000 kilomètres de routes soviétiques.

Et voici le grand départ. C'est le 14 juillet. Le break Marly, tout neuf, est rangé rue Pierre-Charron, devant Paris Match. *Six cents kilos de matériel donnent à la fourgonnette une allure d'expédition. Les deux couples, Lapierre et sa femme Aliette, Pedrazzini et sa femme Annie, font bonjour aux portières. À travers Paris pavoisé, le fanion accroché à l'aile de la voiture qui s'éloigne rend des airs de petit ambassadeur tricolore. Un peu fané, un peu détrempé, il sera partout gravement salué de la Biélorussie au Caucase.*

Les vacances finies – quelques cartes postales des rivages de Crimée – à peine a-t-on le temps de revoir Jean-Pierre Pedrazzini.

L'actualité l'appelle en octobre aux barricades de Budapest. Et pourtant, nous le reverrons toujours, un peu amaigri par sa grande randonnée à travers les Russies, la peau plus hâlée, les cheveux plus blonds, son sourire grave à la Mermoz – et la ceinture du trench-coat nouée à la taille, plus grand que nature. Son appareil photo en bandoulière, il salue de la main, la porte se referme. Ce sera son dernier reportage. Il tombe sur le pavé de la capitale hongroise insurgée, mortellement blessé.

Ses dernières photographies, faites au prix du sang, raconteront au monde les journées glorieuses de la liberté. Des adolescents anonymes, qui ont reconnu en lui un héros de notre temps, sont venus porter des fleurs sur son cercueil. Aujourd'hui les soldats donnent son nom à leur popote, à leur hangar. Pedrazzini, c'est le reporter – comme Mermoz sera toujours l'aviateur.

Ce n'est qu'après la tragédie que furent développées les cinq cents bobines de pellicule des grandes vacances en Russie.

Ainsi, pour qui se penchait alors sur ces images d'un été perdu, elles apparaissaient comme irisées de larmes, l'émotion l'emportant sur le pittoresque. Elles restent un témoignage exceptionnel quand on sait qui les signe. Jean-Pierre Pedrazzini – « Pedra » comme l'appellent toujours ses camarades, aimait la route de la vie. Il aimait toutes les images de la vie. Aucun choix politique ne le guidait. Il ne se posait pas la question d'aimer ou ne pas aimer la Russie. Il aimait son reportage, les visages qui s'inscrivaient dans son viseur. Il a su mourir d'aimer ces choses-là [...].

Lapierre et Pedrazzini ne voulaient rien prouver. Leurs photographies ne racontent pas la Russie, mais, en toute objectivité, la vie des Russes qui les ont accueillis, portes ouvertes, spontanément, sur 15 000 kilomètres de routes qui n'appartiennent ni à l'enfer ni au paradis, mais à l'histoire des hommes.

Trente-quatre ans après la mort tragique de Jean-Pierre Pedrazzini, presque jour pour jour, un Falcon décolla du Bourget.

À son bord, Marie-Charlotte Vidal-Quadras, sa sœur, la grande portraitiste des célébrités et un carré de journalistes de *Paris Match* : Michel Gonod, chef du service politique, Vick Vance, compagnon de reportage, toujours inconsolable, Jack Garofalo, l'un des photographes qui ont bâti la légende de *Match* et moi, en tant que rédacteur en chef.

À sa tête Roger Thérond, naturellement.

Le programme tenait en une journée. Elle consistait d'abord à interviewer Arpad Goncz, président de la République, puis à dévoiler le buste en bronze massif de Jean-Pierre, le visage sculpté, fidèle à ses traits harmonieux, sous la lourde et belle chevelure, mèche au vent qu'il ramenait toujours vers l'arrière.

Deux inscriptions se détachent de la pierre dressée, l'une en magyar, l'autre en français : « Jean-Pierre Pedrazzini (1927-1956). Reporter photographe de *Paris Match*, blessé mortellement le 30 octobre 1956. »

Alors, rompant le silence glacé, la voix plus grave encore que d'ordinaire de Roger, ce qui n'est pas peu dire, s'élève sur la place de la République.

J'ai conservé les deux petites pages de son hommage, écrit à la pointe d'un stylo bleu et raturé, ici de là, pour en affiner le sens :

Jean-Pierre, nous t'avons perdu il y a 34 ans, mais aujourd'hui tu as gagné. Tu as gagné puisque la liberté a gagné.

Tu étais parti pour Budapest, avec tes appareils, ton légendaire imperméable, ton courage, ta foi. Tu étais parti pour un reportage. Tu as trouvé un destin.

Affreuse pour tes proches, tes parents, tes amis, ta disparition dans la fleur de la jeunesse est exemplaire pour les autres.

Pour les journalistes, d'abord. Et les circonstances mêmes de ta mort, révélées aujourd'hui, nous éclairent mieux sur cette profession. Avant de tomber sous les balles d'un milicien, tu avais porté secours à un enfant sous la mitraille. Tu avais donc répondu au cas de conscience qui interroge chacun de nous : au cours d'un reportage, poursuivez-vous votre travail ? Ou vous portez-vous au secours des personnes en danger ? Bien sûr, tu avais su répondre par deux actes : celui du cœur et celui du devoir professionnel.

Pour vous, amis hongrois, Jean-Pierre porte aussi cette image de celui qui est mort parmi vos propres morts. Son combat fut de témoigner pour eux, au milieu d'eux. Pour nous faire savoir à nous, Occidentaux, à la fois si proches de vous et si mal informés, que vous aviez allumé derrière le rideau de fer la flamme de l'espoir...

Merci à vous de ne pas avoir oublié ce grand témoin que fut Jean-Pierre, comme nous n'avons pas oublié le message transmis.

Merci pour les hommes libres que nous sommes.

Le cœur était bien lourd encore lors du déjeuner officiel en présence du chef de l'État, dressé au Jardin de Paris dans un cadre romantique donnant sur une rive du Danube. L'heure était trop mélancolique pour en apprécier les mets.

Restait à François Debouté, qui organisa le déplacement, à diriger l'équipe sur la prison Kosma où tant de captifs de tout âge avaient été « embastillés » par l'occupant soviétique, en attendant, trop souvent, d'y être exécutés.

Nous devions y retrouver quatre témoins de l'insurrection nationale alors photographiés par *Paris Match* : Gergely Pongratz, le légendaire commandant du square Korvin, Arpad Slama et Maria Wittner, condamnés à mort et libérés après quinze ans de détention et Joszef Boskoy. Il avait 33 ans alors quand il fut photographié par « Pedra », le fusil à la main. Tous les quatre témoignent dans un film documentaire de Franz Goess : *Les Héros de Budapest*, inoubliable d'émotion.

À la nuit tombée, quand le Falcon se reposa sur la piste du Bourget, Vick Vance, ramassé sur son siège, pleurait encore...

PÉRIER, JEAN-MARIE

Copain fidèle

17 janvier 2024, Françoise Hardy aborde ses 80 ans.

Dans son cas, « fêter » n'est pas un mot approprié. Minée par un cancer du système lymphatique qui touche les muqueuses, la bouche et l'arrière-gorge asséchées, ainsi qu'elle le confia, pudiquement, les yeux dans les yeux, à Marie-Laure Delorme, l'une de nos plus grandes auteures-compositrices-interprètes s'est inscrite dans l'autre dimension : « Partir le plus vite, le plus loin et le moins douloureusement possible. »

De ce rendez-vous assumé avec la fatalité du rideau qui tombe à jamais, *Paris Match* a fait un bandeau de couverture (numéro 3893, 29 novembre 2023). Ses mots interpellent « tous les garçons et les filles », pas seulement de son âge, qu'elle rassemblait, naguère, en foule. À 18 ans, elle vendit 700 000 exemplaires de ce titre mélancolique, en pleine vague rock et « yéyé », dont elle incarnait alors l'antimodèle, tout en faisant tourner la tête de Mick Jagger au cœur du « *Swinging London* ».

Ah, cette mini robe en métal doré signée du couturier Paco Rabanne (1968), sans doute mieux inspiré que par le smoking doré (« *the Gold lamé tuxedo* ») d'Elvis Presley, conçu onze ans plus tôt, par Nudie's, le « faiseur western » très en cour du côté de Hollywood.

À 24 ans, Françoise Hardy impose un style chic et strict, précurseur des modes ; le contraire donc d'une « yéyé » à jean et bandana.

Ceci ne l'empêche pas de devenir l'une des égéries de *Salut les copains*, l'émission fétiche d'Europe 1 et le mensuel d'une génération en rupture parentale (« les croulants »).

Aussi, le 12 avril 1966, s'était-elle retrouvée, léger sourire aux lèvres, sur la photo de classe devenue mythique des 47 chanteurs de l'époque réunis sous l'objectif de Jean-Marie Périer.

Parmi quelques idoles cravatées dont Dick Rivers en style « chat domestique » plus que « chat sauvage » et Dany Logan, au look nettement moins « pirate » que le nom de son groupe, Johnny Hallyday se détachait déjà, juché sur la marche d'une échelle. En blouson de cuir blanc, affectant un faux air à la James Dean, Sylvie Vartan sagement placée à sa droite, il faisait déjà chef de bande.

Seul Antoine, dans son rôle, jouait la contre-programmation étudiée en arborant la fameuse chemise à fleurs, façon hippie, affichant la moue insolente d'un étudiant contestataire de campus américain...

Le chef-d'œuvre, c'en est d'autant plus un qu'il a fait largement école, sans jamais parvenir à susciter ce niveau de « collectionnite » aiguë, reste le signe d'une époque. On y chantait plus une certaine « *dolce vita* » que l'appel d'une plage fantasmée sous le pavé de Paris, par les futurs « insurgés » de Mai 68.

Son auteur s'appelle donc Jean-Marie Périer.

À peine sorti de l'armée, il était tombé sous l'aile de Daniel Filipacchi, qui en fit d'abord son assistant avant de le propulser (appareils photo, studio à disposition, voyages au bout du monde à la carte) dans l'univers créatif de *Salut les copains*.

Ses idées artistiques originales firent de Périer le photographe star de la revue, aussi célèbre et célébré que ses modèles, Beatles et Rolling Stones compris, qu'il accueillait chez lui ou retrouvait en tournée jusqu'à Tokyo. À Los Angeles, il partagea le bungalow très spacieux des Stones sur Wilshire Boulevard. Il n'a jamais oublié l'image évanescente de Brian Jones, en peignoir de soie, faisant face à des centaines de filles hurlantes ; ni ce petit matin, où, partant voir le soleil se lever sur le Pacifique, Mick Jagger et lui durent enjamber des dizaines de groupies, heureusement assommées par leurs nuits de veille sans sommeil…

Le cœur de Jean-Marie Périer était pris. Il battait pour Françoise Hardy dont il partagea la vie quatre ans durant.

Il en parle toujours avec des mots gourmands : « Ce furent quatre années de passion partagée. Avec nos rêves et nos fragilités. Elle ne se trouvait pas belle – un comble ! – et s'enfermait dans sa salle de bains pour composer des chansons tristes. Moi, je passais mon temps à la porter vers la lumière, à en faire une icône de l'amour et du désir. »

De sa première rencontre avec Françoise, un flash l'éblouit toujours. Il voit surgir une grande fille mystérieuse avec un pull en V, des yeux maquillés genre sphinx, comme emplis d'ennuis, une main très fine. « Cette image tendre ne me quitte pas », avoue-t-il.

Et puis Jacques Dutronc est arrivé… Il chantait *Les Playboys* et *J'aime les filles*, ce qui pour Jean-Marie était bon signe et collait parfaitement à son univers musical et professionnel.

C'est alors que Françoise, l'air timide, et d'un ton gêné, osa lui susurrer : « J'ai rencontré un garçon… »

Beau joueur, Jean-Marie s'éclipse devant Jacques qui devient… son meilleur ami : « Je l'ai tout de suite aimé. Son ironie, sa distance, son humour m'ont conquis. Françoise était soulagée. J'étais heureux pour elle et pour lui. »

Un mois seulement après sa rupture avec Françoise, en août 1967, il les photographiait ensemble pour la première fois. Pas la dernière heureusement, puisque la maison de Monticello (en Corse) que Jean-Marie et Françoise avaient fait construire deviendra le cadre d'une indéfectible amitié. Il y verra grandir le petit Thomas et photographiera ses premiers exercices de guitariste « gipsy ».

En novembre 2023 encore, pour accompagner l'interview exclusive de Françoise Hardy par Marie-Laure Delorme et son appel à mourir dans la dignité, c'est vers Jean-Marie Périer que la rédaction s'est naturellement tournée.

Elle l'avait fait en novembre 1999 pour lui commander la photo historique des 50 ans de *Paris Match.*

À la manière de son copyright inimitable des 47 chanteurs rassemblés en 1966, Jean-Marie rassemble sous son objectif « ceux qui ont fait le demi-siècle ». Hommes d'État, Prix Nobel, médaillés olympiques, stars de l'écran et de la chanson, romanciers et créateurs… Semaine après semaine ils ont été les visages de nos couvertures et les héros de nos reportages.

Roger Thérond, encore Directeur général, avait fortement contribué à composer, à la manière du metteur en scène qu'il était, la photo événement de Jean-Marie Périer.

S'y côtoyaient (dans le désordre) et sur cinq rangées, autour de l'ancien président Giscard d'Estaing, 77 acteurs de l'histoire contemporaine. Ici, Simone Veil, le cardinal Lustiger, Son Altesse impériale et royale Farah Pahlavi, veuve du shah d'Iran, Madame Claude Pompidou, Robert Badinter et l'abbé Pierre ; là, Alain Delon, Jean-Paul Belmondo, Claudia Cardinale, Mireille Darc, Roger Vadim, les cinéastes Jean-Jacques Annaud et Claude Lelouch ; le peintre Bernard Buffet ; le spationaute Jean-Loup Chrétien, l'explorateur Jean-Louis Etienne ; ici et là, Bernard Pivot, Philippe Sollers, François Nourissier, ancienne plume de *Match* et président de l'Académie Goncourt ; le général Bigeard, le baron Empain, Alain Juppé et Michel Rocard ; les professeurs Bismuth, Carpentier et Montagnier, pionniers de la médecine ;

ou encore les couturiers Pierre Cardin, Christian Lacroix et Jean-Paul Gaultier ; Paul Bocuse, le restaurateur multi-étoilé et, dans le sillage de Maurice Herzog, l'homme qui « sauva » *Paris Match* en plantant le drapeau français au sommet de l'Annapurna, une phalange de champions olympiques : Jean-Claude Killy, Guy Drut, Marielle Goitschel, Kiki Caron, David Douillet. Et encore Michel Drucker, Michel Sardou, Daniel Filipacchi et Sylvie Vartan. Enfin, Jacques Dutronc, bien sûr, au milieu de… tant d'autres.

Cette photo fut éditée en dépliant à conserver…

Quatre ans plus tard, toujours fidèle aux copains et à *Paris Match*, Jean-Marie récidivait – clin d'œil à *Salut les copains* – pour les 60 ans de Johnny Hallyday, rassemblant 60 de ses amis.

Lunettes noires et pose dilettante, son label de toujours, Jacques Dutronc se tenait, mutin, auprès d'Eddy Mitchell, le copain du square de la Trinité et du golf Drouot… Dans l'objectif de Jean-Marie s'esquissait leur future alliance montée au couchant de la vie de Johnny… Celle d'immortelles « Vieilles canailles » !

Pigeon

Condamné à mort pour avoir conduit l'État français replié à Vichy dans l'impasse de la Collaboration avec l'Allemagne hitlérienne, le maréchal Pétain avait été gracié par de Gaulle…

À l'automne de ses 94 ans, l'ancien chef de l'État français n'en finissait plus de s'éteindre dans sa geôle du fort de Pierre-Levée à l'île d'Yeu. La presse internationale surveillait sa fin de vie. Les envoyés spéciaux de *Paris Match*, mais aussi leurs confrères de *Life*, *Le Figaro*, *France-Soir*, *L'Express* et même David Seymour, de l'agence Magnum (il sera tué à Suez en 1956, avec Jean Roy), prenait le bateau pour rallier Fromentine, sur la côte vendéenne au joli rocher vert de 23 kilomètres carrés, planté en plein océan et qui marque l'entrée du golfe de Gascogne.

Surgissant au milieu du bleu horizon, l'île ne manque pas de caractère. Les traversées étaient longues et d'un confort rudimentaire. Un hôtel, un seul : celui des Voyageurs, accueillait les visiteurs. On logeait plutôt chez l'habitant ; il y avait assez peu de villas d'estivants à louer.

Conséquence de son isolement maritime, elle souffrait d'un manque de communication. Pas de téléphone. Les irrégulières navettes à bord de bateaux de pêche se payaient au prix fort.

À l'annonce de l'aggravation de la santé de Pétain, spéculant déjà sur sa mort prochaine, les gendarmes laissaient entendre qu'ils couperaient le moindre moyen de joindre le continent, afin de préserver et de maîtriser l'information.

Une idée fusa chez Daniel pour contrer ce blocus prévisible.

Et si, comme en 1914-1918, on avait recours à des pigeons voyageurs !

Avec Jean Roy, son fidèle équipier, cueilli au départ de Paris au volant de sa Citroën dernier cri, il se mit en quête d'un éleveur de pigeons voyageurs. Il en dénicha un à Nantes. Ils en embarquèrent donc une demi-douzaine à bord de paniers en osier. Dès le reportage bouclé, le stratagème consistait à leur fixer une pellicule photo à la patte, à les lâcher depuis un quai de Port-Joinville et à les renvoyer vers leur pigeonnier familier. Là, un motard de *Match*, venu de Paris, n'avait plus qu'à ramener les films à la maison mère.

Les jours passant, Pétain toujours affaibli mais valide, les reporters se lassèrent des roucoulements des volatiles qui partageaient le balcon de leur chambre commune, bien exiguë.

Excédé, Jean Roy finit par les livrer au cuisinier du restaurant…

Selon Benno Grazziani, reporter, envoyé en renfort, Daniel assure que le cuistot les accommoda aux lardons et aux champignons, le tout arrosé de Muscadet, vin breton du massif sud-armoricain à l'attaque en bouche vive et fraîche. Daniel avance plutôt une version selon laquelle Jean Roy se garda d'aller au bout de son projet culinaire, à une ou deux exceptions près… Même si certains ramiers manquant à l'appel, il fallut dédommager des pertes l'éleveur nantais…

Au bout de quelques semaines, Roy s'impatientait toujours. Il bouillonnait. Une autre idée surgit alors : offrir un gâteau d'anniversaire au captif le plus célèbre de France…

On était à quelques jours de Pâques 1951, peu avant la date rituelle (Pétain était né un 24 avril). Conquis par le projet, Daniel alla à la rencontre de la Maréchale, lui proposant sans malice de préparer le gâteau elle-même ; mais cette dernière déclina, ne se sentant plus, à son grand âge, capable de cuisiner quoique ce soit.

C'était compter sans l'inspiration iconoclaste de Jean Roy. À la première boulangerie venue, il acheta une grosse boule de pain et se procura une poignée de bougies pour en couronner le « gâteau ». Afin de l'assouplir (la miche était bien dure), il n'hésita pas, en guise d'exutoire et au nom des anciens de la France libre (il avait sauté sur Sainte-Mère-Église à la Libération), à uriner sur l'objet du futur délit et à y planter fermement ses bougies, telles des banderilles.

Chose faite, ledit gâteau fut remis sans cérémonie – mais en photo bien sûr – à la Maréchale qui prit une pose de circonstance.

Restait à profiter du dernier pigeon vaillant pour expédier le reportage improvisé à Nantes, puis par moto, à Paris.

Daniel ne travaillait qu'en noir et blanc. La rédaction dut procéder à une mise en couleurs du document. Avec succès. Le journal s'arracha, prémices des ventes d'un imminent numéro à suivre, consacré, au début du mois d'août, à la mort de Pétain. Celui-ci, bien composé (« Pas de photo de Pétain en couverture ! » avait exigé Jean Rigade) établit le record de ventes de l'année 1951 avec 580 137 exemplaires, devançant de quelque 200 000 exemplaires la meilleure vente de l'année précédente... La trouvaille de Philippe Boegner, rédacteur en chef, avait fonctionné : plongeant dans une montagne de clichés, il avait juste exhumé une photo symbolique du bureau du maréchal, datant de l'avant-guerre, avec, posés sur son fauteuil et pour la postérité, sa capote, son képi étoilé, ses gants blancs et sa canne... Pétain absent et présent à la fois !

PIVOT, BERNARD

Élection présidentielle

Si la politique (ou les politiques) n'est guère en cour depuis dix ou vingt ans, une des élections présidentielles – celle de 1988 – permit à *Paris Match* de faire sa différence sur la concurrence des « *news magazine* ».

Notre ambassadeur n'est autre alors que Bernard Pivot, célèbre producteur-animateur de l'émission littéraire « Apostrophes », l'un des rendez-vous phares, diffusé chaque vendredi soir sur Antenne 2 depuis 1975 (l'émission cessera en 1990).

Couverture bleue en léger dégradé tombant sur une langue rougeoyante tachetée de blanc afin de rappeler le drapeau tricolore, ainsi se présente un numéro quasi introuvable de nos jours, car dédié au monde de la communication, à tirage limité. Il cible le lecteur classé « CSP+ », c'est-à-dire, le haut du panier des annonceurs publicitaires. L'idée est à mettre au crédit d'Olivier Chapuis, nouveau patron d'Interdeco, la régie publicitaire. Il surfa sur la démarche éditoriale initiée par Roger Thérond, réalisée par la rédaction, imprimée sur un papier au grammage de prestige.

On lit : « 4 378 000 lecteurs lisent chaque semaine *Paris Match* dont 964 000 chefs d'entreprises, professions libérales et cadres supérieurs. »

Bernard Pivot a vu défiler les plus grandes sommités sur son plateau, de John Le Carré à Georges Simenon, de Georges Brassens au général Bigeard, de Nabokov à Jean d'Ormesson, de Jean Cau à Bernard Henri-Lévy ou Maurice Clavel, etc. Non sans quelques en face-à-face orageux et incidents de parcours (bons pour l'audience) tel le delirium assumé de Charles Bukowski en état d'ébriété manifeste.

Déjà en 1975, il a reçu François Mitterrand, à la veine littéraire méconnue. Quatre ans plus tard, ce sera au tour de Valéry Giscard d'Estaing, premier président de la République en exercice à se laisser « apostropher ». Ce soir-là, il digressera à perte d'admiration pour l'idéal du « roman objectif » de Guy de Maupassant.

Pivot accepta spontanément de dialoguer avec les trois grands candidats déclarés à l'élection : Raymond Barre, Jacques Chirac et François Mitterrand, président sortant.

Intitulé « Le Match de l'Élysée », appuyé par Europe 1, Antenne 2 et l'institut de sondage BVA, Pivot sortit de son petit écran pour soumettre à la question (écrite) ces trois aspirants à la magistrature suprême, la deuxième au palmarès de François Mitterrand.

Jack Garofalo le photographie dans l'antre de son bureau, où les livres sont si nombreux qu'il les soupçonne, la nuit, de se reproduire en silence.

Avec Raymond Barre

Au gastronome lyonnais réputé qu'est Pivot, l'ancien Premier ministre de Valéry Giscard d'Estaing explique qu'après toutes les poignées de main en campagne, les tapes dans le dos, les chansonnettes, etc., il refuse l'apéritif : « Si je vais dans le Beaujolais, on m'offre un verre à boire. Je trempe mes lèvres, mais ne bois pas. Je suis surtout buveur d'eau minérale. »

Plus à l'aise dans le vrai sujet, le candidat à la plus haute marche du pouvoir lui confie les trois vertus essentielles d'un chef d'État à ses yeux : « Le jugement, l'ouverture, le refus de la cour. » Un grand reportage de Laurence Masurel, figure éminente du service politique, permet de montrer la solidité d'une famille unie et comment, de la toge du professeur, il est devenu un économiste majeur à l'âge de 26 ans. Bruno Bachelet photographie ses tortues de collection et, plus insolite, à côté de l'encrier de Proust qui orne son bureau, une multitude de médailles commémoratives en souvenir de ses voyages. Enfin, en guise de bouquet final, il rédige à la main pour nos lecteurs – et à l'encre bleue – son « acte de foi pour l'an 2000 ».

Avec Jacques Chirac

Un inédit vient garnir le reportage de Liliane Gallifet, chez le prédécesseur de Raymond Barre à l'Hôtel Matignon. Il s'agit d'un extrait du carnet de notes de Jacques Chirac, alors élève de 1re C (année 1948-1949) au lycée Carnot. Assez pour attiser la curiosité autour d'un élève « dissipé, trop bavard, distrait, aux résultats insuffisants... ». On lit même en conclusion du 2e trimestre : « Attention à la tenue, si l'élève veut terminer son année au lycée. » Ceci ne l'empêchera pas d'obtenir le Baccalauréat avec mention, avant de suivre un parcours d'études supérieures « sans faute » et d'embarquer pour l'Amérique avec ses copains de Sciences Po… Quand il part pour la guerre d'Algérie où il servira au grade de sous-lieutenant, il est déjà sorti de la promotion Vauban à l'ENA et convole en « justes noces » avec Bernadette Chodron de Courcel.

Dans la veine des propos de Raymond Barre à Pivot, il assure à ce dernier : « Je veux un entourage rude et diversifié et pas de courtisans. » Face à son interlocuteur, féru d'érudition, il assure : « Je suis très optimiste pour la culture de demain. » Et comme pour sceller son attachement aux valeurs familiales et à ses racines intimes, un autre Chirac apparaît à l'opposé de l'homme pressé trop souvent dépeint. Spontané et chaleureux, c'est à sa fille Claude qu'il confie l'interview de complément : un dialogue sur les vertus du clan Chirac, sérieux et gai à la fois : « Quelle est ta bouffée d'oxygène ?

— Un éclat de rire et un bon déjeuner. »

Et c'est elle qui, d'après une sélection de diapositives, choisit les photos du reportage.

Avec François Mitterrand

Claude Azoulay fixe ses objectifs jusque dans les appartements privés confiés à des designers modernes de l'Élysée, Philippe Starck et Jean-Michel Wilmotte en tête. Forcément, c'est avec François Mitterrand, fin lettré et grand connaisseur des auteurs classiques contemporains, à la Chardonne, que Bernard Pivot est « professionnellement » parlant le plus à l'aise. Sa bibliothèque, dûment composée de livres reliés, recèle de petits trésors signés Renan, Zola, Barrès, Proust et Martin du Gard. Partout autour de lui, des sculptures, bibelots et photographies anciennes auxquels il est sentimentalement attaché.

Naturellement, la photo de famille – avec Danielle, son épouse à qui il passa la bague au doigt, le 28 octobre 1944, jour de ses 20 ans, et leurs deux fils : Jean-Christophe, né en 1947, Gilbert, en 1949, figure en bonne place dans l'iconographie. L'existence de Mazarine, fille cachée que lui a donnée Anne Pingeot, n'est encore qu'un secret de famille. À Paris, rue Guynemer (archives, donc), à rue de Bièvre dans son « bureau grenier », à l'Élysée, ou sur une plage des abords de Latche, dans les Landes, Claude Azoulay fait défiler ses reportages qu'il publie en livre (*Un homme président*, Filipacchi, 1987).

De l'interview « les yeux dans les yeux » avec Bernard Pivot, on retiendra que François Mitterrand « se sent solidaire de l'histoire de France en général » et qu'à ses yeux « de Gaulle était le dernier des grands personnages du... XIXe siècle ». (Il est beaucoup question de De Gaulle.)

J'ai gardé l'original de l'interview soumis au président pour d'éventuelles mini retouches au nom du respect de ses propos (pas des questions, bien sûr). Comme de Gaulle avec Jean Farran, en 1954, Mitterrand nous remettra une copie à d'infimes graphes.

On notera, pour l'occasion, qu'il s'exprime sur ceux qui prononcent son nom « Mitt'rand » et non pas Mitterrand (avec deux r et deux t). « Comment l'expliquez-vous, lui demande Pivot ?

— Je ne sais pas... Cette façon de dire paraît sans doute désagréable pour moi. Et péjorative. Ils savent bien que ça ne fait jamais plaisir de voir son nom écorché ! »

Quant à la « Tontonmania » plutôt que « Mitterrandôlatrie », il révèle que le surnom de « Tonton » est un nom de code – inconnu de lui – employé par les services de sécurité.

Naturellement, il est beaucoup question de littérature dans cet entretien et même des grands caricaturistes (Plantu, Jacques Faizant) « qui le font rire », même si Faizant est « de parti pris », surtout quand il le représente dans les habits trop grands du Général...

Et les autres

1988, c'est aussi deux volontés qui s'affirment aux marges de « l'establishment ». Celle de Jean-Marie Le Pen (Front national) et d'André Lajoinie (Parti communiste).

Paris Match consacre huit pages au premier. L'album photos de sa vie de baroud a été rassemblé par Jean-Pierre Biot, photographe maison. Ils s'étaient connus en Algérie. Le Pen était béret vert (parachutiste de la Légion), Biot, béret rouge (unité de parachutistes). Mais pour la photo de famille, avec ses trois filles (Yann, Marie-Caroline et Marine) et pour son univers privé à Saint-Cloud, c'est Benjamin Auger, autre pilier de *Match* connu pour son regard esthétique, qui la réalise. L'insolite est surtout dans le texte. En effet, l'interview est conduite par la plus jeune de ses filles (Marine a 19 ans…). À sa question : « Tu n'as jamais eu envie de renoncer ? » Il répond : « Pour moi, la vie commence toujours demain. »

Quant à André Lajoinie, c'est encore Benjamin Auger qui s'y colle, passant, sans transition du parc de Montretout, à Saint-Cloud, à La Courneuve où réside le candidat communiste avec sa femme Paulette. Il y médite sur la dure succession du mythique Georges Marchais, encore et toujours Secrétaire général d'un parti affaibli par la candidature de Pierre Juquin, son principal dissident… La photo qui les réunit est lourde de mauvais pressentiments. Les sondages n'annonçaient guère de « lendemains qui chantent ».

PHOTO

Le mot magique à *Paris Match*… Non sans dédain, quelque Directeur artistique taxait les textes de « gris », car l'uniformisation des phrases en colonnes lui faisait penser à un défilé de soldats de plomb. Bien sûr, il se montrait « plus royaliste que le roi », car la lecture n'est pas l'alibi de l'image. On parle couramment, d'ailleurs, de « lire une image ».

À *Paris Match*, la photo s'avère être la locomotive du magazine. Roger Thérond aimait à répéter que la photo vaut 10 000 mots.

Aux yeux du directeur, par ailleurs créateur du mensuel... *Photo* en 1968, avec Walter Carone, la présence des mots restait capitale. D'où la nécessité d'épauler les sujets par des récits de grands reporters à plume vaillante (« choses vues, vécues ») et d'écrivains à forte notoriété, capables de donner du fond aux séquences imagées ; d'apporter une griffe personnelle et un style déterminant. Jean Cau en fut, un quart de siècle durant, l'indétrônable tête d'affiche.

En pointe sur les dossiers sociétaux, son nom claquait en appel de couverture, comme sur un fronton ou le « cartel » d'une arène à maestros. Jean Farran, Alexandre Astruc, Guillaume Hanoteau, François Nourissier, Raymond Cartier, avant-hier ; Irène Frain, Katherine Pancol, Yann Queffélec, Gilles Martin-Chauffier, hier ; Philippe Labro, Yann Moix, Philibert Humm, Simon Liberati – couverts de prix littéraires – ont contribué d'une génération à l'autre – à perpétuer l'exercice. De tout temps, ils furent les garants et les gardiens de la moitié de la devise de *Paris Match* : « Le poids des mots » ; l'autre moitié, « Le choc des photos », sonne parfois durement aux oreilles trop fragiles. Difficile de la zapper quand, légataire indiscuté du photojournalisme, ce reportage à bout portant dont Robert Capa (tué en Indochine) fut le précurseur, *Paris Match* en a fait sa discipline reine. Elle imprime les événements dans la mémoire collective. La mission de se trouver partout où il se passe quelque chose dans le monde (de la Chine de Mao en 1949 à l'invasion de l'Ukraine en 2023) est ici assumée.

Bien avant la déferlante de la télévision, amorcée à la fin des années 1960, la grande équipe des photographes du journal – Claude Azoulay, Walter Carone, Willy Rizzo, Gérard Géry, Georges Ménager, François Gragnon, Izis, Jean Roy, Jean-Claude Camus, Jean-Pierre Pedrazzini et leurs héritiers, tel Alvaro Canovas – formait de quoi composer le pack des cameramen de TF1, France Télévisions, M6, BFM et du groupe Canal+ d'aujourd'hui !

Que n'a-t-on bêtement pronostiqué la mort de la photo vu l'addiction au petit écran, plus tard aux smartphones et au numérique…

La photo surmonte ces avancées technologiques. Par sa grâce pérenne, elle garde noblesse et pouvoir de mémoire. Un film passe. Elle reste. Malgré l'arrivée de la couleur, qui valorise les grands reportages de type « Univers *Match* » (à partir des années 1970), le noir et blanc témoigne de la densité de drames. La vision du sang en couleurs ajoute à l'horreur de l'acte primaire.

Une bonne exception est celle de l'assassinat de John Fitzgerald Kennedy à Dallas. Pas de photo saisissante à l'heure du bouclage, mais l'apparition d'un film amateur en couleurs (ah, le tailleur rose de Jackie !), tiré d'une caméra Bell & Howell 8 millimètres « zoomatic », à la pointe de l'innovation. Elle était dans les mains d'un couturier de Dallas, Abraham Zapruder, juché sur un plot de béton pour mieux filmer le cortège présidentiel. Tandis que la limousine effectue un virage en face du dépôt de livres où Lee Harvey Oswald s'était posté, le tir résonne et le président est mortellement touché. Le film est vendu à *Life Magazine* contre 150 000 dollars. *Match* s'en procure une copie. Problème : ce n'est pas de la photo… Grâce à sa culture cinématographique de jeunesse, solidement entretenue, Roger se transforme en metteur en scène et réalisateur. Il monte le sujet comme un film. Avec le même document que *Life* et dans le même laps de temps,

Paris Match séquence en *short cuts* innovants ce qui n'aurait pu n'être qu'un doc brut.

Beau joueur, le rédacteur en chef de *Life* se fend d'un télégramme élogieux : « Bravo ! Vous avez mieux exploité le document que nous. » *Life* récidivera trois ans plus tard. Pas pour une photo, cette fois, mais grâce à une ingénieuse initiative artistique…

Noël 1966 : Walt Disney meurt. Le pionnier de l'animation avait fait rêver des générations d'enfants. Un dessinateur de *Paris Match* a l'idée de placer une larme coulant tristement sur la joue de Mickey, icône des petits. Cet inédit fait la une du magazine. Mickey est comme ravagé par le chagrin.

Cette fois, Harry Luce lui-même, le propriétaire de *Life*, écrit : « *Paris Match*, le meilleur magazine du monde. »

Polémiques

« La polémique me touche, expliqua Roger Thérond, mais ne m'atteint pas professionnellement. Je continue mon chemin sans tenir compte de cette polémique. Je suis déjà au-delà. Le temps va de plus en plus vite. *Match* est une institution en mouvement et c'est le mouvement qui compte, l'institution continue sur son erre comme les grands navires.

Quand *Paris Match* a été mis en question, ou en cause, la situation s'est toujours retournée en notre faveur.

Mitterrand sur son lit de mort, tout le monde me dit que nous avons bien fait de publier cette photo parce qu'on ne l'oubliera jamais, elle est historique.

Après la mort de Diana, nous avons été montrés du doigt : Les photographes ont bénéficié d'un non-lieu.

Quand nous avons publié les premières photos de Mazarine, Françoise Giroud a dit : « Elle sera toujours désignée comme une bâtarde qui longera les murs. »

« Aujourd'hui, elle écrit, elle préside la fondation de son père et elle était aux côtés de Madame Mitterrand aux obsèques. [...] Je me sens très bien quand le bateau tangue... On vit, on bouge. On n'a pas le mal de mer. On est bien ! » (Roger Thérond, interviewé par Jean-François Leroy, directeur du Festival de photojournalisme Visa pour l'Image dans *Photo* (numéro 358, avril 1999).

Politique

Comment définir l'engagement politique de *Paris Match* ? Journal de droite ? Neutre ? De gauche ?

Passons sur la mort de Pétain qui, dans les turbulences prolongées d'après-guerre, divisa la rédaction, entre ex attentistes sortis régénérés des heures sombres et jeunes résistants tels Joël Le Tac, André Lacaze ou Jean Roy, prompts à mouliner l'uppercut, y compris en conférence de rédaction.

On a vu qu'une sublime intuition éditoriale mit tout le monde d'accord : éviter le portrait de l'ancien chef de l'État français en couverture : une telle exposition aurait rappelé les images de propagande du régime de Vichy. Restait au service photo à débusquer une illustration façon « nature morte » (en situation donc). Le choix se portera sur les distinctions au titre de maréchal de France : bâton de velours bleu parsemé d'étoiles et képi brodé à feuilles de chêne posés sur un fauteuil. Ainsi Pétain serait-il symboliquement présent sans apparaître en personne...

La politique n'a jamais été le levier principal du magazine. Même Jean Prouvost, inquiété à la Libération – et réhabilité par un non-lieu, dont écrit Hanoteau « les attendus auraient pu figurer sur une citation à l'ordre de la Nation », cultivait tant l'anticonformisme qu'il s'enticha de René Andrieux, rédacteur en chef de *L'Humanité* qu'il avait croisé dans un cocktail à RTL et trouvait très dynamique…

Sympathisants de droite ou de gauche, au sein du magazine, se gardaient d'empiéter sur la ligne plutôt neutre du journal.

Raymond Cartier, plume prolifique, Vendéen au cœur chouan, avait mouliné de la canne contre les étudiants de gauche dans sa jeunesse au Quartier latin. Il restait classé à droite, façon Kérillis, un de ses maîtres à penser, un Chirac d'avant-guerre ; André Lacaze, chef des informations, ancien étudiant de l'Action française, avait été déporté par les Allemands à Mauthausen. Ses états de service tutoyaient ceux de son copain Joël Le Tac, ancien des Forces françaises libres, officier para, lui aussi déporté et livré aux « convois de la mort ». Il quittera le métier de photographe pour se consacrer à une longue carrière de député (gaulliste) dès 1958…

Plus tard, Charles Courrière, radical-socialiste pur et dur, fera entrer Jean Taousson et René Sicart à *Match*. Il les avait connus au quotidien *L'Écho d'Alger*, en pleine guerre. N'ignorant rien de leurs sentiments pro-Algérie française, il savait que Taousson avait rejoint les « commandos delta » de l'OAS (Organisation armée secrète) en lutte armée contre de Gaulle.

Longtemps le service du rewriting fut dirigé par le très érudit Dominique Eudes, apologue des révolutionnaires communistes grecs et fasciné par l'univers secret du régime albanais marxiste d'Enver Hodja… On y côtoyait à la fois l'écrivain classique Frédéric Musso, né à Tizi-Ouzou, autoproclamé « Cocu de l'Histoire » ou Édith Serero, autre pied-noir ingénieuse et virevoltante chef d'édition à la même époque, assez peu sensible à la « Nostalgérie » version Musso.

On pouvait y croiser l'ébouriffant Jean-Edern Hallier, passé du dandy-gauchisme soixante-huitard à une sorte d'opportunisme anarchisant. Il était toujours à l'affût d'une « carte blanche » (tribune n'engageant que son auteur) à noircir.

Y passait plus rarement, le cheveu au vent et la cravate flottante, le réalisateur existentialiste Alexandre Astruc. Ami de Boris Vian, ancien « rat de cave » dans l'après-guerre de Saint-Germain-des-Prés, il était multicouvert de prix et autres distinctions littéraires.

Proche de Marc Allégret et d'Alain Resnais, tendance gauche germanopratine, cet esprit « libre » y troquait la posture bien-pensante contre une tranche de faconde rocailleuse d'Arthur Conte, maire, député, secrétaire d'État, etc. Anticommuniste viscéral, passé de la SFIO de jeunesse à l'UDR giscardienne, puis sacré patron de l'ORTF, il rédigeait à la commande des analyses bon enfant qui ne polluaient guère l'air du temps.

Peu expansif, mais rigaudon lettré, le mégot de cigarette indienne au bout des doigts, se tenait Roger Châteauneu, autre personnage du « rewriting ». Auteur de Gallimard (*Les Myrtes*, *Le Brasier*), ce petit homme râblé au crâne bosselé était hanté par les fantômes du Front populaire. D'aucuns avaient sabré le champagne à ses côtés pour célébrer le prix Staline consacrant l'un de ses ouvrages.

Chantre de la réalité du monde prolétarien, froid admirateur de Pol Pot, le chef des Khmers rouges qui massacra son peuple au Cambodge, il psalmodiait à l'envi sa phobie sociétale. Pour lui, la symphonie du travail ne devait tenir que dans un décor rouge (communiste) et noir (anarchiste). Elle restait « une ode aux humiliés ». Il pérorait, soliloquait même, pénétré de perplexité, la tête penchée quand tombait entre ses mains, la copie déstructurée d'autrui à restaurer dans l'urgence.

Plus tard, le service où œuvra magnifiquement Pierre Jeoffroy, homme de gauche affirmé (l'un des journalistes préférés de Jean Prouvost), verra passer un ou deux anciens trotskistes de talent dont tout le monde se fichait de quelle obédience ils étaient issus : Lutte ouvrière ou LCR ? Krivine ou Laguiller ? De quel courant se réclamait-il ? Frank ou Lambert ?... Pas le genre de la maison.

Moi-même, « droitier » assumé dans les prémices de Mai 68, sans velléité prosélyte professionnelle (*Match*, non engagé, se doit de respecter les idées de tous ses lecteurs) et revenu de tout, ou presque, j'avais repéré le fructueux, sympa et brillant Jean-Michel Caradec'h, alors maoïste revendiqué.

C'était sur la route du Tour de France, à la veille des années 1980.

Travaillant encore pour *Le Figaro*, je l'hébergeais, non sans malice, dans notre voiture. Il couvrait le Tour pour... *Libération* ! Sous le logo à plume stylisée du quotidien de droite qui ornait les portières, il s'amusait, pour la galerie, à multiplier les bras d'honneur aux envoyés spéciaux de *L'Humanité*, les frères Besson, plutôt bons camarades. Gauchistes et communistes ne faisaient pas le meilleur ménage de ce temps-là ! D'où ces provocations folklo dignes de potaches...

Appelé en renfort au bouclage de *Match* le soir de l'arrivée du Tour à Paris, je débarquai aux Champs-Élysées en sa compagnie et en celle du médecin du Tour, le Dr Miserez, mijotant pour *Match* quelques révélations sur l'opacité de la lutte antidopage.

Séduit par la plume véloce de Caradec'h, Roger Thérond l'engagea quasiment sur-le-champ. D'équipier, il menait soudain, sous mes yeux, l'échappée de notre duo ! Une échappée belle. Il y rejoignit Patrick Miler, « gaullien » plus que gaulliste, avec qui j'avais roulé en tandem à *France-Soir*. Mon arrivée sonna quasiment dans la roue de Jean-Michel, devenu « Jean-Mich' » pour les uns, « Jean-Mimi » pour la plupart. Dès lors, nos débats engagés sur la route du Tour reprirent de plus belle.

Ces quelques tableaux, brossés au fil de la plume, démontrent, s'il en était besoin, la formidable tolérance qui régnait à *Match*.

De quelque bord que nous soyons, ou que nous fûmes, chaque responsable savait mettre en sourdine ses propres convictions.

Quant aux « grands de ce monde », ils étaient tous bienvenus à bord.

Passons sur les années de Gaulle ou Pompidou, riches en iconographie et reportages maison… Il n'est qu'à consulter nos numéros « Hors-Série » pour le réaliser.

Valéry Giscard d'Estaing signera ses « Carnets du monde » dans *Match* à la manière d'Henry Kissinger, ancien secrétaire d'État américain des années Nixon et plume du *Los Angeles Times*. C'était une idée opportune de Roger Thérond. J'en recueillerai un grand nombre au terme d'interviews glanées chez lui, rue de la Faisanderie, à Paris, sous la mystérieuse tachygraphie de l'excellente Nicole Bröchler, auréolée du titre de championne de France des sténographes de presse.

Il en fut de même pour Laurence Masurel qui prit le relais. Très instruite de la chose politique, elle avait logiquement succédé à Michel Gonod quand celui-ci quittera la tête du service en question.

Il était de sensibilité « mitterrandienne », ce qui ne dérangeait personne à *Match*. Au contraire, même, car cela nous procura une belle exclusivité, texte et photos, le soir de l'élection du candidat socialiste à la présidence (1974). Inoubliable scène vespérale, en effet : elle fut saisie, en photo, dans la solitude rustique de l'hôtel du Vieux-Morvan, fief et QG de campagne, à Château-Chinon, au cœur de la Bourgogne historique. Un vrai scoop !

François Mitterrand reste l'exemple typique de la neutralité du Journal dans le suivi texte et photos. Avec Claude Azoulay qui avait su gagner sa confiance, nous étions abondamment servis en photos du président, notamment dans l'intimité familiale à Latche ou autour de chez lui, rue de Bièvre. Claude l'accompagnait sur les quais de Seine où, promenant Nil, son fidèle labrador, il flânait parmi les bouquinistes, enrichissant sans cesse une solide culture classique.

Ceci n'empêchait pas Jean Cau de dégainer ses textes à connotation pamphlétaire contre « la Mite », comme il le surnommait. Sa mitterrandophobie affichée côtoyait les photos de Claude Azoulay, mitterrandophile assumé. Il appelait aussi la gauche « la grande prostituée ». Malgré « une passion pour Che Guevara », il guerroyait contre elle d'une plume maniée comme l'estoc. Il fustigeait dans *La Barbe et la Rose* ou *L'Ivresse des intellectuels*, les symboles de l'ère mitterrandienne. En édition, il multipliait ses « réflexions dures sur une époque molle ».

Ainsi vivait *Paris Match*, sans œillères mais non sans caractère.

Ainsi passèrent aussi les ères Chirac et Sarkozy (sous la conduite d'Alain Genestar), puis l'avènement d'Emmanuel Macron dont le premier quinquennat éblouissait Olivier Royant ; des années plus contrastées, mais sans schisme interne, sinon minées par de mauvaises querelles soufflées surtout depuis l'extérieur : l'air vicié du temps...

« Première dame »

Olivier aura la tâche de gérer en interne un avènement rare : celui de Valérie Trierweiler, d'abord attachée à suivre le candidat François Hollande à la présidence de la République et passée en un tour de suffrage universel gagnant, le 15 mai 2012, du statut de journaliste à celui de Première dame, mais toujours journaliste.

Pas simple à vivre au quotidien pour la collectivité maison, colportait « radio couloir », mais une rarissime opportunité pour *Match*.

Valérie sera libérée de sa fonction par Hervé Gattegno, non sans avoir produit, auparavant, un numéro hors-série de référence, consacré justement aux Premières dames.

À cette période, je saisis plusieurs fois l'occasion d'assurer la reparution de certains de ses textes (l'abbé Pierre, mais aussi une interview de Jack Lang, la correspondance entre Anne Pingeot et François Mitterrand) ou encore de lui commander un portrait original de madame de Gaulle, ce dont elle ne manqua pas de me remercier chaleureusement par texto. Il y eut encore un Jackie Kennedy et un Diana, sous sa signature, ce dernier annoncé en couverture du numéro dédié à la Reine.

Pétillante et pugnace à la fois, Valérie Trierweiler a su imposer sa personnalité. Lors des 15 années passées ensemble au magazine, elle au service politique, moi à la rédaction en chef, nous traitions de sujets politiques sans discuter de politique en soi pour autant : encore et toujours la grande liberté de ce temps-là.

Le lundi soir, elle se présentait aux côtés de Laurence Masurel, en compagnie des autres journalistes du service : Delphine Byrka, Élisabeth Chavelet, Frédéric Gerschel, Sylvie Santini, François Labrouillère et Laurent Léger – une équipe homogène – afin d'élaborer les titres de la rubrique. D'instinct, elle décochait souvent la formule qui ouvrait la bonne piste. Patrick Miler, mon alter ego et/ou moi n'avions plus qu'à ajuster plaisamment le tir.

Ces séances créatives – par nature – étaient aussi bon enfant.

La liaison de Valérie Trierweiler et de François Hollande provoquera la situation inédite que l'on sait, tant au journal qu'à l'Élysée. Elle justifiera, sans excès, trois sujets de couverture de *Paris Match* en moins d'un an.

Huit mois après leur rupture, elle publiera *Merci pour ce moment* (Les Arènes, 2014), authentique best-seller riche des coulisses élyséennes ; un récit remarquablement troussé, injustement dédaigné par la critique.

Poubelles

Si Eugène Poubelle, préfet de Paris au XIXe siècle, a laissé son nom à l'invention de l'objet salutaire pour l'hygiène publique (1883), certains, un siècle plus tard (1989), en ont fait une authentique œuvre d'art. Le plus cocasse de cette créativité artistique se fera par l'entremise du duo suractif de paparazzi, Pascal Rostain et Bruno Mouron, déjà présentés ci-avant.

Tout commence en 1988. Dans une chronique du quotidien *Le Monde*, un professeur de sociologie de Montpellier publie un article censé dépeindre la société de consommation. Le titre n'a rien de particulièrement attractif : « La société de consommation en France » ; au contraire même, il est d'une austérité de circonstance pour une critique outrecuidante.

Il aurait été plus léger de citer « La complainte du progrès », vive dénonciation de la consommation de masse par Boris Vian à la veille du Salon des arts ménagers en 1956. Paroles ironiques : « Viens m'embrasser / Et je te donnerai / Un frigidaire / Un joli scooter / Un atomixer / Et du Dunlopillo / Une cuisinière / Avec un four en verre… » Ou d'écouter Eddy Mitchell swinguer sur *À crédit et en stéréo*, une même thématique, plus fataliste encore, en 1974…

Le texte du professeur développe, cependant, une réelle originalité. Il a demandé à ses élèves de collecter les poubelles de dix familles pendant une année et d'en étudier scrupuleusement le contenu dans son extrême diversité. Des travaux pratiques malodorants, certes un rien rebutant, mais – a priori – révélateurs.

Le journal une fois replié, Rostain passe à d'autres préoccupations moins exténuantes que celles d'éboueur, même amateur, sans doute plus lucratives… Curieusement, le sujet chemine dans sa tête.

Un an plus tard, Pascal raccompagne Serge Gainsbourg chez lui, 5 bis, rue de Verneuil. À leur arrivée, aux aurores, Fulbert, le maître d'hôtel de l'artiste s'affaire à sortir… les poubelles ! « Mes deux neurones de *paparazzo* se connectent aussitôt », en sourit-il aujourd'hui.

Se souvenant de l'article du *Monde*, il saisit à bras-le-corps la poubelle du chanteur-compositeur, lequel, entre deux vodkas « pour la route », s'esclaffe, ébahi par ce coup de main surnaturaliste.

Très vite, le contenu de l'objet du délire se retrouve étalé dans le studio photo qu'il partage avec son associé, Bruno Mouron, à Montmartre… L'ensemble garnit une estrade recouverte d'un velours noir. Pascal lance le « Go » pour l'exploration du trophée à surprises.

La déception saute aux yeux, car de véritable surprise il n'y en a pas. La composition révèle, en effet, une caricature de Gainsbourg à peine appuyée : entre les bouteilles de pastis (Ricard) et les paquets de cigarettes (Gitane), le reste des détritus n'a guère de signification notable. Trop caricaturale la nature morte. Elle apparaît vite inexploitable pour *Paris Match*, cible numéro 1 du sujet…

Le résultat les interpelle : « On pourrait croire que nous en avions nous-même dessiné le contenu ! C'était "*too much*". »

Trois questions surgissent alors :

Ce type d'action est-il légal ?

Les paparazzi essuient souvent les bancs des tribunaux. Ils se gardent d'en rajouter, de prendre des risques inutiles sur des sujets sans garantie d'intérêt général. Maître Matarasso, avocat familier de la 17e chambre correctionnelle les rassure : « *Rest Nullus* » (les choses abandonnées sur la voie publique sont à tout le monde).

Doit-on demander l'autorisation ?

« Surtout pas ! » explique l'avocat, car, informées, les futures cibles risqueraient de vouloir faire le tri afin de lisser leur image. L'action perdrait son naturel.

Quel genre de poubelles collecter ?

Impérativement, il ne doit s'agir que de celles de maisons individuelles ou d'hôtels particuliers, afin d'éviter les dépotoirs collectifs dans les immeubles.

Rassurés sur ces trois points, les deux compères phosphorent, se challengent l'un et l'autre dans le but d'établir une première liste de « clients » renommés qu'il s'agit de pister au plus vite. Ils ont pour nom, Brigitte Bardot, Jacques Dutronc, Serge Gainsbourg (bis), Johnny Hallyday, Bernard Tapie, Georges Marchais, Yannick Noah : un savant mélange de têtes d'affiche.

Le résultat ne se fait pas attendre. Il est même au-delà de leurs espérances et se solde par la publication de huit doubles pages dans *Paris Match*…

Le numéro à peine paru, Daniel Filipacchi surgit au 5e étage de l'immeuble de *Match* sur les Champs-Élysées. Dans le long couloir qui longe la salle de la maquette, on l'entend questionner à la ronde : « Où sont Bruno et Pascal ? » Ils traînent dans « la salle de poker » (autrement dit... le bureau des photographes).

Rarement euphorique, Daniel s'emballe : « Votre truc, les gars, c'est du Spoeri, du Marcel Duchamp, du Warhol ! C'est de l'art contemporain. Filez à Los Angeles. Allez fouiller les poubelles des stars de Hollywood. Vous allez faire un malheur ! »

Aussitôt lancé, le défi est relevé : Et les voici, crayon en main, le nez sur la page blanche, en train de noircir la deuxième liste des cibles à viser. L'opération est baptisée « *garbage list* », un nom de code très transparent, il est vrai, mais connoté à l'américaine...

S'alignent vite les noms les plus porteurs : Marlon Brando, Jack Nicholson, Sharon Stone, Michael Jackson, Elizabeth Taylor...

À cette moisson convoitée, s'ajoutent même les poubelles de... Ronald Reagan, président à peine retiré du pouvoir à la Maison-Blanche et... ancien gouverneur de Californie. Il réside à nouveau dans sa maison du quartier préservé de Bel Air : entre plusieurs ordures ménagères banales, les paparazzi en remontent des dossiers périmés, certes, mais dûment estampillés Secret Service et divers agendas dépassés, mais non sans indice !

Le butin est colossal. Il y a de quoi remplir quatre malles en fer...

Au retour, les excédents de bagages (300 kilos) se paient au prix fort...

Le burlesque est à venir : passer la douane à l'aéroport de Roissy-Charles de Gaulle tourne à la *commedia dell'arte*...

Correctement briefé au départ, le duo d'éboueurs amateurs a déjà fait le tri entre produits alimentaires et contenants domestiques. Autrement dit, ni pelure d'orange ni peau de banane au milieu des résidus domestiques…

Protégés par des gants de service, les douaniers ne cachent pas leur dégoût face aux épaves étalées sous leurs yeux. Gradés en tête, ils se succèdent, en se pinçant le nez, pour dépiauter cette prise stupéfiante au sens premier du terme, autrement dit sans la moindre substance psychotrope illicite.

Passée l'épreuve d'une fouille approfondie des malles en fer, il reste aux photographes à ordonner le tableau de chasse. Daniel, lui-même, prend l'affaire en main. Surprise pour Roger Thérond, à la publication programmée pour *Match*, il préfère la dériver vers *Lui*, le magazine « de l'homme moderne », toujours en quête d'effet déroutant, filles à nu. Ou autre…

L'impact du reportage est tel qu'il se déclinera à travers 57 pays et 450 publications… Entre mille et une interprétations du résultat, la mise en page inspire des constats parfois baroques. Ainsi, en vidant les poubelles d'un imam, d'un curé et d'un rabbin, Rostain s'ébahit devant leur soda préféré commun : « Dieu s'appelle Coca-Cola ! », ironise-t-il, dans un rire sonore.

Plus sérieusement, il est félicité par Stephen, son petit frère, directeur de recherche au CNRS et précisément au laboratoire d'archéologie : « Ce que vous faites tous les deux, c'est mon boulot : celui de remonter la moindre trace de civilisation. Je vous laisse imaginer ce que le monde aurait gagné à explorer les vide-ordures de Cléopâtre, de Jules César de Louis XV ou de Napoléon ! Si j'avais la chance de décortiquer la poubelle d'une tribu des Mayas, j'aurais déjà été honoré du prix d'archéologie… »

Quelques mois plus tard, Yamna Djellouli, présidente de l'université du Maine, au Mans, vient à leur rencontre à Paris. Elle enfonce le clou, insistant sur l'intérêt de ce travail « archéologique ».

S'esquisse alors le premier constat à développer autour de la consommation version mondialisation. Rostain et Mouron, globe-trotteurs du paparazzisme, quasiment « anobli » par l'université, vont sillonner 50 pays, y glaner les poubelles de familles anonymes sans éliminer quoique ce soit de leur contenu. Pour les célébrités françaises, *a contrario*, ils avaient écarté tout ce qui était de nature médicale et sexuelle, intimité de la vie privée oblige.

Paris Match reprend bientôt la main sur le sujet. Il en résultera un supplément de huit pages, diligenté par le Centre Pompidou.

Sculpteur et plasticien de renommée internationale, Arman, pionnier du courant des nouveaux réalistes, connu pour ses accumulations (peintures, dessins, collages et… poubelles !), expose ses œuvres à Beaubourg. L'occasion est trop belle pour le duo de l'approcher et même de le surprendre. Un mois passe. Le contact est établi entre eux. Aussi les invite-t-il dans sa villa de Saint-Paul-de-Vence, une bâtisse de villégiature abritée des regards, entourée d'une singulière muraille de… machines à laver ! Incroyable, mais vrai, une collaboration commerciale entre les deux parties se noue à 50-50 % des parts. Arman mettra son talent et sa touche artistique sur un ensemble de 88 poubelles !

Pour lui rendre hommage, après la mort de l'artiste à New York, en 2005, les deux photographes décident d'ouvrir le 3e volet de leur travail autour des poubelles de célébrités du monde de l'art. Ainsi en sera-t-il de celles de Jeff Koons, Soulages, Buren, Rauschenberg, Louise Bourgeois, mais aussi de François Pinault et Bernard Arnault, choisis en tant que propriétaires et mécènes de grands musées d'art moderne.

Ce travail considérable finira par obtenir la consécration de galeries de prestige et de musées du monde entier : ainsi en est-il du Centre Pompidou, d'Artcurial, de la Maison européenne de la photo, du palais de Tokyo, à Paris. Il voyagera à Genève, Singapour, Taïpeh, Kiel, Moscou, Francfort… et même Vannes, ville culturelle de pointe en Bretagne. L'ouvrage constituera le clou de l'Exposition universelle à Milan, en 2015. Il ornera l'ensemble du Pavillon français !

Loin des objets éphémères et du « jetable » qui finissent à fond de poubelle, l'œuvre novatrice du duo n'est pas sans prix. Il est même coté. Un tirage photo, selon son format, se vend aujourd'hui entre 22 000 et 64 000 euros !

PRÉSENTATION

Laurence Ferrari et les autres

L'un des rituels dévolus aux patrons de rédaction consiste à présenter les nouvelles têtes aux journalistes en place.

Aux Champs-Élysées, ou à Levallois-Perret, Roger Thérond m'en confiait l'exercice. D'une apparente simplicité, l'art courtois se révélait parfois complexe si des reporters de terrain issus de titres concurrents avaient déjà croisé le fer avec les nôtres.

Caroline Mangez, repérée par Roger, avait été recrutée à *VSD*, comme Patrick Miler, mon coéquipier des années *France-Soir* en 1980 et Jacques-Marie Bourget après l'affaire Rainbow Warrior : Des « prises de guerre », clamait « radio couloir », jamais en panne d'un couplet survolté.

Elle était arrivée, sans tapage ni trompette de la Renommée, en compagnie de deux autres personnes qui, elles, ne tiendront pas la distance. L'une trouvera son salut dans la presse dite « à sensation » douce, l'autre cherchera sa voie sous d'autres cieux.

Seule Caroline, malgré l'épreuve d'une sorte de bizutage subalterne, s'accrochera à la loi du terrain (le reportage) puis du « staff », chef des Informations, avant de gagner de solides galons… Plus récemment, rue des Cévennes, il y eut des départs. Et des recrutements pour les contrebalancer. Telle est la vie d'une rédaction. Il y eut donc de sincères : *Bonne chance* (à Pauline Delassus, par exemple, passée du rang de reporter à celui de rédactrice en chef de *Franc-Tireur*). Ou à Kahina Sekkai, recrutée par *Vanity Fair* pour diriger le service web, entre autres.

De vraies opportunités se présentèrent : Loïc Grasset, ancien rédacteur en chef de *L'Équipe magazine*, nous rejoignit après des années passées en Asie. Le sport de compétition, entre autres, est désormais sous sa coupe, tandis que Florence Saugues pilote le « sport aventure » ; Romain Lacroix succéda à l'ami Guillaume Clavières à la photo, Thierry Carpentier, secondé par Flora Mairiaux, hérita, à la maquette, du titre de l'excellent Cyril Clément-Auger, parti à son heure, la guitare basse sous le bras, Laurence Cabaut prendra la tête du secrétariat de rédaction, secondée par Vanina Daniel. Forcément, l'heure des recrues sonna.

Dans le désordre : Stéphane Bern, chroniqueur « royal » en majesté, Élise Colette (Numérique), Nicolas-Charles Torrent, chef du service investigation, Élodie Rouge, rédactrice en chef de « Vivre *Match* », Julien Jouanneau, responsable médias et vidéo, Pierrick Geais (reporter « princier »), Christophe Carrière, « Monsieur Cinéma » au précieux carnet d'adresses, un ancien du magazine *Première* que j'avais dirigé. Il prit la place de Ghislain Loustalot, autre belle plume qui, à l'époque, fut son rédacteur en chef.

Enfin, chez les reporters, Florent Buisson, Lou Fritel, Sophie Noachovitch apportent un œil neuf et leur indispensable savoir-faire. En septembre 2023, Stéphane Albouy, ex *JDD*, posa son sac auprès de Jérôme Béglé, qui prenait alors ma relève. Ces mouvements avaient justifié des présentations en petit comité, avec chaque rédacteur en chef concerné.

Pour Laurence Ferrari, conviée à une sorte de déploiement ostentatoire lors du show télé de Léa Salamé sur France 2 (« Quelle époque ! »), il en alla tout autrement.

Comme le titre de son émission de CNews et Europe 1 l'indique, Laurence est tout en « punchline ». Dans « punch », on traduit le dynamisme ; une arme essentielle pour se fondre rapidement dans la formule originelle de *Paris Match*. Son allant, son énergie, son mordant (« le peps », comme l'on dit), derrière un sourire naturel et une joie de vivre contagieuse, faisaient bien notre affaire.

Des esprits chagrins s'obstinaient à limiter son aura aux plateaux télé. Elle avait régné sur le 20h de TF1 (2008-2012) et mené le grand débat de la présidentielle 2012 avec David Pujadas. Jeune, elle avait fait ses classes dans une agence de presse écrite, puis travaillé ses gammes pour une rubrique au *Point*. Ses premiers textes et interviews sous nos couleurs, tel le voyage du couple présidentiel à Washington, plus tard l'intronisation de Gabriel Attal, plus jeune Premier ministre, en janvier 2024, souligneront sa facilité d'écriture. Ses entretiens et portraits seront vite frappés du sceau du « B.A.T » (bon à tirer) par les techniciens d'écriture au secrétariat de rédaction et les correctrices finement lettrées.

Ayant dû la présenter devant toute la rédaction, j'avais énuméré les cinq couvertures de *Match* pour lesquelles Laurence avait posé quelques années plus tôt. Elle était bien « de la famille ».

Présidents, les

En toute intimité

Les photos des présidents de la République en liberté sont une des priorités de *Paris Match*. En avril 1951, Daniel Filipacchi est le seul photographe embarqué à bord du paquebot *Île de France*. Privilège de l'exclusivité, il est calé dans les pas de Vincent Auriol afin de couvrir la première visite d'un président français après la guerre.

Ayant du mal à mémoriser son patronyme, Auriol l'appelle tantôt « Paqui », tantôt Philippe et enfin, Daniel (Céline, il est vrai, lui écrivit un mot au nom de « Philipacci »).

Jeune photographe, il fut, bien sûr, invité au dîner de gala à la table du commandant de bord au terme des six jours de traversée. Et là, catastrophe, sous les effets d'une vague ou d'un maladroit tirage de nappe que l'on imagine « scélérate », il renversa son dessert, une île flottante, la bien nommée, sur son smoking.

Le lendemain matin, la bévue digérée, ils montèrent sur le pont. Le président s'accouda à la balustrade, encore sous le coup d'une anecdote pittoresque de Daniel, soit l'évocation « surréaliste » (normal avec lui) de la manifestation antiparlementaire du 6 février 1934 :

« J'y étais ! affirme Daniel.

— Ah bon, mais quel âge aviez-vous ?

— Six ans. J'étais avec ma mère qui n'avait pas prévu que les choses allaient dégénérer ».

Le grand sourire du président semblant saluer New York du bout de son chapeau, ainsi que le résume la courte légende de couverture du numéro, répondait, en réalité, à la bonne histoire de Filipacchi.

Les portes de l'Élysée s'étaient déjà ouvertes pour *Match* en 1949 quand les petits-fils du président mimèrent un combat de boxe face à Marcel Cerdan, champion du monde des poids moyens.

Avec René Coty, *Match* fera carrément entrer le lecteur dans l'intimité du président.

Accédant à la fonction suprême, par 477 voix de grands électeurs des deux Chambres (au 13e tour !), il est propriétaire, depuis trois semaines seulement, d'un appartement de trois pièces, situé Quai aux fleurs, qu'il occupe depuis dix ans avec son épouse. Rien de mieux qu'un cadre relativement modeste situé dans un quartier dont le calme prestige sied à la fonction pour mettre sobrement en scène la vie tranquille d'un couple aux allures de « Français moyen ».

À l'heure de quitter l'appartement pour le palais de l'Élysée, Coty avoue ses regrets de devoir abandonner une des plus belles vues sur Paris : la Seine et Notre-Dame. *Match* obtient d'eux de pouvoir exposer leur quotidien dans sa simplicité.

Izis, artiste doté d'une secrète mélancolie, est désigné. Son attrait pour les gens ordinaires l'inspirera lors des obsèques de Churchill, des années plus tard. Plutôt que de s'attacher à la solennité de la cérémonie, il restera avec « les Anglais moyens », ceux de la rue. Il en tirera un ouvrage *The Queen's People*, les sujets de la Reine.

Pour l'heure, c'est la République qui l'appelle ! Amateur de pâtisserie, il suggère à Madame Coty, dont il connaît les talents de cuisinière maison, de sortir le rouleau à pâtisserie et de pétrir la pâte auprès d'une motte de beurre normand (ils sont du Havre).

Pour Noël, les petits-enfants (neuf filles, un garçon) ont offert au nouveau président la collection des œuvres de Beethoven. Sans se faire prier et dans le plus grand naturel, il pose, en veste de chambre, en train de placer un microsillon sur son tourne-disques.

Cette plongée dans l'univers discret du couple connaît son apogée quand, louche en main, en bonne ménagère de ce temps-là, Madame Coty sert la soupe du soir à son mari.

L'image idéale, captée par Izis, sans qu'il ait eu à forcer pour l'idéaliser, fera beaucoup pour l'énorme popularité dont jouira Germaine Coty auprès des Français. Deux ans plus tard, son portrait en noir et blanc, les épaules ceintes d'une toque de fourrure, occupera toute la couverture de *Match* (numéro 345).

Un titre ponctue la légende : « Madame René Coty est morte ».

Cette série de photos n'est pas sans rappeler, lors de la passation de pouvoir entre Coty et de Gaulle – en 1958 –, la photo du Général, prise quatre ans plus tôt par Jean Mangeot, à La Boisserie.

Dos à la fenêtre de la bibliothèque, on y voyait le Général plongé dans la relecture de ses *Mémoires de guerre*, tandis qu'Yvonne, son épouse, tête penchée sur l'ouvrage dans un demi-sourire, tricotait à ses côtés.

On approche alors des années 1960. À l'instar des modes venues d'outre-Atlantique, telle la déferlante du rock'n'roll qui donnera *Salut les copains* en France, la photo officielle prend un style plus libéré. L'exemple venait de Washington. Il a fait mouche. Il est signé de John Fitzgerald Kennedy (JFK). À peine élu, c'est en famille, en effet, que le plus jeune président des États-Unis fait son entrée à la Maison-Blanche. Les enfants de la « *First Family* » sont une petite fille, Caroline et un bambin alors, John Jr, vite surnommé « John-John ».

Comprenant le parti qu'il tirerait à faire entrer la presse – donc le grand public – dans leur intimité, il convainc Jackie, son épouse radieuse, de recevoir d'abord une équipe de télévision invitée à filmer les aménagements qu'elle réalise dans la résidence présidentielle. Du jamais-vu encore ! Lui-même ouvre le bureau Ovale, sorte de « sacro-saint » à son photographe personnel. Il en ressortira un cliché iconique, pris le 25 mai 1962, où John-John, âgé de 2 ans, fait de la cavité située sous le « *resolute desk* » du président son aire de jeu favorite. Dès lors, le nom de Jacques Lowe, photographe officiel de la Maison-Blanche, fera rêver ses confrères français. Il léguera des dizaines de milliers d'images consacrées à l'intimité des Kennedy, de Hyannis Port, leur résidence d'été à la Maison-Blanche… dont 40 000 négatifs disparaîtront à jamais, dans les cendres des Twin Towers, le 11 septembre 2001. En France, sonne la révolution Pompidou.

Signe des temps nouveaux, le 14 février 1970, Claude pose auprès de son mari, élu président, dans le bureau que de Gaulle occupait seul. *Paris Match* désigne François Pagès pour les saisir sur leurs plages de vacances d'été. Après les escapades en Chris-craft des années précédentes qui avaient fait froncer le sourcil du Général, c'est en Cornouaille bretonne, à quelques brassées des îles Glénan, aux eaux turquoise, qu'il le surprend, en maillot de bain, haveneau géant à la main en train de pêcher la crevette rose et le bouquet sauvage.

À chaque président son photographe : Jean-Claude Sauer suivra Giscard d'Estaing. À lui, la photo tout sourire du président en pull de cachemire jaune portant trois de ses six nouveaux labradors dans les bras. Claude Azoulay nous livrera tout ce qu'il sera possible d'obtenir de François Mitterrand (et de Danièle) : « François ne meurt pas », signera-t-elle, de sa main, sur la couverture célébrant leurs cinquante ans de passion « en liberté ». Benoît Gysembergh nous présentera Jacques Chirac grand-père (avec Martin). Mais impossible d'oublier le petit bijou de Patrice

Habans (1967) montrant le jeune et prometteur secrétaire d'État de Pompidou, alors député de Corrèze, clé à molette à la main, en train de piquer du nez dans le moteur de sa 403 ! Déjà, Jack Garofalo l'avait campé, en chaussons de voyage et les yeux masqués derrière un masque de nuit, à bord du Concorde le menant à Nouméa (1987), soit 48 000 kilomètres de vol aller-retour…

Quant au mariage de Nicolas Sarkozy et de Carla Bruni, à l'Élysée même (une « première »), ce ne sont pas moins de vingt pages qui lui seront consacrées. Un an après son installation à l'Élysée, le couple présidentiel nous recevra à nouveau, la Première dame elle-même commentera l'album photos de la présidence. Plus intime encore, pour fêter le premier anniversaire de l'élection de Nicolas à la présidence, le couple offre à Pascal Rostain – qui connaissait Carla Bruni depuis longtemps – une séquence de tendresse. Carla, en chemise échancrée et pantalon, un style nouveau pour l'Élysée, rejoint son mari dans son bureau de président. Le cliché fera date (3 mai 2008). Pour la petite histoire, on y voit dans le reflet de la glace aux lourdes dorures, le visage d'Élisabeth Chavelet, l'une des responsables du service politique, chargée de conter le détail de la séance.

De cette série, sortira l'une des quatre couvertures du couple réalisées par Rostain pour *Match*.

Tout naturellement, c'est à Valérie Trierweiler, journaliste à *Match* depuis les années 1980, devenue Première dame au bras de François Hollande, que le magazine confiera (numéro 2664, 15 juin 2000) le soin de guider le lecteur « au cœur des palais privés de la République ».

Le premier quinquennat d'Emmanuel Macron offrira à *Match* son lot d'exclusivités. Dès son investiture, le 14 mai 2017, le très jeune président se montra même en heureux et tendre « Daddy » pour Alice, la petite-fille de Brigitte, son épouse. Il n'échappera pas à la cuillerée de glace aux fruits rouges servie par l'enfant… En prenant garde à ne pas tacher sa chemise blanche.

Ainsi vont les portraits et autres « croquis de mémoire » des présidents. Loin des obligations suprêmes, ils installent une image naturelle, voire familière, dans l'opinion. Ou non.

Procès

Fatalement, avec les lois restreignant la liberté de la presse et l'addition de décrets supposés protéger tantôt « l'intimité de la vie privée » (article 9 du Code civil), tantôt « le droit à l'image », la chronique judiciaire en a vu défiler des plaintes aux fondements aléatoires. Des célébrités du spectacle, rebaptisées « people », ne manquent pas, grâce à cette aubaine, de trouver matière à arrondir leurs cachets buissonniers.

Il y a plus grave. L'assassinat du préfet Érignac, en Corse, en 1998, l'a démontré. Pour avoir publié une photo de la victime gisant sur le trottoir, à Ajaccio, *Paris Match* fut condamné, au terme d'une cascade de procès en appels et cassation. De plus, en 2007, soit près de dix ans après les faits, la Cour européenne entérina le verdict sous prétexte que la scène, aussi saisissante soit-elle dans l'abjection (trois balles tirées dans le dos), donc de nature à interpeller le lecteur choqué par un tel acte, avait été publiée « sans l'assentiment de la famille ». Tout recours s'en trouva annihilé, bien que cette photo avait été diffusée en boucle pendant quarante-huit heures à la télévision !

Il y a là matière à jurisprudence, la Cour européenne substituant la notion de « douleur des familles » pour l'opposer à « la liberté d'expression », du fait d'une application extensive de l'article 9, constituant un coup d'arrêt à la jurisprudence libérale européenne. Cet arrêt suscita de vifs échanges entre magistrats.

Pour les rédactions, la responsabilité de publier, déjà délicate en soi, se doublera de mises en garde conséquentes, voire alarmistes, légitimement adressées par nos conseils juridiques.

En comité de direction restreint, nous avons longuement débattu du sujet : quid de la violence des attentats, tel celui de la gare Atocha à Madrid, quid du Bataclan à Paris, tous deux aux centaines de victimes innocentes ? Quid du massacre sur la promenade des Anglais à Nice, et même, pour remonter dans le temps, quid de la photo témoin de Fabien Cevallos (agence Sygma) quand le pape Jean-Paul II s'affaissa sous les balles d'Ali Agça, le terroriste turc ?

Quid du document choc montrant la dépouille d'Aldo Moro, chef de l'exécutif italien, abattu par les Brigades rouges ? Quid du juge Michel, terrassé sur sa moto à Marseille, de Georges Besse, patron de Renault abattu par Action directe ?

Quid de la synagogue de la rue Copernic, du Drugstore Publicis, du magasin Tati à Paris, de l'explosion de l'usine AZF à Toulouse ?

Allons au bout du constat : le respect à la douleur des familles, aurait-il dû interdire la publication de l'assassinat du président Kennedy (couverture de *Paris Match* en décembre 1964), tandis que son épouse, en tailleur rose Chanel, maculé de sang, se précipitait pour lui porter secours ? En vain !

Nombreux parmi nous, les directeurs de la publication en tête, ont subi des démêlés judiciaires, jusqu'à connaître la prison. On l'a vu avec Jean Durieux, patron des infos, lors de l'affaire dite du « Japonais cannibale ». À titre de témoin, j'ai dû suppléer Daniel Filipacchi au tribunal de Dijon, en 1993, pour répondre, sous serment, de la responsabilité des reporters de terrain. Sur le fond, l'action visait Jean Ker après le meurtre de Bernard Laroche par Jean-Marie Villemin, père inconsolable du petit Grégory : « Le procès de la presse », titrera sobrement *Le Monde*.

O. J. Simpson ou l'Amérique à « saute bouton »

Il est des procès d'une bien autre nature d'où la photo de presse est exclue des prétoires. On peut s'en étonner quand tant de passes d'armes judiciaires tournent ici et là, comme en Amérique, au grand spectacle façon série télé. L'exemple de celui de O. J. Simpson, footballeur américain érigé au rang de star de cinéma, en fut une singulière illustration. Il était accusé d'avoir assassiné sa femme, Nicole Brown et l'ami de celle-ci, Ronald Goldman. À l'arme blanche. Médiatisée à outrance en 1995, empoisonnée par les spéculations diverses autour des communautés noire et blanche, l'affaire est couverte par une caméra fixe, présente en temps continu à la manière d'une commune téléréalité. Résultat : les téléspectateurs sont mieux informés que les jurés condamnés au huis clos. Les grandes chaînes nationales ABC, CBS, NBC, CNN suspendent leurs programmes à toute heure et, à celle du verdict, c'est toute l'Amérique qui joue à « saute bouton ».

Le procès phare aura duré plus d'un an. Du vécu en direct.

On le vit de nos jours avec le procès civil pour fraude contre le tonitruant Donald Trump. Devant leur petit écran, ses partisans ultras éructent aux imprécations du procureur. Fidèle à son image, l'ex-président mouline du geste, tonne et s'emporte, comme s'il orchestrait un meeting politique. Le « *showman* » s'efforce d'éclipser le fond du dossier… qui menace tout simplement son empire.

En France, il aura fallu attendre l'automne 2023 pour que les premières captations d'audience judiciaires soient retransmises à la télévision. Et encore… en différé !

Jusqu'à cette rentrée, les photographes étaient privés de prétoire.

On attribue généralement cette interdiction à deux séquences précises : celle du diabolique Dr Petiot, en bras de chemise, nœud papillon, bras croisés et sourire goguenard, attendant le verdict.

Il avait alors avoué 19 meurtres, commis pendant la guerre, bien qu'on eût retrouvé les restes de 27 personnes à son domicile, la plupart asphyxiées dans une cave sans issue et parfois décomposées à la chaux vive. Parmi ses victimes – on lui en prête plus d'une soixantaine en fait – beaucoup de candidats à l'exil fuyant la Gestapo. Il sera guillotiné en 1946.

Autre photo qui fera polémique : celle de Clovis Dominici, doigt pointé, accusant son père, Gaston, en pleine audience. Il était soupçonné d'avoir exécuté les époux Drummond, dont leur fille Elizabeth, 10 ans, lors de leur passage à Lurs, un hameau des Alpes de Haute-Provence, à l'été 1952. Le patriarche de la Grand'Terre sera condamné à mort en novembre 1954, puis gracié en 1960, en raison de son grand âge…

La photo de Petiot était signée de Walter Carone, futur grand photographe de *Paris Match*. Celle de Dominici est de Jack Garofalo, son pair, à *Match* toujours.

Presbourg, 4 rue de

Les dépréciateurs du groupe Lagardère désignent négligemment « le Château », comme, depuis les lustres, on aime, ici et là, surnommer l'Élysée avec une pointe de désinvolture, voire de dédain.

En fait, il s'agit d'un élégant hôtel particulier remarquablement situé 4, rue de Presbourg, ancien nom de la capitale hongroise à l'époque où Napoléon signa le traité de 1805, à la suite des défaites autrichiennes subies à Ulm et, surtout, à Austerlitz.

Les larges fenêtres de la façade donnent sur la place de l'Étoile, dédiée à la gloire impériale.

Il est de bon ton de cibler le siège du groupe Lagardère, créé en 1992, en y croquant un théâtre d'ombres propice aux jeux de pouvoir. Ce jugement cavalier est d'ailleurs couramment porté à l'égard (ou plutôt à l'encontre) des sièges industriels de dimension mondiale. Le groupe, en effet, est présent dans plus de quarante pays… Rien de plus classique, donc, dans l'inconvenance, rien de moins secret, dans les faits.

J'eus l'honneur d'en franchir le seuil pour la première fois un mardi matin d'après-bouclage, à l'heure de la succession de Roger Thérond. Avec la complicité active de Daniel Filipacchi, il avait monté le rendez-vous avec Jean-Luc Lagardère pour qu'Olivier Royant et moi lui exposions notre projet éditorial.

Jean-Luc Lagardère se tenait derrière son bureau, tout en autorité naturelle et sérénité maîtrisée. Un beau personnage, aux réussites entrepreneuriales modèles. Auparavant, il nous arrivait de le saluer lors des réunions annuelles du groupe tenues dans les salons d'un restaurant à l'hippodrome de Saint-Cloud ; tantôt ici, tantôt là, quand l'intérêt du Journal ou de l'édition réunissait ses cadres, mais jamais encore dans la solennité de son bureau, rue de Presbourg.

Plus de vingt ans passèrent depuis ce jour.

C'est alors, en septembre 2021, qu'Arnaud Lagardère m'y convia à son tour. Il avait en tête de me confier la direction générale de la rédaction de *Paris Match*, suite au départ récent d'Hervé Gattegno.

Nous nous étions seulement revus par un jour de tristesse, le 8 janvier 2021, lors des funérailles d'Olivier Royant, à la basilique Sainte-Clotilde.

Campé en haut des marches, Arnaud apparut dans un de ces grands sourires qui sont aussi sa marque au naturel.

Arrivé en sa compagnie au premier étage, j'eus la surprise de remarquer sur la table basse de l'antichambre, un grand nombre d'exemplaires des numéros hors-série que je dirigeais depuis 2018. Ils étaient rangés au carré : « Nos étés B.B. », « Le secret des couvertures », « Notre-Dame », « La nostalgie Kennedy », De Gaulle et nous… » Flatté, je plaisantai : « Je suis reçu sur un tapis rouge.

— Rien d'exceptionnel, Patrick ; j'adore ces numéros. Je les garde tous. Quand un visiteur en veut un, je le fais remplacer aussitôt. »

L'art de mettre ses hôtes à l'aise est légendaire chez Arnaud Lagardère.

D'un coup d'œil, j'appréciais le sobre ordonnancement d'un bureau tout aussi bien rangé que la table où s'alignent les hors-séries.

En dehors d'ouvrages reliés de littérature classique, j'y remarquai aussi un drapeau américain méticuleusement plié en triangle, à la manière des grandes cérémonies ; mais aussi, en éléments de déco et, sans doute, en souvenir de ses années de jeunesse aux États-Unis, notamment dans le Connecticut, des casques de football de la NFL : celui tout doré à emblème rouge des « 49ers » de San Francisco, un autre tout argenté, celui des « Dallas Cowboys » à l'étoile bleue du Texas (*The Lone Star State*) et, de mémoire un autre d'Atlanta (ATL) bleu pétrole, dédicacé par un joueur star.

Trônant au milieu de la bibliothèque, un superbe ballon de gala du Superbowl, à rendre jaloux les collectionneurs.

Enfin, tennis oblige, un trophée du tournoi Lagardère, posé au-dessus d'une photo réunissant père et fils, la main de Jean-Luc, radieux, posée sur l'épaule d'Arnaud.

Nous n'étions pas là pour parler football, bien sûr, même si des souvenirs vécus, remontant à l'époque où le groupe Lagardère parrainait le Football Club de Nantes, me brûlaient les lèvres et que le sport, le tennis surtout, est une respiration dans sa vie d'entrepreneur de presse.

L'enjeu c'était *Paris Match.* « Alors, lança soudainement Arnaud, tu ne m'as pas répondu…

— À quoi, Arnaud ?

— C'est oui ou c'est non pour *Match* ? »

Sans plus réfléchir, je m'entends encore lui répliquer : « Bien sûr, Arnaud. *Match*, c'est un honneur ; ça ne se refuse pas… »

L'épilogue se nouera chez Constance Benqué, d'une féminité de battante et au caractère bien trempé, retrouvée, elle aussi, après tant d'années, afin d'y établir un contrat de deux ans.

Lors d'un rendez-vous ultérieur, rue de Presbourg, invité dans la foulée à rejoindre sur-le-champ une chaîne de télévision pour y parler de *Paris Match* et de « la culture scoop », j'eus besoin d'emprunter un des numéros « Hors-série » (de Gaulle) qui trônait au milieu de la table de l'antichambre.

Le lendemain même, Florence Camacho, l'une des assistantes d'Arnaud Lagardère, elle aussi retrouvée en ces lieux depuis les années passées à Levallois, l'avait déjà remplacé…

Prouvost, Jean

« Patron »

Il l'était comme de droit divin. On disait de lui : « Un crocodile dans une âme de midinette. » Par cette formule, dont on ne connaît toujours pas l'origine – pourquoi pas de lui-même ? – Philippe Labro signa l'adieu à Jean Prouvost : « L'homme qui a marqué le plus profondément la presse française de ce siècle… »

C'était en octobre 1978. À 93 ans, Jean Prouvost s'était éteint dans sa propriété d'Yvoy-le-Marron. De son empire de presse

(*Paris-Midi*, *Paris-Soir*, *Match*, *Paris Match*, *Marie-Claire*, etc.), seules les publications féminines restent dans sa famille.

Labro le situe dans son siècle : « Citizen Prouvost n'avait eu que deux égaux : Henry Luce, le fondateur de *Time et Life* aux États-Unis et Lord Beaverbrook, le patron du *Daily Express* à Londres. Deux monstres de la presse. Comme eux, il portait sur le visage, longues et tracées au crayon le plus vif, les rides de l'autorité, la lutte, le goût de la compétition et du pouvoir, les nuits blanches, les combats avec les grands rivaux, la direction des hommes et cette dureté inévitable que confère une vie entière consacrée à l'actualité, c'est-à-dire, bien souvent, au bruit et à la fureur d'une époque sans pitié… »

Il était le fils cadet d'une grande famille du Nord qui avait toujours défié son aîné pour plaire à une mère adorée. De ses études à la dure dans un collège anglais, il garda le souvenir cuisant d'avoir été fouetté au sang et d'un combat à poings nus contre un Irlandais roux (forcément).

C'est Roger Thérond, rappelé aux affaires par Daniel Filipacchi, qui avait convaincu Labro de le rejoindre à *Match*. Entre septembre 1977 et l'été 2022, l'écrivain dont le nom claque comme une marque a publié 200 sujets, dont beaucoup sur l'Amérique : du champion de boxe « universel » Mohamed Ali à la saga tragique des Kennedy, en passant par plusieurs séries d'été et les interviews de très nombreux artistes ou cinéastes, lui-même étant devenu à la fois romancier et réalisateur.

L'adieu à Prouvost était l'un de ses premiers textes pour *Match*.

Le plus intime allait surgir sous la plume de Roger Thérond.

Entre Jean Prouvost et Roger Thérond, une rupture de sept ans avait marqué l'après Mai 68. Non pas que Roger eût pris le parti des trublions du Quartier latin, mais parce que *Paris Match* s'était doté d'une Société des rédacteurs, un concept à la mode en ce temps-là. Robert Serrou en était la conscience et Roger Thérond, plutôt allergique à la fibre syndicale ou crypto-syndicale par nature, était vaguement caution de l'affaire, vu son aura sur la rédaction.

Des années plus tard, quand Arnaud Bizot, reporter d'excellence, très prolifique sur le terrain des grands faits divers, prendra la présidence d'une de ces entités au statut mal défini, il le mettra en garde : « Attention, Arnaud, à ne pas en faire une annexe syndicale... » C'est ce que Prouvost avait cru déceler alors. Il l'avait mal pris et Roger, malgré lui, pliant bagage, s'était retrouvé à *L'Express*.

Quand le « patron » historique disparaît, dix ans après l'éruption soixante-huitarde, il lui écrit dans *Match* – qu'il vient de relancer vers le sommet des ventes – une lettre personnelle et professionnelle, sobrement intitulée « Dernier bouclage ».

On ne résiste pas à ces morceaux choisis dignes d'être présentés dans les écoles de formation des journalistes :

> *Cette nuit, Patron, se déroule votre dernier bouclage, ce moment à partir duquel rien dans le journal ne pourra plus être revu et corrigé, ce moment où les rotatives vont tourner, inexorables comme la destinée, le moment où les lecteurs vont juger.*
>
> *Vous les avez connues et aimées, ces nuits terribles et fraternelles passées sur les dernières virgules et les ultimes choix. Vous l'avez fabriquée et faite, l'actualité. Mais, aujourd'hui, vous quittez les coulisses, et vous montez sur la scène. C'est vous qui êtes l'actualité.*
>
> *Patron. Mais comment est-ce possible ? Mais comment, jeunes gens, venus de rien et de loin, avides de conquêtes et de libertés, engagés joyeusement, il y a trente ans, dans la grande aventure du nouveau* Paris Match, *avons-nous pu vous appeler ainsi, en usant de ce mot venu du* XIXe *siècle le plus englouti ? Et pire : comment avons-nous pu en être fiers ?*

Parce que vous avez été notre « père » en journalisme, ce mot de « Patron », qui vient de « Pater », ne veut-il pas aussi dire père ? De vous venait cette volonté de vivre que vous communiquiez à vos fidèles. De vous venaient les tables de la loi du journalisme :

« Tirage et succès signifient indépendance et liberté. Un journal, disiez-vous, est fait pour être vendu. Vendez-le aux lecteurs, si vous ne voulez pas qu'il soit vendu à d'autres puissances, plus redoutables. »

Les journalistes et toutes les autres équipes du journal doivent vivre dans un climat de tension. Jusqu'au point de rupture.

Et vous, patron, issu du monde de Balzac, vous étiez devenu peu à peu, pour nous, un héros d'Hemingway, le whisky en moins.

Derrière l'affectueux tyran, nous avions décelé en vous un aventurier, mieux : un rebelle. Rebelle à votre famille bourgeoise : cadet, vous aviez dû vous imposer en dehors d'elle et, quand il l'a fallu, contre elle.

Rebelle à toute méthode de travail : vous inventiez sept jours sur sept et vingt-quatre heures sur vingt-quatre. Travailler avec vous, c'était vivre. Rebelle à toute cause : pas de « pression » dans vos journaux. Vous les préserviez de toute emprise du pouvoir politique, économique ou financier.

Depuis deux ans, patron, vous n'étiez plus aux commandes des navires qui furent les vôtres. Vous aviez mis sac à terre en attendant le grand sommeil. Pourtant, notre fierté d'aujourd'hui égale notre chagrin : nous avons pu vous montrer, avant que vous nous quittiez, que Paris Match *continuait, après avoir rejoint la jeune flotte de Daniel Filipacchi et que ce vaisseau, dont vous aviez été le capitaine, savait affronter victorieusement les nouveaux temps et leurs tempêtes.*

Queffélec, Yann

En classant une série de documents pour lester ce livre du meilleur poids des mots possibles, je tombe sur cette lettre de Yann Queffélec, datée du 5 novembre 1987. D'une jolie écriture mauve à pleins et déliés défilant comme des notes de musique, je lis :

> *Bravo, cher Patrick, pour le poignant dossier breton publié dans* Paris Match. *Merci de m'y avoir fait contribuer. Je suis heureux de penser que vos racines celtes vous importent autant qu'à moi. Amicalement, Kenavo. Yann Queffélec*

De cette missive naîtra une longue relation amicale et professionnelle avec Yann. Je ferai de l'écrivain (prix Goncourt deux ans plus tôt pour *Les Noces barbares*) le parrain du Salon du livre à Vannes (Livr'à Vannes/Levr e Gwened) ; d'Irène Frain, la marraine.

Au son majestueux d'une cornemuse et d'une bombarde du *Bagad Melinerion* (« les meuniers »), l'Institut culturel de Bretagne (*Skol uhel ar vro*) lui remettra le Collier de l'hermine que son père, Henri, n'avait jamais eu le loisir de recevoir en son temps…

La cérémonie ne manquait pas de panache. Elle se déroula au pied de la tour du Connétable, au milieu des remparts médiévaux édifiés par les ducs Jean IV et Jean V de Bretagne.

La symbolique était grande : Jean IV, en effet, dont le règne est chanté par le barde Alan Stivell (*An Alarc'h*) créa l'Ordre de l'Hermine en 1381. Cet ordre de chevalerie était doté d'un prestigieux collier à chaîne en or couverte de bijoux à laquelle était attaché un pendant d'hermine, l'animal immaculé des forêts bretonnes, qui toucha si tendrement la duchesse Anne au cœur. Œuvre de l'artiste cornouaillais Toul-Hoat, le collier contemporain est en argent ciselé. Dès sa création, l'Ordre honorait les femmes à l'égal des hommes. Ainsi Jeanne d'Albret, comtesse de Richemont (1445), puis Isabeau d'Écosse – qui se maria à Vannes –, duchesse de Bretagne, en fut-elle honorée deux ans plus tard.

Nul doute qu'en publiant sa *Suite armoricaine* (Le Cherche Midi, 2023), unissant la mémoire du fils au souvenir de son père, l'auteur du *Dictionnaire amoureux de la Bretagne* a revécu cette cérémonie d'une intense émotion.

Yann Queffélec a souvent collaboré à *Paris Match*.

Déjà, dans les lourds soubresauts médiatiques et trop partisans (crime de classe contre affaire classée ?) d'un crime sordide commis à Bruay-en-Artois, plein Nord, soit l'assassinat de Brigitte Dewèvre, 15 ans, retrouvée le corps à demi dénudé dans un terrain vague, en 1970, Yann avait pris le pas de Jean Ker, notre reporter de terrain le plus perspicace et le plus détonnant. Il apportait le regard et la sensibilité de l'écrivain en complément du reportage sans filtre du reporter.

Aussi avait-il sillonné les corons, partageant la bistouille, mélange d'eaux-de-vie, rituelle du voisinage. Avec discrétion et respect, il sut se faire adopter au sein d'une famille brisée, s'évadant, pour se rafraîchir les idées trop noires, parmi les chevalements des fosses minières, les terrils et, phare de lumière, jusqu'au beffroi de Béthune…

À chaque douleur frappant de plein fouet l'Armorique, je me suis adressé à Yann Queffélec : marées noires, drames des marins pêcheurs, etc. Ceux qui croient au surnaturel noteront qu'au jour où je retrouvai sa lettre, par un temps aggravé de Toussaint, la tempête Ciaran blessait la pointe bretonne, notamment les abers, son port d'attache en Finistère… La coïncidence interpellait, en effet. C'était 36 ans après, jour pour jour, qu'une violente tornade avait endeuillé la Bretagne, du port de Concarneau à La Forêt-Fouesnant, du pays bigouden à la mythique Brocéliande.

Telle était alors, la raison de sa noble et triste contribution !

Dès lors, nous reprîmes contact, tout simplement pour reparler de cette époque évanouie. Jamais avare d'un clin d'œil amical, Yann me posta peu après une autre contribution, écrite spécialement pour ce livre – joli cadeau – revenant sur ses débuts à *Paris Match*. Il le fit de lui-même, sans même lui en avoir exprimé, ne serait-ce que le souhait.

La voici donc, reproduite mot à mot et, pardon, si, au passage, mon égo s'en trouve exagérément flatté ; mais on ne corrige pas du Queffélec !

« Match *à l'heure du crime* »

« C'est toi, mon cher Patrick, qui m'as fait signer mon premier papier dans *Match*, en 1985, ma "glorieuse" à moi.

Tu étais le chouchou de Roger Thérond, à l'époque, et je n'étais pas peu fier quand tu m'as téléphoné : "Viens déjeuner au journal avec Roger et moi, on a un truc à te proposer." J'y suis allé, mais je n'ai pas déjeuné avec Roger Thérond. Je ne sais plus quel ministre avait besoin de ses conseils en urgence. Il m'a reçu quelques minutes dans son bureau, un regard de voyant à la Romain Gary, direct et profond : "On aime bien votre style de romancier, votre ton. C'est populaire et c'est universel, comme tout ce qui sort des tripes. Ça vous dirait de chroniquer pour nous un fait divers récent ? … Votre prix sera le nôtre, mais ne soyez pas trop gourmand…"

Sur ce, j'ai cassé la croûte avec Gilles Martin-Chauffier et avec toi, cher Patrick. Les faits divers, c'est mon péché mignon d'écrivain. Ils m'intéressent tous, dès lors que l'opinion commence à réclamer à cor et à cri la tête du présumé innocent. À lâcher sur le terrain ses intellos toujours prêts à tempêter, savoir, accuser, copiner avec la France d'en bas au nom du bien et du mal.

Je n'ai pas dit : "Bruay-en-Artois", que l'efficacité de *Paris Match* se met en branle. Et me voilà roulant vers le nord à côté du fabuleux Jean Ker à catogan, l'as des as du crime de sang dans l'hexagone. Il conduit pied au plancher, ne cesse de parler, de raconter. Fan de Bruay, il l'est autant que moi depuis le 6 avril 1972. Les corons, les houillères, la brume, une gamine de 15 ans assassinée la nuit sur un terrain vague… Mais par qui ? Qui a tué Brigitte Dewèvre ?

"C'est lui !", tonne en mai 1972 le rubicond juge Pascal, un matamore venu de Paris. *Lui*, c'est ce gros porc de notaire Pierre Leroy, la bête noire des mineurs, comme sa garce de bonne amie, Monique Mayeur. Ils avaient rendez-vous, le soir du drame, pardi. Pour associer Brigitte Dewèvre à quelques gaudrioles, s'il vous plaît ? "À mort, Leroy !"

Eh bien, ce n'était pas lui, et pas elle et ce n'est toujours personne en 1985.

Queffélec, Yann

À Bruay, nous buvons le café chez Thérèse Dewèvre, la maman de Brigitte. Coron, cafetière en fer blanc, mouchoir dans la manche du tricot violet. Eh non, monsieur Ker, toujours rien, on n'y croit plus… Les murs sont tapissés de photos, l'air sent le court-bouillon, le chat me lorgne comme un suspect.

Je n'ai jamais oublié cette virée au pays du fait divers, cher Patrick. J'en sais gré à Roger Thérond, à toi. C'est irréel de marcher sur les lieux d'un crime et d'en imaginer la scène, c'est fantomatique, un peu fou. Il n'y a plus qu'à oser l'écrire.

Moi aussi, au fait, j'aime bien le ton et le style de *Match*. On ne s'y gêne pas avec les choses de la vie, tant que les mots sont là pour les dire, en tirer une histoire vraie sans fard où la littérature se trouve à bon port, comme dans un roman.

Salut et fraternité. »

Yann Queffélec

Reine Elizabeth II

The Crown, *Kate, William, Harry, Meghan, etc.*

« Règlements de compte à Buckingham », titre *Paris Match*, fin novembre 2023 (numéro 3890) en avant-première de la parution du livre *Fin de règne* (Seuil, 2023) qui dresse le portrait d'une famille royale au bord de l'implosion.

L'auteur, Omid Scobie, y raconte les dessous de la guerre entre Harry (en rupture de Buckingham) et William (futur roi), fils de Charles (successeur au trône d'Elizabeth II) et de Diana, devenus « frères ennemis ». On les dit irréconciliables.

L'essai est explosif. Il révèle la zizanie qui règne chez les Windsor.

Pierrick Geais, notre « *royal watcher* » quotidien, engagé auprès de Stéphane Bern, son modèle en expertise des monarchies, déroule blog, chronique et interviews réguliers dans nos pages. Il s'attelle aussitôt à décortiquer « le secret de famille » explosant au grand jour. De la guerre fratricide on croyait tout savoir depuis la parution du *Suppléant*, dix mois plus tôt, sorte de psychanalyse un rien exhibitionniste du cadet longtemps replié sur ses frustrations d'« éternel second ».

Derrière l'affrontement sournois qui mine les relations entre les deux garçons, Geais décrypte le travail de l'auteur, Omid Scobie, réputé proche des Sussex (Harry et Meghan).

Il nous confie que les deux belles-sœurs, Kate (épouse de William) et Meghan (de Harry) exacerbent à distance une rivalité souvent pointée par les observateurs. Une photo publiée dans notre hors-série « Les princesses rebelles » (août-septembre 2021) avait particulièrement retenu l'attention. Face à Kate, le modèle aristocrate, tout en élégance et sage féminité, devant qui, protocole oblige, Meghan Markle sait qu'elle devra s'effacer, elle lance un « regard qui tue ». Fini entre elles, le temps de surjouer l'entente cordiale.

Une interview à sensation, confiée en minaudant à Oprah Winfrey, grande prêtresse du « talk-show » à l'américaine, souligne combien le prince fragile, en rupture de légitimité dynastique, se montre assujetti à l'ex-starlette de son cœur, dont les rôles sexy – comme dans *Les Experts Manhattan*, en 2006 – donnent encore des vapeurs à Buckingham.

« Jusqu'où ira Meghan » s'interrogea la City quand se précisa l'exil volontaire du couple rebelle vers le nid à stars de Montecito (Californie), un palace de 1 350 mètres carrés ? Un palace, mais pas un palais !

En janvier 2022, Irène Frain séjourna plusieurs semaines alentour. Elle nous en rapporta un croquant journal d'exil (doré)...

Dans cet environnement du clan dit « Argent neuf », Harry et Megnan semblaient indifférents à la mémoire du site et même de « riven rock » (« roche fendue »), nom de baptême de leur domaine, bâti, comme tout un ensemble de villas de milliardaires de Hollywood, non loin de champs cérémoniels où planent les âmes errantes de tribus indiennes.

Depuis que planent aussi de sordides spéculations sur la couleur de peau de leur fils, Archie (Meghan est métissée), l'accusation de racisme rebondit avant Noël avec la publication de ce croustillant *Fin de règne*. En effet, une « erreur » de traduction ayant mis en avant les noms de Kate et William dans la version publiée aux Pays-Bas (retirée des ventes depuis), l'Américaine, déjà taxée d'avoir fomenté l'exil volontaire (le « Megxit ») – « Ce que Meghan veut, dit la *vox populi*, Meghan l'obtient » –, jurerait de ne plus vouloir remettre les pieds en Angleterre…

Elle entend se tenir « loin du feuilleton de la Cour » : « Un comble, pour l'ancienne actrice de série télé », soupire Pierrick Geais dans son « Royal blog » de *Match*, le 2 décembre. À Montecito, elle ressasse, encore et toujours, le fait d'avoir été ignorée par l'ensemble de la famille royale lors des funérailles d'Élizabeth II. Harry, révèle l'ouvrage, n'aurait appris le décès de sa grand-mère « qu'après le reste du monde », prétend Omid Scobie, après avoir tenté – en vain – de joindre William pour se rendre entre frères au château de Balmoral, au chevet de sa grand-mère mourante.

The Crown (saison 7 éventuelle) a de belles soirées en vue… Passés l'ère des « amants maudits », celle de Wallis Simpson (déjà une Américaine divorcée) qui fit abdiquer Edouard VIII en 1936 ; les malheurs sentimentaux et la mort tragique de Diana (65 couvertures en tout) ; les frasques de Margaret, cadette de la reine Elizabeth II et oiseau des nuits de Moustique – un îlot de 40 kilomètres carrés aux Caraïbes ; les escapades de Sarah Ferguson, à la double vie scandaleuse ; la disgrâce du prince Andrew, son ex-mari, autre cadet de Roi tombé dans les filets de l'affaire Epstein… Meghan et Harry n'ont pas fini, semble-t-il, d'encourager les scénaristes à pianoter sur leur ordinateur !

Elizabeth, « reine de France »

Sa couronne coiffait un empire, « sur lequel le soleil ne se couchait jamais ». Il allait des neiges du Saskatchewan canadien jusqu'aux confettis des mers caribéennes, via quelques paradis africains, la lointaine Australie, la Nouvelle-Zélande rythmée par les chants maoris et les îles à guerriers insulaires du Pacifique… Une mappemonde géante aux couleurs de l'Union Jack.

À l'époque de la reine Victoria, la Navy gonflait ses voiles en hurlant : « *Brittania rules the waves !* » (« La Grande-Bretagne règne sur les mers »).

Aujourd'hui, le roi Charles III est à la tête du Commonwealth (53 pays composent ce marché économique, soit le quart des Nations unies). C'est l'un des principaux legs dont il a hérité en montant sur le trône. Prince de Galles, l'aîné d'Elizabeth II et de Philip d'Édimbourg a dû patienter soixante-dix ans avant d'accéder au couronnement. Une sorte de rituel dynastique chez les Saxe-Cobourg devenus la maison Windsor en 1917…

Edouard VII avait déjà attendu soixante ans avant de prendre le sceptre de la reine Victoria, elle-même détentrice d'un précédent record (soixante-trois ans et sept mois de règne) ; record battu, enfin, par son arrière-petite-fille (soixante-dix ans, sept mois et deux jours à Buckingham).

Dans l'histoire, Elizabeth II ne restera devancée que par la longueur du règne de Louis XIV !

Entre *Match* et les Windsor, la saga se dessine avant-guerre quand le duc et la duchesse (Edouard et Wallis) font leurs valises pour Paris. Mais c'est à partir du couronnement d'Elizabeth II – 27 ans, jeune héroïne de guerre, en outre – que la liaison prend toute son ampleur. *Paris Match*, successeur de *Match*, a 4 ans quand sonne l'heure du sacre.

2 juin 1953 : le sourire éclatant de la jeune souveraine assise dans le Gold State Coach – un carrosse d'or fabriqué en 1762, utilisé depuis le sacre de George IV (1821) – éblouit le monde. 2 868 diamants ornent la coiffe d'apparat. Souveraine, à tous les sens du terme, elle éclipse monarques et têtes couronnées ainsi que les plus grandes stars d'Hollywood.

Paris Match met le paquet.

Une équipe de 12 reporters, textes et photos, a pris pied à Londres. À eux, les giboulées de Trafalgar Square, où une foule transie fait du camping sauvage. Maurice Jarnoux capture en photos la balade des parapluies, ponchos et plaids que se partagent (stoïquement) les Londoniens. Pierre Vals photographie les badauds rassemblés sur le trottoir autour d'un réchaud et d'une théière fumante. Dix jours durant, les répétitions du Coronation Day battent leur plein sous l'œil de Willy Rizzo. Les petits garçons revêtent l'uniforme des *Queen's Guard* et miment d'impeccables garde-à-vous sous l'objectif d'Izis. Devant Walter Carone, une petite fille arbore la médaille du couronnement et met en scène la cérémonie avec des figurines et soldats de plomb.

Les bannières jaunes brodées du lion rouge et dédiées à *Elizabeth Regina* le disputent à des kilomètres d'Union Jack.

Oui, *Paris Match* est partout… jusqu'à la solennité de Westminster. Tandis que se distillent pour l'Histoire les photos de Cecil Beaton, homme de Cour (le sceptre, la couronne, la pourpre et l'hermine), on guette le baiser de Philip d'Édimbourg devenu « l'homme lige d'âme et de corps » de sa reine.

Mais c'est stylo en main que Michel Clerc fait aussi la différence. Tandis que la télévision, encore balbutiante (3 700 postes en France) tourne treize heures durant en mondovision pour 300 000 privilégiés, il sait que « la minute secrète de l'onction » est interdite de petit écran par les autorités religieuses. Il en fera donc le cœur de son grand récit. Pour le public, qui fait du lèche-vitrines à la porte des marchands de téléviseurs, *Paris Match*, c'est la télé ! Il publiera alors le premier numéro hors-série de son histoire.

Le couronnement d'Elizabeth, dont la mort secouera le monde en 2022, très largement couvert par toutes les télés – de même que celui de Charles III, en mai 2023 –, aura Paris pour apothéose. De ce jour jusqu'à son décès (à 95 ans), elle aura garni 35 couvertures.

Sa première visite officielle en tant que reine fut pour la France, en 1957. Entre deux visites protocolaires : Arc de Triomphe, Opéra Garnier, château de Versailles, nos photographes seront sur ses pas. Le scoop est signé Jack Garofalo : au troisième jour de la visite, un dîner d'État rassemble 3 000 invités au Louvre, salle des Cariatides. Entre le repas et la réception protocolaire, Elizabeth II et Philip s'éclipsent pour partager un instant d'intimité... Garofalo est là. Clic-clac : le sourire et la tendresse sont dans la boîte. Jean Prouvost profitera de la liesse pour l'inviter à visiter ses filatures à Roubaix.

Et le numéro bat son record des ventes : 2 231 594 exemplaires.

Record absolu !

Rendez-vous

Outre le scoop instantané ou celui qui sonne la planque réussie d'un *paparazzo*, c'est bien sur « rendez-vous », le fameux reportage « *avec* », donc consenti, que les photographes de *Paris*

Match ont bâti un palmarès unique de rencontres convenues avec tant de vedettes, hier ; aujourd'hui les « stars ».

Celles-ci ne sont pas seulement issues du spectacle et de ce qu'il est convenu désormais de qualifier de « show business », un mélange d'exhibition populaire sur scène et en coulisses mais aussi suggérant les contrats d'affaires jalonnant une carrière d'exception. Loin de là. Le mot *artiste* vaut palette.

Matisse, Picasso, Céline, Malraux et les autres…

Roger Thérond avait inauguré une précieuse collection de livres intitulée « Les trésors des archives de *Paris Match* ». Sous la conception graphique de sa fille, Éléonore, et avec le travail iconographique de Didier Rapaud, deux ouvrages jumeaux (éditions Filipacchi), l'un sur les peintres, l'autre sur les écrivains du siècle, parurent en l'an 2000.

De Matisse, photographié par Walter Carone, à Van Dongen, ayant Brigitte Bardot pour modèle, en passant par Dalí, Chagall, Miró et Picasso, d'un côté ; de Louis-Ferdinand Céline à Simenon, Malraux, Gide, Prévert ou Montherlant de l'autre, les deux livres albums illustrent l'histoire des lettres et des grands artistes français.

Une dizaine d'années plus tard, comme un tribut posthume qui lui serait dédié, cette collection se trouva amplifiée. De nouveaux albums, dits « *coffee table books* », selon la terminologie de l'édition américanisée, paraîtront alors, riches du patrimoine exclusif de *Paris Match* ; par leur simple forme à maquette généreuse, ces ouvrages sont faits pour reposer, à portée de main, sur la table basse du salon et donc, destinés à être consultés par les invités à l'heure de l'apéro.

Citons, dans le désordre : « Grands peintres » sous la direction de Jean-François Chaigneau, « Écrivains » (Gilles Martin-Chauffier),

« Festival de Cannes » (Jean-Pierre Bouyxou), « Ces années-là – 60 ans de chanson française » (Jean-Pierre Bouyxou également), le tout sous la direction iconographique de Guillaume Clavières et de Marc Brincourt. De grand format, de création graphique, impression et photogravure d'excellence, ils garnirent élégamment le fronton des libraires sous la marque *Paris Match* (éditée par Glénat).

Dès l'origine, par l'exemple même de son édition pilote, Roger Thérond avait sélectionné autant d'artistes du spectacle que d'écrivains, peintres ou sculpteurs qui avaient su ouvrir leur porte à *Match*.

Dans sa courte préface, il énuméra quelques noms de personnalités, généralement hors d'atteinte, qui avaient travaillé en bonne intelligence, c'est-à-dire en intimité « *avec* » les photographes. Par exemple, Malraux allongé par terre sur les maquettes de son *Musée imaginaire*. Certains manquaient à l'appel et tant pis pour leur postérité journalistique.

Il écrivit en préface :

> Il ne s'agit pas pour nous d'être exhaustifs. Pourrait-on en si peu d'espace donner la juste dimension des œuvres et des hommes ? Non, il s'agit de retrouver parmi nos millions d'épreuves, de tirages et nos négatifs, des images qui nous font vivre « avec » les grands auteurs. Certains manquent à l'appel : Saint-Exupéry et son *Petit Prince*, le livre le plus vendu dans le monde après la Bible, Camus, prix Nobel, un des maîtres à penser de l'époque, et Gracq, et Cioran, et Beckett.
>
> Pourquoi ? Pour n'avoir été photographiés que banalement, au hasard d'une actualité éphémère. Jamais nos reporters ne furent vraiment « avec » eux. Or, nous devons témoigner avec des reportages où quelque chose s'est passé entre les photographes et les auteurs. Peut-on oublier le masque romain de Montherlant ou la colombe de Claudel ou le chêne de Mauriac ? Ou ce vieux clown de Léautaud ? Et Gide au piano… ?

Françoise Sagan, Marguerite Duras, Amélie Nothomb, Houellebecq, Colette recluse dans son appartement du Palais-Royal, Céline à Meudon avec Lucette, sa femme, etc. Tous ont offert une part d'eux-mêmes, partageant, non sans plaisir, une tranche d'intimité avec *Paris Match*.

Il en est de même pour les moments rares de la peinture, délivrés d'une humeur gaillarde, par les maîtres du XXe siècle.

Picasso, Chagall, Van Dongen, Matisse, Miró, Magritte, Botero, Balthus ont donné rendez-vous aux photographes de *Match*, souvent pour jouer « avec » eux le jeu des poses insolites (Dalí au zoo de Vincennes, par exemple).

Écrivains, peintre et photographes de **Match**

Ils les ont tous reçus, de Claude Azoulay à Manuel Litran, d'Alvaro Canovas à Roger Picherie, d'Hubert Fanthomme à André Sartres, d'Hubert de Segonzac, à Michou Simon, Philippe Petit ou Kasia Wandycz... Ils leur ont ouvert la porte de leur atelier, les ont invités au cœur de leur jardin secret.

Ils ont travaillé « avec » eux.

Quand, côté spectacle, Édith Piaf essaye la tenue de mariée que Marlène Dietrich a choisie pour elle, quand Johnny Hallyday déclare sa flamme à Sylvie Vartan, quand Gainsbourg compose pour Jane Birkin ou quand Jacques Brel tourne le dos à sa dernière affiche, celle d'un ultime récital, *Match* est là. *Match* témoigne. *Match* est avec eux, là encore...

Dire cependant de Walter Carone, Willy Rizzo, Jack Garofalo, François Gragnon, reporters pionniers ou de leurs cadets : Benjamin Auger, Jean-Marie Périer, Alvaro Canovas, Jean-Claude Deutsch et les autres, qu'ils étaient « amis des stars », des grandes signatures des lettres françaises, des peintres, sculpteurs et autres inspirateurs de mode, relève d'une exquise coquetterie confraternelle, même si Benno Graziani tomba dans l'intimité familiale des Kennedy, via sa relation personnelle avec Lee Radziwill, sœur de Jackie Bouvier, épouse de JFK, puis d'Onassis.

Plus que des « amis » au sens affectif du terme, nos photographes étaient d'abord des complices. Un compagnonnage professionnel, entretenu par un relationnel suivi, leur a permis de multiplier des photos qui font école de nos jours. Elles balayent tous les « *junkets* » de presse, convoquée lors des grand-messes des festivals par des « *publicist* » (pour agents) de célébrités compulsivement livrées au mitraillage de flashes d'un peloton de photographes accrédités.

Artistes et stars

Les « Trésors des archives de *Match* » ont aussi donné naissance à un petit frère, dans la lignée de l'héritage Thérond. Paru en 2006, à l'occasion du numéro 3000 du magazine, il est intitulé « Artistes & Stars ». On le doit à Alain Genestar, alors à la moitié de son septennat à la barre du journal.

On ne se lasse pas de feuilleter ce joyau, dont la couverture met en lumière Marilyn Monroe, l'un des astres de Hollywood. Elle sourit au public, juchée à dos d'éléphant rose et caparaçonné. Elle apparaît en justaucorps auréolé de plumages digne du music-hall. Elle traverse la scène du Madison Square Garden, à New York, en 1956.

Certes, Walter Carone n'était pas seul, ce jour-là, à fixer l'icône inaccessible de Hollywood, mais comme Gilles Caron « shootant » Cohn-Bendit en train de braver un policier d'un regard insolent en Mai 68, sa photo fit mouche…

Cette « plaque » se veut surtout la porte d'entrée captivante de ce petit livre à couverture souple où s'amassent déjà, avant les somptueux albums précités, plus d'une centaine de « trésors » de *Match*, toutes catégories confondues.

Ainsi, de Woody Allen, à Florian Zeller, d'Yves Saint Laurent à Rostropovitch, de Brigitte Bardot à Salvador Dalí, de Bernard Buffet (révélé et longtemps porté par *Match*, comme Yves Saint Laurent) à Karajan, de Foujita à Jean-Paul Sartre ou encore de Johnny Hallyday à Ray Charles, plus de 100 portraits insolites – inédits pour certains – forment une incomparable galerie de célébrités photographiées en liberté et non jugulées par les cerbères d'entourages étouffants.

Rien que pour le plaisir, je lis et relis Noureev dansant sur les toits de l'Opéra Garnier, Maria Callas dans l'intimité de sa loge à la Scala, Matisse dessinant au fusain sur le mur de sa chambre, Sharon Stone de passage à Paris... À travers le regard unique des photographes de *Paris Match*, les artistes mythiques d'hier renaissent, les stars d'aujourd'hui se révèlent. Au chic des photos intimes donc, réalisées « avec » les personnalités et non pas saisies à la sauvette, il fallait une élégance des mots. Les légendes subtilement personnalisées sont signées du journaliste-écrivain maison Gilles Martin-Chauffier et d'Édith Séréro, longtemps coordinatrice du titre et détentrice d'inévitables « secrets » de fabrication. Grâce leur soit rendue pour ces jolis coups de plume.

Roger

Pour nous, il était « Roger ». Pour la profession, Thérond. Pour tous, Roger Thérond. On ne mesure pas le privilège qui était le nôtre d'appeler Thérond tout simplement « Roger ». Secret et mystérieux, arpentant les couloirs avec une main dans le dos, lissant machinalement sa courte barbe, accompagnant ses réparties d'inimitables jeux de mains (surtout pour jauger un sujet photos), il était incomparable à nos yeux… Était-il habité par le doute ? Plutôt par l'exigence.

Qui, au-delà des conventions, aurait osé l'interpeller sous le nom de « Monsieur Thérond » ? Seul quelque féru de l'étiquette en société, un visiteur inhabituel ou un premier hôte intimidé faisant antichambre sous le portrait géant de Mao (couverture emblématique du numéro de *Match* au retour de Roger, en 1976), aurait souligné son titre, son rang, son aura…

« Patron » était déjà pris. Le mot avait fait son temps avec Jean Prouvost. Il s'était abîmé dans les avatars de l'éruption des étudiants-iants-iants, en Mai 68.

Peu de personnalités ont l'apanage de voir leur prénom éclore en mot de passe. Elvis (pour Presley), Johnny (pour Hallyday), Daniel (pour Filipacchi), Diana pour « Lady Di » Spencer… Alain Delon, c'était le contraire, Jean-Paul Belmondo aussi. Le public les citait en tant que Delon et Belmondo ; pas en tant qu'Alain ou Jean-Paul.

Même Jean-Jacques Servan-Shreiber, héraut inabouti de « la Nouvelle Société » et réformateur utopique des années 1960-1970, surnommé « Kennedillon » par les pourfendeurs de John Fitzgerald Kennedy, icône libérale des États-Unis, n'aura glané qu'un succédané de sigle, d'abréviation, voire d'acronyme, façon SNCF ou RATP… On le surnommait « JJSS », ce qui n'était pas si mal et dans le genre peu courant ! Mais comment l'apostropher, le questionner, le héler au sein de la rédaction de *L'Express*, hebdo pionnier des « *news magazines* » à la française ? « JJ », c'était bon pour le *farniente* sur les plages de l'Épi Club à Ramatuelle… « Jean-Jacques », lancé dans une apparente normalité, passait pour un monopole suranné, réservé au premier cercle, aux intimes de sa suite tels que Françoise Giroud, figure de proue.

Tout au contraire, dans son éclatante subtilité, « Roger » c'était… « Roger est arrivé ? », « Où est Roger ? », « Tu as vu Roger ? », « Qu'en dit Roger ? », « Où va Roger ? », « Quand revient Roger ? », « Il faut l'accord de Roger ». La vie quotidienne tournait exclusivement, ou presque, autour de « Roger ».

Vingt-cinq ans durant, Christine Terneau, assistante sans émule, partagea ses petits secrets. Elle avait le monopole de son carnet de rendez-vous, « le petit carnet » comme il l'appelait. À la date du 23 juin 2001, jour où l'œil bleu translucide de Roger Thérond s'éclipsa à jamais du monde des lumières, elle dessina une petite croix comme il le faisait lui-même sur son vieux carnet d'adresses ; il n'en barrait aucun nom et surtout pas ceux des disparus. Au-dessus des deux branches de ce symbole universel, elle se contenta de cocher cinq lettres : « Roger », en guise d'épitaphe : la messe était dite.

Rostain, Pascal

Même *Le Figaro Magazine* ne résista pas à lui consacrer six pages (25-26 août 2023). Ainsi Pascal Rostain, baptisé « *serial-scooper* », trouva-t-il là, en dehors de *Paris Match*, une consécration inattendue au sein d'une série consacrée aux photographes de célébrités. À la différence de ses confrères dûment accrédités, il n'a jamais été désigné pour les suivre, mais plutôt pour épier leurs sorties privées à la marge des rendez-vous officiels. Bref, de les « planquer » : Mitterrand surpris en train de promener son labrador (Nil) sur les quais de la Seine juste avant le débat télévisé contre Giscard, en 1981, c'est lui. Laurent Fabius allant acheter des croissants en chaussons à la veille de devenir Premier ministre, en 1994, c'est encore lui. Mick Jagger lui balançant une tasse de café (vide), c'est encore lui. Éric Zemmour aux bains de mer avec Sarah Knafo, en septembre 2021, lui toujours…

Texte d'Émilie Lanez. Et le couple présidentiel, comme reclus à La Lanterne, en peine agitation sociale (2023), lui, encore et toujours…

Ron Galella était le roi des paparazzi américains, Jason Fraser, son disciple britannique, Adriano Bartoloni, prince d'Italie. Et pour la France ? Daniel Angeli fut, sans discussion possible, l'importateur du concept. Aujourd'hui, il ne reste qu'une poignée de pionniers du genre, qui se sont baptisés eux-mêmes les « Papyrazzi ». Et s'il n'en restait qu'un parmi ceux-ci, il s'appellerait Pascal Rostain, un solide finistérien de 65 ans, pour qui le mot « retraite » signifie abandon de poste ; encore et toujours dans les petits papiers de *Paris Match* depuis 1976.

Entre 100 exploits, il en est un qu'il n'a jamais raconté, sauf à travers les bulles d'une BD cosignée avec Bruno Mouron et dessinée par Alain Regnault.

Si Fellini a su mythifier les paparazzi dans *La Dolce Vita*, ce scoop doit aussi quelque chose au cinéma, en particulier à l'héritage de François Truffaut, l'homme des *400 Coups*.

Le 401ᵉ est donc pour Rostain. Ses deux filles fréquentaient l'école Robert Estienne, lieu du tournage du film de Truffaut bien calé au fond d'une petite impasse du 8ᵉ arrondissement, à Paris. Se trouve aussi dans la même classe, un certain Jules Desbiens, fils du directeur du Centre culturel du Canada, installé place des Invalides. Cet ancien journaliste de la radio s'est fait diplomate.

Depuis des mois, *Paris Match* tentait d'obtenir une interview de Jean Chrétien, Premier ministre libéral francophone du Canada depuis 1993, soit presque une dizaine d'années.

Grâce à Robert Desbiens, le contact direct est établi. Le rendez-vous tombe vite. Rostain embarque pour Ottawa, capitale du pays et berceau des institutions fédérales. Plutôt que de choisir d'austères résidences officielles, c'est autour du lac Shawinigan, lieu de naissance de Jean Chrétien, situé au nord-est de Montréal, au Québec donc – dont il n'approuve pas les aspirations à une souveraineté retrouvée – que le reportage se dessine.

Avec sa femme, Aline, il se lance dans une promenade en canoë, ce qui donne au quasi-septuagénaire une allure de fringant kayakiste : bon pour les photos. De retour au chalet, tout le monde s'empresse de savourer un verre du fameux « vin de glace », vinifié à base de raisin gelé, les cristaux de glace, le jus sucré et la pulpe des grains étant retenus dans le pressoir.

Furetant en cuisine, la familiarité aidant, Rostain repère une fausse couverture de *Paris Match* : la photo du couple est encadrée sous notre logo. Elle révèle un fantasme : poser pour de bon et pour de vrai. L'occasion est trop belle pour le relever.

L'opportunité ne tardera pas : huit mois plus tard, Chrétien est en visite d'État à Paris. Il fait organiser un petit déjeuner à l'ambassade, avenue Montaigne, pour son nouvel « ami ».

Pris d'une intuition provocatrice dont il a le secret, Rostain dégaine et, toujours aussi familièrement : « Dis donc, Jean, c'est bien toi qui organises le prochain G8 ?

— Oui Joseph (pour les Canadiens tous les Français s'appellent Joseph)

— Et tu veux que je te le sauve ton "G8" ?

— Mais pourquoi, on n'a pas de problème…

— Ah bon et t'appelles ça comment depuis qu'un militant altermondialiste a été tué, l'an dernier, à Gênes ? »

Tête éberluée de Jean Chrétien… Rostain sent que le Premier ministre est ferré, aussi ne le laisse-t-il pas réfléchir. Fort de son coup de poker, il abat ses atouts et lâche d'une traite : « Donc, vous allez faire comme toujours, une photo officielle des huit, alignés comme des sardines… Les médias vont tous faire la même chose ; d'un côté les altermondialistes pourchassés par la gendarmerie royale canadienne, de l'autre les huit patrons du monde, sans la moindre originalité. Moi je vais te donner une autre lisibilité, pas seulement avec *Paris Match*, mais avec les magazines du monde entier : *Stern*, *Oggi*, *Time*, *Newsweek*, *El Mundo*, etc. Mais pour ça, il faut me laisser faire et pénétrer dans le saint des saints, dans l'intimité du Sommet. »

Trois mois se passent en négociations administratives diverses.

Arrive enfin la date des « festivités » : 26 et 27 juin 2002.

La presse politique française pose son sac à Calgary. Or, le G8 se tient à Kananaskis (Alberta) au pied des montagnes Rocheuses, soit à 75 kilomètres de là ! C'est dans ce cadre majestueux que Stanley Kubrick a tourné *Shining*, film-fleuve d'horreur psychologique tiré d'un roman noir de Stephen King (qui a détesté sa mise en scène) et dont l'acteur Jack Nicholson, hache en main dans la maison hantée (L'Overlook Hotel) s'acharne à vouloir exterminer sa famille…

Comme tous les Français, Rostain a sa chambre réservée à Calgary. Loin donc du lieu du Sommet des chefs d'État. Mais, divine surprise, le traitement que Chrétien lui réserve est digne de celui d'un… chef d'État. En effet, à l'heure du petit déjeuner, c'est la voiture personnelle du Premier ministre, avec fanions et escorte motorisée, qui l'emmène au lieu le plus sécurisé de la planète, ce week-end-là. La limousine noire passe vingt-trois barrages de police, évidemment sans encombre. Le dernier est marqué : « Red Red Zone ». Il a été mis en place par le Secret service américain.

Vu le scénario imprévisible, concocté par Jean Chrétien, Rostain n'a aucun badge d'accréditation quelconque, pas même une cocarde à la boutonnière en guise de signe de reconnaissance.

Et pourtant, le voilà propulsé au cœur même du Pomeroy Kananaskis Mountain Lodge, haut lieu du G8, resplendissant sous le soleil d'été.

À peine la limousine se gare-t-elle, qu'il aperçoit son hôte, assis, en train de boire une bière avec George Bush Jr, président des États-Unis. À sa vue, Chrétien se lève et se dirige d'un bon pas au-devant de son invité-surprise, laissant Bush fixer l'intrus avec un certain agacement.

« L'ami Joseph »

Sans se démonter, mais avec une assurance qui défie l'arrogance, Rostain interpelle le Premier ministre : « Et je dors où moi ? Dans la forêt avec les ours ? » Il n'en faut pas plus à Chrétien pour appeler son sherpa, Bob Fowler : « Trouvez une chambre pour mon ami Joseph ! » Le coup de bluff a fonctionné.

Et c'est ainsi que Rostain passera un petit week-end « à la carte » avec ses nouveaux amis : George W. Bush (États-Unis), Jacques Chirac (France), Gehrard Schroeder (Allemagne), Tony Blair (Grande-Bretagne), Silvio Berlusconi (Italie), Junichiro Koizumi (Japon) et Vladimir Poutine (Fédération de Russie).

Chrétien a élargi son G8 à trois autres « *guest stars* » : José Maria Aznar (Espagne), Romano Prodi (Commission européenne) et Kofi Annan, secrétaire général des Nations unies.

« Nous sommes onze s'exclame Berlusconi, par ailleurs président du Milan AC – époque Maldini, Pirlo, Gattuso, Inzaghi, Shevchenko –, c'est bon pour le foot ! » S'engage une conversation sans fin, mais non sans passion, sur les mérites comparés de la Premier League anglaise où brillent Arsenal, Liverpool et Manchester United ; ceux du Calcio (italien) fort de la Juventus à Turin, du Napoli, des deux Milan et des rivaux de Rome ; de la Bundesliga allemande où brille le Basque (français) Lizarazu et de la Liga espagnole pimentée par le duel à crampons tirés entre Catalans de Barcelone et Castillans du Real Madrid…

Se mêlant au débat des présidents-supporteurs, Poutine reste fortement accroché aux valeurs du Zénith de Saint-Pétersbourg, son club de cœur. La conversation échappe complètement à Jacques Chirac, indifférent aux bienfaits supposés du foot, bien que l'équipe de France de Zidane et de Deschamps ait été classée championne du monde pour la première fois, il y a quatre ans… Au nom de l'Entente cordiale, Tony Blair vole à son secours en lui rappelant qu'avec Arsenal, Thierry Henry, révélé à Monaco, fait des ravages en tant qu'attaquant et buteur. Ouf, l'honneur est sauf !

Comme médusé, Rostain assiste à ces échanges passionnés.

Il y voit une mise en bouche entre copains à l'heure des retrouvailles, loin, très loin, des enjeux sociétaux censés améliorer le sort de la planète. Discrètement, il se laisse choir dans un canapé auprès de Jean Chrétien. Bush, Chirac et les autres les rejoignent tour à tour. Bush s'installe carrément à côté de lui, les pieds négligemment posés sur la table basse…

Soudain, sans raison apparente, Koizumi, verre de Bourbon en main – et non de whisky japonais dont la cote grimpe déjà, à deux ans du film *Lost In Translation* de Sofia Coppola, qui fera sa gloire – interpelle étonnamment le groupe : « Dites-moi, les amis, est-ce que vous dormez avec vos femmes ? Ce n'est pas facile la nuit ; on bouge tout le temps… Il fait parfois trop chaud. »

Stupéfaction ponctuée d'un éclat de rire général.

Bush réplique avec emphase : « *You must share a king size bed !* »

Chirac l'interrompt du geste et, dans un anglais scolaire : « *No George, in Japan, no bed, it's only tatami ; you sleep down on a tatami, no king size bed at all.* »

Alors Schroeder, jetant un regard polisson, sort de sa réserve et questionne directement Chirac : « *Jacques, you'd like to sleep with my wife ?* » Crise de fou rire, de longues minutes durant, à la manière d'une bande de potaches en liberté ; une scène que Rostain s'empresse d'immortaliser.

S'ensuit une démonstration d'école de Jacques Chirac sur l'étiquette du salut au Japon en fonction de l'importance du sujet à qui l'on s'adresse. Un protocole qu'il maîtrise et applique à la perfection. Sur la lancée, comme pour illustrer la leçon du président si féru en culture nipponne, Koizumi se jette à genoux devant Bush : « Toi George, tu es si important au monde, que je devrais te saluer ainsi. » Nouvel éclat de rire général : clic-clac, la photo est dans la boîte...

Le lendemain matin, le plus grand sérieux compose le menu de la conférence, fixée à 8 heures 30.

Tous les participants sont là, rasés de frais, sauf... Bush : « Il se prend pour la reine d'Espagne ! », ironise Chirac qui détourne le dicton généralement lié à la reine d'Angleterre. Aznar pique du nez, Blair en sourit. En attendant Bush, les discussions s'animent. Rostain ne perd rien de cette intimité et tend l'oreille. Il s'approche pour mieux écouter Chirac expliquer à Tony Blair et à Koizomi : « En France, tout le monde m'a trahi. Balladur, Premier ministre de la cohabitation avec Mitterrand, voulait se présenter contre moi il y a sept ans. Comme vous le savez, nous étions du même parti : un comble ! À cause de lui, j'étais tombé au plus bas dans les sondages. Même Bernadette ne croyait plus en mes chances. Alors, je suis parti pour le Japon. Seul. Je suis descendu dans une auberge de haute tradition, un ryokan riche d'histoire millénaire, situé au pied du Fuji San (le mont Fuji). La majesté du lieu incitait à la méditation. En assistant au lever du soleil à la seconde même où s'embrase le sommet, j'ai eu comme une illumination. J'ai décidé contre tous et contre tout, de me présenter à l'élection présidentielle. Et j'ai gagné ! »

Tony Blair n'est encore qu'à mi-parcours de son double mandat de Premier ministre de Grande-Bretagne. Il hoche plusieurs fois la tête, comme impressionné par cette leçon de pugnacité doublée d'une certaine spiritualité. Koizumi, fier de l'éloge rendu à son pays, boit les paroles du président en silence, affichant même gravité et retenue.

Vingt minutes plus tard apparaît enfin George Bush. Sentant une certaine animosité due à son retard, il s'éclipse dans un salon privé attenant et se sert un café très allongé. Poutine saisit l'instant, bondit de son fauteuil et le rejoint d'un pas pressé.

Vu la tension du moment et la personnalité imprévisible du patron du Kremlin, on peut s'attendre à tout.

Surprise : quand Rostain déboule sur ses talons pour faire la photo express, il surprend le Russe en train de touiller délicatement la tasse de l'Américain.

Six mois plus tard, Rostain croise Chirac à Marrakech. Au bar de La Mamounia, ils partagent une petite Corona, tradition du président oblige. L'interrogeant sur son intrusion mystérieuse au sein de ce club très fermé, celui-ci lui demande comment ont été validées les photos : « Il fallait juste me faire confiance, monsieur le Président.

— Vous faire confiance, Rostain, c'est un nouveau concept que nous ne sommes pas encore prêts à imaginer…

— Vous avez tort, monsieur le Président : souvenez-vous de la scène du Japonais à genoux devant Bush et quelles conséquences diplomatiques sa publication aurait-elle pu provoquer ?

— Oui, et alors ?

— Eh bien, monsieur le Président, j'ai brûlé les négatifs ! »

Chirac interloqué : « Finalement, Rostain, vous êtes un gars épatant ! »

SANTÉ

Symbole d'élégance et de rigueur journalistique, Sabine de La Brosse, disparue en 2017, avait fait un best-seller de son livre *La Force de vaincre* (1979), consécutif au traitement d'un cancer du sein à l'âge du plein épanouissement. Cinquante ans durant, elle enchanta la vie du journal, d'abord en tant que grand reporter puis en tant que créatrice de la rubrique « Santé ». Celle-ci lui valut la reconnaissance de la Fondation pour la recherche médicale. Depuis sa disparition, en 2017, son mari, le Dr Philippe Gorny, a continué, transmission du savoir oblige, à œuvrer à cette page devenue une référence dans le monde de la communication médicale.

Sa rubrique se voulait à la portée du plus grand nombre. Au-delà des schémas savants et d'indispensables interviews d'experts, chacun dans son domaine scientifique, elle savait rendre intelligible ce qui semblait inatteignable. Pour Sabine, dont la jolie ombre plane toujours autour de nous, le mot « vulgarisation » journalistique se traduisait par compréhension pour tous.

Lorsque nous avons publié un numéro hors-série sur « Les secrets de la mémoire », sachant que 900 000 Français sont touchés par la maladie d'Alzheimer et donc, toutes les familles, nous l'avons placé – à sa mémoire, justement – sous la direction éditoriale de son époux, le Dr Gorny. Au-delà des racines du mal et des lueurs d'espoir, explicitées, analysées par les sommités médicales, nous avons volontairement traité de cas concrets subis par des personnalités connues de tous. Loin des cours magistraux, nous avons mis le lecteur à portée de sujets familiers : Annie Girardot, condamnée à la nuit et au silence, Peter Falk (l'inspecteur Columbo), Rita Hayworth, vamp absolue si radieuse à l'écran dans *Gilda* ou *L'Affaire de Trinidad* dans les années 1950… D'une flamboyante beauté, elle fut atteinte par le mal en 1980. Ou encore l'ancien président des États-Unis, Ronald Reagan, subitement muet, dans l'impossibilité de prononcer le moindre mot en accueillant la Première ministre britannique Margaret Thatcher, en 1994. Alors qu'il fêtait ses 73 ans, il n'avait pu, ce jour-là, dissimuler son trouble. Alors il s'adressa, par écrit aux Américains : « Je commence maintenant le voyage vers le crépuscule de ma vie et sais qu'il y aura toujours une aurore radieuse pour l'Amérique. » Le voyage durera dix ans…

Plusieurs écrivains, tels Delphine de Vigan, David Foenkinos, Grégoire Delacourt ont prêté leur plume à la description cruelle d'une fatalité partagée par les intimes. Il en est de même du chanteur et compositeur Didier Barbelivien : « Maman, maman, là-bas tu vas danser… », tiré de son livre : *Pleure pas nostalgie* (Albin Michel, 2019). Enfin, c'est la touchante Catherine Laborde, si connue des téléspectateurs et atteinte de la maladie de Lewy, qui nous conta son combat au jour le jour, tout en donnant des raisons d'y croire aux malades : « Tenez bon, vous n'êtes pas seuls. »

Déjà en 1972 (numéro 1185, 22 janvier), puis en février 1974 (numéro 1293), *Paris Match* avait exploré ces insondables « secrets du cerveau », véritable arbre de vie.

Près de dix ans plus tôt (numéro 822, 9 janvier 1965), c'était aux racines d'un autre mal, dit « du siècle » : le cancer. *Match* avait aussi décerné la couverture aux trois Nobel français, les professeurs Jacob, Monod, Lwoff, fondateurs de la biologie moléculaire.

En 1978, « la bataille du cœur » mobilise tous les esprits. On est le 20 janvier 1968 (numéro 980) quand un chirurgien en blouse verte traditionnelle et calot de bloc opératoire occupe toute la une. Il s'appelle Christiaan Barnard, 44 ans. Il officie à l'hôpital Groote-Schuur du Cap et s'impose en pionnier des transplantations cardiaques. De son regard clair, il semble interpeller le lecteur. Un mois plus tôt, il avait brisé un tabou en remplaçant le cœur d'un patient condamné à l'opération de la chance ultime – Louis Washansky – par celui d'un porteur sain, décédé lors d'un accident. Il n'avait survécu que dix-huit jours, mais de cette tentative désespérée sur un volontaire taxé de « cobaye » par d'obscurs moralistes, naîtra l'expérience prometteuse sur un dentiste de 58 ans, Philip Blaiberg (couverture du numéro 987, 9 mars 1968). Il survivra dix-neuf mois.

À Georges Menant, notre envoyé spécial en Afrique du Sud, le Pr Barnard balaye les malveillances et met les censeurs au pilori : « À chaque fois que la chirurgie a pris des risques, la médecine tout entière a progressé. »

En effet, la médecine entre dans une nouvelle ère.

En France, dans la foulée de Philip Blaiberg, Emmanuel Vitria, un négociant en vin de Marseille, qui frôle la cinquantaine, est opéré par l'équipe du Pr Edmond Henry à Marseille. Lui survivra... dix-huit ans ! Autre pionnier français très médiatisé (il opéra Mireille Darc), le Pr Cabrol sera surnommé « l'homme aux 400 greffes ».

Dans la lignée des grands sujets médicaux, un numéro scientifique reste le plus recherché (numéro 2155, 13 septembre 1990) : celui de « l'instant où se crée l'être humain » avec en couverture sur fond carmin, un embryon semble sucer son pouce. Titre du numéro : « Exclusif : La photo triomphe du mystère de la vie ».

Les grands photographes n'échappent pas à l'émotion de la séance photographique la plus intime.

Hubert Fanthomme, un élève de Manuel Litran (ses photos sont autant de chefs-d'œuvre), a saisi le cœur rouge de Jeff Koons, le sculpteur néo-kitsch, auprès de François Pinault, à Venise. C'était lors de l'inauguration des collections de celui-ci au Palazzo Grassi en 2006. Mais, loin des sujets artistiques qui sont tout à sa main et à son « œil », il aura le cœur brisé en réalisant un grand reportage sur les bébés prématurés. Il en pleura au milieu des médecins.

Scoop

De tous les anglicismes passés au hachoir des usages quotidiens, le mot « scoop », à l'instar de « penalty » ou « corner » en football, « ruck » en rugby, « sprint » en cyclisme, « knock-down » en boxe, « tie-break » en tennis, a de solides synonymes en langue française. « Scoop » se traduit par « exclusivité » en français. Aucune formule issue de la langue de Molière n'a la force de ce maître mot en cinq lettres, devenu mot de passe du journalisme professionnel.

D'origine anglo-saxonne donc, comme tant d'expressions éclairs passées dans le langage courant, le « scoop » désigne une information, une séquence photographique, un entretien ; l'un ou l'autre publié en primeur, au nez de la concurrence. Dès lors, devancée sur ladite « news » (autre anglicisme passe-partout), celle-ci se voit alors obligée, par souci de déontologie, de citer la source, l'origine du fait traité, afin de pouvoir s'y référer dans la foulée.

Tout magazine respectueux de sa notoriété, de l'intérêt prioritaire de ses lecteurs et de son indépendance, se bat sur le terrain de l'exclusivité, du « vu, lu, nulle part ailleurs ».

De tous les media majeurs (« media » pluriel de « medium », mot latin, qualifie un organe de presse jouant le rôle d'intermédiaire), *Paris Match* a fait du « scoop », dès sa création, l'une de ses forces.

Ces exclusivités, naturellement enviées par les confrères, peuvent même rapporter un bénéfice commercial au journal et aux auteurs. Grâce à leur originalité, certains sujets, notamment ceux qui claquent sur le pavois de la couverture, sont convoités par des titres étrangers. Ils leur sont alors vendus au prix du marché, via l'agence maison, au nom symbolique : l'agence Scoop…

SECRET

À ceux qui ergotent, chipotent, pinaillent avec de grands airs entendus sur l'énigmatique définition de « l'ADN » de *Paris Match*, il est un mot à dégainer, en réponse, d'une grande simplicité. Il résume l'état d'esprit de ses concepteurs : secret.

« Surtout de vos secrets, soyez toujours le maître », scandait Voltaire, prolongeant le *Bréviaire des politiciens*, de Mazarin, sous Louis XIV : « Ne confie jamais secret à quiconque… »

En pointe dans la quête du « scoop », de l'insolite et de l'originalité, *Match* s'est toujours bâti en secret autour d'une équipe resserrée. Le contraire reviendrait à divulguer, y compris par désinvolture coupable, ses petits secrets de fabrication ; donc, de brader ou de niveler les sujets, bêtement livrés à la concurrence.

Des exemples de secret, on en compte par brassées.

Parmi les plus spectaculaires, détaillées par ailleurs : L'interview-choc de Jacques Mesrine, alors « ennemi public numéro 1 » dans les années 1970-1980 ; les photos choquantes du baron Empain, séquestré, enchaîné, par une bande de petits malfrats ; l'odyssée philippine du carnet d'adresses de Stirven (affaire Elf) ; la révélation publique de l'existence de Mazarine, fille cachée de François Mitterrand (scandale dans l'intelligentsia !) ou encore, la fameuse photo du président sur son lit de mort…

On n'a jamais (vraiment) su qui, parmi les 400 personnes invitées à venir se recueillir devant sa dépouille, avenue Frédéric Le Play (Paris 7e), a pris le cliché jugé de qualité « professionnelle » par nombre d'experts. On le sait, ce n'est pas Claude Azoulay.

Retour donc au « secret de fabrication ».

8 janvier 1996 : mort de François Mitterrand. Dans trois jours les obsèques sont prévues à Jarnac, la ville de ses racines.

Trois jours, c'est très court.

À *Paris Match*, la rédaction s'affaire autour des lourdes archives de cette figure ultra pérenne de la politique française. Un thème approprié s'impose, vu le personnage : « Sa vie, quel roman ! »

Autant dire qu'il y a de quoi bâtir un bon 100 pages en 24 heures de bouclage : facile. Trop facile pour *Match*. Notre exigence va au-delà : qu'au bout de la saga reconstituée, si riche en ombres et lumières, nos lecteurs sortent de leur lecture sur une forte surprise éditoriale. Il y en aura une et de poids !

En ce jour de bouclage avancé, comme toujours lors des gros événements, la conférence de création du numéro réunit le premier cercle des proches de Roger Thérond. Après avoir passé mille et un sujets en revue, imaginé des dizaines de séquences, chacun repart auprès de ses équipes pour ordonner et ordonnancer le travail... Sauf Michel Sola, patron du service photo.

Interpellant Marc Brincourt, qui, dans sa jeunesse professionnelle, a fait ses classes au Laboratoire Photos, il prend un air mystérieux et lui lance : « Savez-vous encore tirer des photos ?

— Oui Michel, c'est un peu comme le vélo. Ça ne s'oublie pas. »

Sola lui tend alors une enveloppe blanche et, d'un ton impératif : « Vite, direction porte Maillot. En arrivant vous faites le vide au Labo. Vous devez être seul ! Compris ? » Plus facile à dire qu'à faire, car le labo en question emploie quelque deux-cents personnes : « Faites-les tous sortir, pour une raison ou une autre », avait tonné Sola.

Quand Brincourt gare sa CX contre le trottoir, rue Pergolèse, Pierre Moutet, patron du Labo, est déjà sur le pied de guerre. Marc a tôt fait de lui expliquer : « Il me faut un box isolé (il y en a dix), tout est confidentiel...

— Revenez dans trois heures. »

Tout au long du parcours, il a résisté à la tentation d'ouvrir l'enveloppe posée sur le siège passager. Son imagination galope quant au mystérieux contenu, forcément lié à l'histoire de Mitterrand : Pétain ? Vichy ? La francisque ? L'Algérie ? L'attentat manqué contre le *Rainbow Warrior* ? Un tête-à-tête avec l'astrologue Élizabeth Teissier ? Un nouveau « scoop » avec Mazarine ?

À l'heure dite, le labo est entièrement vide.

Brincourt prend possession du box qui lui est réservé. Il se saisit de la « scoponette », une loupe permettant de régler et surtout d'ajuster visuellement la netteté des clichés sur l'agrandisseur. Il éteint l'interrupteur et met « au noir » ; n'apparaît plus dans son viseur que la lumière blanche dudit agrandisseur. De l'enveloppe encore fermée, il sort précautionneusement les négatifs (trois bandes) et les installe posément dans le « passe-vues », un petit tiroir métallique. Gare à la moindre faute de manipulation. Soudain apparaît un négatif en couleurs. À peine a-t-il surgi sous ses yeux que Brincourt reconnaît le gisant. Pour lui-même, bluffé, il ne peut réprimer un fulgurant : « Putain, ils l'ont fait ! »

Puis il reprend ses esprits, s'apaise et procède délicatement au filtrage de la couleur qui précède les tests techniques.

En sept minutes (qui lui paraissent très longues), c'est gagné !

À une poignée de mini corrections près, il n'a plus qu'à tirer les photos au format 18 x 24 cm. Il les regarde, admiratif, les contemple même, décèle que le cadrage est parfait, en déduit que l'opérateur a eu le loisir de se baisser pour choisir le meilleur angle. Pour lui, un travail de « pro ». « *The last, but not the least* », avant de rendre les locaux à ses locataires, il s'empresse de passer tous les tests à la broyeuse, place les tirages et les négatifs dans une pochette kraft et reprend le chemin de Levallois…

Quand il remet le tout à Michel Sola, celui-ci ne lui serre pas la main, mais brandit trois doigts en sa direction. Aussitôt, il s'explique : « Trois. Nous ne sommes que trois à connaître cette histoire. »

La suite, comme pour les maquettes révélant l'existence de Mazarine Pingeot, aura mon appartement (très discret) de la rue Lincoln pour théâtre. L'heure est alors à la mise en page : à Guy Trillat, le directeur artistique, colle et ciseaux en main, de placer les tirages secrets au bon gabarit…

Et quand Roger Thérond se prêtera à une sorte de radiographie télévisée sous les caméras d'un plateau commandé par Guillaume

Durand, il laissera les curieux sur ce qui ressemble à un authentique mot de la fin : « Savez-vous qui a pris ce cliché ?, lui lance Guillaume au moment de rendre l'antenne.

— Oui.

— Pouvez-vous le dire ?

— Non ! »

Sempé

À traits ciselés, Chaval, Bosc, Don, Wolinski ont longtemps illustré la chronique imagée de *Paris Match*. Le Niçois Joann Sfar, scénariste de cinéma et « cartoonist », passé naguère par *Charlie Hebdo*, auteur prolifique de bandes dessinées par ailleurs, décrypte les questions existentielles. Il a pris la relève, sa page signant désormais la fin de la rubrique culturelle, en amont du gros cahier de la « dernière heure ».

De tous les élégants dessinateurs de presse qui se sont succédés à *Match*, Jean-Jacques Sempé, observateur attentif des travers humains, gagna la postérité de très longue date.

Monté à Paris depuis l'Aquitaine de son enfance, où ses passions juvéniles variaient entre le football des copains et l'échappée belle à bicyclette, il n'avait guère que ses 78 tours de jazz pour aider son esprit à s'évader des murs gris d'une chambre de bonne à morne soupente.

Son sésame s'appellera René Goscinny. Débarquant de New York, l'écrivain a ses entrées dans la presse magazine américaine et même au sein de maisons d'édition parisiennes spécialisées dans la bande dessinée, un art aux bulles furtives et formules éclair qui n'est pas du goût de Sempé, rétif au procédé.

Goscinny a 27 ans, Sempé 21, quand ils se croisent dans les locaux d'une agence de presse. Leur amitié se scellera – pour toujours – devant un plat d'oursins, un mets inconnu du jeune Bordelais, alors sans le sou. Ce « petit hérisson de mer » lui est servi dans une brasserie de Montparnasse. Il sera sa madeleine de Proust. À chaque évocation de Goscinny, il reverra cette première tablée festive, annonciatrice d'une sorte de corne d'abondance.

De cette rencontre providentielle naîtra, en effet, leur apothéose créative : la naissance du *Petit Nicolas*, un potache aux blagues candides signant une époque définitivement sortie des radars. Sempé est loin d'imaginer que le galopin malicieux et sa bande de gamins aux prénoms rustiques et décalés (Alceste, Agnan, Rufus, Clotaire), allaient faire mouche. L'œuvre commune de l'écrivain scénariste (Goscinny) et du dessinateur se multiplie à l'infini. Elle est traduite en 30 langues et comptera 222 épisodes : « Tout naît de l'enfance, prophétisait Sempé ; l'école est mon refuge et le chahut ma grande distraction. »

On était en 1956, en pleine gloire montante de Sempé, donc, quand Daniel Filipacchi, aimanté par leur passion commune du jazz autour de figures telles que Ray Ventura et surtout Dizzy Gillespie, le présentera à ses copains de *Match*. L'hebdo courait sur ses sept bougies, un premier âge de (dé)raison. Daniel était alors photographe pour *Marie Claire*, autre fleuron du groupe Prouvost.

Quand il s'est éteint, à six jours de ses 90 ans, le 11 août 2022, Sempé, dont le patronyme était devenu une marque, restait le doyen toujours actif de notre titre, le dernier personnage incarnant les temps héroïques.

Jusqu'au bout, son humour était à son image : souriant, tendre et lumineux. Il était toujours disponible pour la bonne cause. Par exemple, il composa la délicate illustration du coffret

« L'Appel de la Planète », conçu et réalisé par *Match*, à l'initiative d'Olivier Royant et remis à chaque chef d'État venu participer à la COP 21, en 2015, à Paris.

Pendant sept décennies, Sempé a confié des centaines de dessins à *Paris Match*. Claude Azoulay, Hubert Fanthomme, à deux époques d'intervalle, du quartier Saint-Sulpice où il résida, à son atelier du boulevard du Montparnasse, sis à l'étage supérieur d'un joli duplex, s'attardèrent à plaisir à photographier ses palettes, crayons et pinceaux aussi affûtés que son esprit frondeur.

En août 1978, il donna son premier dessin au *New Yorker*, un bureaucrate cravaté et déplumé, perché sur la rambarde d'un building à la façon d'un homme-oiseau posé face au vide… Les couleurs de Central Park et des quatre saisons (jaune, vert, rouge vifs) inspiraient sa créativité à Manhattan. Il signera 113 couvertures du grand magazine culturel (40 parutions par an). La 114e, titrée « Musique du matin », véritable ode à la liberté, paraîtra le 5 septembre 2022. Trois semaines après son envol vers le ciel…

Sport

S'appeler *Match*, mot strictement anglais et un titre qui claque comme une reprise de volée, a de quoi mener « droit au but ».

Quand Jean Prouvost rachète l'hebdo sportif éponyme à Édouard Bailby, tout en développant le quotidien *Paris-Soir* à tirage record absorbant *L'Intransigeant* au passage, puis *Marie Claire* et la station millésimée Radio 37 – inaugurée par Maurice Chevalier, chanteur et dandy de Ménilmontant, classé « parigot » à canotier –, le magazine culmine au-dessus du million d'exemplaires. Les amateurs d'athlétisme, boxe, cyclisme, ballon rond ou ovale sont légion à vibrer sur les manchettes de une. Ils sont tout aussi nombreux à tendre l'oreille aux ondes moyennes délivrées par la Compagnie moderne de radiodiffusion, dont le slogan, sans ambiguïté, claque aussi comme une promesse claire et sympa : « Distraire ! » Radio 37 se veut généraliste et c'est la voie que Prouvost entend suivre avec *Match* dont l'héritage sportif exclusif se délitera en séquences événementielles, le Tour de France sous le maillot jaune de Roger Lapébie (1937), Gino Bartali (1938), Sylvain Maes (1939), en constituant l'emblématique feuilleton d'été.

Plutôt que de lutter à la petite semaine contre *L'Auto*, ancêtre de *L'Équipe* d'aujourd'hui, Prouvost change de cap. De *Match*, à l'ADN fortement identifié « tous sports », il fait un magazine d'informations générales reposant sur la photo. Succès immédiat. Les collectionneurs courant les étals de bouquinistes ou chinant au marché aux puces peuvent s'en faire une idée de nos jours. Le titre demeura dix-huit mois sur la crête des ventes, s'approchant des deux millions d'exemplaires, avant de s'affaisser au lendemain de la drôle de guerre et d'être emporté par la débâcle de 1940.

Quand *Match* reparut sous forme de *Paris Match*, titre du « *risorgimento* » d'après-guerre (1949), le succès fut long à se dessiner et c'est par un exploit sportif hors du temps (la conquête de l'Annapurna, un premier 8 000 mètres dans l'Himalaya) signé de Maurice Herzog et Louis Lachenal, héros d'une même cordée, que l'ascension, au sens symbolique mais concret du terme, sourira au propriétaire de *Paris Match*, son dernier-né…

Le sport n'en était pas moins présent dès la renaissance de ce *Match* désormais siglé Paris.

Noble art

La couverture du numéro 3 (daté du 8 avril 1949) est entièrement consacrée à Marcel Cerdan. Le boxeur, longtemps secrètement amant d'Édith Piaf, partage sa « vie en rose ». Elle les a vus triompher tous les deux à New York. Lui au Madison Square Garden, puis au Roosevelt Stadium (New Jersey) où il est devenu champion du monde (1948). Elle, au cabaret Le Versailles, à Broadway où elle draine des foules mondaines en habit de soirée. Son *Hymne à l'amour* aux paroles lourdement prophétiques (Cerdan mourra en septembre 1949 dans un accident d'avion en allant la rejoindre alors qu'il devait traverser l'Atlantique à bord du paquebot *Île de France*) accompagnera pour toujours le chagrin des Français qui, à la force des poings de son héros du ring, se remettaient symboliquement des humiliations de la guerre.

La boxe restera longtemps en tête du patrimoine sportif de *Paris Match*. Il est vrai qu'intellectuels et artistes d'époque, Jean Cocteau, Picasso, Jean Marais en tête, en sont alors friands. Un film récent (2019), joliment ficelé par un récit de Gaspard Ulliel, acteur fauché dans la force de l'âge, brosse une ode au duo du poète (Cocteau) et du boxeur des rues de Harlem, Al Brown (poids coq à taille de guêpe). Prouvost, on l'a vu, ne manquait pas une réunion de boxe au Vél'd'Hiv'. Plus tard, à l'ère Filipacchi, Jean Cau, perpétuera la tradition du noble art.

Alain Delon, enfant de *Paris Match* s'il en est, l'un des recordmen du nombre de couvertures derrière Johnny Hallyday et la famille royale de Grande-Bretagne, construira même chez lui (à Douchy) un camp d'entraînement privé pour le poids moyen Jean-Claude Bouttier avant son combat (perdu aux poings) contre l'Argentin Carlos Monzon. Mireille Darc photographiait les entraînements à la dure du champion français.

Rugby

La boxe et le rugby. S'il n'est pas donné à tout le monde de croiser le gant, il était de bon ton, dans le *Paris Match* de Prouvost, d'enfiler le short pour se défier en solides mêlées ouvertes autour d'un insaisissable ballon ovale. Dans son livre de souvenirs glanés le long de sa « fabuleuse aventure à *Paris Match* », Guillaume Hanoteau, pilier germanopratin et mari d'Alice Sapritch, star de l'émission « Au théâtre ce soir », à la télévision (entre autres), s'étend sur « la cour de récréation » de *Paris Match*, symbolisée par l'indispensable Tournoi des cinq nations (aujourd'hui elles sont six) qui se jouait à Colombes : « Nous y allions en bande, Méridionaux – la majorité – et gens du nord. Personne n'y coupait. L'indifférence au rugby était à *Paris Match* un des très rares motifs d'exclusion. »

Hanoteau, gaillard au format de troisième ligne, ne résistera pas à croquer l'état-major de la rédaction au retour des vestiaires : « Il fallait, à longueur d'année, "piocher" son rugby. Des natifs d'Armentières apprenaient par cœur la composition des équipes nationales depuis le jour glorieux de 1911 où le XV de France avait battu l'Écosse par 16 à 15, afin de ne pas être minable aux conférences. Car on parlait rugby à ces conférences. On discutait des sélections, on commentait les victoires et les défaites. Gaston (Bonheur) en tirait des conclusions historiques. Il rattachait les premières aux persécutions albigeoises. Il attribuait les défaites à la politique vinicole menée par les Républiques dans les territoires du Sud-Est. Tout était ramené au rugby. François Ier aurait fait un bon pilier, Louis XIV un excellent talonneur. Napoléon aurait pu être un demi d'ouverture à la Springboks si sa taille ne l'avait pas condamné à se placer derrière la mêlée. Austerlitz, en fait, n'avait été gagné que par un débordement sur les ailes. »

Ainsi les frères Boniface (Mont-de-Marsan), Jean Gachassin, dit « Peter Pan » (Lourdes, Bagnères), Walter Spanghero (Narbonne), Jean-Pierre Rives (Toulouse) devinrent-ils des têtes d'affiche, sous la plume d'Olivier Merlin, entre autres, puis de Jean Cau, noble cathare, tandis qu'Antoine Blondin, dans *L'Équipe* ou Lucien Bodard, dans *France-Soir* et dans *Les Plaisirs de l'Hexagone* (Gallimard, 1971), leur donnait la réplique sous forme de sublimes passes croisées d'écriture.

Grâce à Guillaume Hanoteau, intarissable sourcier d'une si belle époque, on apprend aussi que le « Patron » détestait le football parce que Roubaix, alors équipe de première division, le battait alors pour survivre. Sûr qu'avec Béghin, le grand sucrier (co-actionnaire de *Paris Match* et le propriétaire des laineries du nord), Prouvost qui avait reçu jusqu'à la reine Elizabeth en ses ateliers, les parents pauvres du foot à l'ombre du grand Lille et des corons de Lens – les « Sang et Or » – avaient des velléités de subventions munificentes…

Football

Roger Thérond, lui, était un adepte du ballon rond. Né à Sète, dont l'équipe locale au maillot vert et blanc cerclé, façon Glasgow Celtic, brilla en première division jusqu'à la moitié des années 1950, il en restera un supporteur mélancolique. Avec lui, *Match* avait déjà produit une couverture sur Raymond Kopa, transféré du Stade de Reims au Real Madrid en 1956 et qui vivait le drame de la mort de son fils, 4 ans, en 1962, atteint d'un mal incurable. Entre-temps, Just Fontaine, avant-centre de l'équipe de France, classée troisième lors de la Coupe du monde 1958, avait gagné le pavois de la couverture (numéro 481, 18 juin).

Quand il revint à la barre, en septembre 1976, d'autres « Verts », ceux de Saint-Étienne (Larqué, Revelli, Bereta,

Rocheteau), brillaient sur le toit de l'Europe, effaçant douze ans de vaches maigres depuis les derniers exploits du Stade de Reims.

J'eus la chance de côtoyer assidûment ces Verts-là, en compagnie d'un certain nombre de bretteurs de la plume : Dominique Grimault, Gérard Le Scour, Robert Nataf, et du micro : Jacques Vendroux, Eugène Saccomano, Thierry Roland. Tant d'autres encore : Jean-Jacques Bourdin, Roger Zabel et bientôt un cadet plus que prometteur (issu de « l'école nantaise »), Pascal Praud...

J'eus l'honneur d'accompagner souvent Roger Thérond au Parc des Princes, le plus souvent en compagnie de Tristan, son jeune fils.

C'est ainsi que Michel Platini fit son entrée à *Paris Match*.

Le match de Platini

Le capitaine des Verts (et des Bleus) m'avait confié l'écriture de ses Mémoires : *Ma vie comme un match* (Robert Laffont, 1987). L'ouvrage couronné « livre d'or » par Robert Laffont lui-même, lors d'un cocktail voluptueux au premier étage de la tour Eiffel, fut aussi un best-seller en Italie où Michel commanda la grande équipe de la Juventus de Turin. Après Nancy-Lorraine, Saint-Étienne et Turin, *Paris Match*, à qui il prêta son prestige cinq ans durant (y compris lors du drame du Heysel en 1985), fut son... quatrième club. Il aurait pu signer au Milan AC où Silvio Berlusconi tenta de l'attirer – en vain – lors d'un dîner partagé pour *Match* chez le « *Cavaliere* », à Arcore.

Avec Jack Garofalo, nous avons suivi Platini partout, y compris lorsqu'il traînait la patte à la veille d'un France-Brésil victorieux à Guadalajara (Mexique, 1986). Son moral n'était pas au beau fixe, à cause d'une fichue blessure au tendon du pied qui lui faisait redouter le pire. Il ne voulait pas de photo, invoquant « le collectif » plus que l'individualité. Il s'isolait, un peu fermé aux sollicitations. Nous l'avions retrouvé en train de faire griller des crevettes sur un barbecue artisanal monté dans un coin du complexe hôtelier. Tout sourire, il nous proposa ses brochettes au feu de bois et accepta la séance souvenir.

Si Luis Fernandez marqua le tir au but décisif face au Brésil de Zico et de Socrates, il avait pourtant failli déclarer forfait ! Là encore, à cause d'une série de photos décalées imaginée dans une arène de campagne. Muleta en main, défiant un « *becerro* » (très jeune taureau), le milieu de terrain des « Bleus », petit-fils d'un *banderillero* andalou, avait été (légèrement) encorné. Henri Michel, ex-capitaine du FC Nantes devenu sélectionneur des « Bleus », piquera une colère rouge au retour de l'infortuné, boitant bas, cherchant maladroitement à masquer son infortune du jour. Au milieu d'éclats de voix à faire trembler les murs, il nous vira *manu militari* de l'hôtel du lac Chapala où résidaient les Français. Sans l'intervention du docteur Vrillac, médecin de l'équipe, les appareils photo de Jacky auraient fini au fond de la piscine. Vite remis sur pied, Fernandez jouera le match qualificatif avec un bandage sur le genou gauche ! Pour nous, l'honneur était sauf, car les photos du buteur vainqueur étaient dans la boîte.

Deschamps, Benzema, Mbappé… Du Stade de France 1998 à Rio 2016 ; du « coup de boule suicidaire » de Zidane contre l'Italien Materazzi en 2006 ; de la finale de Coupe d'Europe avec les Verts à Glasgow (1976) au premier couronnement (l'OM en 1993), *Paris Match* était là. Dans les tribunes. Et surtout, dans les coulisses… D'où ces reportages magazine… uniques en photo. Nous avons eu grand plaisir à le rassembler dans un numéro Hors-série consacré aux Bleus (après le 2e titre obtenu à Moscou 2020) ; un numéro devenu « collector », par ailleurs ouvert au football féminin, enfin reconnu.

Il sera rare – à l'avenir – de renouveler ces sujets, tant l'univers du sport professionnel, truffé d'agents, d'attachés de presse individuels et collectifs, s'est barricadé dans l'entre-soi, à la manière du *catenaccio* (« fermeture ») d'Helenio Herrera, entraîneur de l'hermétique Inter Milan des années 1960.

Cyclisme et autres champions

Bien des grands champions se sont prêtés au sport individuel de la séance photos pour *Paris Match*. Pour mémoire, en voici une liste familière, d'ailleurs non exhaustive : hier, la nageuse Kiki Caron, idole des « Sixties », l'athlète Guy Drut, champion olympique aux 110 mètres haies à Montréal (1976), le triple champion olympique de ski, Jean-Claude Killy, posant en exclusivité avec ses trois médailles d'or au cou (1978), le rugbyman Jean-Pierre Rives, le tennisman Yannick Noah signant même dans nos pages le récit intime de sa victoire à Roland-Garros (1983)… Tant d'autres encore : Éric Cantona, le footballeur français qui fit chanter *La Marseillaise* au stade Old Trafford, à Manchester (et pleurer d'émotion l'actrice Sabine Azéma), les cyclistes Anquetil (un numéro spécial lui sera consacré après sa mort, en 2009), Eddy Merckx, Bernard Thévenet, Bernard Hinault, Alain Prost, le champion de F1, etc.

De nos jours, à part le prestigieux terrain de jeu du Sportel à Monaco où l'on célèbre à la fois les champions et le marché mondial de la télévision et des technologies sportives d'avant-garde, réunir de telles individualités en exclusivité devient une course d'obstacles.

Aux photographes revient le défi de déjouer une armada de « petits hommes gris » baptisés agents ou intermédiaires autoproclamés. C'est la rançon du sport-business !

Surnoms

Si Roger Thérond, tirant négligemment sur sa barbe, s'était vu attribuer par Jean Cau le pseudonyme sacré d'« Ayatollah » (il n'avait rien d'ayatollesque au sens religieux du terme, cela va de soi, mais brillait d'intransigeance), tous ceux qui tenaient un rang élevé ou pittoresque au sein de la présumée caste bénéficiaient d'un pseudo, malgré eux.

Jean Prouvost était simplement « patron ». « Oui, patron. » « Bien, patron. » « Merci, patron », résonnaient sur son passage, comme des mots de reconnaissance. Sans être ses obligés, les journalistes dévoués à son ambition professionnelle, pratiquaient son magister en heureux affidés.

L'Occitan Gaston Bonheur, féru de culture romaine, auteur de *Notre patrie gauloise* et surtout de *Mais qui a cassé le vase de Soissons ?*, une satire multi-éditée, dirigeait la première classe des reporters lors des années 1950 à 1960. S'imprégnant des traits de caractère de chacun, il distribuait les noms de guerre ou de théâtre à la tête du client… Guillaume Hanoteau, en observateur avisé, collecta cette première moisson d'aimables sobriquets.

Jean Farran, arraché au *Parisien libéré*, quotidien du matin, était « le brillant élève jouant les cancres », Olivier Merlin, gentleman des courts et d'ovalie (tout le monde était rugby à la rédaction), devenait « le prof de gym » ; André Lacaze, « le dénicheur de scoops » ; Raymond Castans, « le roi de l'opérette » ; Jean Rigade, « le pensionnaire qui couchait avec la femme du proviseur » ; Kléber Haedens, « aussi fort en classe qu'à la récré » ; Jean Mézerette, qualifié de reporter chic et stylé, « l'homme qui connaît tous les concierges d'hôtel ; les clés d'or ».

Quatre photographes ont gardé ces appellations contrôlées pour de bon : de Charles Courrière, aux idées radicales-socialistes affirmées, on disait : « Il est celui qui, dans les congrès, présente la motion nègre-blanc », André Lefebvre hérita du sobriquet « la sucrette », pour son art de se sucrer sur les notes de frais. Gérard Géry était « Coucoune » (petit homme en provençal) et Jack Garofalo, « la ficelle », pour souligner sa réputation à se faufiler en tous lieux, à tout moment.

Grâce à Hergé (*Les Bijoux de la Castafiore*, 21e album de Tintin), Walter Carone et Willy Rizzo obtiendront la palme du surnom partagé. Pour la postérité, ils devinrent « Walter Rizotto ».

Plus tard, Michel Sola, régnant sur le richissime patrimoine photo du journal, en sera « le gardien du temple ».

À la fin de son bail de très longue durée (près de 50 ans), Roger Thérond deviendra « l'œil », héritage, non sans devoirs ni prestige, dévolu à Marc Brincourt de nos jours…

TAPIE, BERNARD

Sur fond marine, avec le logo de TF1, partenaire de l'événement, l'invitation est signée de Daniel Filipacchi et de Roger Thérond. Je lis :

« Prient M. et Mme X de leur faire le plaisir d'assister à l'émission de télévision présentée par Bernard Tapie : "Match 2000" qui aura lieu en direct le vendredi 18 septembre 1987 au Zénith à 20 heures impérativement. »

L'idée est de Roger. Bernard Tapie n'est pas encore ministre de la Ville (1992), ni député français (1989-1996), ni député européen (1994-1997), ni même conseiller général des Bouches-du-Rhône (1994-1995), le tout sous la casaque du radical de gauche, fraîchement converti au parti charnière de l'Union de la gauche mitterrandienne, auquel il a adhéré.

Homme d'affaires, au double sens du terme, révélé en tant que spécialiste d'entreprises en dépôt de bilan (La Vie Claire, Terraillon, Look, Testut, etc.), mais aussi patron de l'équipe cycliste montée autour de Bernard Hinault, puis propriétaire du magnifique voilier *Phocéa*, racheté à la veuve du navigateur

Alain Colas disparu lors de la première Route du Rhum, il est encore loin du sulfureux scandale Valenciennes-Olympique de Marseille (achat de joueurs adverses lors d'un match de football) qui lui vaudra la prison pendant six mois. De l'OM, qui végétait et qu'il présida dès 1986, il fit un quadruple champion de France… La Coupe d'Europe de 1993, gagnée au détriment du Milan AC, allait se révéler être le mobile caché de l'affaire VA-OM.

On est encore à la belle époque où il anime « Ambitions » sur TF1, justement, après avoir publié un best-seller : *Gagner*, chez Robert Laffont, une autobiographie qui fait danser les dollars dans les yeux de ses lecteurs.

Cette soirée a pour but de fêter la parution du numéro 2000 de *Paris Match*. Par les magies de la scénographie, elle évoquera les grands événements qui ont marqué notre époque. Forcément, vu l'heure du direct et la grande écoute de la chaîne, la plus puissante en matière d'audience du paysage audiovisuel français (le PAF), elle réunit les vedettes de l'actualité, des arts et du spectacle.

Roger me désigne pour « cornaquer » Tapie autour des événements clés qui ont jalonné l'histoire de *Match*. Cela passe par un solide entretien qui se tiendra chez lui, dans son hôtel particulier de la rue des Saints-Pères où, côté accueil, la décontraction est apparemment de mise. Afin d'attaquer en souplesse, j'évoque ses débuts dans la chanson quand il signait Tapy et chantait : *Les Pistonnés* et *Pour de rire*… Je le fais, en m'appuyant sur l'expertise allègre de *Salut les copains*, mais commets l'erreur de l'interpeller par la prononciation d'époque, soit « Tapaille » pour Tapy… Cette prononciation assez ridicule, il est vrai, mais fidèle à l'américanisme de l'époque (Johnny Hallyday pour Jean-Philippe Smet, Eddy Mitchell pour Claude Moine, Dick Rivers pour Hervé Fornieri, Long Chris pour Christian Blondieau, etc.), ne le fait pas rire du tout. Bien au contraire. Sardou et Dutronc feront mode à part.

Dominique, son épouse, au rôle fortement campé dans la mini-série de télévision *Tapie* de Tristan Séguéla et Olivier Demangel diffusée par Netflix en 2023, s'éclipse sur ses semelles de vent, comme pour déjouer l'orage qui menace. Heureusement, Tapie se calme de lui-même. Fausse alerte. Il m'interroge même sur ma science supposée des années « yéyés » et remet de lui-même le sujet du jour sur la table : « Tu vas être content, lâche-t-il, Johnny sera dans le programme de l'émission du numéro 2000 de *Match*. Et pas pour n'importe quoi, tu verras. »

Je m'accroche : « Il va lancer une nouveauté ?

— Oui, Tennessee, son dernier truc. Ce sera un des "scoops" de l'émission. Mais ne l'écris pas ! Surtout ne l'écris pas ! »

Conscient que Johnny a enregistré plus d'un succès entre Memphis et Nashville, je rapporte banalement le propos à Roger Thérond, imaginant une création de dernière minute. Celui-ci ne s'en étonne nullement, mais observe sagement que le titre *Quelque chose de Tennessee*, hommage au dramaturge américain Tennessee Williams, est de 1985. Donc, pas de vrai « scoop » à l'horizon.

Finalement, Johnny fera du Johnny, sans en rajouter, sous une présentation phare de Tapie, plus complimenteur que jamais.

Le temps passe. L'OM arrive en finale de la Coupe d'Europe 1990-1991. Le match a pour cadre le stade de Bari, dans les Pouilles italiennes, joli théâtre des lumières. Hélas, après un mauvais 0-0, l'équipe phocéenne s'abîme dans une séance de tirs au but fatale (battu 5 tirs à 4). Une image fracasse les souvenirs, celle de Basile Boli, le visage inondé de larmes. La fête est morte. L'Étoile rouge de Belgrade file vers le ciel « en un triomphe indécent », écrira *France Football.*

À *Paris Match*, un numéro hors-série inédit est alors quasiment bouclé. Hélas, il n'y a plus qu'à tirer le rideau sur la frustration collective : reporters, secrétaires de rédaction, rewriters, vigiles du service photo et maquettistes tuent les bières au goulot.

Un an plus tard, l'OM reçoit le Paris Saint-Germain au Stade Vélodrome, quelques mois seulement après ce qui restera comme « une boucherie » indécente, surenchère de coups bas livrée au Parc des Princes.

Posant bagage au Sofitel qui surplombe le Vieux-Port, Tapie, hors de lui, surgit à la réception. Un seul mot jaillit de sa part : « Dehors !

— Mais…

— Il n'y a pas de “mais” : dehors !

— Pardon, monsieur Tapie, mais vous n'êtes pas le directeur de l'hôtel…

Il rugit :

— Casse-toi !

Alors Basile Boli s'interpose :

— Président, c'est *Paris Match*. Ils n'ont jamais attaqué l'OM !

— Lui, non, mais Jean-Edern Hallier, oui ! »

Ivre de rage, Tapie entendait faire payer à *Match* ses différends avérés contre *L'Idiot international*, le mensuel satirique que l'écrivain avait créé et qui ne le ménageait guère. Jean-Edern, son « ennemi intime » signant parfois d'acerbes « Cartes blanches » dans *Match*, Tapie moulinait publiquement, devant ses joueurs et une poignée de touristes éberlués, son criant amalgame à gestes démultipliés, du genre : « Retenez-moi ou je fais un malheur », très en phase avec la scène marseillaise. Boli devra sortir le grand jeu pour apaiser son « boss », l'OM gagnera 3-1 et les choses en resteront là.

« Mais pourquoi ce déchaînement ? », lui demandai-je, peu après la tempête...

— Souviens-toi, d'abord tu m'as appelé Tapaille, j'aime pas et ce foutu Hallier travaille pour toi ; c'est trop ! »

En juin 2023 (quelque trente ans plus tard, donc) Dominique Tapie sera invitée au Salon Livr'à Vannes pour y présenter son ouvrage *Bernard, la fureur de vivre*, un titre emprunté à la mythologie qui entoure le culte du ténébreux James Dean, acteur symbole des années 1950, mort à 24 ans, au volant de sa Porsche 550 Spyder sur la route de Salinas (Californie).

Cet ouvrage est la suite logique – et attendue – de l'enquête choc signée Sophie des Déserts et titrée en couverture de *Match* (février 2022) : « L'héritage Tapie. Sa femme ruinée ». La photo renforce la symbolique. On y voit Dominique, tête basse, sillonnant la rue des Saints-Pères, au pied de l'hôtel particulier qu'elle devra quitter très vite... À ses côtés, un molosse façon chien de défense, compagnon fidèle...

Le maire de Vannes, David Robo, est un supporteur inconditionnel du Rugby Club de sa ville (le RCV) naturellement, mais aussi, sur ses souvenirs de jeunesse, il garde la nostalgie « OM » des années Tapie.

Lors du dîner de gala, après un bon bol d'air à travers le golfe du Morbihan, j'aborde l'épouse abandonnée à son sort et visiblement désargentée ; pire, comme tenue responsable de dettes qui la dépassent. J'entends juste la distraire en lui contant la mésaventure « Tapaille ». J'attaque : « Dominique, j'ai une petite histoire... »

Elle ne me laisse pas finir, s'attendant peut-être à devoir déjouer quelque polémique, malvenue en la circonstance. Dans un pâle sourire et sur un haussement d'épaules révélant une certaine lassitude, elle anticipe : « Et alors, c'était tout Bernard, non ? ! »

C'était Tapie !

Thérond, Roger

Débarqué de Sète à Paris, en 1946, la valise en carton à la main, dans l'ébullition créative de l'après-guerre (celle de Jean Cau était en bois), il se laissa d'abord happer par le cinéma, à *L'Écran français*, ce qui, après avoir remis la main sur d'improbables archives égarées, lui permettra de publier *Les Années éblouissantes* avant sa mort, ouvrage de textes et photos cosigné avec le réalisateur Jean-Charles Tacchella, compagnon du temps des vaches maigres, fidèle à son amitié jusqu'au dernier jour.

Car elles furent bien maigres ces premières années.

Pour eux, les nourritures terrestres s'égrenaient en notes fugaces de Brassens ou de Trenet, rien de vraiment concret, rien de solide à croquer, même si les collaborations multiples permettaient aux débutants d'être un peu touche-à-tout dans une presse en pleine effervescence.

Aussi Roger, 21 ans tout rond, fraîchement issu de *La Voix de la Patrie*, une feuille provençale issue de la Résistance, se retrouva-t-il (vaguement) metteur en page et déjà familier du labo photo à *Samedi-Soir*, un hebdo malin, de grand format, au ton astucieux, un rien « sensationnaliste » pour l'époque.

Il y fit la connaissance de Max Corre, un nom qui comptera dans la presse populaire d'après-guerre ; mais aussi de Raymond

Castans, Gaston Bonheur et Raymond Cartier, le trio chic et choc du futur *Paris Match* de Jean Prouvost.

Sa réussite unique en tant que promoteur de la photo tout-terrain, celle de presse et celle de collection, sa vie parisienne, tout en discrétion calculée – il était le contraire d'un VIP classé « bling-bling » – le montrait plus à l'aise au Parc des Princes pour y applaudir Michel Platini, qu'au village « people » de Roland-Garros où se pressaient ses pairs en notoriété.

À la vérité, la Provence restait son jardin secret.

Entre deux bouclages sans heure – c'est-à-dire poussées jusqu'à la dernière, la plus belle bien sûr –, Roger aimait à s'y ressourcer. Dans son pays de feu qui brûle pierres et garrigue, on peut se battre et mourir pour un point d'eau, comme Jean de Florette. Il y puisa toute son inspiration créative avant de devenir l'homme-étendard de *Paris Match*, celui qui, sans maître, sans mentor, maria pour toujours « le poids des mots » au « choc des photos ». Sa fontaine de jouvence coulait à Anduze, village d'ocre, de terre forcément cuite, de poteries vernissées et de fleurs séchées, où se développe aujourd'hui une opulente bambouseraie. On est à quelques lieues des massifs de l'Estaque, à un vol de flamants roses des étangs de Camargue d'où l'on peut deviner l'horizon marin de sa ville natale : Sète. Il se retirait dès les beaux jours, qui sont nombreux là-bas, dans son mas avec son fils, ses trois filles et Astrid, sa femme, enveloppée de tissus *souleïado* (« noyés de soleil », en langue occitane). Là poussaient ses oliviers, entre chants de cigales et champs de lavande. Deux d'entre eux, portés de son terroir, le veillaient dans le chœur de l'église Saint-Sulpice où un Tout-Paris, plutôt un Tout-Paris *Match* – plus ému et sincère que le « Tout-Paris » de caricature qu'il esquivait, l'accompagna vers le ciel dans une messe ouverte par Brassens (*Les Copains d'abord*) rythmée de Gospel.

Perpignan était aussi sa Mecque.

Avec Visa pour l'Image, ce grand festival du photojournalisme qu'il avait contribué à créer, il faisait rimer courage et reportage. On y célébrait une caste de baroudeurs éclairés, qui, par la seule force de l'image, étaient mieux que des lanceurs d'alerte… Son *Paris Match* en était le fleuron.

Porté par *L'Orgueil des mots*, cher à Jean Cau, on visitait la ville dans tous ses méandres ; d'une ruelle à l'autre, on passait alors de Perpinya la catalane à Séville l'andalouse. Roger Thérond y déambulait comme un maestro entouré de ses équipes, formant une sorte de *cuadrilla* d'honneur. Un mot de lui et la petite troupe, sabre au clair, aurait enlevé le Castillet fortifié ou le palais des rois de Majorque.

Le théâtre à ciel ouvert où défilaient les photos du monde entier, parfois d'improbables tranchées du malheur, était son arène. En ce lieu préservé, Jean-François Leroy, maître d'œuvre et de cérémonie, lui offrit une ovation prolongée du public et celle des pairs en lui remettant le Visa d'honneur 2000 qui consacrait sa carrière sans pareille. Il eut ce mot : « Pour vous, Roger, en cette année du changement de millénaire. » La réplique (amicale et magistrale) déclencha l'hilarité joyeuse du public : « Tu rigoles, c'est pour tout le siècle ! », tandis que sonnait déjà l'heure (et qu'il le savait) de son dernier tour de vie…

La plage voisine, avec sa paillotte à gambas, se faisait lieu de ralliement. Il s'y rendait rituellement, le samedi, avec Astrid, rien que pour partager la paëlla géante de son équipe. Bien sûr, l'info filtra vite parmi les photographes d'agence ; nul besoin de paparazzi pour l'y débusquer.

Dès lors, d'une année l'autre, les plus grands photographes se refilaient le tuyau, soit l'adresse dite « impossible » au bout d'un rio asséché. Tous s'y pressaient, rien que pour l'apercevoir, les pieds dans le sable, partager le chorizo commun.

Le soir, les plus acharnés le suivaient jusqu' à la Villa Duflot, une oasis hôtelière miraculeusement campée en pleine zone industrielle, dans l'espoir d'un verre de Banyuls à savourer en petit comité.

Au matin (de bonne heure), il prenait son petit déjeuner au bord de la piscine. Parfois, il s'y baignait et ses filles le suivaient, telles des naïades. Si un photographe, vaguement aux aguets, venait à passer, il le conviait à sa table débordant de journaux, dont il avait grand appétit. Korda, le photographe du « Che », parti peu avant lui à l'été 2003, partagea ces instants précieux… Et Jane Evelyn Atwood, la petite Américaine aux séries terriblement noires… Et Mary Ellen Mark, lourde du fardeau des bidonvilles de Bombay… Et Salgado, témoin des douleurs de l'Amazonie et du monde… Et Benoît Gysembergh qui porta si souvent pour *Match* la photo en première ligne… C'est ici que Bettina Rheims osa lui présenter les premières planches de son album iconoclaste sur le Christ…

Tous venaient à lui en de discrètes consultations.

On surnommait Roger Thérond « L'œil », mais c'est au nom du « Poids des mots » qu'on le relit aujourd'hui : « Un homme disparaît. Un homme apparaît. Un homme plus vrai et plus mystérieux encore que de son vivant. Ses facettes se mettent à briller de mille feux qu'on croyait éteints. Dès qu'il ne fut plus là pour nous les cacher, des personnages multiples qui cohabitaient en lui se révélèrent : un homme des lumières de l'art, un homme amateur d'ombres, et d'autres encore… Mais pour nous, grandi par le temps qui passe, vit toujours celui que l'on a connu et aimé : le journaliste. »

Ainsi parlait Roger Thérond. Il parlait de Jean Cau, l'ami – le parrain de son fils Tristan – disparu huit ans plus tôt, presque jour pour jour. Et sans doute, à travers ces lignes, parlait-il aussi – pour nous – de lui.

Téléfilm

L'Album des Français, appellation d'origine contrôlée par *Paris Match*, constitue la somme d'un récent livre album (2022) que j'ai eu l'honneur de piloter avec Marc Brincourt (pour l'iconographie) et Michel Maïquez (pour la direction artistique).

Ce titre résume bien les décennies d'histoire contées au fil des semaines par *Match*. D'ailleurs, les services de communication successifs ont produit bien des projets à partir des années 1980. Pas étonnant donc qu'un téléfilm ayant *Paris Match* pour phare ait garni la programmation de France 3 à l'été 2012. La production en revenait logiquement à Lagardère Entertainment, réunissant l'ensemble des activités audiovisuelles du groupe. Électron libre productions y développait son activité parmi une pléiade de jeunes sociétés audacieuses réunies au sein du département Flux.

À *Match*, la confiance en un tel projet allait de soi, l'entreprise audiovisuelle, déjà réputée pour ses captations d'événements musicaux d'envergure (concerts, festivals) s'étant spécialisée dans les films documentaires de prestige, tels que « Berlingot », un magazine culturel, « Chacun son Outre-Mer », « Jean-Paul Gaultier ou les codes bouleversés de la mode », etc.

De plus, elle avait signé une série de quatre épisodes de 110 minutes autour de la saga de *Salut les copains*, phénomène générationnel, dont Daniel Filipacchi et Frank Ténot, prenant alors le vent porteur des années 1960, avaient mis la barre sur un cap gagnant.

Comme pour *Salut les copains*, la chaîne publique s'engagera également sur quatre épisodes d'une durée analogue (110 minutes) diffusés en « prime time », à 20 heures 35.

Pour Stéphane Bergouhnioux, coréalisateur avec Pascal Forneri, « s'attaquer à un "monstre" comme *Match*, c'est un sacré défi ». Il s'y attelle, structurant le documentaire de façon chronologique, puis entrecoupe ce fil rouge par de nombreuses thématiques qui ont jalonné la vie du journal : la famille royale d'Angleterre, celle de Monaco, l'Aventure et les guerres, l'odyssée himalayenne de l'Annapurna, de Gaulle, Mitterrand, les politiques et les paparazzi, Brigitte Bardot et Marilyn Monroe, les stars et les héros, le record de couvertures détenu par Johnny Hallyday, bref, tout ce qui compose un large panorama basé sur la photo, l'éclairage humain et l'émotion partagée.

Chaque épisode, filmé en décors reconstitués (le bureau du patron, la salle des photographes, le bar, le coin machine à café) est joué par des acteurs de composition, à la manière des musiciens de studio. L'anecdote (vraie) contée par une figure du magazine enrichit le scénario.

Ici, Jean Durieux, ancien rédacteur en chef, raconte, vécu par *Match*, la mort du gangster Jacques Mesrine, « ennemi public numéro 1 » des années 1960-1970, abattu par les hommes du commissaire Broussard, le 2 novembre 1979, porte de Clignancourt à Paris. :

« Les photographes Daniel Houpline et Thierry Esch sont arrivés une minute après ; ils étaient très bien tuyautés ; oui, une minute tout juste après la fusillade où tomba Mesrine. Ils s'étaient procuré un scanner radio pouvant capter les conversations de la police. Les flics utilisaient un langage codé, certes, mais les deux journalistes avaient senti, au fur et à mesure que le rythme des appels entre commissaires s'accélérait, qu'il allait se passer quelque chose d'imminent. Alors, ils ont bondi, appareil au poing. »

Une des confidences parmi les plus fantaisistes, en revanche, est livrée par François Gragnon, le photographe à qui le cinéaste Albert Hitchcock avait promis-juré qu'il marcherait sur l'eau...

Loin des frasques de Cannes et des chimères de festival, il conta face à la caméra avec l'humour de « Prince sans rire » (son surnom) qui était sa marque, le rôle qu'il dut improviser lors du mariage d'Albert de Liège (futur roi des Belges) et de Paola, princesse Ruffo di Calabria…

C'était à Bruxelles (la cérémonie avait d'abord été programmée à Rome au grand dam des Belges) en juin 1959.

Mèche rebelle, œil malicieux et voix de ténor, Gragnon raconte : « Le protocole avait interdit d'église les photographes. J'avais récupéré l'invitation dorée sur tranche du frère de Paola, avec son nom à rallonge. J'ai donc loué un habit et je suis arrivé un peu en retard. Quand il m'a vu entrer avec mon carton à bordure dorée, l'huissier a regardé mon nom, s'est incliné et a dit, en m'indiquant les premiers rangs : “Votre place est avec la famille !” »

Gragnon commence à tousser, feignant le rhume et lui répond : « Placez-moi plutôt au sein du corps diplomatique, d'autant que je suis ami avec l'ambassadeur du Japon. Et comme je suis enroué et toussotant, je risque de devoir sortir souvent des rangs… » Naturellement, il sortira des rangs plus qu'à son tour. Se plaçant habilement derrière l'autel recouvert de gerbes de fleurs, il posera discrètement une chaise afin de se hisser et de cibler les époux en point de mire. Il multiplia toutes sortes de prises de vue à travers les monticules de fleurs. Une gerbe de clichés exclusifs.

À la sortie, les pellicules garnies, il rejoint son copain Claude Azoulay qui bat le pavé parmi la foule assiégeant le parvis.

L'huissier reconnaît Gragnon et s'inquiète : « Mais vous n'êtes pas avec la famille, avec votre sœur ? — Non, le coupe Azoulay, réprimant un fou rire, “le frère” de Paola reste avec nous… »

Ainsi s'accumulent les témoignages, tantôt drôles, souvent sérieux, parfois graves. Il y en a tout de même pour sept heures en tout.

D'une voix douce mais d'un ton mordant, Irène Frain, romancière à succès et plume de *Paris Match* conclut : « L'intelligentsia parisienne prétend qu'elle ne le lit que chez son coiffeur et son dentiste. Alors je me dis : c'est fou le nombre de coiffeurs et de dentistes, plus d'un million ! »

De nos jours, les sollicitations télévisuelles continuent de pleuvoir sur le bureau de Gwenaëlle de Kerros, responsable de la diversification. Chaque nouveau projet est accueilli avec enthousiasme mais réflexion. Il requiert en effet l'expertise des « Anciens », car si la légende de *Paris Match* confine parfois au mythe, notre *Album des Français*, reste d'abord une histoire vraie. Du vécu passionné.

Téléphone

Ou plutôt « écoutes téléphoniques » (illégales). Quatre mille personnes, pour la plupart journalistes, écrivains, chroniqueurs, voire artistes, ont figuré au tableau d'honneur de « l'espionnite d'État » orchestré par les services de l'Élysée lors du premier septennat de François Mitterrand. Le président s'inquiétait de menaces supposées portant sur Mazarine, sa « fille secrète », issue d'une liaison morganatique avec Anne Pingeot.

Aussi agité qu'hirsute, l'écrivain et pamphlétaire Jean-Edern Hallier courait le Tout-Paris de l'édition avec un brûlot sous le bras, intitulé *L'Honneur perdu de François Mitterrand*. Dix-neuf éditeurs sollicités… 19 refus. Il est vrai qu'un an plus tôt (1983), Françoise Giroud, figure féminine et progressiste de la presse magazine, avait plus ou moins « grillé » l'histoire en publiant une pseudo-fiction : *Le Bon Plaisir* aux éditions… Mazarine ! Un film sortit de ce roman à clés. Catherine Deneuve (dans le rôle de la mère) et Jean-Louis Trintignant, incarnant le président, en étaient les principaux personnages. Cela ne freinait pas pour autant l'ardeur du vibrionnant Jean-Edern. Le roman ? Bof ! Il s'acharnait plutôt à enfoncer le clou sous forme d'enquête à charge.

Fort contrarié (et inquiet), Mitterrand s'en était ouvert à Roland Dumas, son garde des Sceaux. Objectif : prendre Hallier de vitesse. Aussi avait-il fait approcher Pierre Marion, patron de la Direction générale des services extérieurs (la DGSE), lui intimant quasiment l'ordre d'installer à l'Élysée même des technologies d'interceptions de communications privées : « Pas dans mes compétences », avait froidement objecté le chef des espions français. Dépités, les proches collaborateurs du président (François de Grossouvre, Charles Hernu) obtiendront, cependant, d'accélérer la mise en action d'une cellule de sécurité spéciale dirigée par Christian Prouteau, commandant le GSPR (Groupement de sécurité de la présidence de la République). Elle fut créée en tout début de l'année 1983, dans le but de déjouer certaines failles décelées par l'Élysée dans le système de sécurité précédent. Traduction instantanée : le GSPR ? « Les hommes du président. » Il est vrai que le bureau est carrément installé au… 2, rue de l'Élysée. Un millier de magnétophones y sont vite déployés, traquant des milliers de conversations privées.

Si quelques reporters de terrain de *Paris Match* (Jacques-Marie Bourget en tête) sont surveillés, un rituel seulement connu de la rédaction en chef va multiplier la prise élyséenne par cinq…

Tous les matins, en effet, Jean-Edern Hallier, toujours survolté à l'idée de placer quelque part son pamphlet, me téléphonait à 9 heures 15 précises. Explication : dès la fin du flash radio de

9 heures (sur Europe 1 ou RTL, de préférence), je partageais les premiers commentaires du jour avec Jean Cau. « Alors, qu'en pense Jean ? », m'interrogeait Edern dans la foulée. Cau s'amusait parfois à brouiller le jeu, par malice.

Cela permettait en tout cas à Hallier d'appeler Roger Thérond, un quart d'heure plus tard et de se valoriser auprès de lui, à travers la synthèse des divers échanges. Dès lors, il s'empressait de proposer une traditionnelle « Carte blanche » (sorte de tribune libre) à Philippe de Baleine, rédacteur en chef spécialisé dans les « Grands documents ». L'un de ses « docs », signé de Marie-Thérèse de Brosse sur un livre consacré à Nostradamus en 1980, eut un grand retentissement (2 millions d'exemplaires vendus). Enfin, si l'actualité littéraire était porteuse, il rappelait Jean-Dominique Bauby, chef du département Culture qui n'en pouvait plus de l'entendre « radoter » sur « le secret Mazarine ».

Et c'est ainsi, brochette surprise et captive du GSPR, que notre « bande des cinq » se retrouva au fameux « tableau d'honneur » des écoutes illégales de l'Élysée.

TINTIN

« Permettez-moi de vous présenter Jean-Loup de La Batellerie et le photographe Walter Rizotto, de *Paris Flash* », annonce La Castafiore au capitaine Haddock (qu'elle appelle Karbock), d'une voix que l'on devine hautement perchée.

Dûment signée de Hergé, le père de Tintin, l'illustration fait la joie des reporters de *Paris Match* et des milliers de lecteurs admirateurs du petit reporter belge à blonde houppette.

Elle nourrit l'une des séquences de l'album *Les Bijoux de la Castafiore*, 21e opus de la série mondialement connue. Lancés aux trousses de l'envahissante diva, les journalistes se font acteurs de circonstance sous le trait de Hergé.

Scénario : dans le huis clos de Moulinsart, un château inspiré de Cheverny, les personnages sont suspectés d'un vol qui n'en est pas un. Dans cette aimable comédie, la Castafiore « véritable cyclone ambulant » aux yeux du capitaine Haddock et sa camériste, Irma, sont croqués de manière désopilante.

L'histoire n'est pas née du seul fruit de l'imagination d'Hergé. Elle est l'adaptation d'un reportage vécu un an avant la parution de l'ouvrage.

On est en 1960 quand l'équipe de *Paris Match* couvre un reportage sur La Callas à Rome. La séance de pose à peine terminée, la cantatrice se met à hurler : « On a volé mon émeraude ! » Vu la tête atterrée des employés, le duo réalise la valeur du bijou disparu. Celui-ci est rapidement retrouvé et tout le monde respire. Peu après l'incident, le journal prend rendez-vous avec Hergé pour un reportage à placer dans la rubrique « Les Gens ». Philippe de Baleine pour l'interview, Willy Rizzo pour les photos sont envoyés à Bruxelles. Le climat détendu les incite à mimer la scène romaine. Hergé éclate de rire mais se garde de tout commentaire. Il a de la mémoire. Un an plus tard paraît *Les Bijoux de la Castafiore*. Willy devient Walter ; Rizzo, Rizotto ; De Baleine, De La Batellerie ; et *Paris Match*, Paris Flash !

Toros

Taureaux

Numéro 3 873 (27 juillet 2023) à couverture rose bonbon version Barbie mania. Elle anticipe sur le triomphe international du film de Gerwig ; bonne inspiration, donc, largement suivie par la presse quotidienne la plus conventionnelle.

Entre dix sujets d'intérêt général, six pages mettent en lumière Andres Roca Rey, jeune torero péruvien. C'est la première fois en deux ou trois ans que la tauromachie fait son retour par « *la puerta grande* » du journal. La jolie *faena* n'est pas au goût d'une solide frange d'activistes anti-corrida, qui, d'appels téléphoniques courroucés en courriels stéréotypés, menacent d'estoquer le journal.

Mis en garde par cette prévisible levée de *muletas* alimentée par les réseaux sociaux, nos rédacteurs avaient pris soin d'écrire : « À chaque corrida, "Andy" semble perfectionner un art de la scène fait de frissons, de beauté pour les uns et de cruauté pour les autres. À l'heure du militantisme pour le bien-être animal et des propositions de loi anti-tauromachie, le trompe-la-mort offre à la discipline un regain de ferveur inattendu. » L'apologie n'était donc pas de mise : de l'info, rien que de l'info.

Parallèlement, la direction artistique avait pris soin d'écarter la moindre photo d'un « *toro bravo* » blessé par quelque pique cruelle.

Ces précautions, respectueuses des sensibilités prêtées aux abolitionnistes de l'exercice, ne nous empêchèrent pas de subir la « *bronca* » d'associations et autres coteries (ce qui est leur droit), promptes à une riposte quasi uniforme. Cette vague d'indignation, quasiment dictée à l'unisson, si l'on s'amuse à comparer les mots des protestataires, mit trois semaines à se déverser sur la rédaction.

Explication : jusqu'au 15 août, jour aux 100 célébrations rituelles dont la bataille de Roncevaux (en 778) mais surtout, date fixée par les églises chrétiennes pour célébrer l'Assomption de la Vierge, et, pour les nostalgiques d'Empire, de la naissance de Napoléon, il ne s'était rien passé. Rien, à deux ou trois messages protestataires près !

C'est seulement lors de la feria de Béziers, tenue le dimanche 13, qu'une manif' de 150 à 200 abolitionnistes menée par le « Colbac » (Comité de liaison biterrois pour l'abolition de la corrida) sonna la mobilisation des « anti ». Cerise sur le « cartel », un étonnant attelage de parlementaires menait la mini fronde du jour : Aymeric Caron (député de la Nupes), une eurodéputée EELV (Caroline Roose) et, dans leur sillage, une élue du Rassemblement national. Ces trois alliés d'un jour, comme au coude-à-coude, étaient venus dénoncer « la barbarie anti-animale ».

Deux jours plus tard, comme sur un mot d'ordre, l'adresse e-mail de *Paris Match* débordait de courriels « consternés ». Telle est la machine d'un lobby mobilisé.

Mais sa force supposée tourna à la farce épistolaire : c'est en rafales minutées, que, d'un même coup de clavier, ou presque, de clic en clac outrés, les protestataires alignaient leurs récriminations. Certains ne se relisant pas allant jusqu'à écrire que « bien sûr » ils ne lisaient jamais *Paris Match*. Ils ne le lisaient pas mais en commentaient le contenu !

Triste mobilisation monocorde, donc, au détriment de l'indignation spontanée.

Match *et la* fiesta brava

Dans l'histoire de *Paris Match*, la tauromachie – comme la boxe naguère – a été portée par une solide vague artistique et culturelle. D'Hemingway à Botero, d'Ava Gardner à Jean Cocteau, de Michel Leiris à Picasso, sans remonter jusqu'aux expositions de Goya, dont les *toros* constituent un des thèmes centraux de son œuvre, bien des pages de *Paris Match* ont chanté la *fiesta brava*. Jean Cau en fut notre plus érudit maestro.

Toute une saison durant, à l'été 1960, il avait couru les arènes, quasiment coincé dans les bagages de Jaime Ostos. Avec

79 corridas à l'issue de la saison 1962, ce seigneur des plazas battra un record, tant en nombre de combats livrés qu'en trophées glanés à la pointe de l'épée.

Tenant à la fois du reportage et de la chronique, l'ouvrage de Cau – *Les Oreilles et la Queue* –, écrit avec la grâce de ses futures *Sévillanes*, ancra l'art tauromachique à ses basques.

Jean Cau n'était pas seul à suivre la tauromachie dans l'écurie de *Paris Match*. Frank Ténot, numéro 2 du groupe et associé de Daniel Filipacchi, portait en lui une réelle *aficion*. Chaque année, depuis des lustres, il tenait *La caseta Paco Tenot y sus amigos*, dans les allées très agitées de la feria de Séville. Au rythme de la guitare gitane et des castagnettes, bien des Parisiennes, moulées en robe sévillane, jouaient le jeu au point d'allumer quelque feu à perte de nuits blanches.

De 1949 à 1959 (première décennie), plus de 60 sujets s'imposeront dans nos pages. Depuis lors, nous en déploierons 235 en tout, la plupart se déroulant en fortes séquences photographiques.

Les grands noms de l'époque claquaient alors à « la une » : Luis Miguel Dominguin, amant d'Ava Gardner, Antonio Ordoñez, son beau-frère, sur la rivalité artificielle desquels les amateurs glosaient en coulisse ; ou encore Conchita Cintron (la cavalière mexicaine) qui toréait à cheval selon la tradition des « *rejoneadors* ».

Un reportage montrait Hemingway dans les arènes de Las Ventas à Madrid, un autre Ordoñez offrant sa cape à Jean Cocteau…

Enfin El Cordobès vint ! Et avec lui, dès 1961, toute une génération de toreros à têtes de rockers. Il se hissa en couverture (1964) de *Match* à l'issue d'une *faena* explosive pour avoir obtenu deux oreilles, la queue et la patte d'un taureau dans les arènes de Nîmes. Trois jours plus tard, il était piétiné et blessé à Madrid, par un autre taureau de combat, Impulsivo, trop bien nommé.

Même le *New York Times* (pages tourisme) se fendit d'une ode à la coqueluche de la gent féminine. La chanteuse Régine fit de lui son chevalier servant personnel. Il aurait pu, sous la toison, jouer le cinquième Beatles, il est vrai. Son aura était telle que Dominique Lapierre, grande plume de *Match*, lui consacrera un ouvrage majeur : *Et tu porteras mon deuil*. Charles Courrière, appareil photo en bataille, nous entraîna chez « ce gitan affamé devenu roi de Cordoue ». Jean Cau haussa la métaphore sociologique : « Maintenant qu'il est riche, il peut apprendre à lire… »

Par contraste à « la folie Cordobès », échevelé et provocateur à la ville comme dans l'arène, idole des amateurs de shows désordonnés, un carré de figures à l'ancienne : El Viti, Diego Puerta, Paco Camino, Curro Romero, lui opposaient un froid classicisme d'école.

Enfin arriva la consécration de Nimeño II, premier torero français à triompher à Madrid. Paralysé après un accident fatal, il finira par se suicider, provoquant une vive émotion parmi ses pairs.

C'est en 1988, pour la première fois que le courant anti-corrida prend ses marques. Tandis que l'Europe balbutie son unité théorique à venir, *Match* ouvre le débat : « Faut-il exclure la corrida du Marché commun ? ». Plus tard (2010) autre sujet « de cape et d'épée » : « La Corrida divise l'arène politique » et encore (2022) l'analyse d'un projet de loi semant la zizanie au sein de l'arène parlementaire. Sur ces sujets d'actualité polémique, *Match* tient donc naturellement son rôle.

Les années 1990 avaient vu surgir une flamme blonde d'une exquise délicatesse : Marie Sara. Toréant à cheval, dans la tradition aristocratique du « *Rejon* » elle recevra l'alternative de son modèle – Conchita Cintron – dans les arènes de Nîmes, sous l'œil fiévreux de Simon Casas, ex-matador au cœur tendre.

Chamaco, dit « Torero Rock », Paquirri (qui sera tué dans l'arène), El Yiyo, tombé à son tour à l'âge de 20 ans, illustreront la chronique de ces années-là. Notre auteur et grand reporter (de guerre), Patrick Forestier, aux racines occitanes affirmées (Arles) incarnera la relève au rayon des journalistes-écrivains « taurins ».

C'est l'heure où Lucien Clergue, premier photographe à être élu membre de l'Académie des Beaux-Arts de l'Institut de France, sortira le grand jeu. Son « Picador », un tirage de tête de 40 × 30,4 centimètres (1963) nous interpelle toujours au musée des Arts de Toulon. On lui doit plusieurs livres albums embellissant sa passion : *Toros muertos* (postface de Jean Cocteau), *Plaza de Toros* avec Marie-Raymonde Delorme, *El Cordobès* et une ode à Nimeño II.

Pour *Match*, il composa sa propre *faena* photographique alors.

Peu après la disparition de Jean Cau, le 18 juin 1993, une cérémonie à sa mémoire fut organisée à Dax par Jean Ducasse, peintre passionné des arènes. Il avait livré 20 lithographies originales destinées à accompagner *Matador*, une ode à Paco Camino au style élégant et vertueux, si apprécié des puristes. Pendant sa longue carrière, son art impeccable de l'estocade lui vaudra le respect sans réserve du public. En 1967, on ne tira que 200 exemplaires de cet ouvrage à grand format (34 × 44 cm) devenu rarissime, dont 100 sur grand vélin d'Arches ; ouvrage livré en emboîtage cartonné.

Pour Paco Camino, l'œuvre de Cau (et Ducasse) valait mieux que 100 trophées. La preuve : la veille de l'hommage à notre auteur, il quitta son Andalousie natale, voyagea de nuit en voiture, afin d'être à l'heure – « *las cinco de la tarde* » pour venir prononcer, dans les arènes mêmes de Dax, un jour de feria, son épitaphe à Jean Cau. *Match* était là.

TWIN TOWERS

Mardi 11 septembre 2001. 14 heures 50. L'heure du bon à tirer, celle du départ du journal pour l'imprimerie. Le visage lumineux de Sophie Marceau irradie sur les maquettes de couverture. Marceau est une valeur sûre pour *Paris Match* depuis les premières émotions que son personnage, Vic, 15 ans, confiait à sa grand-mère dans *La Boum*, un film aux idées libérales avancées, sorti en 1982. Presque vingt ans plus tôt.

Sophie, la bonne copine des Français, est aussi l'amie intime d'Elsa Trillat, photographe du même âge et fille de Guy, le directeur artistique. Cette relation personnelle et professionnelle est une aubaine sans prix pour le magazine. Elsa cultive d'ailleurs un lien identique avec la navigatrice Florence Arthaud, au tempérament singulier.

En ce jour d'un imprévisible chaos à résonance universelle, l'équipe de *Match* s'éparpille sereinement dans les restos du coin. Pas pour longtemps. C'est devant un plat banal, entre « BAT », le fameux « bon à tirer » fraîchement signé, et la conférence de rédaction à démarrer en vue du prochain numéro, que Didier Rapaud, le patron du service photo est alerté par son adjoint, Guillaume Clavières. Dans toute sa carrière qui s'étire déjà sur des dizaines d'années, Didier, le taiseux, efficace homme de l'ombre et de confiance, a vu défiler des dizaines de scoops mis en scène par Trillat sous l'œil froid de Roger Thérond, toujours maître de ses émotions.

Il a récemment succédé à Michel Sola, un patron caustique et bougonnant, retiré malgré lui pour raisons de santé.

Le voici donc en première ligne pour le plus grand coup de tonnerre du XXIe siècle : la chute des sœurs jumelles à Manhattan, glorieux symbole du World Trade Center, clé de voûte du « business » mondial. Les mots : « Avion… New York… Twin Towers… » cognent dans sa tête.

On est loin encore de savoir qu'il s'agit d'avions de ligne américains transformés en bombes volantes. Deux commandos de kamikazes islamistes les ont jetés sur les tours jumelles de Manhattan, vigies et fierté d'une Amérique prospère à la face du monde.

Décrite par bribes haletantes au téléphone, l'apocalypse lui donne le vertige. Grillant cigarette sur cigarette jusqu'à s'en noircir le bout des doigts, il s'arrache du bistro, saute sur son scooter et regagne l'immeuble de Levallois où le guette son service mobilisé au complet. Ils sont tous comme hypnotisés par le drame qui déferle en direct et en boucle sur les écrans de télévision. À peine entend-il la voix de Marc Brincourt, l'un de ses lieutenants, s'exclamer : « Putain, un deuxième avion vient de percuter la deuxième tour ! »

Alain Genestar, directeur de la rédaction depuis le retrait de Roger Thérond, en 1999, accourt à son tour : « Tu as jusqu'à 19 heures. À toi de jouer ! », lui lance-t-il au milieu des incantations et répartition des tâches. Pour Didier, c'est « carte blanche et trou noir ». Fidèle au précepte de Roger, le maître sublimé, omniprésent dans les têtes même et surtout après sa mort, il y a trois mois, il va superviser, sélectionner, rafler toutes les séries qu'il est possible d'arracher à la concurrence. « Une photo vue dans *Match* ne doit pas paraître ailleurs », professait Roger d'un ton sans réplique.

En France, seuls *Le Figaro Magazine* et *VSD* sont susceptibles de se porter acquéreurs d'une poignée de clichés majeurs.

Aussi Rapaud et toute l'équipe redoublent-ils de vigilance. Une première série passe, une deuxième, la troisième est en cours d'expertise. Rapaud dit oui à tout. À l'arrivée, non seulement *Match* produira le reportage le plus complet, le plus dense, le plus impressionnant en 38 pages bouleversantes sur l'attentat terroriste des islamistes d'Al-Qaïda (2 977 morts, 6 291 blessés), mais il remplit de quoi bâtir les deux numéros suivants.

Outre les décombres des vaisseaux de fer et de verre emportés avec leurs passagers des bureaux et les rescapés statufiés par les cendres, s'en suivront le témoignage poignant, en image et texte, de Jules et Gédéon, fils de Jean-Jacques Naudet, l'éditeur « at large » d'*American Photo*. Ils réalisaient un reportage sur une compagnie de pompiers new-yorkais. Ou encore, bientôt retrouvés dans un tapis de cendres, le corps du photographe Bill Biggart, son boîtier et ses objectifs, sa carte de presse et divers objets personnels.

Aux cris affolés d'un chauffeur de taxi : « Un avion s'est crashé dans les Twin Towers », le reporter souvent en mission pour l'hebdomadaire *Newsweek* s'était précipité chez lui pour se saisir d'un Canon EOSis et du D30 numérique, son matériel de base.

En exhumant ses reliques, on retrouvera trois fichiers numériques contenant près de 150 photos. Image par image, elles retracent la dernière heure du photographe englouti sous les nuages gonflés de poussière noire, emporté à jamais dans le champ de ruines. Sa dernière photo a quelque chose de surnaturel. Jusqu'à la suffocation fatale, il sera resté au plus près de l'action. Non content de filmer l'effondrement de la Tour Sud, percutée en premier, il s'enfonça dans les nuages jusqu'à ce que la Tour Nord, percutée en second, s'effondre à son tour. Il était 10 heures 28. À 10 heures 30, il était mort.

Le correspondant de *Paris Match*, à New York, aurait pu connaître le même sort tragique que son confrère.

Romain Clergeat, 29 ans, avait pris la relève d'Olivier Royant à New York, ce dernier étant revenu à Paris au poste de numéro 2 de la rédaction.

Pour Romain, grand amateur de rock'n'roll vintage, de country music façon « Nashville sound », d'Elvis Presley et des Rolling Stones, mais aussi en quête de toutes les technologies de pointe, c'était « le must » garanti dans l'accomplissement d'une jeune carrière. Subjugué par les pionniers de la Silicon Valley, fou de la NASA, habité par les sagas d'astronautes, il est aussi ébloui par la surpuissance des futurs « maîtres du monde », les Bill Gates ou Elon Musk.

Le vendredi même de son arrivée, il est rattrapé par une urgence : l'affaire Monica Lewinsky-Bill Clinton. Pour un baptême du feu, Romain est servi : le voilà propulsé dans les sales draps de la Maison-Blanche, lundi de bouclage en point de mire.

Manque de chance, la plupart des journalistes accrédités dans les instances suivent le voyage du pape Jean-Paul II à Cuba. Impossible de les localiser à Washington et d'en tirer la moindre information officieuse, de préférence aux communiqués officiels. Aussi, c'est par la lecture avide du *New York Post* et du *New York Daily News*, tabloïds tapageurs et du spectaculaire *USA Today* à la maquette artistique épurée, que Clergeat apprivoise son premier grand sujet international.

Du Lewinsky-Clinton, il en couvrira les avatars pimentés jusqu'aux démêlés judiciaires les plus extravagants, faisant de l'ex-stagiaire de la Maison-Blanche une sorte d'oie grise dévoyée, et du président des États-Unis une véritable « tête de pipe », cible privilégiée du Parti républicain, mais aussi de féministes en avance d'une bonne décade sur le mouvement « Me Too ».

Ce mardi 11 septembre, l'actualité du week-end n'étant pas surchargée, c'est d'un pas tranquille que Romain Clergeat descend depuis la 62e rue, sur Upper East Side, le quartier où il réside, non loin de Central Park.

Il est 8 heures 45. Il fait beau, il porte tee-shirt, jean et baskets aux pieds. Il est à trente minutes de marche du bureau de *Paris Match*. Soudain, de la radio d'un taxi à l'arrêt, il capte l'appel d'un collègue du chauffeur qui randonne au sud de la ville : « Un avion s'est écrasé dans une des tours jumelles ! »

Ce n'est pas la première fois qu'un incident de la sorte s'y produit. Des petits avions, genre biplace, y ont déjà rogné des bouts d'ailes. Le nouvel incident n'a peut-être pas de gravité, mais, sait-on jamais, vu l'heure, *Match* étant à peine en partance pour l'imprimerie, il avance le pas et décide d'« aller voir ». Vite il gagne le premier métro venu, échappant à la folle intensité du trafic urbain à cette heure.

Au carrefour de la 59e rue et de l'avenue Lexington, il y a un métro direct pour City Hall, le quartier des affaires. Il y en a pour vingt minutes de trajet. Mais, au bout de quelques instants, bizarrement, le train souterrain ralentit. S'arrête. Redémarre. Stoppe à nouveau dans un virage. Par haut-parleur, le conducteur annonce : « Il y a eu un incident à la station City Hall. » Les portes s'ouvrent. Il faut descendre sur la voie. Au bout du quai, une légère fumée envahit l'espace. Or le métro est très profond. Que se passe-t-il en surface ? Plus Romain grimpe, plus la fumée s'épaissit. Arrivée sur la plate-forme, une femme noire le percute. Comme déboussolée, elle s'enfuit en hurlant : « Ils sont tous morts, tous morts ! »

Les rues sont vides. Un silence de plomb succède aux premiers fracas. La première tour vient de s'effondrer, la seconde est en feu. Romain chemine déjà dans un amoncellement de gravats. Sur sa droite, il aperçoit un touriste en chemisette, appliqué à multiplier les prises de vue avec un petit Nokia. Il vient de

Pennsylvanie et assiste, muet de stupeur, comme interdit, à la tragédie.

Romain voit alors le sommet de la deuxième tour pivoter. Comme Bill Biggart, ils ne sont guère qu'à 200 mètres. La tour s'effondre dans un vacarme strident dû aux torsions de métal et aux monumentales pièces de verre broyées, ce qui amplifie l'effroi. Vite, il faut échapper au nuage de fumée noire qui déferle sur les rues à la manière d'un tsunami. Un type est recroquevillé dans une posture d'abandon fatal. Escaladant les gravats qui s'amoncellent, Romain l'entraîne avec lui. Il avise un abri d'une extrême précarité : une simple et fragile cabine téléphonique. Autour de lui, l'air est tellement épais, qu'il suffoque et commence à paniquer. Pour lui, c'est la fin : impossible d'échapper à la grande faucheuse qui va l'ensevelir vivant.

Quarante-cinq secondes d'intense suffocation plus tard, il reprend son souffle. Transformé en mannequin de cendres, il émerge du sarcophage de fortune, cabossé, mais, miracle, non écrabouillé. Revenu à lui, il s'empresse de retrouver le touriste du lac Érié qui photographiait les premières scènes. Puis il rejoint, au hasard, une unité de pompiers, dont certains sapeurs, trop nombreux, ne reviendront pas des décombres.

Toute une équipe de *Paris Match* arrive le lendemain en renfort, dont Olivier Royant lui-même, Caroline Mangez et Arnaud Bizot.

Son article « Ma nuit à Ground Zero » paraîtra la semaine suivante, au milieu des clichés de photographes de guerre – tel Nachtwey – que Rapaud, en grand pro, a su bloquer avant quiconque.

Le 11 septembre 2001 signe aussi le déferlement des photos numériques. En une soirée, le service photo de *Paris Match* en verra passer plus de 5 000 !

Trente glorieuses

En 1945, la France est en ruines. Le premier sursaut de fierté national s'appelle Marcel Cerdan, champion du monde 1948 contre l'Américain Tony Zale, au Roosevelt Stadium (New Jersey), en présence de l'amour de sa vie et… de sa mort : Édith Piaf, l'ancienne chanteuse des rues, coqueluche du Tout-Paris et du… Tout-New York. Un an plus tard, il partit la rejoindre en avion, suite à son appel téléphonique insistant – il devait embarquer sur un paquebot. Le Constellation F-BAZN décolle de Paris-Orly. Il doit rallier l'aéroport de La Guardia en dix-huit heures. Mais en pleine nuit, au hasard d'une navigation perturbée, il s'écrase sur le Pico Redondo (1 150 mètres d'altitude), un sommet d'une île des Açores, celle de Sao Miguel. Aucun survivant.

En avril 1949, le portrait plein cadre de Marcel Cerdan avait gagné la couverture du numéro 3 de *Paris Match*. Elle lui allait comme un gant sur le ring.

À l'été 1950, Maurice Herzog fait claquer le drapeau français à 8 000 mètres d'altitude, sur une des cimes de l'Himalaya. Sans doute cet Annapurna signera-t-il le véritable coup d'envoi sociétal pour stimuler un pays en reconstruction d'après-guerre. 1975, date symbolique, signe la fin des « Trente Glorieuses ». *Paris Match* témoigne du boom économique de l'époque. Rien n'y résiste. En 1945, La France était le plus paysan des grands pays industriels. Elle est encore rurale à 50 %. Un quart de siècle plus tard, elle ne l'est plus qu'au tiers. Aujourd'hui, assujettis à la concurrence déloyale de pays non soumis aux mêmes normes européennes, les producteurs crient famine et mettent leurs tracteurs en ordre de bataille.

Une nouvelle caste professionnelle émerge dans le paysage social : celle des cadres pressés à attachés-cases « *new style* » en guise de porte-documents, la cigarette blonde à bout filtre au bec et le whisky de marketing « on the rocks », façon Chivas, servi à l'heure de l'apéro. Cette classe intermédiaire prend corps entre celle du petit bourgeois évolué et l'apprenti technocrate. Elle libère la consommation de masse et transforme le quotidien.

Le Salon de l'auto célèbre la réussite de Monsieur ; celui des arts ménagers consacre la « libération » de la femme au foyer. Le réfrigérateur se fait objet du désir, le téléviseur (on ne compte que 3 700 postes en France lors du couronnement de la reine Elizabeth en 1953) devient objet du plaisir.

Malgré les affres et douleurs des guerres coloniales, les « Trente glorieuses » nous apparaissent aujourd'hui comme une parenthèse de bonheur : « Un octogénaire né vers 1866 dans le nord de la France a subi trois guerres, deux occupations ennemies. Son descendant qui voit le jour vers 1930 trouve normal de vivre dans un pays qui, depuis soixante ans, n'a pas connu de conflit sur son sol métropolitain. »

Entre l'avènement de l'État providence ; les grands projets de l'entreprise au sens le plus noble ; le triomphe bleu France de Matra, champion du monde de Formule 1 avec Jacky Stewart, puis des 24 heures du Mans avec Pescarolo et Graham Hill ; le baptême du paquebot *France*, par le général de Gaulle, à Saint-Nazaire, l'un des ports de la Bretagne historique en « *Bro Naoned* » (« le pays nantais ») ; et les vols de prestige du Concorde, surgit le choc d'une rupture générationnelle (de *Salut les copains* à Mai 1968).

Parallèlement, la civilisation des loisirs gagne du terrain sur fond d'évasion autoroutière. De nos jours, les « Trente Glorieuses » passent à travers le tamis de l'analyse universitaire.

Plus insolite est le traitement que l'écrivaine Anne Gallois réserve à *Mes Trente Glorieuses* (De Borée, 2021).

Née en 1942 dans une ville moyenne de la France profonde, elle a choisi de devenir journaliste (indépendante) pour échapper à la morosité du quotidien.

L'ouvrage, par son originalité, lui vaudra le Prix de l'Académie française. Pour parvenir à ce podium de prestige, elle n'avait pour cailloux blancs qu'un fil rouge : *Paris Match.*

L'ancienne réalisatrice à la télévision (« 52 sur la Une ») écrit à ce propos avec gourmandise et délectation :

« Chaque jeudi, j'étais missionnée par mon père, je courais au kiosque acheter *Paris Match.* Une fois lu, dévoré plutôt, le magazine rejoignait la pile des journaux écornés qui jaunissaient sur le buffet. Alors je le subtilisais. Dans les premières pages, le chroniqueur-directeur régnait en maître. Filant jusqu'à la dernière ligne de son interminable article, je barrais son nom et ancrais le mien à la place.

Je découpais les photos, les glissais dans mon cahier de textes afin de les regarder pendant les cours, en cachette, et, tandis que les enseignantes à cornette s'escrimaient à nous discipliner, je partais en voyage, je m'arrachais à mon école, ma famille, ma ville, ma vie.

Je me repaissais des histoires de princesses, de vedettes, comme des catastrophes et des faits divers les plus horribles. J'étais la reine Elizabeth, l'ange de Diên Biên Phu et Dominici, j'étais la fille criminelle de Lana Turner, l'empoisonneuse Marie Besnard, Michèle Morgan, Louison Bobet, Grace Kelly… Quelques années plus tard, je serais Martin Luther King, Neil Armstrong, Jackie Kennedy, Romy Schneider… Héroïne à plein temps. »

Bâti à partir des couvertures de *Paris Match*, ce récit haletant raconte la vie d'une famille traditionnelle de province à l'époque des sacro-saintes « Trente Glorieuses ».

Six sœurs se retrouvent plongées dans le bain bouillonnant de ces années mythiques où l'on vit apparaître la télévision, la pilule, les Beatles, les yéyés… où la guerre d'Algérie faisait rage, Mai 68, les hippies, les premiers mouvements féministes…

Rien que le crédit photo (chacune d'elles illustre et ponctue l'entrée d'un chapitre) est un tableau d'honneur dressé pour célébrer les photographes de *Paris Match* : Claude Azoulay, Jean-Pierre Biot, Daniel Camus, Walter Carone, Charles Courrière, Jean-Claude Deutsch, Gérard Géry, Izis, André Lefebvre, Philippe Le Tellier, Georges Ménager, Jean Mangeot, Georges Melet, François Pagès, Willy Rizzo, Paul Slade… Une grande parade et une belle époque.

Ici le fil rouge se fait tapis rouge !

Michel Zink, de l'Académie française, salue ainsi l'exercice :

« L'idée des chapitres fondés sur les couvertures de *Paris Match* est merveilleuse et exploitée avec une extrême habileté ». Le jury du prix de l'Académie française ferme le ban : à Claire Gallois le Prix Anna de Noailles.

UKRAINE

Et les sales guerres

À ceux qui parlent de « sale » guerre, on objecte qu'elles le sont toutes. Air connu. Mais, quand l'image choc surgit brutalement du cauchemar, c'est l'hébétude et la consternation.

L'Ukraine, assiégée par la Russie de Poutine, continue de subir de tragiques blessures. La nouvelle année 2024 s'est ouverte à Kharkiv et à Kiev sous une pluie de drones assassins. Tandis qu'Avdiivka, sur le front Est, tombait aux mains de Moscou. L'Ukraine, mais pas qu'elle…

Retour sur le 7 octobre 2023, avec l'incursion des terroristes du Hamas en Israël. Le nombre de morts et de blessés, celui d'otages civils conduits, l'arme dans les reins, aux cris survoltés de « *Allah Akbar* » vers une opaque captivité, stupéfie le monde, l'ONU s'épuisant dans le vide – en bon « machin » qu'elle est, comme l'aurait scandé de Gaulle – à condamner une réplique, « destructrice et disproportionnée » contre les civils de la bande de Gaza.

Le témoignage de la jeune Mia, 21 ans, libérée après deux mois d'enfer, rajouta sa dose d'abjection à la nausée ambiante.

Une balle de kalachnikov lui avait écrasé l'os du bras droit au-dessus du coude. Opérée – sans anesthésie – à Gaza, elle a survécu à 55 jours de douleur, dans la terreur de subir un sort plus cruel. Si les médecins israéliens s'efforcent de lui rendre le bras valide, un reportage du photographe Ziv Koren publié par *Paris Match* en témoigne, son état post-traumatique fragilise sa reconstruction morale.

Il est d'autres conflits dont le monde ne voit pas la fin non plus.

Les reportages de Manon Querouil-Bruneel, en Afghanistan, ne cessent d'interpeller. Avec : « Kaboul la peur » (août 2021), puis « Afghanes, un an de martyre » sous une photo de couverture soulignant le regard désespéré d'une enfant (30 juin 2022). Lâché par les Américains, tombé entre les mains des talibans, l'Afghanistan voit ses femmes et ses filles comme « rayées de l'existence ».

L'Iran voisin, soulevé d'indignation par l'assassinat de la jeune Masha Amini, assaillie par « la police des mœurs » pour une question de voile mal porté, nous inspira (16 novembre 2022) une couverture souvent reproduite ailleurs, dans les semaines suivantes. On y voit une jeune femme, de dos, bras levés, juchée sur le capot d'une voiture, comme haranguant la foule des manifestants. Titre de une : « L'héroïsme des femmes ».

On était au 40e jour après la mort de Masha, qui embrasa le pays. Malgré la répression dans le sang, les arrestations arbitraires, les condamnations expéditives et les pendaisons « pour l'exemple », la jeunesse, mettant sa vie en jeu, continue de braver le régime cruel des ayatollahs, synonyme d'obscurantisme religieux.

Il y a vingt ans déjà, Caroline Mangez (avec la photographe Alexandra Boulat), avait remonté la trace des femmes bradées, répudiées, immolées, au carrefour de routes menant vers l'Iran et le Turkménistan. C'était à Hérat, troisième ville d'Afghanistan derrière Kaboul et Kandahar. La jeune Khadida, toujours traumatisée, lui confia : « J'avais 10 ans quand mon père m'a vendue pour me marier à un inconnu. » Combien de filles « yézidies », enfin, combattant en territoire kurde syrien – un peuple oublié –, ont fini esclaves sexuelles, enchaînées par les bourreaux de Daesh !

L'Ukraine, encore et toujours...

Lorsque Bernard-Henri Lévy, qui a couvert huit grands conflits pour *Paris Match*, publia *Sur la route des hommes sans nom* (Grasset, 2021) et le film *Une autre idée du monde*, à l'automne 2020, la Russie de Poutine n'avait pas encore envahi l'Ukraine. Mais la menace s'aggravait, comme inéluctable. Il l'avait ressenti sur la ligne de front de Novotroitske où les soldats de la 10e brigade d'assaut de montagne tenaient la ligne face aux séparatistes prorusses du Donbass. Il nous livra ce noir diagnostic (numéro 3825, 24 septembre) que les moins candides des experts militaires espéraient encore contredire.

Emmanuel Macron lui-même en fit l'amer constat. Volant entre Moscou et Kiev armé de son fameux « en même temps » pour bagage diplomatique et une bonne volonté chimérique en tête, le président français, étonnamment séparé de son hôte – l'un et l'autre campés au bout d'une table longiligne – reçut au Kremlin un cinglant « *Niet* » de Poutine. Nous en fîmes spontanément le titre coiffant le reportage de Bruno Jeudy, alors patron du service politique de *Match*.

Le lendemain, ou presque, les choses s'emballaient.

Poutine, battant tambour à la face du monde, lançait ses troupes à l'assaut d'un pays qui ne constituait pas la moindre menace pour lui.

Paris Match fut le premier grand magazine sur place. Plusieurs envoyés spéciaux, dont François de Labarre, Fred Lafargue, Nicolas Delesalle et Patrick Chauvel, le plus cuirassé d'entre nous, battirent le pavé de Kiev et les campagnes noires du Donbass. Danièle Georget, patronne du service du rewriting, mettait alors la dernière main à son prémonitoire *Dictionnaire amoureux de l'Ukraine*, si utile pour comprendre les enjeux et la soif de liberté totale d'un pays que Moscou, réveillant les fantômes de l'Union soviétique d'antan, s'entête à traiter en satellite vassal.

Notre première couverture, représenta une femme soldat, très emblématique des inconnues dans lesquelles la situation plongeait son pays. Son unité était passée en revue pas ses officiers, place Maïden, à Kiev. D'une froide beauté, elle portait la tenue camouflée des combattantes. Son regard, posé vers un énigmatique horizon, permettait d'imaginer qu'elle le redoutait sinistre. Elle apparut comme une icône de la féminité mobilisée dans la guerre. Nous mettrons un point d'honneur à la retrouver sur le front d'Odessa, un an plus tard.

Le pire était à venir. Outre les bombardements sur la capitale et les villes ravagées, surtout au Sud, comme Marioupol, port stratégique sur la mer d'Azov, l'occupant russe multiplia les exactions sur la population.

En mai 2022, nos envoyés spéciaux, Émilie Blachère et Frédéric Lafargue (photoreporter) retrouvèrent les chasseurs de crimes de guerre, entre le bourg de Motyzhyn, près de Kiev et la petite ville de Borodyanka, plus au nord. Une enquêtrice expérimentée passée par d'autres terrains de mort (Libye, Syrie, Somalie) s'acharnait à y collecter des témoignages bouleversants, mais d'abord toutes les preuves matérielles et scientifiques possibles. Au centre de ses questions, figurait le sort d'Arina, 15 ans, rescapée du massacre de sa famille, mais enlevée par des militaires russes. Comme cette ado, elles sont nombreuses à être séquestrées, puis déportées en Russie.

Le cauchemar de Boutcha hante les esprits. Un mois plus tôt, après le retrait russe de la petite ville, l'armée ukrainienne y découvrit les cadavres de plus de 400 civils, la plupart exécutés les mains attachées dans le dos. Les photos et vidéos révulsent l'opinion. Ces exactions massives conduisent à saisir la Cour pénale internationale, même si pour Poutine, ce genre de juridiction pèse peu de poids.

De Poutine, à la même époque, *Paris Match* découvre alors qu'il est plutôt dans les beaux draps de son égérie, la gymnaste olympique Alina Kabaeva, son « amour secret ».

Le 2 mai, sur une enquête de Gaëlle Lejeune et la sienne seule, Caroline Fontaine trousse le portrait méconnu de « la femme la plus mystérieuse de Russie ». Une révélation choc.

Elle vit dans les coulisses du Kremlin, dans l'ombre du maître de « toutes les Russies ». Les observateurs initiés de la vie privée de Poutine lui prêtent entre trois et six maternités. *Paris Match*, dont l'enquête produit une petite « bombe » – médiatique celle-là – au milieu des lâchers incendiaires des troupes russes, a pu interroger Georgy Alburov, dans son exil, un proche de Alexandre Navalny, l'opposant historique, emprisonné jusqu'à ce que mort s'en suive, à 47 ans, dans une sorte de « goulag » glacé aux portes du cercle arctique…

Depuis Londres, où il a trouvé refuge, Roman Dobrokhotov, fondateur de *The Insider*, détaille à *Match* l'influence étendue d'Alina à travers l'organe de surveillance du National Media Group (NGM) le plus important groupe de presse de Russie, dont elle préside le Conseil public. S'indignant de ce que son nom ne figure pas sur la liste des personnalités exposées aux sanctions occidentales, Alburov confie à Caroline Fontaine et

Gaëlle Lejeune qu'au lendemain d'une série de ses tweets, le patronyme d'Alina a, comme par enchantement, été retiré du site de NGM. « Comme s'il fallait, *in extremis*, essayer d'effacer le seul lien (ndla : visible) vraiment officiel avec le régime. »

Aux exactions massives succèdent les cas particuliers fortement identifiés. Revenant de Kiev, Patrick Chauvel nous révèle le massacre d'une jeune femme détenue à fond de cave, violée de multiples fois, cruellement blessée, abattue enfin par les soudards de la 64e brigade de fusiliers motorisés de l'armée russe. Cette unité est commandée par Azatbek Omurbekov, dont le nom restera dans l'Histoire comme celui du « boucher de Boutcha ».

Florent Marcie, un « JRI » (jeune reporter d'images) spécialisé dans les reportages pour la télévision, a découvert, caméra à l'épaule, ce corps horriblement mutilé et disloqué, dissimulé sous une fourrure.

Elle s'appelait Oksana, avait 34 ans, une petite fille de 5 ans et, pour son malheur, une grand-mère qui habitait Boutcha. Pour les enquêteurs elle n'est plus que le cas numéro 675. Choqué, Marcie se force à filmer. Chauvel sera son messager. Révulsée par cette vision d'horreur, Caroline Mangez demande un texte à Christine Angot, auteur d'un livre *L'Inceste* qui fit sensation à la veille de l'an 2000 : « La logique du viol est toujours une logique de guerre », dénonce-t-elle dans nos colonnes. Face aux photos, insoutenables, Caroline écrit aussi un rare éditorial : « *Paris Match* renferme en son cœur une image violente. » Nous titrerons l'ensemble du sujet (8 octobre 2022) : « Un tombeau pour Oksana », comme un appel à chasser l'épouvantable réalité d'une telle inhumanité.

Celle des mercenaires du groupe Wagner, la plupart recrutés par un certain Prigojine, lui-même repris de justice, laisse sans voix. *Match* est le premier à publier la photo (couverture du numéro 3846, janvier 2023) du chien de guerre de Poutine.

Sous la plume de Régis Genté, nous publions le portrait sans concession de celui qui se voyait en rival du maître du Kremlin, dont il fut naguère le chef de cuisine ! On connaît la fin du « putschiste » raté : un dernier vol entre Saint-Pétersbourg et Moscou ; une bombe sans doute placée dans son jet privé et le crash fatal.

Entre-temps, en partenariat avec l'agence Capa et la chaîne Arte, *Paris Match* aura publié un document exceptionnel d'Alexandra Jousset et Ksenia Bolchakova : les archives numériques secrètes de Prigojine, piratées et décodées. Tout des méthodes criminelles, de l'inimitié de celui-ci avec le chef du Kremlin, de ses réseaux financiers, de ses recrutements sordides, numéros de matricule à l'appui, s'y trouvait révélé. Une autre « bombe » déjà !

S'il était un pic dans l'exécrable, il passerait par la déportation des enfants ukrainiens en Russie. On parle de 20 000, au moins.

En décembre 2022, au terme d'une enquête serrée, Manon Querouil-Bruneel nous permet d'exposer le visage de Maria Lvova-Belova, surnommée « Bloody Mary ». Vêtue de robes à fleurs, la Russe au sourire faussement angélique écume les orphelinats ukrainiens. À partir des foyers pauvres de Kherson ou des colonies de vacances du Donbass, elle organise « le transfert » en Russie d'enfants et d'ados, via des camps de filtration, véritables gares de triage. « Adoptés » de force, ils sont disséminés sur tout le territoire russe, jusqu'en Sibérie.

Mini « *happy end* », un an plus tard… *Match* titre : « Un Noël d'espérances » (numéro 3894, 21-27 décembre 2023). Manon Querouil-Bruneel et notre photographe Vlada Krassilnikova sont dans l'avion qui ramène une poignée de ces otages de guerre, libérés au terme de négociations menées par la diplomatie du Qatar. Pour ces rescapés, un périple de 3 000 kilomètres de la Crimée à Minsk, en Biélorussie, en passant par Moscou ! Un retour au pays aux allures d'odyssée avant l'émotion des retrouvailles. Ils sont sept ! Seulement sept... !

UNIVERS *MATCH*

Tony Saulnier, spécialiste des peuples primitifs, admirateur d'André Malraux qui fréquentait la galerie d'art de sa mère, rue Jacob, à Paris, était surnommé « le Papou ». Il avait hérité de ce sobriquet exotique en 1962, au retour d'un reportage en Nouvelle-Guinée auprès de tribus reculées qui n'avaient jamais vu d'autres hommes que leurs proches du même clan et les ennemis des peuplades environnantes.

Il en avait donné l'exclusivité à *Paris Match* qui s'empressa de convertir ce genre d'exploration inédite en une rubrique de découverte du monde, façon National Geographic.

Ainsi naquit « Univers *Match* ».

En alternance, *Match* avait aussi créé une rubrique insolite qui entrait dans ce cadre instructif : « Je suis » (pilote de ligne, cosmonaute, gardien de phare, pêcheur d'Islande, etc.) illustrée de photos en situation.

Mais ce sont surtout les grands fleuves, le poumon vert d'Amazonie, les capitales surpeuplées, les déserts sans fin, les hommes bleus du Sahara, Pompéi exhumée des laves, le vaudou au Bénin, les fakirs du Gange, plus tard les trains mythiques, qui ont façonné, par l'image et la plume, cette rubrique dédiée à la connaissance du monde.

Ces reportages exigeaient une intense préparation et couraient sur plusieurs mois. Fin 1967, Saulnier reprit ses appareils pour entreprendre (*Match* ne lésinait pas sur les moyens) un périple de cinq mois au Pérou, aux Galapagos, au Chili... Il était accompagné d'Hubert Herzog (le frère de Maurice, l'alpiniste vainqueur de l'Annapurna).

Entre autres ambitions journalistiques, ils tentent de percer le mystère du peuplement originel de l'île de Pâques – ce « nombril du monde » – une langue de terre plantée à mi-chemin du Chili et de la Polynésie. Et, surtout, celui des 1 042 sculptures de pierre géante disposées dos à la mer.

Plantant un fanion aux couleurs de *Paris Match* sur l'aile de la seule voiture de l'île mise à disposition par le gouverneur, ils sillonnent le gros caillou volcanique jusqu'à obtenir de faire redresser sur son socle le « moai », une monumentale statue qui gisait à terre.

Les deux reporters resteront six semaines sur place. Un voyage unique dont ils ne reviendront pas… Le 5 mars 1968, leur avion d'Air France – le Boeing « Château de Lavoûte-Polignac » – qui effectue la liaison entre Caracas et Pointe-à-Pitre (l'un de ses premiers vols) est en approche de la piste. À 20 heures 29, il s'écrase contre le volcan de la Grande Découverte en Guadeloupe. Aucun survivant.

Parmi les vestiges retrouvés, on exhume le carnet de notes d'Hubert Herzog illustré de dessins griffonnés. Il est remis, précieuse relique, à Benno Graziani et Jean-Paul Ollivier, dépêchés sur place. Les dizaines de pellicules photos de leur témoignage inédit étaient déjà parvenues à Paris, transmises par un autre vol.

La une du numéro 988 (16 mars 1968) les montre à bord d'une pirogue en Amazonie. Le journal consacrera 44 pages sur trois numéros à ses héros.

Par la grâce de nos « Archives » (la rubrique de fin de journal porte ce titre), *Paris Match* célébrera leur souvenir en mai 2023 (numéro 3864), sous la signature d'Anne-Laure Le Gall et la bouleversante sélection photos de Romain Lacroix.

VARENNE, RUE DE

Une adresse très réservée, comme évanouie dans la mémoire de *Paris Match*, malgré le grand privilège de l'avoir fréquentée.

Même l'élégant et très érudit Hervé Mille qui publia son épopée journalistique, en 1992, et fut l'un des plus proches collaborateurs de Jean Prouvost, s'y montre (trop) discret à sa seule évocation. Avec son frère Hervé, grand décorateur d'intérieur et pilier du cabaret La Rose rouge, il en était l'hôte le plus accueillant. Il lui arrivait même de recevoir ses invités à plus d'heure, drapé dans une robe de chambre de soie pourpre, sous l'œil pétillant de l'acteur et réalisateur Christian Marquand, frère de la future Nadine Trintignant.

Bien des aventures de presse et des carrières accélérées sont sorties de cet hôtel particulier du faubourg Saint-Germain-des-Prés. Le salon cossu, respirant l'opulence, les 14 chambres ouvertes pour quelque passage éclair et la cuisine aux premiers frigos (les réfrigérateurs sont arrivés en France en 1952) toujours correctement garnis, aimantaient les célébrités du moment.

Avant l'emménagement des frères Mille, le Conseil national de la Résistance y avait pris ses quartiers, délogeant prestement le Centre du cinéma qui en avait fait son siège pendant l'Occupation.

Dans ce creuset privilégié, le Tout-Paris prit vite le pas de grands illustres : Joseph Kessel, son frère Georges (qui œuvra au « rewriting » de *Paris Match*), Paul Morand, Chanel, Colette et même Marlon Brando, l'étoile montante de Hollywood.

Les frères Mille y tenaient table d'hôte – et quels hôtes – gavés des meilleurs plats et baignés de crus millésimés, comme s'il fallait prendre une revanche démonstrative sur les privations de la guerre.

On y croisait autant de ministres et d'académiciens que d'acteurs ou de starlettes, voire de « pins up » émergeant de revues à plumes démesurées, ou encore de play-boys à l'affût d'opportunes conquêtes. En cette ère de renaissance artistique, La Rose Rouge exhalait la mode et les parfums des cabarets d'après-guerre… Et les mannequins de Dior se feraient bientôt vedettes.

Il en sortit aussi une armée de journalistes fraîchement « capés » par la Commission de la carte ou relancés dans la lumière des années 1950, au-delà des amalgames entretenus par les ennemis de Prouvost entre son *Paris-Soir* replié à Lyon, puis sabordé, et le *Paris-Soir* réquisitionné par les Allemands en zone occupée.

Le grand Guillaume Hanoteau (pas seulement par la taille), bientôt spécialiste des reportages de luxe, rapporte que sur les 167 rédacteurs figurant, en 1940, sur les étals du groupe Prouvost, 44 à la Libération étaient devenus directeurs, rédacteurs en chef ou membres des comités de direction. Ce gros peloton de journalistes ayant désormais pignon sur la floraison des titres d'après-guerre sera plus qu'adoubé par les frères Mille dans cette demeure si prisée. Certains revenants de *Samedi-Soir* ou de *Paris-Soir*, tels Gaston Bonheur et Raymond Cartier, seront parmi les tout premiers à mettre le cap sur l'appartement de fortune (un trois-pièces) déniché par les conseillers de Jean Prouvost, au 51 de la rue Pierre-Charron. Là où se forgera la légende de *Paris Match*.

Hanoteau restera fidèle au titre pendant vingt-trois ans. Bien sûr, il avait son rond de serviette chez les frères Mille. En vigie éclairée de la vie parisienne, il régnait sur une galaxie d'intellectuels : Cocteau, Dalí, Faulkner, Giono, etc. Il tomba sous le charme exubérant de la comédienne Alice Sapritch, sur le tournage d'une de ses pièces, *La tour Eiffel qui tue*, au Théâtre du Vieux-Colombier. Elle venait de triompher dans *L'Aiglon* d'Edmond Rostand, un de ses auteurs phares et confident. Il lui passa la bague au doigt et le couple animera nombre de dîners en vue, notamment chez les frères Mille.

Hanoteau, à qui rien n'échappait par nature et par professionnalisme, n'hésita pas à camper joliment cette rue de Varenne, théâtre d'un « parisianisme » immodéré d'époque, ô combien efficace.

Avec cette plume simple, donc inimitable, qui fit sa différence, il ne résista pas à y révéler le passage inopiné de Marlon Brando, qu'Hervé Mille lui-même esquiva dans son livre de souvenirs :

« Un après-midi, Hervé et Gérard rentrant chez eux découvrirent dans le jardinet, le long de la façade, un superbe garçon qui dormait. Il était si beau, couché sur le dos à même le gazon, avec son visage de boxeur à la fois viril et enfantin, qu'ils n'osèrent pas le réveiller. Il était vêtu d'un pantalon de toile et d'une chemise. Qui pouvait être cet élégant vagabond ? Ils se décidèrent enfin à secouer son épaule. En sautant sur ses jambes, l'inconnu, sans la moindre gêne, se présenta. Il s'appelait Marlon Brando. Son nom ne disait encore rien en France, mais à New York, où depuis deux saisons, il jouait à Broadway une pièce de Tennessee Williams, *Un tramway nommé désir*, il était déjà célèbre. À peine les représentations interrompues par les vacances, il était venu en France se distraire et se reposer. Mais pourquoi avoir choisi ce gazon ? Marlon, qui ne parlait pas le français, dit en anglais qu'à New York on lui avait indiqué la rue de Varenne comme la maison la plus agréable et la plus accueillante de Paris. À sa descente d'avion, il était venu cogner à sa porte. On l'avait introduit dans le salon, mais il avait préféré la pelouse. »

Les premières grandes photos de Marlon Brando étaient signées de Jean Howard. L'anthologie de son travail à Hollywood n'est qu'une addition de pépites. En Brando, comme en Tyrone Power ou Richard Burton, elle avait décelé l'étoile qui ne cesserait de grandir jusqu'au colossal rôle de Don Corleone dans *Le Parrain* (1972).

Elle accompagna la naissance du sex-symbol aux yeux noirs, à la carrure d'athlète et au flegme tourmenté, les deux pouces accrochés négligemment au ceinturon du jean ; un sex-symbol incarné, affirmé, donc, à partir de *L'Équipée sauvage* (1953) et de *Sur les quais* (1954).

De ce passage éclair chez les frères Mille, naquit une amitié réelle entre Christian Marquand et Marlon Brando. Elle donna aussi une formidable opportunité à Walter Carone, familier de la rue de Varenne dès la création de *Paris Match*, d'approcher, puis de fréquenter, enfin, d'amadouer l'acteur félin. Brando, par exemple, aimait défier Daniel Filipacchi et Joseph Kessel au poker menteur.

Photographe autoproclamé de l'« anti-portrait », soit de la pose trop peu naturelle façon studio, Walter a produit une multitude de chefs-d'œuvre qui ont fait des dizaines de une ou de séquences chics, le plus souvent en noir et blanc.

Nombre de ses modèles avaient pour ancrage… la rue de Varenne.

Vatican

Si les reporters sont, par nature, multicartes et balayent les terrains où l'actualité commande, quelques secteurs reviennent à des caciques, dont certains fortement ancrés à leur bureau.

Il en est ainsi de la politique intérieure, de l'économie, de la rubrique santé et aussi, en dehors de déplacements dictés eux aussi par une actualité féconde, de la religion.

En observateur attitré des années Prouvost-Thérond-Cartier (avant le rachat du titre par Daniel Filipacchi, en 1976), Nicolas de Rabaudy aime à rappeler que ce secteur dédié (la religion) était le domaine réservé au talentueux Robert Serrou, « qui savait tout des arcanes du haut clergé et du Vatican ».

De cette époque, il précise : « *Paris Match* (de tendance conservatrice) était un magazine chrétien, penchant bien à droite pour Pâques, Noël ou quand le bon peuple guettait les fumées blanches sur le toit du Vatican. »

Des mille et un sujets consacrés – c'est le mot – au Vatican et dont on pourrait bâtir une anthologie de 5 000 pages et plus, il en est deux qui ont vraiment fait date.

Le premier d'entre eux remonte à 1958.

Aussi anachronique soit-il, il est dû à Daniel Filipacchi lui-même, encore simple reporter photographe dans l'équipe Prouvost : « Mon aversion pour les soldats du Christ ne m'a pas empêché d'avoir de bonnes relations avec certains membres du clergé », confessera-t-il. Et d'énumérer parmi ses relations ecclésiastiques : le cardinal Feltin qualifié de « joyeux drille » (un familier de Prouvost), mon congénère Lustiger (son condisciple, fou de jazz, au collège Sainte-Barbe) et aussi Pie XII, au-delà de son intimidante austérité…

« Grâce à mon ami Robert Serrou, écrivit-il, *Match* avait obtenu le feu vert pour réaliser un reportage au Vatican. »

Adorant Rome où Daniel fréquentait déjà le peintre surréaliste Giorgio de Chirico et où il vibrait au rythme de la « *dolce vita* » nocturne, loin de l'austère place Saint-Pierre, il poussa l'insolence, en fin de reportage, de demander une autorisation particulière pour photographier le pape… dans sa piscine : grosse frayeur de sœur Pasqualina, la secrétaire particulière du Saint-Père.

Gaston Bonheur dirigeait la rédaction. Il partageait sa foi entre une culture méridionale de tradition « rouge » et le cléricalisme hérité de sa mère. Face à l'agnostique avéré, c'est pourtant à lui, Daniel, qu'il confia, en bougonnant, le soin de réaliser un numéro Hors-série sur Pie XII et le Vatican.

C'était le troisième numéro du genre à marquer l'histoire de *Paris Match*, après celui consacré au couronnement de la reine, en 1953 et des Jeux olympiques de 1954, tenus à Melbourne.

Ces numéros, d'un format plus ramassé, plus compact, mais à forte pagination, répondaient à la définition dont « le patron » s'enorgueillissait : « Faire de son *Match* le journal de la famille. » En l'occurrence, ici, de « la famille chrétienne ».

Le succès de ce numéro « vaticaniste », épuisé en trois jours, sourira à Daniel. Il y gagnera le titre de « directeur artistique » à la barbe de Gaston Bonheur maugréant contre la promotion de ce « mécréant » déclaré.

Jusqu'à ce rendez-vous particulier au Vatican, les approches religieuses, très présentes, n'étaient pas pour autant conséquentes.

En 50 ans à *Match*, Robert Serrou a pourtant dirigé quelque 500 sujets dits « à soutane » contrebalançant le penchant du « patron » pour les starlettes ; celles qui, dixit les photographes, « prenaient bien la lumière ».

Il faudra attendre l'avènement de Jean XXIII, dit « le bon pape Jean », le paysan robuste et souriant élu Saint-Père, puis la convocation du Concile et l'aggiornamento de l'Église, pour que *Match* sorte des enluminures traditionnelles et des compositions picturales dignes d'une imagerie conventionnelle : moines à tonsure en prière, sœurs adonnées aux besognes les plus humbles, grange de Bethléem éternellement campée dans son écrin rustique, cérémonies en majesté à Notre-Dame, la grotte de Lourdes, etc.

Au terme de sa carrière, ou presque (1980), Serrou qui conduisit cette évolution éditoriale, ira même jusqu'à livrer son expertise sur la déclaration « en nullité » du mariage de la princesse Caroline de Monaco et du ci-devant Junot, l'époux décavé...

Si, au long des 75 ans d'existence de *Paris Match*, il ne fallait garder qu'un reportage religieux, d'exception, ce serait, à jamais, celui du périple de Paul VI en Terre sainte, en 1964.

Ce voyage est le premier d'un pape en Palestine historique depuis les temps bibliques et la Fondation de l'Église. Et là, *Match* fait du « *Match* + » ! Les confrères américains du grand *Life* en restent sans voix.

Dès l'élection du cardinal Montini, devenu « le prélat à la soutane mince » (on confectionne trois types de soutane en vue de l'élection), il fallut ajuster l'habit qui seyait le futur Paul VI. Le contraste physique et la détermination mentale entre les deux hommes invitaient à la vigilance.

Aussi, quand Radio Vatican et *L'Osservattore Romano* communiquent le message suivant : « Après mûre réflexion et avoir beaucoup prié, nous avons décidé de nous faire pèlerins à la Terre de Jésus. [...] Nous verrons ce sol béni d'où partit Pierre et où nul de ses successeurs ne revint [...] », c'est un véritable branle-bas de combat qui agite à la tête du Journal.

Deux numéros (numéros 770 et 771) d'une spectaculaire richesse éditoriale couvriront l'intégralité du pèlerinage resté légendaire.

On y trouve d'abord un éditorial de François Mauriac, arraché à ses coteaux de Malagar qui surplombent la vallée de la Garonne, en Gironde. Titré : « Le miracle de l'Église », il est publié sur trois pages, sans photo. Du texte pur, à l'image des longues digressions sociétales de Raymond Cartier, mais rédigé d'un souffle épique et d'une écriture magistrale. L'auteur de *La Vie de Jésus* et des *Mains jointes*, devenu l'académicien au *Bloc-Notes*, hebdomadaire très couru par ses fidèles, fait déjà la différence sur sa seule signature. Puis défilent un grand reportage en couleurs : « Sur les pas de Jésus », découpé en cinq parties.

Une caravelle spéciale pour la Terre sainte

Le numéro suivant compose l'album couleurs du pèlerinage.

Il part de la messe romanesque à Bethléem et s'enchaîne sur les hauts lieux qui jalonnent l'Évangile : le Jourdain d'abord où Jean-Baptiste donna le baptême à Jésus ; Nazareth de sa jeunesse ; le mont Thabor où il apparut à ses disciples... Tout un ensemble construit, réfléchi, pensé, réalisé, en images et en symboles.

À Jérusalem, Paul VI, porté vers un horizon qui déchire le ciel, vacille sous la pression de la foule, tandis qu'il refait le chemin de croix du Christ. Roger Picherie, l'un des photographes de *Paris Match* lui aussi emporté par l'écume de la marée humaine, s'accroche à sa chasuble. Le pape, abrité par des religieuses dans une vieille chapelle, lui souffle : « Vous faites un dur métier...

– Vous aussi, Très Saint Père », s'entend répliquer timidement Picherie.

Peu avant, mieux inspiré que ses confrères, il avait eu l'idée de louer une barque de pêcheur. Ce recul lui permit de produire une photo exclusive, montrant le Saint-Père, plongeant dans une mêlée de journalistes, d'officiants et de membres de l'escorte officielle léchés par les eaux noires du lac de Tibériade, certains bien au-dessus du genou. On a prêté à ce cliché comme un sens biblique, le Saint-Père semblant accorder sa bénédiction à ces apôtres des temps modernes.

De ces séquences à émotion forte, une rencontre entre le souverain de la foi catholique (un demi-milliard de croyants alors) et le patriarche orthodoxe Mgr Athénagoras, semble sceller, aux yeux du monde, l'unité des chrétiens. Ce « sommet » entre Églises cousines mais séparées constituait l'un des buts de ce voyage spirituel.

Robert Serrou en gardera le souvenir d'un « divin chant intérieur ».

L'exploit journalistique, lui, produisit 138 pages spéciales, exclusives et richissimes, tant en textes qu'en photos. Il fut l'aboutissement d'un défi unique lancé par la rédaction : avoir affrété une Caravelle, la petite dernière des merveilles de l'aviation commerciale, peinte aux armes de *Paris Match*.

À bord, toute une salle de rédaction (60 journalistes, dont 25 photographes !) reliée par radio à la direction du journal installée à Orly. On y avait même installé un labo photo où, pendant le vol, les reporters se relayaient pour développer leurs films, tandis qu'entre deux bulles de champagne, en guise de vin de messe, les écrivains tournaient et retournaient leur plume d'acteurs subjugués, témoins du grandiose.

À minuit, le 5 janvier, la Caravelle se pose sur la piste sous les applaudissements de Roger Thérond et de Jean Merlin. C'est au pas de charge et conduite par une escouade de motards de presse que la légende en marche file vers l'imprimerie. L'heure est à la fabrication. Le bouclage n'attend pas… Le numéro s'arrachera 1 799 082 exemplaires dans les kiosques.

Règne et adieu à Jean-Paul II

L'époque contemporaine sera, elle aussi, d'une extraordinaire richesse, en particulier avec l'avènement du Polonais Karol Wojtyla devenu Jean-Paul II après le concile Vatican II.

D'une bonhomie souriante, l'ancien archevêque de Cracovie sera l'un des papes plus influents du XXe siècle.

Les photos qui accompagneront son long pontificat (près de 10 000 jours) deviendront culte aux yeux des fidèles, notamment un extraordinaire portrait de Karsh, publié en 1980. Il illuminera la couverture du numéro (1619) de son voyage en France.

Enraciné dans l'Est soumis à tant de forces obscures, il jouera un rôle déterminant dans la chute du bloc soviétique, notamment dans celle du général Jaruzelski, qui tenait son pays d'une main d'acier. Face à cet austère affidé du Kremlin, il a fait du syndicat Solidarnosc de Lech Walesa, une référence morale à travers une encyclique sociale *Laborem Exercem.*

Le 13 mai 1981, il est victime d'un mystérieux attentat place Saint-Pierre. D'aucuns y verront la main de Moscou. D'autres des « Loups gris » de Turquie, mais pour le compte de qui ? À l'aide d'un pistolet automatique, un énigmatique terroriste turc, Ali Agça, l'a blessé de trois balles. Au réveil, Jean-Paul II attribue sa survie à l'intervention de la vierge de Fatima. En effet, lorsqu'il reprend conscience après l'opération chirurgicale, il réalise que c'est le jour anniversaire de l'apparition de cette dernière.

Remis sur pied, il met aussitôt en application l'un des « secrets de Fatima » : consacrer le monde à Marie… À sa mort, en 2005, ce ne sont pas moins de 100 pages spéciales que *Paris Match* lui consacrera. « Sa foi a soufflé sur l'Histoire. »

Caroline et les trois papes

Grand reporter, Caroline Pigozzi a succédé à Robert Serrou. On lui doit une pléiade d'ouvrages majeurs sur le Vatican : *Le Pape en privé*, *Jean-Paul II intime*, *Ambassadeurs de Dieu*, *Les Robes rouges*, *Le Vatican indiscret*, *Les Photos secrètes du Vatican*.

Elle magnifie la symbolique d'une audience papale (Jean-Paul II) en compagnie de notre photographe Jean-Claude Deutsch. Évoquant ce privilège, elle en donna de précieuses clés : « Le Saint-Père aimait les médias et plus encore *Paris Match* qui, dans son pays, pendant les longues années de l'Église du silence, symbolisait à ses yeux la liberté. » Et pour justifier les poses à prendre, au naturel, pour le photographe, elle précise : « Il trouvait que ses prédécesseurs, ayant souvent l'air de personnages de cire sur les photos officielles, s'animaient dès qu'ils étaient immortalisés dans nos pages. »

En un peu plus de trente ans à *Match*, Caroline Pigozzi a connu trois papes (Jean-Paul II, Benoît XVI et François) et rencontré les plus célèbres sommités des cultes monothéistes.

En lisant son « Pourquoi eux » (ils ont fait notre époque – interviews et rencontres), l'on y apprend, par exemple, que Jean-Paul II, ayant visité 130 pays, a couvert l'équivalent de 29 fois le tour de la Terre… Le grand reportage commande de se trouver « au bon endroit » ; avec ou autour de chacun, elle y sera à l'heure dite.

Un de ses derniers exploits – le mot n'est pas de trop – a eu pour théâtre la basilique Sainte-Clotilde, écrin prestigieux à Paris.

Le 8 janvier 2021, l'on y célébrait la messe de funérailles pour Olivier Royant, l'un des vrais « enfants de *Match* » ayant grandi en son sein, à nos côtés et à l'ombre de Roger Thérond.

Cornemuse, bombarde et caisse claire du Bagad de Lann-Bihoué donnaient le rythme, haussant la marche funèbre, le ton solennel de la cérémonie ; celle d'une assemblée au cœur blessé. Emmanuel Macron et Nicolas Sarkozy occupaient, côte à côte, le premier rang. Et là, comme pour symboliser l'ascendant du pouvoir spirituel sur le temporel, aussi élevé fût-il, Caroline monta en chaire. Elle y délivra un message personnel que lui avait transmis le pape François, en mémoire d'Olivier, qu'il avait reçu – avec Delphine, son épouse – au Vatican. L'émotion monta d'un cran quand, déployant la lettre du Saint-Père, rédigée en italien, Caroline lut à mots délicatement pesés ce message béni :

> *L'annonce de la mort d'Olivier Royant, directeur de la rédaction de* Paris Match*, m'a frappé. Je prie pour lui et sa famille : son épouse, Delphine, et ses enfants, Hermine et Benjamin. À l'heure où vous vivez ce grand chagrin, j'implore le Seigneur d'être proche aussi de la « famille » de* Paris Match.
>
> *Que le Seigneur vous bénisse tous et qu'il vous accompagne dans ce moment de douloureuse transition.*
>
> *Je serai spirituellement à vos côtés, priant avec vous réunis dans l'église Sainte-Clotilde.*
>
> *Que le Seigneur vous bénisse et la Sainte Vierge vous protège.*
>
> *Fraternellement.*
> *François.*

Monseigneur Benoist de Sinety, vicaire général de l'archidiocèse de Paris, le père Lambret, curé de la paroisse, tous les célébrants et les intervenants invités à prononcer l'éloge funèbre, dont l'écrivain Philippe Labro et l'académicien Jean-Marie Rouart, mais aussi les personnalités de tous bords, massées dans les tout premiers rangs auprès des présidents, en restèrent comme stupéfiés.

J'eus l'honneur au nom de « la famille » de *Paris Match*, d'y prononcer un adieu très personnifié, conclu en langue bretonne : « *Olier, War hent d'ar baradoz !* » (« Olivier, sur les chemins du paradis »). Puis la cornemuse sonna le requiem : *Amazing Grace.*

Veil, Simone

Octobre 2022 : *Simone – Le Voyage du siècle* sort sur les écrans. Le « biopic », comme l'on dit rapidement de nos jours, retrace le portrait épique et intime d'une femme hors du commun qui s'est éteinte cinq ans plus tôt, au seuil de ses 90 ans. Simone Veil repose désormais au Panthéon.

Son autobiographie : *Une vie*, dont les premiers chapitres retracent « une jeunesse au temps de la Shoah », nourrissent le scénario qui, de l'enfance au dernier souffle de l'ancien ministre d'État, dont l'une des actions maîtresses reste celle d'avoir porté la loi sur la dépénalisation de l'IVG, tient naturellement plus de la biographie que de la fiction, cette notion étant subordonnée à la définition même du « biopic ».

Le film d'Olivier Dahan, réalisateur de *La Môme* et de *Grace de Monaco*, attirera 2 millions et demi de spectateurs, emportés par la force des images, la composition d'excellence d'Elsa Zylberstein et celle d'Élodie Bouchez et noyés sous un flot musical. Prenant à contrepied une critique mitigée (comme souvent), le public en fera le succès de l'année.

Peu avant sa sortie en salle, une présentation privée tient lieu d'avant-première pour les invités de notre groupe.

Paris Match, en effet, est mis en scène à l'occasion d'une brève mais intense séquence ; celle où Alain Genestar, alors directeur de la rédaction, proposera à Simone Veil « l'impensable » retour à Auschwitz, soixante ans après sa libération du camp de la mort. Déportée en tant que femme juive avec sa mère et sa sœur, Milou, elle fit partie des 500 survivants d'un convoi de 1 500 captifs à l'étoile jaune. Pour l'écrasante majorité desquels, outre l'épidémie de typhus et le froid, le seul fait d'être désigné par les gardiens pour monter dans un camion, signifiait la chambre à gaz…

Genestar en fera un livre *Pour mémoire* (Grasset, 2018). Il y publie l'intégralité du long témoignage « pour l'Histoire », prolongeant sa longue interview pour *Match*, que Simone Veil lui accorda lors de ce retour si improbable, dans les neiges du camp ressuscitant le cauchemar d'un hiver glacé.

« Là-bas, je n'ai jamais pleuré. C'était au-delà des larmes », avait titré *Paris Match.*

Simone Veil avait posé une ferme condition pour retourner sur « ce chemin de douleur et de courage » : celle d'y emmener ses deux fils et quelques-uns de ses petits-enfants. Ce sont eux, confia-t-elle à l'auteur, qui en avaient exprimé le désir : « Ils veulent intégrer non seulement mon passé, mais aussi celui de leurs grands-parents qu'ils n'ont pas connus. C'est important pour eux. »

Pour les suivre, Alain avait choisi Benoît Gysembergh, entré à *Match* après avoir couvert la Révolution des œillets au Portugal, en 1974. Un photographe d'expérience et de sensibilité déjà célébrée à travers un ouvrage sur 60 de ses confrères du journal : « Qui sont-ils ? D'où viennent-ils ? Quelle a été leur vie ? », s'était-il interrogé dans un élan de générosité partagée.

En ce 27 janvier 2005, Benoît arme son Leica M6. Il travaille en argentique. Ses films font 36 prises. Arrivé au bout de sa pellicule, il la force pour un ultime tirage… C'est alors que deux images se superposent. Elles montrent les petits enfants entourant le visage de leur grand-mère.

Sans croire au prodige ni au surnaturel, tous y voient un message venu des cieux.

VERTS

Bien avant que la très officielle responsabilité sociale des entreprises (ou RSE), un modèle inspiré du mouvement coopératif britannique – sous l'impulsion de l'Église réformée –, ne gagne ses lettres de noblesse lors du « Sommet de la Terre » à Rio, en 1992 et impose aux sociétés commerciales « le devoir de rendre des comptes », via divers audits et autres « *reporting* », *Paris Match* – sans donner la leçon à quiconque – se posa en pionnier du genre.

Sur les problèmes environnementaux, en effet, il n'est qu'à remonter à l'année 1951 pour se délecter du premier sujet consacré à la *Calypso*, le navire océanographique de l'explorateur Jacques-Yves Cousteau.

Son film *Le Monde du silence* (coréalisé avec Louis Malle) est oscarisé à Hollywood. Il est honoré de la palme d'or à Cannes.

Le héros sous-marin est un poisson (Jojo le Mérou) à peau tachetée. Il rassemble les familles dans les salles obscures.

Dans le sillage du célèbre commandant à bonnet rouge, classé des années durant « le Français le plus aimé du monde », soixante reportages, dont un numéro spécial, lui seront consacrés ainsi qu'à sa dynastie. Georges de Caunes, animateur télé d'avant-garde, se prêta au jeu réel de Robinson, sur un îlot désert. Il sera le porte-voix de Cousteau (1951, 1952, 1954).

De nos jours, Alexandra, sa petite-fille, illustre la relève.

L'histoire de *Match* était friande de sujets « verts » et « grand bleu » bien avant l'heure ; elle n'a pas attendu la déferlante plus idéologique des temps modernes.

Dès les années 1960, on peut qualifier le magazine de « lanceur d'alertes », là encore avant la mode :

« La nature se meurt » ; « l'air des villes est un poison » ; « la désertification menace ; « la déforestation agresse l'Amazonie » ; « la montée des océans », « la mort du paradis blanc » (Arctique et Antarctique) constituent, à cette époque, les thématiques déployées sur de nombreuses pages.

Même lorsqu'une tête d'affiche internationale ose annoncer sa couleur, il le faisait alors dans *Match*.

Ainsi, en 1981, Marlon Brando s'exclame-t-il : « Je redeviendrai un sex-symbol par et pour l'écologie. » Une profession de foi très singulière, mais qui, venant du mutin du *Bounty*, fait sensation au-delà de Hollywood.

Si la prise de conscience remonte aux fonts baptismaux de *Match*, les choses s'accélèrent au cours des années 1980. D'un sujet par an, dès 1989, nous quintuplons les parutions liées aux préoccupations environnementales.

C'est l'année où nous accueillons l'Indien Raoni, découvert en sa tribu amazonienne par le photoreporter wallon, Jean-Pierre Dutilleux (il est de Malmedy). Ce voyage initiatique du grand cacique, au-delà de « la grande lagune salée » (l'Atlantique), est parrainé par Sting, chanteur à message « universel ».

À partir de Paris, où il est reçu par Jacques Chirac, alors maire et le président Mitterrand, à l'Élysée, le chef des Kayapo (Haut-Xingu, au Brésil) lance son premier « tour du monde » destiné à secouer l'opinion.

Outre la couverture et plusieurs sujets intimes, originaux, exclusifs et accrocheurs, nous couvrirons également son retour au Brésil. Le témoignage inédit fera date. *Match* sera de tous les rendez-vous et appels fixés par Raoni au reste du monde, le dernier remontant à juin 2023 où, notoriété universelle oblige, il montera les marches du Festival de Cannes en marge d'un film documentaire de Dutilleux. À quelques mondes d'écart, mais toujours hôte de *Paris Match*, il croisera l'acteur Anthony Delon lors d'un déjeuner au Cap-Eden-Roc, à l'occasion de l'hommage photographique monté, en ce site d'exception, face à la mer, en l'honneur d'Alain Delon.

En notre présence – la seule de la presse mondiale – sur le toit du musée des Arts premiers, Quai Branly, à Paris, œuvre de Jacques Chirac, « un homme de parole » qu'il aimait beaucoup – et réciproquement –, le cacique transmettra officiellement le flambeau de son imminente relève : d'abord à son neveu, Bemoro, garant de la culture kayapo, puis au duo plus politique de la tribu des Yawalapiti : une femme de caractère, Watatakalu, et un homme d'expérience, Tapi, fortement engagés pour la défense de la cause.

De « lanceur d'alertes » originel, *Match* s'est fait acteur de l'événement.

Cousteau, Paul-Emile Victor, Haroun Tazieff

Depuis soixante-quinze ans, jamais la conscience dite « écologique » n'a été prise en défaut à *Paris Match*. Le point de départ reste l'immense contribution des précurseurs : le commandant

Cousteau, Paul-Émile Victor, Haroun Tazieff, aventuriers lucides et passeurs de témoins.

Le grand coup d'accélérateur a pour cadre la « COP » (Conférence des pays signataires de la charte environnementale de l'ONU), organisée à Rio, en 1992.

Si le journal y rejoint François Mitterrand, président de la République, il a fait de Brice Lalonde, ancien ministre du septennat Giscard, son envoyé spécial. Correspondant général « aux Amériques », Olivier Royant quitte New York pour aller y recueillir une grande interview de Cousteau, dit « Captain Planet ».

À ses côtés, l'acteur Robert Redford (*Out of Africa*, *Et au milieu coule une rivière*) et le duc d'Édimbourg, au nom de la couronne royale britannique et du Commonwealth, tirent l'alarme dans nos pages, comme l'on sonne le tocsin.

Pour « la COP 21 » (la suivante) qui se tient à Paris, *Match* édite un grand livre synthèse « L'Appel de la Terre » illustré par Sempé. Ce cadeau de bienvenue et de réflexion est offert à tous les présidents réunis autour de l'enjeu partagé au nom des générations futures.

Découlent en nos cahiers magazines de grands reportages et séries illustrées : « Alerte Terre », « SOS Terre », « Les animaux en danger », « L'offense faite aux océans »…

Ces sujets courent sur une vingtaine de pages par numéro.

De manière récurrente, à partir de 2020, *Match* s'attache à faire découvrir « Les héros de la planète », connus ou anonymes : ceux qui, grâce à leur notoriété, œuvrent pour le bien commun ; ceux que l'on découvre tapis dans la discrétion d'une activité de salut public. Parmi les plus connus : Mike Horn, l'aventurier sud-africain qui a repoussé les limites de l'exploit humain,

Paul Watson (« pirate écolo ») qui, en 1977, pilota Brigitte Bardot sur la banquise pour lancer son cri contre le massacre de bébés phoques ; le Dr Jean-Louis Étienne, auteur de la première « Transatlantica » ; la navigatrice Maud Fontenoy, ambassadrice des classes de mer, « femme libre tu chériras la mer », selon le joli mot de Yann Queffélec ; le Breton Jacques Rocher (« Profession : planteur d'arbres »), Jane Goodall, protectrice de la faune animale et de la biodiversité…

Bertrand Piccard est l'une des nobles figures de ce « sept majeur » (avec Raoni). Fils et petit-fils de chercheurs, l'intrépide Suisse se dit fier que son grand-père, Auguste, aéronaute et océanographe qui gagna la stratosphère en ballon, inventa le bathyscaphe pour explorer les fonds marins, a servi de modèle à Hergé pour créer le personnage du professeur Tournesol, le savant culte des aventures de Tintin.

En digne descendant, Bertrand a entrepris le premier tour du monde en ballon (1999), avant de co-développer (avec André Borschberg) l'incroyable défi de Solar Impulse, le premier avion solaire monoplace. À ses commandes, décollant d'Abu Dhabi le 9 mars 2015, il acheva son tour du monde, sans carburant, seize mois plus tard, posant à nouveau l'appareil sur la piste d'Abu Dhabi, soit après une boucle de 43 000 kilomètres en 17 étapes. Un vol entièrement propulsé à l'énergie solaire. De jour, comme de nuit.

Derrière une palette aussi riche, nos « Héros de la Planète » prolongent leurs témoignages sur parisMatch.com. Ils sont déjà plus d'une vingtaine, inlassables grands témoins, à avoir apporté leur contribution à une prise de conscience générale.

Une rubrique moderne, relayée par la caisse de résonance infinie du Web, développe ce terreau. Il prouve que de l'énergie solaire à l'avion électrique de série, en passant par le traitement des déchets en mer, des solutions existent pour le futur.

Sur 450 sujets à connotation écologique, sans utopie délirante ni idéologie punitive – tout au contraire –, notre magazine affiche une centaine de pages positives et concrètes. Elles sont placées sous le label de « *Match* Avenir », dirigé par Romain Clergeat.

VIETNAM

30 avril 1967. En trois jours, sur la colline militairement classée « cote 881 » par les stratèges de l'armée américaine, 150 G. I's et 1 000 combattants du vietminh sont tués. Les bombardements intensifs de l'US Army et le napalm n'ont pas réussi à « nettoyer » la zone des combats. C'est au corps-à-corps que les Marines affrontent les nord-vietnamiens. Le Japonais Kyoichi Sawada, qui travaille pour United Press International, est sur place. À 32 ans, Il a déjà été honoré du World Press et du Prix Pulitzer pour ses reportages dans les rizières, notamment grâce à une scène d'un réalisme pathétique montrant une mère et ses trois enfants en train de nager, tant bien que mal, dans une rivière pour tenter d'échapper à la mort. On était en 1965. Lui-même sera tué en 1970.

Le document qui parvient à la rédaction en mai 1967 et dont il est l'auteur, ressemble à un tableau crépusculaire. On y voit un soldat américain blessé transporté à dos d'hommes par deux camarades, une large étiquette d'évacuation sanitaire pendant au cou. En arrière-plan, se détachant d'une jungle touffue, une colonne serpente dans l'orage. Sans discussion possible, sous un titre surdimensionné : « Cote 881 », la photo s'impose en pleine couverture (numéro 944) dont la seule accroche est : « Les extraordinaires photos de la plus grande bataille du Vietnam. »

Dix mois plus tard, à Hué, capitale impériale, les reporters retrouveront des membres de cette unité, en alerte sur le front. Dans leur main, ils déploient ce numéro du 13 mai dernier truffé des saisissantes photos de combats où périrent tant des leurs. La symbolique est intense et laisse muet de stupeur ses témoins.

Si, en 1965, Jean-Claude Sauer, de *Paris Match* a produit la photo poignante d'un enfant mort de faim qu'il porte dans ses bras avant de l'enterrer loin de sa mère bloquée par des tirs d'artillerie, Larry Burrows (*Life*) multiplie les prises de vue en première ligne. Il tient de « l'école Robert Capa », maître du photojournalisme, tué en après avoir sauté sur une mine au couchant de la première guerre d'Indochine, avec la Légion. On lui doit ce credo devenu dogme du photoreportage : « Toujours être au plus près ».

Un des clichés force de Burrows est digne d'un tableau d'apocalypse. Il montre un sergent d'artillerie, Jeremiah Purdie, la tête recouverte de pansements ensanglantés, foncer au secours d'un camarade blessé allongé dans la boue ocre, les jambes entourées de bandage. Sur une autre prise de vue, lors de l'opération Prairie, quatre Marines évacuent leur chef de corps, mortellement blessé... Dans les hautes herbes, on distingue la frêle silhouette de Catherine Leroy, courant à leur côté, l'appareil en bandoulière.

Elle n'oubliera jamais cette apocalypse.

Quarante ans plus tard, au printemps 2005, elle retrouvera pour *Paris Match* (numéro 2918) les revenants du malheur. Avec elle, pour conter leur destinée, ces « Viets Vets » (vétérans du Vietnam), ces fantômes du front errant au milieu des vivants, ouvriront leur porte à Régis Le Sommier, alors correspondant de *Match* aux États-Unis. Il y avait succédé à Olivier Royant.

Photos et récit sont bouleversants. Pour leur visite, assis sur le lit de sa chambre, dans sa maison de Fayetteville (Caroline du Nord), Jeremiah a revêtu son uniforme brodé des galons de sous-officier. Il tient sa casquette de parade sous un bras pour faire honneur à ses hôtes. Épinglés sur sa poitrine, la Bronze star et trois purple Heart, les médailles gagnées au Vietnam.

Un mois après cette rencontre, il mourra d'une crise cardiaque, à l'âge de 74 ans.

Il n'avait jamais pu oublier son capitaine, JJ Carrol, tué sous ses yeux ainsi que le radio coupé en deux par l'obus : « Ces morts m'obsédaient. Je regardais mon capitaine et le radio. Je restais prostré dans le noir pendant des heures. »

Des années durant, il a dû taire ses affres jusqu'à s'en libérer, plus ou moins, grâce au docteur Hill, un des rares spécialistes à savoir traiter le SSPT (syndrome de stress post-traumatique). La photo choc de Larry Burrows où il s'élance vers le soldat gisant dans la boue trône dans le salon de Jeremiah Purdie telle qu'elle a été publiée en double page dans *Life* et reproduite dans *Match* : « Il était arrivé le matin en renfort. Je ne connaissais pas son nom. Je n'allais pas le laisser dans cet état. Je voulais être sûr qu'il serait évacué avec moi. »

Ni Jeremiah, ni personne, précise Le Sommier, n'a jamais su l'identité du soldat dans la boue : « La photo est peut-être la plus célèbre du Vietnam, mais elle reste un mystère. » Catherine Leroy et Régis retrouvent ensuite Vernon Wike, chez lui, à Prescott (Arizona). Il a 58 ans, en paraît 80. Il souffre d'une dégénérescence osseuse et peine à marcher. Pour lui, elle a fait des tirages grand format de l'assaut de la colline 881, celui du 30 avril 1967 dont un cliché de Kyoichi Sawada a fait la fameuse couverture de *Match*.

En l'accueillant, il la serre longuement dans ses bras… Infirmier militaire, Vernon a tenté de sauver son ami Rock. Soudain, il revit la scène. Le Sommier note : « J'entends un coup de feu, puis c'est le silence. Je lève la tête et je vois Rock qui grimpe la colline. Je suis comme dans un tunnel de silence. Je le vois s'écrouler. Je me précipite vers lui. » Il revoit Catherine Leroy, plongée dans l'action : « Elle est sur ma gauche, son appareil planté entre deux branches d'arbre. Je me penche sur Rock et je l'entends mourir. Le seul bruit que j'entends, les battements de son cœur qui, peu à peu, disparaissent. »

Vernon a le corps recouvert de tatouages entrelacés et colorés. Sur le bras gauche, il a fait graver les noms de ses camarades morts au Vietnam. La guerre lui a laissé de graves séquelles physiques et psychiques. Deux jours après le reportage de Catherine Leroy et Régis Le Sommier, il est évacué vers l'hôpital de Phoenix. Régis conclut : « Toute la partie gauche de son corps s'est retrouvée paralysée et il a perdu la vie. »

En publiant *Requiem* sur les guerres d'Indochine, Hors Faas (Prix Pulitzer) et Tim Page ont dénombré 135 reporters tués des deux bords : de Robert Capa (1954) à Michel Laurent (1975) tombé à la dernière heure, trois jours seulement avant l'arrêt des combats au Vietnam.

Tim Page était l'ami de Sean Flynn, reporter tout-terrain et play-boy au naturel. Le fils d'Errol Flynn, alias « gentleman Jim », grande figure de Hollywood, avait été accrédité par *Paris Match* en 1966. On ne se lasse pas de relire la lettre signée de Roger Thérond.

Réputé pour ses défis les plus intrépides, mais aussi pour les tentations à portée de main, le bellâtre blond avait fait tourner les cœurs des demoiselles, notamment sous les paillotes de l'Épi Club à Ramatuelle et tourné dans des films de série B (*Le Fils du capitaine Blood, 7 Colts du tonnerre, Le Temple de l'éléphant blanc, Cinq Marines pour Singapour*).

Jean Durieux, posant son sac pour *Match*, en compagnie de Daniel Camus, photo-baroudeur, n'a jamais oublié leur dernière soirée, vécue le 4 avril 1970, à l'hôtel Royal de Phnom Penh, autre vestige de l'ex-Indochine française. Des Vietcongs, dont la présence était niée par les autorités, avaient infiltré le Cambodge où les Khmers rouges venaient de destituer le prince Norodom Sihanouk.

La promesse de « scoop » pointait à l'horizon…

À peine descendu de motos pétaradantes, Sean et Dana Stone, son copain de la chaîne CBS, avaient pris date pour une expédition programmée à l'aube par des autorités vacillantes, au « bec de perroquet », aux abords du lieu-dit Chi Phu, sur la frontière vietnamienne : « Allez par le nord », avait-on soufflé à Durieux et Camus ; « vers l'est », à Gilles Caron, l'homme qui avait immortalisé l'insolence juvénile de Daniel Cohn-Bendit face à un policier de base, en plein Mai 68. Nos reporters seront capturés, puis relâchés dans un paysage de rizières et de palmiers à sucre, au milieu d'une herse de fusils mitrailleurs, au terme d'un pseudo-procès « populaire », Caron ayant déjà pris le large de son côté… Hélas, sans espoir de retour.

Quant à Sean Flynn et Dana Stone, on ne retrouvera jamais leur trace. Ensemble (ils étaient inséparables), ils s'étaient élancés dans la jungle pour une mission – mi-tuyaux, mi-instinctive – dont ils ne reviendront jamais.

De Sean Flynn, il nous reste ses films et surtout ses photos. Et, bien sûr, la tragique évocation de Jean Lartéguy dans son roman *Enquête sur un crucifié* qui laisse un goût de désolation.

En 1990, conduisant une expédition pour la chaîne de télévision britannique Granada, Tim Page, alors retiré dans le bush australien, habité de cauchemars et de bleus à l'âme, a cru retrouver le lieu de l'exécution supposée de ses deux copains. Juste aux portes de Bei Met, un hameau cambodgien.

Pour honorer leurs âmes errantes, celles des défunts dépourvus de sépulture et privés des rites ultimes, il fit planter un arbre sacré remis solennellement par les bonzes de Phnom Penh.

Mais le mystère reste entier : Sean et Dana sont toujours « *missing in action...* »

Errol Flynn, mort en 1959, échappa aux affres des questions sans réponse. Pas Lili Damita, la mère de Sean, actrice elle aussi d'origine française. Jamais elle n'abdiquera dans sa quête folle que son fils adoré réapparaisse un jour. Seule la maladie aura raison d'elle, en 1994. Avant de le rejoindre dans un fantasmagorique « quelque part », elle ouvrit à Jean Durieux et Daniel Camus – qui le photographia « dans son jus » d'époque – l'appartement de Sean, qu'elle avait tenu à conserver « en l'état ». C'était en 1998. Dix-huit mois après sa disparition.

Larry Burrows, « l'œil » de la cote 881, son compatriote Kent Potter, le Français Henri Huet et le Japonais Keizaburo Shimamoto tomberont en 1971. Leur hélicoptère sera abattu au-dessus du Laos durant l'opération Lam Son. Avec eux et avant la mort de Michel Laurent, se referme notre requiem des photojournalistes en Indochine dont *Paris Match* conserve la mémoire. Intacte.

Visa

Sur fond rouge, claquent en lettres blanches quatre lettres universelles : « VISA ». Elles sont, ici, dédiées à la photographie et ont pour cadre la cité catalane chère à Salvador Dalí, Perpignan, que le peintre surréaliste déclara « centre du monde ». L'explication en a été donnée par l'artiste lui-même : « C'est toujours en gare de Perpignan que mon cerveau se met en branle... [...] C'est là que j'ai eu une espèce d'extase cosmogonique plus forte que les précédentes. J'y ai eu une vision exacte de la constitution de l'Univers. »

Paul Alduy, maire à mandats multiples (1959-1993), a sa propre vision, moins surréaliste, de sa ville. Passé du PS (ex-SFIO, de l'époque Guy Mollet) à l'UDF, longtemps classé « gaulliste de gauche », il cherche à ancrer un événement pérenne dans l'ancienne capitale du royaume de Majorque, qu'il a l'honneur de diriger.

Au-delà des avatars de ses mandatures chahutées, il sollicite Roger Thérond, dans le but d'aller au-delà des traditionnels hommages rendus à Dalí et des célébrations occasionnelles dédiées aux exploits des champions du ballon ovale (l'USAP et le XIII catalan).

Avec Thérond, patron de *Paris Match* et du mensuel *Photo*, Alduy ne pouvait trouver meilleur interlocuteur.

Roger mord à l'idée d'un Festival international de photojournalisme. Il en confie les clés à Michel Decron, qui, sous son « œil » – un regard magistral –, dirige la rédaction de *Photo*. On est en 1989. Bientôt Visa pour l'Image sera conduit par Jean-François Leroy, très attaché à sublimer la réflexion sociétale au-delà du reportage de guerre, par exemple.

À l'issue des grandes projections, une cérémonie publique sacre les récipiendaires du « Visa d'Or » (prix créé par Yann Arthus-Bertrand), des « Visa d'or news », « Visa Presse quotidienne », etc.

La Ville de Perpignan, représentée par son maire (aujourd'hui Louis Alliot, RN), récompense un jeune auteur à travers le prix Rémi Ochlik, tombé à Homs (Syrie) en 2012.

Perpignan est au photojournalisme international ce que le Prix Pulitzer est au reportage écrit. *Paris Match* en a été l'initiateur et le soutien de tous les instants jusqu'à 2019. Le Brésilien Sebastiao Salgado, figure du grand reportage environnemental depuis les années 1990, Pascal Maître, Don McCullin, Sabine Weiss, Éric Bouvet, Patrick Robert, Luc Delahaye, Olivier Jobard, Laurent

Van der Stockt, Véronique de Viguerie, ont inscrit leur signature à ce prestigieux palmarès.

Combien de déjeuners (à Torreilles) ont rassemblé les plus grands noms de la photo, auteurs, agences, marques (Canon), laboratoires, autour d'un barbecue de plage ? C'est là qu'Olivier Royant présenta sa future femme, la délicieuse Delphine. Là qu'autour de la piscine de la Villa Duflot, Roger Thérond réunissait les siens pour y prolonger nos soirées créatives.

Aujourd'hui, *Le Figaro Magazine* a pris la relève.

Contrairement aux Rencontres d'Arles, créées en 1970 par Lucien Clergue et orientées vers la création contemporaine, Perpignan garde le cap du « vécu » par l'image, aussi dur soit-il. L'essence du photojournalisme même.

VOYAGE

Sous le portrait lumineux de Jenna de Rosnay, qui nous reçoit chez elle, à Hawaï, grâce à Gilles Lhote, photo-surfeur alors ancré à Maui, le magazine s'ouvre aux tendances du moment, axées sur la civilisation de loisir.

Ainsi naîtra « *Paris Match* Voyages ».

À l'affiche du premier numéro (octobre 1989), un grand reportage sur Las Vegas, le pays fabuleux des « bandits manchots » (les jackpots), une croisière grand luxe du Nil au lac Victoria à bord d'un hydravion, une évasion « risque-tout » en Guyane dans les pas du médecin baroudeur Xavier Maniguet et, dans une proximité celtique, les sortilèges de la forêt de Brocéliande, en Bretagne mythique et mystique.

Au sommaire du numéro 2, les « Soleils d'hiver » (sans décalage horaire) rayonnent sur l'océan Indien : île Maurice,

Seychelles, La Réunion, Les Comores, Madagascar, Zanzibar… Un safari sud-africain et des palaces de rêve, l'Oriental à Bangkok, le Raffles à Singapour, Le Manila à Manille, capitale des Philippines… Le rêve « à la carte ».

Le numéro 3, « looké » par le grand directeur artistique, Peter Knapp, entraîne le lecteur au pays des rodéos, invite au cabotage sur les côtes de Turquie, pousse les portes de Prague en liberté, initie les béotiens à la grand-messe du golf sur les greens de Saint-Andrews en Écosse, déroule la tentation des villas stars en location d'été et nous embarque pour Chimène, à bord de *L'Andalus-Expreso*, un train des années 1930 qui ressuscite en Andalousie la nostalgie de l'*Orient-Express* et des voyages lumineux prisés de l'écrivain Paul Morand.

Cette initiative est une « première », parallèlement à une poignée de numéros hors-série dédiés à certains événements (tels les Jeux olympiques de Los Angeles, sous l'égide du sprinter américain Carl Lewis). Si l'expérience fait alors long feu, elle connaîtra un plus long prolongement dix ans plus tard avec le magazine *Bon Voyage* (même équipe éditoriale issue de *Match*) qui, lui, durera cinq ans…

WOLINSKI, GEORGES

Impossible de passer devant le 34, rue Bonaparte à Paris, sans lever les yeux. Sur la façade, une sobre plaque mentionne : « Ici vécut de 1974 à 2009 Georges Wolinski (1934-2015). Dessinateur de presse. Assassiné le 7 janvier 2015 ». C'est là, un soir de 1990, qu'avec Maryse, son épouse, auteure de *Lettre ouverte aux hommes qui n'ont toujours rien compris aux femmes* (une mise à nu ironique), nous avions fêté l'arrivée du subtil caricaturiste à *Paris Match*. Son recrutement, au sortir de *L'Humanité*, lui avait valu les railleries de « camarades » fermés à sa liberté de pensée. « J'ai pas d'opinions, j'ai que des convictions », leur opposa-t-il. Il en avait tiré une désopilante page en six cartouches où il plaçait le chic des dessins en contrepoint du « choc des photos », assurant à un personnage croqué façon Cavanna, l'inspirateur de *Charlie Hebdo* : « En 1960, déjà, je rêvais de travailler à *Match* parce qu'il y avait les meilleurs dessinateurs : Chaval, Bosc, Sempé. »

L'attaque terroriste islamiste contre *Charlie Hebdo* nous priva à jamais de Georges et des onze autres victimes, dont Cabu qui publia aussi des dessins dans *Match*. Peu après la tragédie, nous accueillîmes Maryse au Salon Livr'à Vannes pour une exposition des dessins de Georges parus dans *Paris Match* et pour saluer la publication de *Chérie, je vais à Charlie* (Seuil, 2016), tendre témoignage et déclaration d'amour posthume d'une femme aimée et aimante à l'égard d'un mari lâchement assassiné.

WW

Walter & Willy

Jamais Italiens de souche n'auront connu autant de succès sous deux prénoms anglais très en vogue à partir du « Swinging London ».

Le premier était génois (comme notre écrivain Jean Noli), devenu français, le second napolitain. L'un s'appelait Carone ; son compatriote Rizzo, italien de racines, donc, devenu Franco-italien.

Roger Thérond les surnommait Éros et Roméo, vu leur manière d'aimanter la gent féminine autour de leurs flashes. D'ailleurs, Rizzo, le bien nommé, était vraiment né « Éros ».

Avec eux, les filles « prenaient bien la lumière ». Elles irradiaient de beauté.

Comme son père, Walter avait été spécialiste des photos de noces et banquets, avant de tourner photographe de plage, puis grand portraitiste (200 reportages par an). Il fut pour beaucoup dans l'avènement de Brigitte Bardot, 18 ans, « shootée » en justaucorps et bas à résille sur le toit de l'immeuble où habitaient ses parents à Paris.

On lui doit une pléthore de célébrités mises en valeur pour le magazine : Grace Kelly, le prince Rainier (ah cette intensité dans leurs regards avant le « oui » sacramentel ! –, Catherine

Deneuve – avec qui il aimait jouer en liberté –, Roger Vadim, son copain des grands débuts à *Match*, rue Pierre-Charron, Marlon Brando dans le rez-de-jardin des frères Mille à Saint-Germain-des-Prés. L'inoubliable Marilyn Monroe, juchée sur un éléphant rose caparaçonné de perles broderies d'argent.

C'est lui qui initia Bettina Rheims à la photo. Elle ne l'a jamais oublié. Lors de la remise du prix de la photo politique, qu'elle co-présidait auprès de Yaël Braun-Pivet, à l'hôtel de Lassay (novembre 2023), Bettina n'avait pas de mots assez élogieux pour décrire l'homme « un séducteur avenant et chaleureux » et son œuvre : « qu'on ne peut limiter aux célébrités du spectacle ». En effet, au seuil des années 1960, Walter réalisera des portraits posés du président américain Eisenhower et de son successeur, John Fitzgerald Kennedy, fraîchement installé au bureau Ovale de la Maison-Blanche. Son exploit du genre reste l'accueil que lui réserva Nikita Krouchtchev, maître du Kremlin, en pleine guerre froide. Non content de l'accueillir dans sa datcha, il se laissa faire pour une série de photos de famille impossible à imaginer, mais « impossible n'était pas Carone ». À l'arrivée, seize pages d'une rare intimité (et la couverture) feront sensation dans *Match*, suivies d'une profusion de parutions à l'étranger…

Serge Bramly, écrivain (prix Interallié) et scénariste, qui fut le conjoint de Bettina et son co-auteur pour certains ouvrages incandescents, consacra un livre album à Walter Carone, colosse souriant (l'une de ses armes de séduction) et à son œuvre qualifiée « néo-réaliste ».

Willy, lui, classé fabricant de bonheur (ah, les prises de vue de « congaïs » langoureuses au bord du petit lac d'Hanoï en pleine guerre d'Indochine !), photographe volubile et familier d'inaccessibles icônes (Marilyn Monroe, peu avant sa mort, Jack Nicholson, Irving Penn), puis « designer » de mobilier moderne toujours très coté de nos jours, a publié *Contre-Jour*. L'ouvrage est une sorte de « best of » de sa collection de photos.

S'il disparut à l'âge de 90 ans, en 2013, son œuvre fait mieux que de lui survivre. Une galerie, elle aussi au design flatteur à l'œil, porte son nom, rue de Verneuil à Paris.

Par leur complémentarité, leurs origines, leur attachement à *Match* jusqu'à ce qu'ils s'en émancipent en 1968, poursuivant l'un et l'autre deux carrières différentes, ces deux grands noms de la photo restent indissociables à plus d'un titre. Rien que par leurs initiales « W & W », qui claquent à la manière d'une marque, d'un sceau, mais aussi par le fait que leur nom et prénom aient inspiré Hergé (on l'a vu avec Tintin) sous la synthétique appellation de… Walter Rizotto.

Alvaro Canovas, l'un des derniers grands photographes de chic et de choc (il fut gravement blessé en Libye), se pose en héritier de la génération suivante. Lui aussi présente un palmarès artistique international (et guerrier) très garni. Pour lui, comme pour leurs successeurs, ces pères ne font pas seulement la paire.

Il s'inscrit dans leur lignée et celle des Garofalo ou Gysembergh. On pense alors à Jack Garofalo, pionnier du reportage impossible à réaliser, là encore, qui sut se faire tolérer, voire accepter, dans le quartier de Harlem alors « interdit aux Blancs » en période de haute tension. Il en rapporta des chefs-d'œuvre qui s'inscrivent dans l'aspiration aux droits civiques de la communauté noire en Amérique. Benoît Gysembergh, journaliste total, était capable de tisser en texte « bon à publier », la saga des « choses vues » en photo. Alvaro est de la même trempe. Ils sont ses pairs.

X (Ex-Twitter)

Ainsi donc, Elon Musk, à qui *Paris Match* consacra sa couverture sous le titre : « Le vrai visage d'Elon Musk – il se voit en maître du monde » (numéro 3849, 27 janvier 2023) a racheté Twitter, pour 44 milliards de dollars : par cette prise à sensation, il réalisa son premier rachat d'entreprise (surpayé), lui qui n'avait cessé d'entreprendre et d'inventer par lui-même.

Le réseau aux micromessages limités à 140, puis à 280 caractères, appelés tweets (en français « gazouillis ») permet à quelque 500 millions d'utilisateurs (120 millions en Europe) de se manifester instantanément, parfois de manière compulsive, non sans dévoiement ou manipulation sous couvert d'anonymat. Les mauvais exemples abondent…

À l'oiseau bleu, symbolique de la marque, son nouveau propriétaire choisit rapidement de couper les ailes.

Twitter devient X, nom de domaine réservé et, surtout, son symbole mathématique favori. Classé X, donc, l'ex-Twitter garde son pouvoir d'attraction en tête des réseaux dits « sociaux », qui tournent parfois, hélas, aux réseaux asociaux.

Paris Match se félicite de sa lisibilité sur X. Il y compte, fin 2023, 1,2 million d'abonnés, presque autant que sur Facebook (1,3 million), autre réseau du genre et déjà 700 000 sur Instagram, le troisième canal très prisé des plus jeunes. Tandis que la lecture de la presse imprimée décroît, ces canaux touchent de nouveaux publics et dessinent une forme de relève.

Ces résultats impressionnants pour *Paris Match* doivent tout aux animateurs du service éditorial dédié, Élise Colette, Yannick Vély, Émilie Cabot, notamment et à la stratégie globale tendant à associer le « Web » (numérique) au « Print » (jargon anglophone oblige), dans un bouquet surnommé « *Match* United », clin d'œil sportif inspiré du club de football de Manchester United.

Une évolution indispensable, à succès, pas toujours évidente pour les plus conservateurs, taxant le Web comme s'il était la Ligue 2 du Journal. Ce dédain est révolu. Il remonte aux débuts balbutiants des années 2000.

La rédaction numérique s'est formée en 2008. Elle s'est intégrée et fondue (« *Match* United », donc) connaissant une progression constante. En 2023, elle touche 20 millions de lecteurs et compte plus de 100 millions de pages vues par mois. Depuis mai 2022, sous la baguette d'Élise Colette, le site déroule les « blogs » des journalistes les plus en vue de la rédaction. Il en est ainsi de Laurence Ferrari (politique) ou de Stéphane Bern (« Royal blog »).

De plus, il s'est ouvert aux abonnés avec des articles produits par tous les reporters et s'enrichit d'informations livrées en continu, spécialement composées « à la carte ». Nouvelle vague…

YAWALAPITI

Pour la première fois, les lecteurs de *Paris Match* (15 juin 2023) ont découvert le nom de cette tribu du Haut-Xingu, en Amazonie. On le doit à la dernière tournée du chef indien Raoni. Venu présenter à Cannes un film documentaire sur sa vie, tourné par Jean-Pierre Dutilleux, alias « Kritako » – son ami de cinquante ans – le cacique nous présenta ses successeurs à qui il confie désormais son inlassable message.

Sous l'objectif de Vincent Capman, notre photographe, tant à Cannes, sous les frondaisons centenaires du Cap-Eden-Roc, qu'à Paris dans les jardins du musée des Arts premiers, quai Branly, Raoni appela à ses côtés : Tapi, fils du grand Aritana, chef historique du Haut-Xingu et sa cousine Watatakalu, la poitrine recouverte d'un collier de perles.

Au micro, il martèle alors son engagement de toujours, invite les personnalités désignées à le rejoindre au plus près et ponctue leur présentation par un virulent : « *Yambi !* » (« J'ai dit ! »), sans réplique.

La jeune femme, âgée d'une trentaine d'années, incarne la cause de la féminité indienne, longtemps laissée dans l'ombre et qui s'impose dans les priorités de l'ère nouvelle ; plus « politique » encore, Tapi accompagnera le président Lula, en décembre 2023, lors de la COP 28, à Dubaï.

Tous deux appartiennent à la tribu des Yawalapiti.

Raoni n'oublie pas les Kayapo pour autant, la tribu dont il est le chef emblématique. Ce sont eux, dans son sillage, qui ont mené le combat depuis tant d'années, arrachant à l'État brésilien une délimitation des terres grande comme la Floride.

Aussi cède-t-il le micro à Jabuti, qui, à son image, perpétue l'intégrité des Kayapo, dont il connaît tous les secrets et les rituels transmis par les Anciens.

Face à nous, il fait officiellement de lui l'héritier culturel de la cause.

ZIDANE, ZINÉDINE

Avec cette familiarité des journalistes de sport, prompts à feindre la connivence avec les champions, comme pour marquer l'esprit des supporteurs, Zinédine Zidane est devenu « Zizou » !

C'est si vrai que Jacques Chirac, lui-même, lors de la Coupe du monde de football, en 1998, fut surpris, devant micros et caméras, à ânonner son nom qu'un speaker de stade, suivi d'une foule électrisée, s'époumonait à hurler…

Pire, Johnny Hallyday, engagé à interpréter un hymne pop aux Bleus, l'appela carrément… Zazie, en direct, à la télé, du nom d'une chanteuse aux pieds nus.

D'origine kabyle, né à Marseille, club pour lequel il ne joua ni n'entraîna jamais, Zidane est entré dans la légende des « galactiques » du Real Madrid, une équipe multi-étoilée qui fait rêver plus d'un Mbappé…

Il était déjà devenu une icône à la Juventus de Turin, où Michel Platini, alias « Platoche » pour les confrères, l'avait précédé en tant que meneur de jeu. Didier Deschamps, alias « Dédé la chance » (il y a plus vulgaire pour qualifier celle-ci), tenait l'entrejeu sous le même maillot. La carrière de Zidane tient de l'exemplarité. La couverture de *Paris Match* lui paraissait promise en juillet 2006, après la finale (plus ou moins courue d'avance contre l'Italie, selon les oracles). Il l'avait déjà conquise, en 1998 (premier titre de champion du monde) avec sa femme, Véronique et leur fils Enzo, alors âgé de 3 ans et le petit dernier, Luca, 2 mois et demi... La semaine précédente, heureux présage, Roger Thérond avait préparé le terrain en affichant une supportrice enflammée et peinturlurée de tricolore : « Pour les femmes, ça fait moins football ! »

Bref, si Zidane avait bien marqué deux buts de la tête aux Brésiliens – et quels buts ! – le coup de boule porté à l'Italien Marco Materazzi, huit ans plus tard, lui valut carton rouge, autrement dit expulsion du terrain ; la France, réduite à dix, perdit (5-3) aux tirs au but.

C'était le dernier match du fameux numéro 10 aux 108 sélections. De son écrasante carrière, un ultime podium de presse allait-il échapper au champion couvert de titres et de gloire... une nouvelle couverture de *Match* ?

Que nenni ! Une « exception journalistique » le sauva du bannissement redouté. Car, en décryptant mot à mot, seconde par seconde, l'agression de Marco Materazzi ayant provoqué son coup de tête réflexe (et fatal), le magazine put titrer en caractères gras à la une (numéro 2983) : « Zidane, les vraies injures qui l'ont mis en rage ». CQFD.

Zorro

Et Georges Marchais

Costaud et sanguin, Georges Marchais, longtemps secrétaire général pittoresque (et vaillant) du Parti communiste français, avait refusé un rendez-vous de circonstance à Bruno Bachelet, photographe maison qui l'avait croisé pendant ses vacances en Corse. Il sortait alors d'une quatrième place à l'élection présidentielle de 1981, sur un score très correct : 15, 41 % des voix.

Mal lui en prit, cependant, de snober le reporter. À peine avait-il posé sa serviette de bains sur la plage de Santa Lucia di Moriani, une station balnéaire au sud de Bastia, qu'armé d'un téléobjectif celui-ci le surprend, plongé à livre ouvert dans une lecture dont il ne levait pas le nez… *L'Humanité* ? *Clarté ? La Marseillaise ? Miroir-Sprint ?* Que non !

Récupérant d'une partie de volley-ball et délaissant le château de sable érigé par son jeune fils, il s'était emparé d'une bande dessinée apportée par le gamin : *Les Aventures de Zorro.* Une aubaine pour Bruno, tapi à distance raisonnable… La photo insolite fait sourire et fait aussi un tabac. L'agence Scoop qui la gère est submergée de demandes.

À sa parution, Marchais fulmine : « Zorro ? On me fait passer pour un Zozo ! » Bachelet devient un bouc émissaire, qu'il poursuit de sa vindicte. Un an plus tard, le photographe le guette dans un hôtel d'Athènes et s'avance vers lui, main tendue, pour tenter de sceller une sorte de paix des braves, à défaut de faire « ami-ami ».

Marchais voit… rouge ! Sans crier gare, il lui décoche deux directs au menton.

Le prix d'un scoop !

Postface
de Jérôme Béglé

Aujourd'hui, demain et toujours

Un journal n'a pas d'âge. Ou plutôt si, il a celui de ses lecteurs ! Ouvert sur le monde et sur les autres ; attentif aux soubresauts qui agitent la planète, les arts, la vie politique, la nature qui change, les saisons qui se succèdent, *Paris Match* se renouvelle chaque semaine. Ses héros sont les vôtres, ses engouements rejoignent les coups de cœurs des Français, ses photos montrent un pays qui se cherche, un monde qui hésite. Il est à la fois un livre d'histoire et un journal intime.

Racheté en 1976 par Daniel Filipacchi qui en fit le diamant de son groupe de presse, *Match* prospéra au sein du groupe Lagardère avant de devenir à l'été 2024 l'un des joyaux du groupe LVMH, leader mondial du luxe passé maître dans l'art de développer, faire croître et embellir des marques prestigieuses au point qu'elles deviennent des références enviées et des repères inaltérables. Une forme de retour aux sources qui tient du clin d'œil de l'histoire. Fondé par l'industriel Jean Prouvost, né à Roubaix en 1885, *Paris Match* est désormais propriété de Bernard Arnault né lui aussi à Roubaix, exactement 20 jours avant que le premier numéro de l'hebdomadaire ne paraisse le

25 mars 1949. Deux frères qui se retrouvent ; deux destins qui marchent désormais d'un même pas ; deux excellences françaises qui portent haut les couleurs d'un même drapeau.

Les reportages et les couvertures de cette icône de la presse mondiale sont scrutés à la Maison-Blanche, au Kremlin, sur la Cinquième avenue comme à Ginza, de Buckingham Palace aux riads marocains. *Paris Match* montre la vie comme elle est, la guerre et ses horreurs, la vie ordinaire de personnages extraordinaires, la vie extraordinaire de personnages ordinaires, les coulisses des grands événements, les drames qui se nouent parfois près de chez nous. *Paris Match* poussent les portes des cités interdites, des bureaux où se prennent les décisions, des terres où meurent en silence des damnés, des salles de fêtes où d'autres dansent sans retenue. *Paris Match* couronne des vedettes naissantes et immortalise la naissance des têtes couronnées.

Et *Paris Match* démontre que l'on peut alterner le sérieux et le futile, reportages et stars à la plage, l'aventure et la culture, des textes exigeants et des photos sans équivalents, nos envies et la vie. Un alliage inoxydable pourvu qu'on respecte sa chimie unique au monde. Un alliage qui n'est finalement que le reflet des goûts, des humeurs, des passions intimes et des contradictions assumées de chaque lecteur. *Paris Match* n'impose rien, raconte sans se la raconter, échappe aux caricatures, aux postures et aux impostures, aux caricaturaux raccourcis. Sa jeunesse et sa pertinence résident dans son refus de céder aux modes et aux polémiques stériles, tapageuses et sans lendemain.

À l'heure où les réseaux sociaux permettent aux images de voyager sans frontières et autorisent chacun à revêtir pour quelques instants les habits du héros, la formule de *Paris Match* est plus que jamais en phase avec son temps et ses lecteurs. À *Match*, les photos n'ont pas simplement une fonction illustrative, mais une valeur informative. Elles sont des échantillons du monde comme il est. Nos personnalités ne sont pas des peoples mais des héros c'est à dire des personnages qui se démarquent par leurs mérites, leurs talents, leur bravoure.

Nul n'est immortel : pas plus un journal qu'un héros. Mais l'époque est à l'augmentation de l'espérance de vie. 75 ans est l'âge de tous les possibles. Les réseaux sociaux et le numérique offrent à la presse un bain de jouvence. Et à *Paris Match* l'occasion d'imprimer sa marque, son esprit et son savoir-faire auprès d'un public qui cherchera plus que jamais à apprendre, comprendre et se détendre.

Jérôme Béglé
Directeur général de la rédaction de *Paris Match*

Remerciements

À Astrid Thérond et Delphine Royant, en tête. Tout naturellement ;

À Irène Frain et Yann Queffélec pour leur témoignage personnel ;

À Jérôme Béglé, mon successeur direct, ancien patron du *Point* et du *Journal du dimanche*, qui m'a fait l'amitié de la postface ;

À Caroline Mangez pour ses encouragements dès l'esquisse de ce livre ;

À Gilles Martin-Chauffier, compagnon de route, auteur d'une désopilante *Clause de conscience* où il croque les bobos de la presse ;

À Pascal Meynadier, aiguilleur rédactionnel des numéros Hors-série ;

À Philippe Labro, pour tout ce que nous lui devons à *Match* ;

À Jacques-Marie Bourget pour son parcours et son témoignage ;

À Nicolas de Rabaudy, conteur et gourmet d'exception ;

Aux « grands Anciens », tel Claude Azoulay, qui ont tracé la voie ;

Au carré de « jeunes anciens » : Didier Rapaud, Cyril Clément-Auger, Guillaume Clavières, Gilles Martin-Chauffier ;

À Romain Clergeat, qui m'a succédé à la tête des Hors-Série ;

À la relève, notamment celle du service photo (capital à *Match*) ;

À tous ceux qui, en poste ou à distance, servent ou ont servi *Paris Match* à travers les générations ;

À Claire Leost qui, sur une idée d'Olivier Royant, me rappela, en 2018, afin de conduire les 70 ans de *Paris Match*, via les numéros hors-série ;

À Gwenaëlle de Kerros, responsable des « trésors » de *Paris Match* ;

Outre les dirigeants du groupe, remerciés en tête d'ouvrage, ceux du titre, les rédacteurs en chef et reporters célébrés au fil des pages, je tiens à mettre en avant un certain nombre de personnes, appliquées dans leurs divers services à suivre le bon cheminement de la copie. Mais qui n'apparaissent pas « en première ligne » :

Les secrétaires de rédaction et les correcteurs(trices), journalistes de l'ombre sans qui la copie n'aurait pas sa « propreté » finale, selon la formule consacrée ;

Les rewriters. Sous la baguette de la délicate et très érudite Danièle Georget, ils ajustent les textes et enrichissent les légendes photos lors des nuits de bouclage ;

Les maquettistes. Calés dans le sillage de Thierry Carpentier et Flora Mairiaux, ils mettent le magazine en scène ;

L'équipe du numérique. Autour d'Élise Colette, avec Émilie Cabot (l'âme de *Match United*). Elle met *Paris Match* à la page ;

Le « social media et vidéo » ;

Le service de la documentation, si précieux ;

Les archives photos ;

Les amis du développement, Roxane, Nelly, Yasmina (agence Scoop). Sous la conduite de Gwenaëlle de Kerros, ils élaborent les Expositions de *Paris Match* avec Fabien Beillard et assurent le suivi des productions maison ;

Philippe Legrand, pour la diversification éditoriale ;

Les secrétaires (de tradition) qui, selon le mot de Christine Terneau, ne sont pas que des « assistantes » au service d'« assistés… » ;

Karine Bauer pour sa fidélité à la mémoire d'Olivier Royant ;

Élisabeth Kastler-Le Scour (Sténo) et Chachou en souvenir de tant de souvenirs ;

Les amis de la fabrication, autour de Christophe Choux ;

Le service de diffusion autour de Laura Félix-Faure.

Tous ceux – si nombreux – qui m'ont apporté spontanément leur témoignage.

À Éric Colmet-Daâge, fidèle des fidèles du magazine *Photo*.

L'équipe commerciale réunie autour de Marie Renoir-Couteau (présidente), dont Fabienne Blot-Dallanegra qui y rayonna et Judith Hemmerdinger (communication) ;

Enfin, les membres des éditions Plon, à l'édito, au service fabrication ainsi qu'à la presse, sans qui ce livre n'aurait pas pu voir le jour.

Remerciements spéciaux

À Mick, mon épouse, à la patience infinie…

Anabel Echevarria, coordinatrice de la rédaction ;

Marc Brincourt et Michel Maïquez, mes complices du dernier tour de piste (alias « *la dream team* ») ;

Gilles Lhote, compagnon de route rock'n'roll, notre « *Johnny Be Good* » ;

Sylvie Rostain, directrice artistique du Salon Livr'à Vannes / Levr'e Gwened ;

Gildas Jean, hussard littéraire, « *talabarder* » (sonneur de bombarde) et premier lecteur du manuscrit, à Vannes-Gwened (Morbihan), ma ville d'hier, d'aujourd'hui, de demain… « *ATAV !* »

Bibliographie

Daniel Filipacchi, *Ceci n'est pas une autobiographie* (XO, 2012)
Guillaume Hanoteau, *La Fabuleuse Aventure de Paris Match* (Plon, 1976)
Raymond Cartier, *L'Algérie* (Hachette, 1960)
Jean Dimnet, *La Religion dans Paris Match* (Centurion, 1967)
Charles de Gaulle, *Mémoires de guerre* (Plon, 1954)
Nicolas de Rabaudy, *Nos fabuleuses années Paris Match* (Scali, 2007)
Christian Brincourt, *Les Reporters* (Robert Laffont, 1971)
Hervé Mille, *Cinquante ans de presse parisienne* (La Table ronde, 1992)
Brigitte Bardot, *Initiales B.B.* (Grasset, 1996)
Johnny Hallyday, *Destroy* (Michel Lafon, 1998)
Roger Thérond, *Une passion française* (Filipacchi, 1999)
Le Nu (Le Chêne, 2000)
Raymond Castans, *L'Amateur d'anecdotes* (Éditions de Fallois, 1998)
Jean Cau, *Les Oreilles et la Queue* (Gallimard, 1972)
Croquis de mémoire (Julliard, 1985)
L'Orgueil des mots (Filipacchi, 1995)
Claude Azoulay, *Mitterrand, un homme président* (Filipacchi, 1987)
Frédéric Musso, *Le Jardin dans la fenêtre* (Critérion, 1991)
Serge Bramly, *Walter Carone photographe* (JC Lattès, 1992)
Willy Rizzo, *Willy Rizzo* (Contrejour, 2014)
Benoît Gysembergh, *La Photo en première ligne* (Filipacchi, 2001)
60 Photographes de Paris Match (La Martinière, 2009)

La Légende de Paris Match

Alain Genestar, Gilles Martin-Chauffier, Édith Serero, *Artistes et Stars par les photographes de Paris Match* (Filipacchi, 2006)
Alain Genestar, *Expulsion* (Grasset, 2008)
Gérald de Roquemaurel, *La Presse dans le sang* (Robert Laffont, 2007)
Le Tour du monde d'un Indien en 60 jours avec Patrick Mahé et Jean-Pierre Dutilleux (Filipacchi, 1990)
Pascal Rostain, Bruno Mouron, Christophe Regnault, *Chasseurs de scoops* (Glénat, 2012)
Olivier Royant, *John-John, le dernier des Kennedy* (L'Observatoire, 2018)
Gilles Lhote, *Johnny, Le Guerrier* (Robert Laffont, 2017)
Mireille Darc, *À la vie à l'amour* (Le Seuil, 2020)
Claire Gallois, *Les Trente Glorieuses* (de Borée, 2020)
Florence Arthaud, *Océane* (Arthaud, 2021)
Régis Le Sommier, *La Vérité du terrain* (Bouquins, 2022)
Yann Queffelec, *La Mer et au-delà* (Calmann-Lévy, 2022)
Caroline Pigozzi, *« Pourquoi eux »* (Plon, 2022)
François Pomes, *Marilyn, son dernier secret* (Plon, 2023)
Jacques Dutronc, *Et moi, et moi, et moi* (Le Cherche Midi, 2023)
Patrick Mahé et Jean Durieux, *Les Dossiers secrets de Paris Match* (Robert Laffont, 2009)
Patrick Mahé et Didier Rapaud, *Les Héros du photojournalisme* (Le Chêne, 2014)
Gilles Lhote et Patrick Mahé, *Johnny, Ni Dieu ni Diable* (Robert Laffont, 2018)
Paul Morand, *Bains de mer, bains de rêve* (Bouquins/Robert Laffont 2019)
Marc Francelet, *L'Aventurier* (Le Cherche Midi, 2021)
Patrick Mahé, *L'Album des Français* (Hors collection, 2021)
Patrick Mahé (sous la direction de), *Les Grands Faits divers* (Hors collection, 2022)
Dany Jucaud, *J'avais une maison à Los Angeles* (Stock, 2024)
Agathe Godard, *Mes nuits parisiennes* (Flammarion, 2024)
Sylvain Tesson, *Avec les fées* (Équateurs, 2024)
Gilles Martin-Chauffier, *Clause de conscience* (Grasset, 2024)

Index

Table des matières

La Légende de Paris Match

*

*

*

DU MÊME AUTEUR

Les Français tels qu'ils sont (Fayard, 1975)
La Fabuleuse Histoire de Saint-Étienne, avec Robert Nataf et Gérard (Le Scour, Odil, 1976)
« Allez les verts ! » (avec Dominique Grimault) (Denoël, 1977)
Le Mémorial de notre temps (Hachette, 1981)
Piaf-Cerdan, un hymne à l'amour (coécrit avec Dominique Grimault) (Robert Laffont, 1982)
Platini, Ma vie comme un match (avec Michel Platini) (Robert Laffont, 1987)
Chaveta, l'arche d'or des Incas (avec Jéromine Pasteur) (Filipacchi, 1988)
Raoni, Le Tour du monde d'un Indien en 60 jours (Filipacchi, 1989)
Reportages (5 tomes) (Keystone, 1989-1990)
Las Vegas, un diamant dans le désert (avec Gilles Lhote) (Filipacchi, 1990)
Rodéo (avec Gilles Lhote) (Filipacchi, 1991)
Memphis blues (Albin Michel, 1994)
Cantona au bûcher (Ramsay, 1996)
Johnny de A à Z (avec Gilles Lhote) (Albin Michel, 1996)
La Magie du whisky (Le Chêne, 1997)
La Philosophie Cantona (Michel Lafon, 1997)
Écosse (avec Philip Plisson) (Le Chêne, 1998)
Nos années télé (Filipacchi, 1999)
Irlande (photos Philip Plisson) (Le Chêne, 2000)
Sur la route d'Elvis (Grasset, 2002)
Pondichéry (photos Guillaume Zuili) (Le Chêne, 2003)
Whisky, La Légende/the legend (photos David Lefranc) (Michel Lafon, 2004)
Mer bretagne/mor breizh (photos Philip Plisson) (Michel Lafon, 2006)
La Télévision autrefois (avec l'INA) (Hoëbeke, 2006)
Mer celtique (photos Philip Plisson) (Michel Lafon, 2007)
Le Roman des amours d'Elvis (Le Rocher, 2007)
Les Plus Grands Duels du sport (collectif – Tana 2007)
68, L'Année choc (Plon, 2008 et 2018) (introduction Serge July)
Morbihan à tire-d'aile (photos Philip Plisson) (Pêcheur d'images, 2008)
Éric Tabarly, mon père (avec Marie Tabarly) (Michel Lafon, 2008)
Saint-Patrick (Hoëbeke, 2008)
Les Dossiers Secrets de Paris Match (avec Jean Durieux) (Robert Laffont, 2009)
Johnny le survivant (avec Gilles Lhote) (Ramsay, 2012)
Elvis et les femmes (Archipoche, 2012)

Titanic, L'Aventure, le mystère, la tragédie (avec Corrado Ferruli) (Le Chêne/EPA, 2012)
Piaf, un chant d'amour (dessins de Philippe Lorin) (Hoëbeke, 2013)
Culture whisky (Le Chêne, 2013, 2015, 2017, 2019)
Les oies sauvages meurent à Mexico (roman) (Fayard, 2013 et Points Seuil, 2015). Traduit en espagnol par l'université de Sinaola, Mexique.
La France vue de la mer (avec Philip Plisson, six albums) (Le Chêne, 2013, 2014)
Adriana Karembeu : Je viens d'un pays qui n'existe plus (Seuil, 2014)
Jean-Jacques Bourdin, « l'homme libre » (Le Cherche Midi, 2014)
Les Héros du photojournalisme (avec Didier Rapaud) (Le Chêne, 2014)
Balades en Écosse et en Irlande (Coop Breizh, 2015)
Les Archives de la télévision (Le Chêne, 2015)
Morbihan en vert et en bleu (Le Chêne, 2016)
Culture rhum (Le Chêne, 2017)
100 jours avec Elvis (Le Cherche Midi, 2017)
Culture champagne (Le Chêne, 2018)
Johnny ni dieu ni diable (avec Gilles Lhote) (Robert Laffont, 2018)
Elvis, ombre et lumière (avec Kent) (Seuil Delcourt, 2019)
Paris Match 70 ans – collectif (Michel Lafon, 2019)
Whisky collector (Gründ, 2020)
Champions inoubliables (de Guy Drut), avec Dominique Girault, (Le Cherche Midi, 2021)
Rare whisky (Octopus, 2021) (édition anglaise de Whisky collector)
Paris Match, l'album des Français (Hors Collection, 2021)
Paris Match, les faits divers (sous la direction de) (Hors Collection, 2022).

CET OUVRAGE
A ÉTÉ ACHEVÉ D'IMPRIMER
SUR ROTO-PAGE
PAR L'IMPRIMERIE FLOCH
À MAYENNE EN AVRIL 2024

#lisez engagé !
www.lisez.com
Pour plus d'information :
Imprimé sur du papier issu de forêts gérées durablement.

N° d'impression : 104673
N° d'édition : P31795/01
Imprimé en France